마담의크스
# 포토샵 CS6
## 기본 + 활용 배우기

마담의크스 카페·황병숙 저

YoungJin.com Y.
영진닷컴

# 마담의크스 포토샵 CS6

Copyright ⓒ2018 by Youngjin.com Inc.
1016, 10F. Worldmerdian Venture Center 2nd, 123, Gasan-digital 2-ro, Geumcheon-gu,
Seoul 08505, Korea.
All rights reserved. First published by Youngjin.com. in 2013. Printed in Korea

저작권법에 의해 한국 내에서 보호를 받는 저작물이므로 무단 전재와 복제를 금합니다.

**독자님의 의견을 받습니다**
이 책을 구입한 독자님은 영진닷컴의 가장 중요한 비평가이자 조언가입니다. 저희 책의 장점과 문제점이 무엇인지, 어떤 책이 출판되기를 바라는지, 책을 더욱 알차게 꾸밀 수 있는 아이디어가 있으면 이메일, 또는 우편으로 연락주시기 바랍니다. 의견을 주실 때에는 책 제목 및 독자님의 성함과 연락처(전화번호나 이메일)를 꼭 남겨 주시기 바랍니다. 독자님의 의견에 대해 바로 답변을 드리고, 또 독자님의 의견을 다음 책에 충분히 반영하도록 늘 노력하겠습니다.

**이메일** : support@youngjin.com
**주 소** : 서울시 금천구 가산디지털2로 123 월드메르디앙벤처센터 2차 10층 1016호 (우)08505
**등 록** : 2007. 4. 27. 제16-4189호

**STAFF**
**저자** 마담의크스, 황병숙 | **진행** 김태경, 네모기획 | **본문 디자인 · 편집** 지화경 | **교정 · 교열** 안종군 | **표지 디자인** 임정원

# PREFACE

✕ 머리말 ✕

---

막 겨울이 끝나고 봄이 시작될 무렵 원고를 쓰기 시작했습니다. 어느덧 지루했던 무더위도 한풀 꺾이고, 아침저녁으로 선선한 바람이 불어옵니다.

강의만 하던 제게, 책은 또 다른 도전이었습니다. 일러스트레이터를 끝내고 다시 만난 포토샵은, 처음 책을 만났을 때와는 또 다른 두려움으로 다가왔습니다. 무슨 내용을 어떻게 넣어야 할 것인지보다는 독자들에게 어떻게 하면 더 많은 내용을 전달할 것인지가 더 큰 고민이었습니다.

이 책은 오랜 강의로 얻은 경험을 바탕으로 현장에서 강의하듯 학생들이 자주하는 실수하는 부분이나 팁들을 중심으로 구성했습니다. 또한 그동안 틈틈이 수행했던 실무 프로젝트를 바탕으로 독자들에게 정말 필요한 것이 무엇인지를 고민하며 집필하였습니다.

포토샵 책은 이제 누구나 한 권씩은 가지고 있는 기본서가 되어 버린 만큼, 프로그램 또한 독자들에게 친숙해지기를 바랍니다. 포토샵을 학습하면서 막히는 부분이 있다면 메일을 통해 언제든지 질문해주시면 성심껏 답변해드리겠습니다.

마지막으로 책이 나올 수 있도록 도와주신 영진닷컴, 네모기획 관계자 여러분께 감사의 말씀을 전합니다. 그리고 책을 쓰는 동안 많은 것을 양보해준 사랑하는 남편과 우리 아들 롱에게 감사하며, 끝으로 이 책을 구입해주신 독자 여러분들에게 진심으로 감사드립니다.

저자 황병숙

# BOOK PREVIEW

**Chapter**
포토샵 CS6의 다양한 기능들을 세분화하여 소개합니다.

**학습 목표**
본격적인 학습에 앞서 해당 카테고리에서 배울 내용들을 요약하여 알려줍니다.

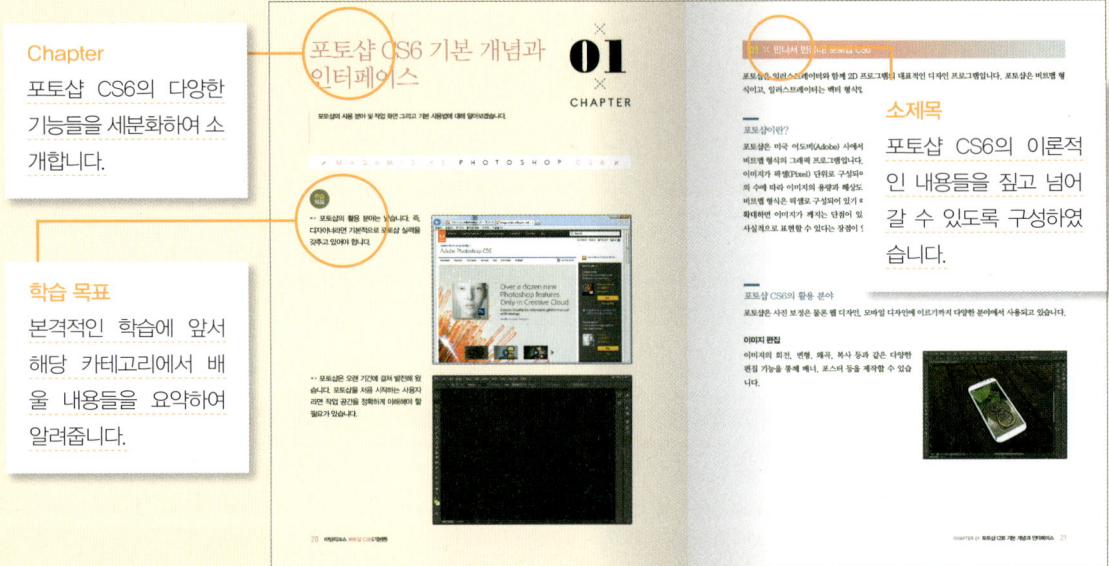

**소제목**
포토샵 CS6의 이론적인 내용들을 짚고 넘어갈 수 있도록 구성하였습니다.

**기능 익히기**
실전 학습 내용을 따라하기 형식으로 구성하여 포토샵 CS6의 기능을 쉽게 익힐 수 있도록 구성하였습니다.

**예제 및 결과 파일**
본문의 따라하기에 필요한 포토샵 파일들의 경로를 알려줍니다. 예제 및 결과 파일은 영진닷컴 홈페이지에서 다운로드할 수 있습니다.

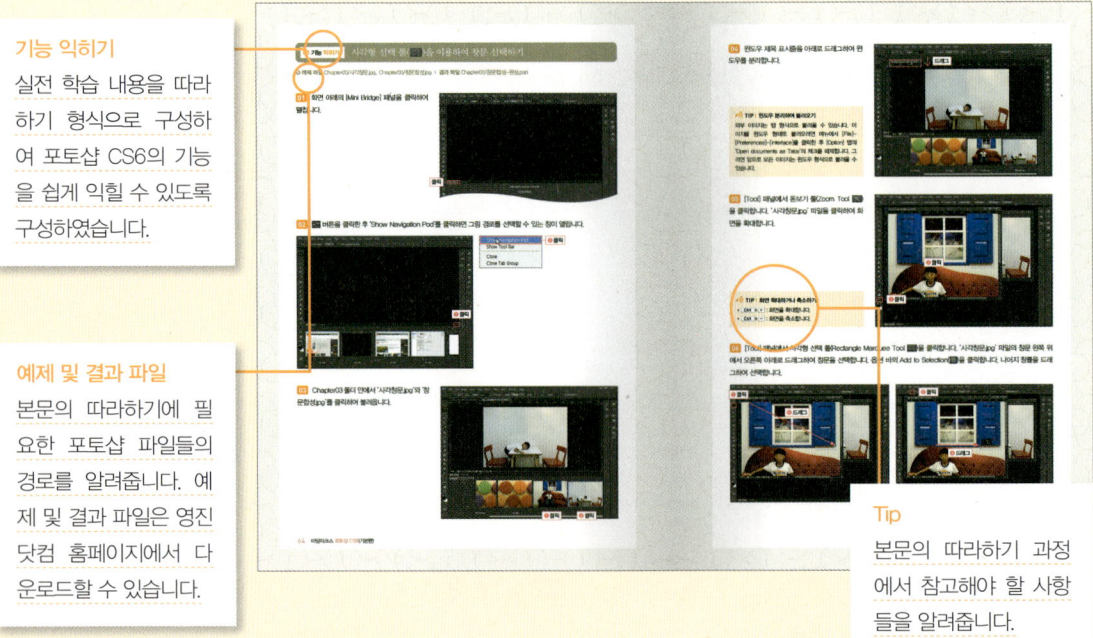

**Tip**
본문의 따라하기 과정에서 참고해야 할 사항들을 알려줍니다.

✕ 미 리 보 기 ✕  마담의크스 포토샵 CS6는 입문자들의 눈높이를 고려하여 '기본편'과 '활용편'으로 구성되어 있습니다. 기본편에서는 반드시 알아야 하는 포토샵 CS6의 핵심 기능들을 적절한 예제를 활용한 따라하기 방식으로 소개하며, 활용편에서는 기본편에서 배운 내용들을 활용하여 실전 예제들을 만들어 보는 시간을 갖습니다. 미리 보기를 통해 살펴본 마담의크스 포토샵 CS6는 다음과 같습니다.

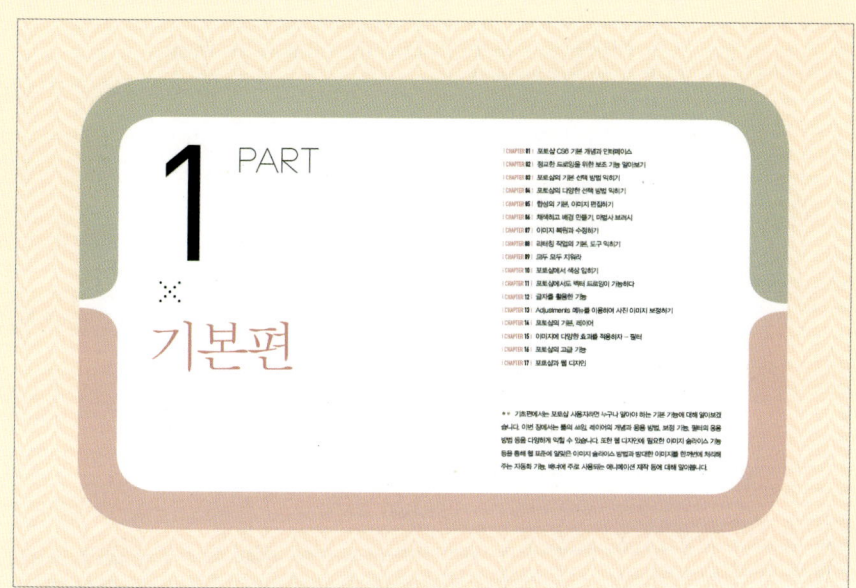

기본편에서는 포토샵 사용자라면 누구나 알아야 하는 포토샵 CS6의 핵심 기능들을 17개의 Chapter로 나누어 자세히 설명합니다.

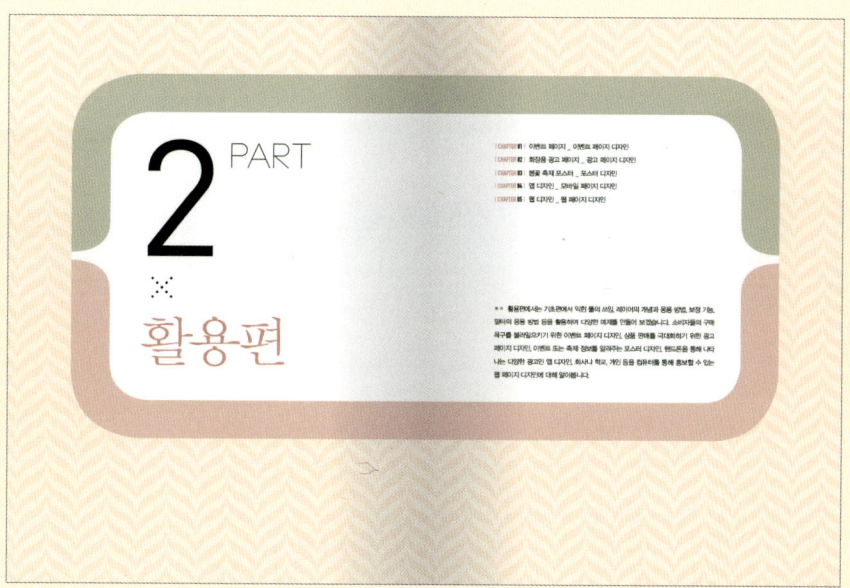

기본편에서 익힌 포토샵 CS6의 기능들을 제대로 활용할 수 있는 실전 예제들을 따라하기 방식으로 학습합니다.

# BOOK REVIEW

기본편

| CHAPTER 01 | 포토샵 CS6 기본 개념과 인터페이스

포토샵의 활용 분야는 매우 넓으며, 디자이너라면 기본적으로 포토샵 실력을 갖추고 있어야 합니다. Chapter01에서는 포토샵의 사용 분야 및 작업 화면을 이해하고 기본 사용법을 알아보겠습니다.

| CHAPTER 02 | 정교한 드로잉을 위한 보조 기능 알아보기

포토샵의 다양한 보조 기능을 이용하면 좀 더 정교한 선택을 할 수 있습니다. Chapter02에서는 작업을 편리하게 해주는 보조 기능에 대해 자세히 알아보겠습니다.

| CHAPTER 03 | 포토샵의 기본, 선택 방법 익히기

Chapter03에서는 이미지를 부분적으로 선택하는 기본 선택법에 대해 알아봅니다. 사각형 선택 툴(Rectangular Marquee Tool ), 원형 선택 툴(Ellipse Selection Tool ), 한 줄 선택 툴(Single Row Marquee Tool ), 한 칸 선택 툴(Single Column Marquee Tool ) 등을 쉽게 선택할 수 있습니다. 선택한 이미지를 이동한 후 복사하는 기능에 대해서도 설명합니다.

| CHAPTER 04 | 포토샵의 다양한 선택 방법 익히기

Chapter04에서는 다양한 모양의 이미지를 부분적으로 선택하는 선택 방법에 대해 알아봅니다. 다양한 모양을 선택하는 올가미 툴( ), 색상 정보를 가지고 선택하는 마술봉 툴( ), 머리카락처럼 가는 이미지를 선택한 후 정교하게 선택할 수 있는 퀵 마스크 모드( )에 대해 설명합니다.

| CHAPTER 05 | 합성의 기본, 이미지 편집하기

Chapter05에서는 이미지 크기를 변경, 회전, 변형 및 왜곡하는 방법에 대해 알아봅니다. 그림 자체를 잘라내는 크롭 툴( ), 모양을 내 마음대로 왜곡하는 변형 메뉴, 특정 영역을 보호하면서 크기를 변형하는 콘텐츠 어웨어 스케일 등과 같은 다양한 기능에 대해 설명합니다.

## ✕ 책 의 구 성 ✕

대한민국 최고의 디자인 카페 '마담의크스'가 알려주는 포토샵 테크닉의 모든 것을 이 책에 담았습니다. 달라진 포토샵 CS6의 핵심 내용을 확실히 마스터할 수 있는 〈마담의크스 포토샵 CS6〉의 구성을 간단히 소개합니다.

### | CHAPTER 06 | 채색하고 배경 만들기, 마법사 브러시

Chapter06에서는 그림을 그리듯 페인팅하는 브러시와 날카로운 선을 그려주는 연필 툴 (🖌), 특정 부분의 색상을 교체하는 색상 교체 툴(🖌), 회화 느낌의 리터칭을 하는 믹서 브러시 툴(🖌) 등 다양한 도구의 기능에 대해 알아봅니다.

### | CHAPTER 07 | 이미지 복원과 수정하기

Chapter07에서는 이미지를 복원하고 수정하는 다양한 방법에 대해 알아봅니다. 똑같은 이미지를 복사하는 도장 툴(🖌), 잡티를 자연스럽게 제거하는 힐링 툴(🖌) 등에 대해 설명합니다.

### | CHAPTER 08 | 리터칭 작업의 기본, 도구 익히기

Chapter08에서는 리터칭 도구들을 이용하여 특정 부분에 효과를 적용하는 도구에 대해 알아봅니다. 이미지를 흐리게 하는 블러 툴(🖌), 이미지를 어둡게 하는 번 툴(🖌), 이미지를 왜곡하는 스머지 툴(🖌), 색을 더하거나 빼는 스펀지 툴(🖌) 등의 다양한 기능에 대해 설명합니다.

### | CHAPTER 09 | 모두 모두 지워라

Chapter09에서는 이미지의 일부분을 지울 때 사용하는 툴에 대해 알아봅니다. 브러시로 사용한 기능만 삭제하는 히스토리 브러시 툴(🖌), 특정 영역을 투명하게 지우는 지우개 툴 (🖌) 등에 대해 설명합니다.

### | CHAPTER 10 | 포토샵에 색상 입히기

Chapter10에서는 포토샵에서 색을 칠하는 다양한 방법에 대해 알아봅니다. 단색을 칠해주는 페인트 버켓 툴(🖌), 여러 개의 색상이 자연스럽게 변하는 모습을 표현해주는 그레이디언트(🖌), 반복되는 문양을 칠해주는 패턴 등에 대해 설명합니다.

### | CHAPTER 11 | 포토샵에서도 벡터 드로잉이 가능하다

Chapter11에서는 복잡한 이미지를 선택하는 방법에 대해 알아봅니다. 복잡한 이미지를 정교하게 선택할 때 사용하는 펜 툴(🖌)로 이미지를 선택하는 방법에 대해 익혀봅니다.

| **CHAPTER 12** | 글자를 활용한 기능

Chapter12에서는 포토샵에서 글자를 입력하는 방법에 대해 알아봅니다. 글자를 통해 다양한 느낌의 타이포그래피를 만들거나, 특정 영역 안에만 글자를 입력하거나, 패스선 위에만 글자를 입력하는 방법에 대해 설명합니다.

| **CHAPTER 13** | Adjustment 메뉴를 이용하여 사진 이미지 보정하기

Chapter13에서는 핸드폰이나 디지털카메라로 찍은 사진을 보정해봅니다. 이미지의 명암을 조절하는 Levels, 색상 반전을 통해 필름을 보는 듯한 Invert 기능, 다양한 톤의 색상을 넣어주는 Hue/Saturation 등에 대해 알아봅니다.

| **CHAPTER 14** | 포토샵의 기본, 레이어

레이어 스타일을 이용하면 그림 원본은 손상하지 않으면서 다양한 입체적인 효과를 줄 수 있습니다. Chapter14에서는 특정 영역만 보여주는 마스크 기능을 이용한 그림자 효과, 엠보싱 효과, 광선 효과, 색상 오버레이 등에 대해 설명합니다.

| **CHAPTER 15** | 이미지에 다양한 효과를 적용하자 - 필터

Chapter15에서는 포토샵에서 특수 효과를 만들 수 있는 방법에 대해 알아봅니다. 필터를 이용하여 회화적인 느낌, 왜곡 효과, 재질 효과, 물방울 효과 등 다양한 효과를 만드는 방법에 대해 설명합니다.

| **CHAPTER 16** | 포토샵의 고급 기능

Chapter16에서는 포토샵의 고급 기능에 대해 알아봅니다. 자주 사용되는 명령을 기억해 한꺼번에 여러 이미지에 적용하는 Action과 Batch, 2D 이미지를 3D로 표현하는 3D, 정지된 이미지를 움직이게 해주는 애니메이션에 대해 익혀봅니다.

| **CHAPTER 17** | 포토샵과 웹 디자인

이미지 슬라이스 기능을 이용하여 웹 페이지에 필요한 이미지를 분할합니다. Chapter17에서는 분할 기능에 대해 익혀보겠습니다. 웹에 올리기 위해서는 이미지를 웹용으로 저장해야 합니다. 웹용으로 저장할 수 있는 포맷에는 GIF, JPEG, PNG 등이 있는데, 각 포맷의 특징에 대해 알아봅니다.

| **CHAPTER 01** | 이벤트 페이지 _ 이벤트 페이지 디자인

무엇을 주제로 설정할 것인지, 어떤 느낌의 콘셉트를 정할 것인지, 어떤 용도의 이벤트 페이지를 만들 것인지를 정하는 것은 매우 중요합니다. Chapter01에서는 이벤트 페이지를 디자인합니다.

| **CHAPTER 02** | 화장품 광고 페이지 _ 광고 페이지 디자인

Chapter02에서는 메일링으로 자주 오는 광고 페이지를 만들어 보겠습니다. 화장품을 타깃으로 설정한 후 주제에 맞는 내추럴한 레이아웃을 설정하여 화장품 광고 페이지를 만들어봅니다.

| **CHAPTER 03** | 봄꽃 축제 포스터 _ 포스터 디자인

인쇄용 포스터는 주로 일러스트레이터를 이용하여 작업합니다. 포토샵으로 작업했을 때보다 선명하고 작업 영역 이용이 편리합니다. 그러나 메일링을 통한 전단지 작업은 포토샵이 더 편리할 때가 많습니다. Chapter03에서는 포토샵을 이용하여 포스터를 제작해봅니다.

| **CHAPTER 04** | 앱 디자인 _ 모바일 페이지 디자인

모바일이라는 좁은 공간을 통해 대중에게 무엇을 어떻게 전달할 것인지를 정하는 것은 매우 중요합니다. Chapter04에서는 UI의 개념과 UX를 바탕으로 한 디자인과 앱 디자인에 대해 알아봅니다.

| **CHAPTER 05** | 웹 디자인 _ 웹 페이지 디자인

웹은 오프라인으로 하던 작업을 온라인으로 할 수 있도록 만들어진 대표적인 페이지입니다. 이제 홍보, 판매 등도 웹 페이지를 통해 쉽게 할 수 있게 되었습니다. Chapter05에서는 온라인 페이지를 통해 학교 홍보용 홈 페이지를 제작합니다.

# FILE DOWNLOAD

※ 예제 및 결과 파일 다운로드 방법 ※

이 책의 학습에 필요한 예제 및 결과 파일은 영진닷컴 홈페이지(www.youngjin.com)의 도서 자료실에서 다운로드할 수 있습니다. 예제 및 결과 파일을 어떻게 다운로드하여 사용하는지 알아보겠습니다.

영진닷컴 홈페이지(www.youngjin.com)에 접속한 후 [고객센터]-[도서자료실/CD 다운로드]를 클릭합니다.

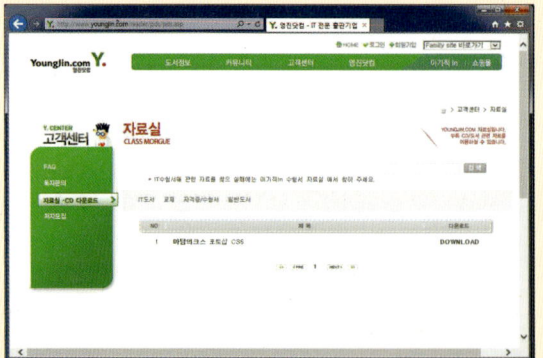

검색 창에 '마담의크스 포토샵 CS6'를 입력한 후 [검색]을 클릭합니다. '마담의크스 포토샵 CS6'가 나타나면 [DOWNLOAD]를 클릭합니다.

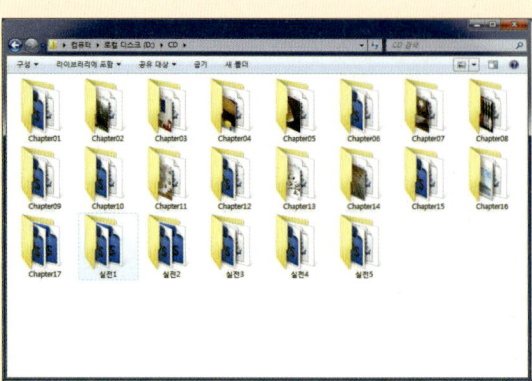

다운로드한 'CD.zip' 파일의 압축을 해제하면 그림과 같이 각 Chapter별 폴더로 구분되어 있는 예제 및 결과 파일들을 확인할 수 있습니다.

# ABOUT CAFE

※ 마담의크스 카페 소개 ※

'마담의크스' 카페는 DAUM 카페 검색 포토샵 및 웹 디자인 분야 1위 카페로, 2002년 개설 이후 꾸준히 성장하여 현재 70만 명이 넘는 대규모 회원을 보유하고 있습니다. 많은 회원들과 함께 포토샵 및 포토샵, 플래시, 홈페이지 등 그래픽과 관련된 노하우를 공유하고, 그래픽 관련 강좌를 무료로 개방하여 초보자에게 필요한 지식을 전달하고 있습니다. 또한 그래픽 관련 동영상 강좌를 제작하여 양질의 콘텐츠를 제공하고 있습니다.

오랫동안 카페를 운영하면서 좀 더 많은 사람들에게 지식을 전달하기 위해 5권의 그래픽 관련 서적을 출간하였고, 관련 서적들은 출간마다 베스트셀러 자리를 차지했으며, 현재에도 여전히 스테디셀러로 자리매김하고 있습니다. 더불어 국내에서 제작된 도서를 번역, 편집하여 해외로 수출한 값진 경험도 가지고 있습니다. 이러한 마담의크스 카페는 지금도 볼거리가 가장 많은 카페, 신지식 선도 카페, 공인 지식 카페, 카페 포커스, VIP 우수 카페로 선정되는 등 명실공히 대한민국 최고의 디자인 카페입니다.

 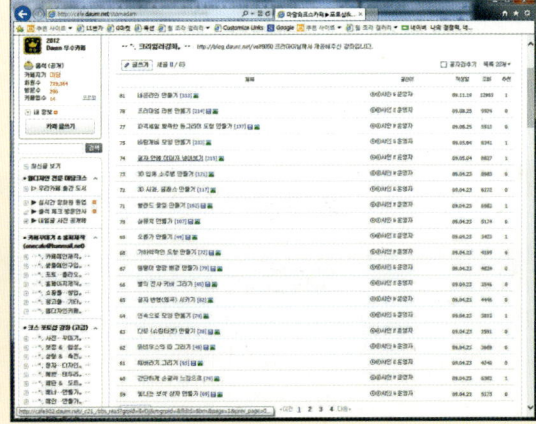

### 출간 도서

- 〈마담의크스 카페와 함께 떠나는 포토샵 여행〉 2005년 출간
- 〈마담의크스와 함께 하는 손글씨&동꼬 by포토샵〉 2006년 출간
- 〈미니홈피, 블로그를 요리하는 포토샵 레시피〉 2007년 출간
- 〈왁자지껄 붐비는 카페의 특별한 운영자 수업〉 2007년 출간
- 〈마담의크스의 fun한 프로포즈 사랑해, 포토샵!〉 2008년 출간
- 〈마담's 리얼 포토샵 CS5〉 2011년 출간
- 〈마담의크스 일러스트레이터 CS6〉 2013년 출간

# BOOK CONTENTS

## 이 책의 차례

 **INTRO**

| | |
|---|---|
| 머리말 | 3 |
| BOOK PREVIEW | 4 |
| BOOK REVIEW | 6 |
| FILE DOWNLOAD | 10 |
| ABOUT CAFE | 11 |

 **기본편**

**| CHAPTER 01 |  포토샵 CS6 기본 개념과 인터페이스      20**

- 01 만나서 반갑다! 포토샵 CS6      21
- 02 포토샵 CS6에 새롭게 추가된 기능      23
- 03 포토샵에서 사용하는 이미지와 곡선을 유지하는 이미지      27
- 04 포토샵 CS6의 전체 화면 살펴보기      30
- 05 작업을 도와주는 패널을 내 마음대로      40
- 06 파일을 불러오는 다양한 방법      43
- 07 다양한 저장 포맷      46
- [기능 익히기] 새 창을 연 후 파일을 Place하고 저장하기      47

**| CHAPTER 02 |  정교한 드로잉을 위한 보조 기능 알아보기      48**

- 01 수치를 이용한 작업 – Ruler      49
- 02 작업 환경 세팅하기 – 메모리, 히스토리, 폰트 한글로 보기      50
- 03 안내선으로 편리하게 작업하기      53
- [기능 익히기] 눈금자와 가이드 넣기      55
- 04 화면을 내 마음대로 확대/축소하기 – 돋보기 툴(Zoom Tool), Navigator 패널      57
- [기능 익히기] 화면을 확대하거나 이동하기      59

**| CHAPTER 03 |  포토샵의 기본, 선택 방법 익히기      60**

- 01 반듯반듯 네모난 창문을 선택해보자 – 사각형 선택 툴(Rectangular Marquee Tool)      61
- [기능 익히기] 사각형 선택 툴을 이용하여 창문 선택하기      64
- 02 동그란 쿠션을 선택해보자 – 원형 선택 툴(Ellipse Tool)      67
- [기능 익히기] 원형 선택 툴(Elliptical Marquee Tool)을 이용하여 원형 쿠션 색상 바꾸기      70
- 03 가로 줄 선택 툴(Single Row Marquee Tool)      72
- 04 세로 줄 선택 툴(Single Column Marquee Tool)      72
- [기능 익히기] 가로 줄, 세로 줄 선택 툴을 이용하여 타깃 모양 만들기      73

05 ✄ 선택한 이미지 이동하기 – 이동 툴(Move Tool) 　　　　　　　　　　　　　　　75
기능 익히기　크리스마스 트리볼 선택하여 복사하기 　　　　　　　　　　　　　　　76

| CHAPTER 04 |　포토샵의 다양한 선택 방법 익히기　　　　　　　　　　　　　　　　　　78
01 ✄ 자유분방한 이미지 선택하기 – 올가미 툴(Lasso Tool) 　　　　　　　　　　79
02 ✄ 각진 모양 선택하기 – 다각형 올가미 툴(Polygonal Lasso) 　　　　　　　　81
기능 익히기　다각형 올가미 툴로 등을 선택하여 색상 바꾸기 　　　　　　　　　83
03 ✄ 자석처럼 딱 달라붙네 – 자석 올가미 툴(Magnetic Lasso Tool) 　　　　　84
기능 익히기　자석 올가미 툴로 남자를 풍경과 합성하기 　　　　　　　　　　　85
04 ✄ 비슷한 색상으로 선택하기 – 마술봉 툴(Magic Wand Tool) 　　　　　　　87
기능 익히기　마술봉 툴을 이용하여 하늘 배경색 바꾸기 　　　　　　　　　　　88
05 ✄ 브러시로 그리듯 선택하기 – 빠른 선택 툴(Quick Selection Tool) 　　　89
기능 익히기　빠른 선택 툴을 이용하여 인형 색상 바꾸기 　　　　　　　　　　　90
06 ✄ 섬세하게 선택하기 – 퀵 마스크 모드(Quick Mask Mode) 　　　　　　　91
기능 익히기　퀵 마스크 모드로 가느다란 카페 등 선택하기 　　　　　　　　　　92

| CHAPTER 05 |　합성의 기본, 이미지 편집하기　　　　　　　　　　　　　　　　　　96
01 ✄ 원하는 부분만 잘라 사용하기 – 자르기 툴(Crop Tool) 　　　　　　　　　97
기능 익히기　바다 풍경 이미지만 잘라내기 　　　　　　　　　　　　　　　　　99
02 ✄ 원근감 자르기 툴(Perspective Crop Tool) 　　　　　　　　　　　　　100
기능 익히기　기울어진 사진을 원근감 자르기 툴을 이용하여 정면 사진으로 바꾸기　101
03 ✄ 디지털카메라로 찍은 사진 사이즈 조절하기 – 이미지 사이즈 조절하기　　103
기능 익히기　핸드폰으로 찍은 사진 사이즈 조절하기 　　　　　　　　　　　　104
04 ✄ 작업 영역을 내 마음대로 – 캔버스 사이즈 조절 및 회전하기 　　　　　　105
기능 익히기　캔버스 사이즈 조절하고 글씨 삽입하기 　　　　　　　　　　　　107
05 ✄ 이미지를 내 마음대로 왜곡하기 – Transform 메뉴 　　　　　　　　　　109
기능 익히기　핸드폰 안의 그림을 변형 툴을 이용하여 바꾸기 　　　　　　　　112
06 ✄ 특정 영역을 보호하면서 이미지 늘리기 – Content Aware Scale 　　　114
기능 익히기　등대는 보호하면서 배경을 크게 만들기 　　　　　　　　　　　　115

| CHAPTER 06 |　채색하고 배경 만들기, 마법사 브러시　　　　　　　　　　　　　118
01 ✄ 나만의 배경 만들기 – 브러시 툴(Brush Tool) 　　　　　　　　　　　　119
기능 익히기　반짝이 브러시 만들어 등록하기 　　　　　　　　　　　　　　　124
기능 익히기　브러시를 이용하여 타잔에 어울리는 풀밭 만들기 　　　　　　　127
02 ✄ 도트 이미지 만들기 – 연필 툴(Pencil Tool) 　　　　　　　　　　　　　130
기능 익히기　연필 브러시로 홈페이지 배너에 구분선 넣기 　　　　　　　　　131
03 ✄ 이미지 특정 부분 색상 변경하기 – 색상 교체 툴(Color Replacement Tool)　133
기능 익히기　색상 교체 기능을 이용하여 소파의 색상 바꾸기 　　　　　　　　135
04 ✄ 붓으로 그린 듯한 느낌 만들기 – 믹서 브러시 툴(Mixer Brush Tool)　　136
기능 익히기　믹서 브러시 툴을 이용하여 유화 느낌의 꽃 만들기 　　　　　　137

## CHAPTER 07 | 이미지 복원과 수정하기 — 138

- 01 똑같은 이미지 복사하기 – 도장 툴(Clone Stamp Tool) — 139
- 기능 익히기 도장 툴을 이용하여 연꽃 복사하기 — 141
- 02 똑같은 패턴을 이미지에 복사하기 – 패턴 도장 툴(Pattern Stamp Tool) — 142
- 기능 익히기 밋밋한 웨딩드레스에 무늬 넣기 — 143
- 03 감쪽같이 옥의 티 지우기 – 스팟 힐링 브러시 툴(Spot Healing Brush Tool) — 144
- 기능 익히기 스팟 힐링 브러시 툴을 이용하여 전봇대 지우기 — 145
- 04 배경과 합성하면서 지우기 – 힐링 브러시 툴(Healing Brush Tool) — 147
- 기능 익히기 힐링 브러시 툴을 이용하여 조각상 복사하기 — 148
- 05 넓은 영역 합성하면서 지우기 – 패치 툴(Patch Tool) — 149
- 기능 익히기 패치 툴을 이용하여 나만의 해변 만들기 — 150
- 06 내용을 감쪽같이 이동하기 – 영역 인식 이동 툴(Content Aware Move Tool) — 151
- 기능 익히기 새 창을 연 후 파일을 Place하고 저장하기 — 152
- 07 적목 현상 제거하기 – 레드 아이 툴(Red Eye Tool) — 153
- 기능 익히기 레드 아이 툴을 이용하여 신호등 색상 바꾸기 — 154

## CHAPTER 08 | 리터칭 작업의 기본, 도구 익히기 — 156

- 01 배경을 흐리게 하여 특정 영역 돋보이게 하기 – 블러 툴(Blur Tool) — 157
- 기능 익히기 블러 툴을 이용하여 소 돋보이게 하기 — 158
- 02 이미지를 선명하게 보정하기 – 샤픈 툴(Sharpen Tool) — 159
- 기능 익히기 샤픈 툴을 이용하여 초가집 돋보이게 하기 — 160
- 03 밀어서 왜곡하기 – 스머지 툴(Smudge Tool) — 161
- 기능 익히기 스머지 툴을 이용하여 복실 강아지 만들기 — 162
- 04 이미지를 밝게 만들어 하이라이트 주기 – 닷지 툴(Dodge Tool) — 163
- 기능 익히기 밝기 기능을 이용하여 에펠탑 야경 더 밝게 만들기 — 164
- 05 어둡게 명암 보정하기 – 번 툴(Burn Tool) — 165
- 기능 익히기 전체 배경을 어둡게 하여 조명을 더 돋보이게 만들기 — 166
- 06 색을 빼거나 더하기 – 스펀지 툴(Sponge Tool) — 167
- 기능 익히기 전체를 흑백으로 만든 후 특정 영역 강조하기 — 168

## CHAPTER 09 | 모두 모두 지워라 — 170

- 01 브러시 기능만 지우기 – 히스토리 브러시 툴(History Brush Tool) — 171
- 기능 익히기 이미지에 적용했던 여러 가지 효과들을 부분적으로 지우기 — 172
- 02 유화 느낌 이미지 만들기 – 아트 히스토리 브러시 툴(Art History Brush Tool) — 173
- 기능 익히기 벽화 조각상을 유화 느낌의 이미지로 바꾸기 — 175
- 03 원하는 영역 지우기 – 지우개 툴(Eraser Tool) — 176
- 기능 익히기 사막의 하늘 지우기 — 177
- 04 배경을 깔끔하게 정리하기 – 배경 지우개 툴(Background Eraser Tool) — 178
- 기능 익히기 특정 색을 찾아 지우기 — 179
- 05 클릭 한 번으로 지우기 – 마술 지우개 툴(Magic Eraser Tool) — 180
- 기능 익히기 밋밋한 하늘을 지우고 노을진 하늘을 배경으로 만들기 — 181

| CHAPTER 10 | 포토샵에서 색상 입히기                                                    182

　01 ✕ 포토샵에서 색 선택하기                                              183
　02 ✕ 단색을 이용하여 색 채우기 – 페인트 버켓 툴(Paint Bucket Tool )         185
　　기능 익히기  숫자판 색상 바꾸기                                          186
　03 ✕ 여러 개의 색상을 한 번에 표현하기 – 그레이디언트 툴(Gradient Tool )      188
　　기능 익히기  해지는 저녁노을 강조하기                                    191
　04 ✕ 같은 모양 반복되는 면 – 패턴(Pattern)                                 192
　　기능 익히기  구름을 패턴으로 만들어 배경으로 넣기                        194

| CHAPTER 11 | 포토샵에서도 벡터 드로잉이 가능하다                              198

　01 ✕ 패스 그리기 – 펜 툴(Pen Tool )                                       199
　　기능 익히기  펜 툴( )로 전등갓을 선택한 후 벽에 등 모양 합성하기           202
　02 ✕ 포토샵에서 제공하는 다양한 벡터 – 사용자 툴(Custom Tool )              206
　　기능 익히기  사진과 도형을 이용하여 첫돌 초대장 만들기                    208

| CHAPTER 12 | 글자를 활용한 기능                                              214

　01 ✕ 필요한 곳에 글자 입력하기 – 가로 문자 툴(Horizontal Type Tool )        215
　　기능 익히기  꽃 배경에 간단한 광고 문구 넣기                              219
　02 ✕ 특정 영역 안에만 글자 입력하기 – 글상자                               224
　　기능 익히기  정류장 빈 유리벽에 시 한 편 입력하기                        225
　03 ✕ 패스를 따라 흐르는 글자 만들기                                       227
　　기능 익히기  벽에 패스를 따라 흐르는 아름다운 문구 넣기                  228
　04 ✕ 문자 변형하기                                                       230
　　기능 익히기  밋밋한 시계에 글자 넣어 장식하기                            231

| CHAPTER 13 | Adjustments 메뉴를 이용하여 사진 이미지 보정하기                 232

　01 ✕ 색상 모드의 이해                                                    233
　02 ✕ 밝게 선명하게 – 밝기와 명도 Brightness/Contrast( )                    234
　　기능 익히기  이미지를 좀 더 밝고 선명하게 표현하기                       236
　03 ✕ 빛을 이용하여 선명도 조절하기 – Levels( )                             237
　　기능 익히기  흐릿하게 찍은 카페 사진을 선명하게 만들기                   239
　04 ✕ 어두운 이미지를 밝게 만들기 – Curves( )                               240
　　기능 익히기  야경 사진을 좀 더 밝고 선명한 사진으로 만들기               241
　05 ✕ 초점 강조하기 – Vibrance( )                                         242
　　기능 익히기  Vibrance를 이용하여 채도 조절하기                           243
　06 ✕ 특정 영역 색상 내 마음대로 바꾸기 – Hue/Saturation( )                  244
　　기능 익히기  Hue/Saturation을 이용하여 색상 바꾸기                       245
　07 ✕ 색을 내 마음대로 추가하기 – Variations                               247
　　기능 익히기  Variation을 이용하여 색상과 밝기 보정하기                   248
　08 ✕ 사진 색상 보정하기 – Color Balance( )                                249
　　기능 익히기  Color Balance를 이용하여 전체적인 색조 톤 조절하기           250

15

| | |
|---|---|
| 09 ✕ Black & White( Alt + Shift + Ctrl + B )(🔲) | 251 |
| 기능 익히기 Black & White(🔲)를 이용하여 흑백 사진 세밀하게 조절하기 | 252 |
| 10 ✕ Photo Filter(🔲) | 254 |
| 기능 익히기 Photo Filter(🔲)를 이용하여 바다 풍경을 일몰 사진으로 바꾸기 | 255 |
| 11 ✕ Channel Mixer(🔲) | 256 |
| 기능 익히기 Channel Mixer(🔲)를 이용하여 흑백 이미지 세밀하게 설정하기 | 257 |
| 12 ✕ Color Lookup(🔲) | 258 |
| 기능 익히기 ColorLookup(🔲)을 이용하여 이미지의 새로운 색감 적용하기 | 259 |
| 13 ✕ 색상 반전하기 – Invert(🔲) | 260 |
| 기능 익히기 Invert(🔲)를 이용하여 보색 사진 만들기 | 261 |
| 14 ✕ Posterize(🔲) | 262 |
| 15 ✕ 흰색과 검은색으로만 표현하기 – Threshold(🔲) | 263 |
| 기능 익히기 Threshold(🔲)를 이용하여 이미지를 판화 느낌으로 표현하기 | 264 |
| 16 ✕ Gradient Map(🔲) | 265 |
| 기능 익히기 Gradient Map(🔲)을 이용하여 이미지 표현하기 | 266 |
| 17 ✕ Selective Color(🔲) | 267 |
| 기능 익히기 Selective Color(🔲)를 이용하여 색감 높이기 | 268 |
| 18 ✕ 역광 사진 보정하기 – Shadows/Highlights | 270 |
| 기능 익히기 Shadows/Highlights 기능을 이용하여 역광 사진 보정하기 | 271 |
| 19 ✕ 색상은 사라지고 – Desaturate( Shift + Ctrl + U ) | 272 |
| 기능 익히기 Desaturation 기능을 이용하여 오래된 사진 만들기 | 273 |
| 20 ✕ Match Color | 274 |
| 기능 익히기 Match Color 기능을 이용하여 오래된 사진 만들기 | 275 |
| 21 ✕ Replace Color | 276 |
| 기능 익히기 Replace Color 기능을 이용하여 전등색 바꾸기 | 277 |

| **CHAPTER 14** | **포토샵의 기본, 레이어** | **278** |
|---|---|---|
| 01 ✕ 레이어란? | | 279 |
| 기능 익히기 레이어의 다양한 기능을 알아보기 | | 281 |
| 02 ✕ 색상을 이용한 이미지 합성 – 블렌딩 모드 | | 286 |
| 기능 익히기 블렌드 모드를 이용하여 이미지를 합성하기 | | 291 |
| 03 ✕ 다양한 효과로 쉽게 작업하기 – 레이어 스타일 | | 293 |
| 기능 익히기 레이어 스타일을 이용하여 아쿠아 글자 만들기 | | 302 |
| 04 ✕ 특정 영역 보이기 – 마스크 | | 304 |
| 기능 익히기 클리핑 마스크와 레이어 마스크를 이용하여 화장품 광고 페이지 만들기 | | 305 |
| 05 ✕ 이미지를 보호하면서 효과주기 – 보정 레이어 | | 310 |
| 기능 익히기 보정 레이어를 이용하여 이미지 보정 기능 익히기 | | 311 |
| 06 ✕ 이미지 정보가 저장되어 있는 곳 – Channel(🔲) | | 313 |
| 기능 익히기 보정 레이어를 이용하여 이미지 보정 기능 익히기 | | 315 |

| CHAPTER 15 | 이미지에 다양한 효과를 적용하자 – 필터 | 316

01 이미지에 특수 효과를 만드는 필터 … 317
**기능 익히기** 스케치한 느낌의 흑백 성 만들기 … 342
**기능 익히기** 물방울 만들기 … 344
**기능 익히기** 모래사장 이벤트 배경 만들기 … 348
02 이미지를 왜곡하는 – Liquify … 356

| CHAPTER 16 | 포토샵의 고급 기능 | 358

01 반복 작업을 편리하게 – Action(▶) … 359
**기능 익히기** '동물 농장' 글자를 여러 이미지에 한꺼번에 넣기 … 362
02 Timeline … 367
**기능 익히기** 아프리카 어린이에게 희망을 – 캠페인 광고 만들기 … 368
03 3D … 374
**기능 익히기** 2D 글자를 3D로 만들기 … 377

| CHAPTER 17 | 포토샵과 웹 디자인 | 380

01 웹용으로 저장하기( Alt + Shift + Ctrl + S ) … 381
02 웹 디자인 – 슬라이스 툴(Slice Tool) … 383
**기능 익히기** 웹 페이지 저장하기 … 385

## 활용편

| CHAPTER 01 | 이벤트 페이지 _ 이벤트 페이지 디자인 | 392

**이벤트 페이지** 첫눈 이벤트 페이지 만들기 … 393

| CHAPTER 02 | 화장품 광고 페이지 _ 광고 페이지 디자인 | 406

**이벤트 페이지** 화장품 광고 페이지 만들기 … 407

| CHAPTER 03 | 봄꽃 축제 포스터 _ 포스터 디자인 | 422

**이벤트 페이지** 축제 포스터 만들기 … 423

| CHAPTER 04 | 앱 디자인 _ 모바일 페이지 디자인 | 442

**이벤트 페이지** 애플트리 모바일 페이지 만들기 … 443

| CHAPTER 05 | 웹 디자인 _ 웹 페이지 디자인 | 452

**이벤트 페이지** 신곡초등학교 홈페이지 제작하기 … 453

# PART 1

## 기본편

| CHAPTER 01 | 포토샵 CS6 기본 개념과 인터페이스
| CHAPTER 02 | 정교한 드로잉을 위한 보조 기능 알아보기
| CHAPTER 03 | 포토샵의 기본, 선택 방법 익히기
| CHAPTER 04 | 포토샵의 다양한 선택 방법 익히기
| CHAPTER 05 | 합성의 기본, 이미지 편집하기
| CHAPTER 06 | 채색하고 배경 만들기, 마법사 브러시
| CHAPTER 07 | 이미지 복원과 수정하기
| CHAPTER 08 | 리터칭 작업의 기본, 도구 익히기
| CHAPTER 09 | 모두 모두 지워라
| CHAPTER 10 | 포토샵에서 색상 입히기
| CHAPTER 11 | 포토샵에서도 벡터 드로잉이 가능하다
| CHAPTER 12 | 글자를 활용한 기능
| CHAPTER 13 | Adjustments 메뉴를 이용하여 사진 이미지 보정하기
| CHAPTER 14 | 포토샵의 기본, 레이어
| CHAPTER 15 | 이미지에 다양한 효과를 적용하자 – 필터
| CHAPTER 16 | 포토샵의 고급 기능
| CHAPTER 17 | 포토샵과 웹 디자인

●● 기초편에서는 포토샵 사용자라면 누구나 알아야 하는 기본 기능에 대해 알아보겠습니다. 이번 장에서는 툴의 쓰임, 레이어의 개념과 응용 방법, 보정 기능, 필터의 응용 방법 등을 다양하게 익힐 수 있습니다. 또한 웹 디자인에 필요한 이미지 슬라이스 기능 등을 통해 웹 표준에 알맞은 이미지 슬라이스 방법과 방대한 이미지를 한꺼번에 처리해 주는 자동화 기능, 배너에 주로 사용되는 애니메이션 제작 등에 대해 알아봅니다.

# 포토샵 CS6 기본 개념과
# 인터페이스

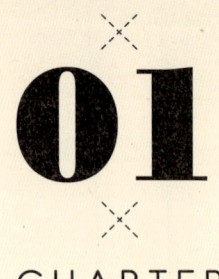

CHAPTER

포토샵의 사용 분야 및 작업 화면 그리고 기본 사용법에 대해 알아보겠습니다.

× M A D A M ' S  K S  P H O T O S H O P  C S 6 ×

•• 포토샵의 활용 분야는 넓습니다. 즉, 디자이너라면 기본적으로 포토샵 실력을 갖추고 있어야 합니다.

•• 포토샵은 오랜 기간에 걸쳐 발전해 왔습니다. 포토샵을 처음 시작하는 사용자라면 작업 공간을 정확하게 이해해야 할 필요가 있습니다.

## 01 ✕ 만나서 반갑다! 포토샵 CS6

포토샵은 일러스트레이터와 함께 2D 프로그램의 대표적인 디자인 프로그램입니다. 포토샵은 비트맵 형식이고, 일러스트레이터는 벡터 형식입니다.

### 포토샵이란?

포토샵은 미국 어도비(Adobe) 사에서 개발한 2차원 비트맵 형식의 그래픽 프로그램입니다. 비트맵 형식은 이미지가 픽셀(Pixel) 단위로 구성되어 있으며, 픽셀의 수에 따라 이미지의 용량과 해상도가 달라집니다. 비트맵 형식은 픽셀로 구성되어 있기 때문에 이미지를 확대하면 이미지가 깨지는 단점이 있지만, 이미지를 사실적으로 표현할 수 있다는 장점이 있습니다.

▲ http://www.adobe.com/products/photoshop/features.html

### 포토샵 CS6의 활용 분야

포토샵은 사진 보정은 물론 웹 디자인, 모바일 디자인에 이르기까지 다양한 분야에서 사용되고 있습니다.

**이미지 편집**

이미지의 회전, 변형, 왜곡, 복사 등과 같은 다양한 편집 기능을 통해 배너, 포스터 등을 제작할 수 있습니다.

### 페인팅, 드로잉

브러시를 이용하여 새롭게 리터칭하거나 사진 위에 효과를 그려 넣어 다양한 표현을 할 수 있습니다.

### 사진 보정과 합성

스마트폰으로 촬영한 사진의 색상, 채도 등을 조절하거나 밝기, 어둡기 등을 보정할 수 있습니다. 또한 레이어의 다양한 기능을 이용하여 서로 다른 느낌의 사진을 합성할 수도 있습니다.

### 애니메이션, 동영상

여러 개의 이미지를 연속으로 보여주는 Gif 애니메이션을 만들거나 간단한 동영상 편집 작업도 할 수 있습니다.

### 필터 효과

스케치, 왜곡, 노이즈 등의 다양한 필터를 이용하여 새로운 이미지를 만들 수 있습니다.

### 웹 디자인

웹 디자인에 필요한 홈페이지 레이아웃이나 아이콘, 플래시 애니메이션 이미지 등을 제작할 수 있습니다.

## 02 포토샵 CS6에 새롭게 추가된 기능

포토샵 CS6는 사진 이미지의 색상 보정, 이미지 합성, 사진 복원, 타이포그래피, 인쇄물 디자인, 웹 디자인 등과 같은 그래픽이나 이미지 정보를 수정하거나 편집할 수 있습니다.

### 새로워진 UI 인터페이스 설정하기

포토샵 CS6 인터페이스는 4가지의 컬러 테마(Color Theme)를 가지고 있으며, 기본색은 검은 회색(Dark Gray)입니다. Black, Dark Gray, Medium Gray, Light Gray를 지원하며, 스크린(Screen)의 상태 또는 사용자의 취향에 따라 색상을 변경할 수 있습니다. 단축키인 Shift + F1 을 누르면 한 단계 어둡게, Shift + F2 를 누르면 한 단계 밝게 변경됩니다.

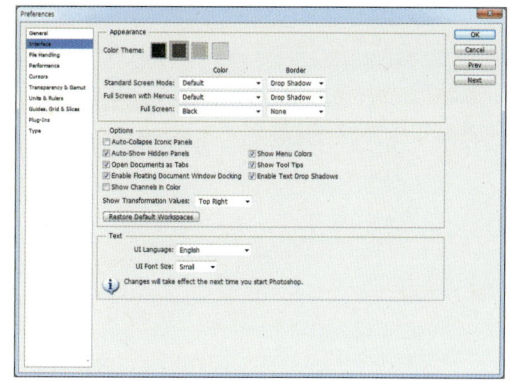

## 카메라 로(Camera Law)

과다 노출이나 저노출의 이미지를 자동으로 조절하여 이미지를 좀 더 선명하게 만들 수 있습니다.

## 이미지 트레이싱 엔진의 도입으로 인한 GPU 가속으로 좀 더 빠른 수정

픽셀 유동화(Liquify), 트랜스폼(Transform), 퍼펫 뒤틀기(Puppet Warp), 조명 효과(Lighting Effects) 기능을 이용하면 작업 시간을 좀 더 단축할 수 있습니다.

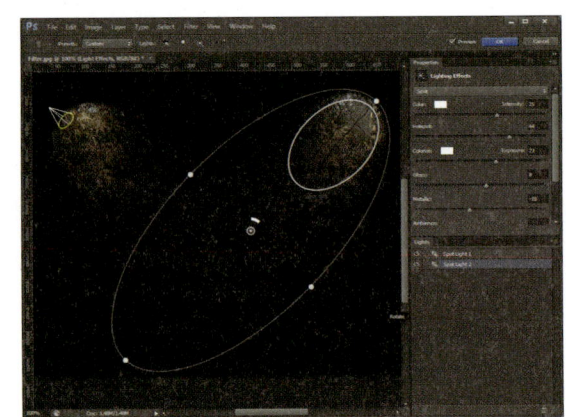

## 더욱 편리해진 벡터 작업-펜 툴(Pen Tool), 도형 툴(Shape Tool)

일러스트레이터의 기능들이 포토샵에 추가되어 벡터 작업이 편리해졌습니다.

● 도형 툴(Shape Tool)로 도형을 그리다가 캔버스를 클릭하면 도형을 설정할 수 있는 대화상자가 나타납니다. 이 대화상자를 이용하면 도형을 좀 더 세밀하게 설정할 수 있습니다.

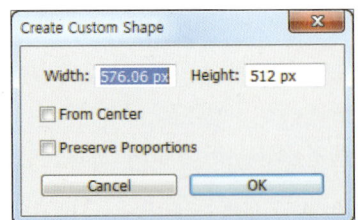

● 도형(Shape)을 만든 후에 옵션 바를 설정하면 Fill(면), Stroke(테두리)를 설정할 수 있습니다. [Fill]과 [Stroke]는 투명, 단색, 그레이디언트, 패턴 등으로 채색됩니다. 또한 [Stroke]는 선 굵기, 선의 위치, 모서리 모양 등을 설정할 수 있고, 점선을 만들 수도 있습니다.

▲ 색 채우기

▲ 선 옵션

## 내용 인식(Content Aware) 기능 업그레이드

콘텐츠 어웨어(Content Aware) 툴과 새롭게 추가된 콘텐츠 어웨어 패치(Content-Aware Patch) 툴을 이용하면 이미지의 한 부분을 선택하고 복사한 후 내용을 채워넣을 때 내용을 인식하여 배경을 그대로 적용할 수 있습니다. 콘텐츠 어웨어 무브(Content-Aware Move)는 선택한 이미지를 다른 장소로 간단하게 이동하는 데 사용합니다.

▲ 원본

▲ Content Aware 기능으로 거위 이동

## 다양한 Blur Gallery

Fleld Blur, Iris Blur, Tilt Shift Blur의 3가지가 추가되었습니다. 추가된 블러 필터를 이용하면 특별한 형태의 블러 효과를 빠르게 적용할 수 있습니다. 하나 이상의 초점을 추가하여 초점의 크기, 모양, 흐린 정도, 선명한 영역과 흐린 영역의 간격 등을 설정할 수 있습니다.

● Field Blur : 핀을 이용하여 기준점을 설정하면 각각의 기준점별로 블러 값을 조절할 수 있습니다.

● Iris Blur : 원형 형태로 블러 효과를 주어 마치 카메라 초점을 맞춘 듯한 효과를 나타낼 수 있습니다.

● Tilt-Shift : 수평, 수직, 대각선을 기준으로 블러를 지정하여 이미지를 흐릿하게 만들 수 있습니다.

## 간편한 비디오 편집

애니메이션이 타임라인으로 변경되었습니다. 비디오 편집 시 사운드를 편집할 수 있으며, 비디오 클립 사이에 효과를 줄 수도 있습니다.

## 자동 복구

포토샵 CS6의 자동 복구 옵션을 사용하면 10분마다 자동 저장됩니다.

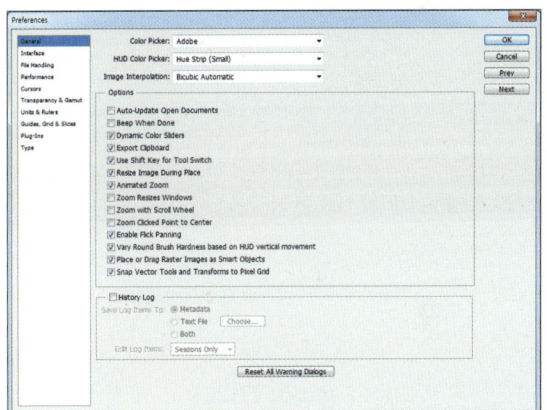

---

### 03 × 포토샵에서 사용하는 이미지와 곡선을 유지하는 이미지

그래픽 이미지는 크게 비트맵과 벡터로 나눌 수 있습니다. 픽셀, 즉 점(dot)으로 구성된 이미지를 '비트맵 이미지'라고 하고, 선분의 좌표 값을 이용하여 그려진 이미지를 '벡터 이미지'라고 합니다.

## 픽셀로 이루어진 비트맵 이미지

비트 컬러의 조합으로 이루어진 집합을 '비트맵 이미지'라고 합니다. 해상도의 단위인 픽셀을 기본으로 사용하여 이미지를 구성합니다. 비트맵 이미지는 다음과 같은 특징이 있습니다.

## 확대하면 픽셀이 커지면서 깨진 것처럼 보입니다

픽셀 하나하나가 모여 이미지를 이루므로 화면을 확대하면 픽셀이 사각형 형태로 보이고, 경계선은 계단 모양으로 깨져 보입니다.

▲ 원본

▲ 1600% 확대

## 용도에 맞는 해상도를 선택해야 합니다

가로 세로 1인치 안에 얼마만큼의 픽셀이 있느냐에 따라 해상도가 달라집니다. 웹 디자인용은 72ppi, 인쇄용은 300ppi로 설정해야 깨끗한 결과물을 얻을 수 있습니다.

## 자연스러운 이미지 표현이 가능합니다

비트맵 방식은 이미지를 자연스럽게 표현할 수 있기 때문에 주로 사진을 다루는 작업에 사용합니다. 대표적인 프로그램으로는 포토샵을 들 수 있습니다.

## 비트맵은 벡터보다 용량이 큽니다

같은 이미지를 비트맵 프로그램으로 그린 것은 벡터 프로그램으로 그린 것보다 용량이 훨씬 큽니다.

# 베지어 곡선으로 이루어진 벡터 이미지

점과 점의 좌표 값으로 이미지를 연결하여 그립니다. 벡터 이미지는 다음과 같은 특징이 있습니다.

## 확대해도 선과 면의 경계선이 선명합니다

점과 점의 좌표 정보 값을 이용하여 선을 표현하므로 확대해도 선명한 이미지를 유지할 수 있습니다.

▲ 원본

▲ 1600% 확대

## 사진처럼 이미지를 자연스럽게 표현하기가 어렵습니다

픽셀마다 색 정보를 가지는 비트맵 이미지에 비해 사실적인 표현을 하기가 어렵습니다. 사실적인 사진보다 캐릭터 이미지와 같은 일러스트 이미지에 더 많이 활용합니다.

## 벡터는 비트맵보다 용량이 작습니다

같은 이미지를 벡터 프로그램으로 그린 것과 비트맵 프로그램으로 그린 것 중 벡터로 그린 그림의 용량이 훨씬 작습니다.

## 이미지를 확대하거나 축소해도 이미지가 손상되지 않습니다

벡터 방식은 점과 점의 좌표 값을 이용하여 이미지를 그리는 것이기 때문에 확대하거나 축소해도 이미지가 손상되지 않습니다.

## 04 포토샵 CS6의 전체 화면 살펴보기

포토샵 CS6의 인터페이스는 단순하기 때문에 작업 속도가 빠릅니다. 전체적인 화면 구성과 구성 요소들을 살펴본 후 기능을 익혀보겠습니다.

### 화면 구성

포토샵 CS6는 크게 메뉴, 옵션 바, Tool 패널, 작업 영역, 패널로 구성되어 있습니다.

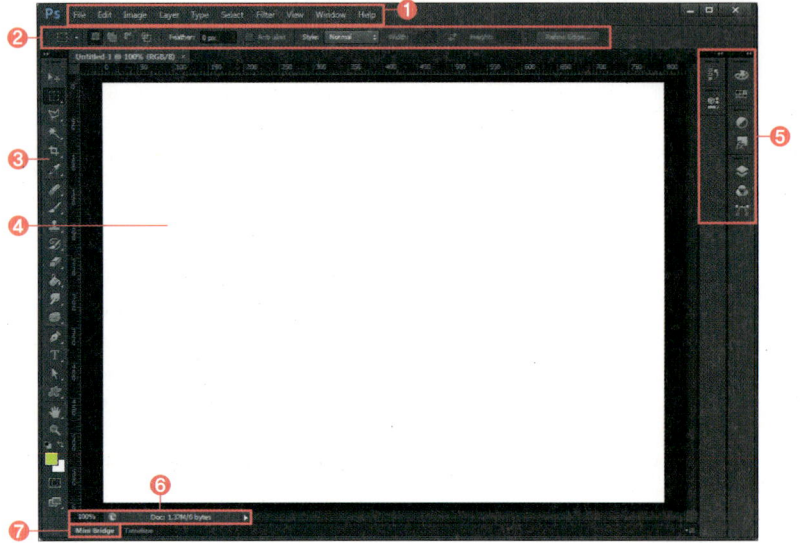

**❶ 메뉴**

각 기능별 10개의 메뉴로 구성되어 있으며, 각 메뉴별로 하위 메뉴를 제공하고 있습니다.

- **File(파일)** : 새 도큐먼트 만들기, 파일 불러오기, 저장하기 등 파일과 관련된 명령들이 있습니다.
- **Edit(편집)** : 복사, 붙여넣기 등 편집과 관련된 명령 및 프로그램 환경 설정 명령들이 있습니다.
- **Image(이미지)** : 이미지 모드 변경, 보정, 이미지와 캔버스 크기 조절 등에 관련된 명령들이 있습니다.
- **Layer(레이어)** : 레이어 추가, 삭제, 합치기, 정렬, 레이어 순서 변경 등이 있습니다.
- **Type(글자)** : 글자와 관련된 여러 명령들이 있습니다.
- **Select(선택)** : 선택 영역 확장, 축소, 경계선 부드럽게, 색상에 의한 선택 영역 만들기 등과 관련된 명령들이 있습니다.
- **Filter(효과)** : 필터 갤러리를 통해 여러 개의 특수 효과들을 한꺼번에 테스트해볼 수 있습니다.
- **View(보기)** : 눈금자, 그리드, 화면 보기와 관련된 명령들이 있습니다.
- **Window(윈도우)** : 패널, 작업 환경 변경하기와 관련된 명령들이 있습니다.
- **Help(도움말)** : 포토샵 CS6에 관련된 도움말을 볼 수 있습니다.

❷ 옵션 바

선택된 오브젝트에 따라 옵션 설정이 변합니다.

❸ Tool 패널

포토샵의 작업을 도와주는 여러 가지 툴로 구성되어 있습니다.

❹ 도큐먼트

실제 작업이 이루어지는 공간으로, 파일의 이름과 화면 비율, 색상 모드(CMYK 또는 RGB) 등이 표시됩니다.

❺ 패널

다양한 기능을 쉽게 사용할 수 있는 24개의 패널로 구성되어 있습니다. 사용자가 자주 사용하는 패널들끼리 쉽게 합치고 분리하여 새롭게 지정할 수 있습니다.

❻ 상태 표시줄

작업 중인 도큐먼트의 화면 배율, 크기 대한 정보 등이 표시됩니다.

❼ Mini Bridge

이미지를 미리 보기 형태로 불러올 수 있습니다.

## [Tool] 패널

[Tool] 패널은 패널의 중간에 들어 있는 선으로, 크게 5개의 영역으로 나누어져 있습니다. 단축키로 작업하면 작업 속도가 빨라지므로 함께 외워두는 것이 좋습니다.

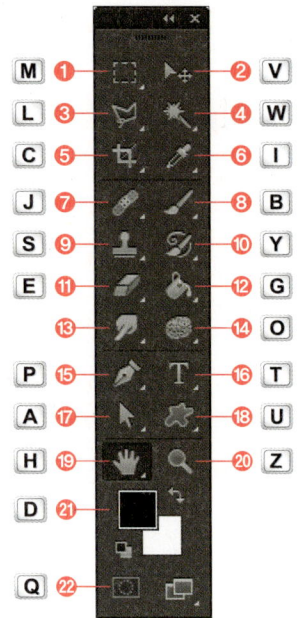

> **TIP | 단축키로 툴 이동하기**
>
> 각각의 툴은 단축키를 가지고 있으며, 여러 개의 툴이 하나의 단축키를 가지고 있는 경우도 있습니다. 예를 들어 마술봉 툴에는 마술봉 툴과 퀵 셀렉션 툴이 있고 단축키는 W를 사용합니다. 처음에 W을 누르면 마술봉 툴이 선택됩니다. 이때 빠른 선택 툴로 이동하고 싶으면 Shift를 누른 상태에서 다시 W을 누르면 됩니다.

## 선택, 이동과 관련된 툴

선택 툴, 이동 툴, 올가미 툴, 마술봉 툴, 크롭 툴, 스포이트 툴 등이 있습니다.

❶ **선택 툴(M)**
- 사각형 선택 툴(Rectangular Marquee Tool) : 오브젝트를 선택합니다.
- 원형 선택 툴(Elliptical Marquee Tool) : 원형으로 선택 영역을 만듭니다.
- 한 줄 선택 툴(Single Row Marquee Tool) : 1픽셀의 가로줄을 선택 영역으로 만듭니다.
- 한 칸 선택 툴(Single Column Marquee Tool) : 1픽셀의 세로줄을 선택 영역으로 만듭니다.

❷ **이동 툴(V)**
- 이동 툴(Move Tool) : 선택한 이미지를 이동합니다.

❸ **올가미 툴(L)**
- 올가미 툴(Lasso Tool) : 자유 선택 영역을 만듭니다.
- 다각형 올가미 툴(Polygonal Lasso Tool) : 이미지가 각진 형태일 때 사용하며, 다각형의 자유 형태 영역을 만듭니다.
- 자석 올가미 툴(Magnetic Lasso Tool) : 이미지의 경계선이 뚜렷하게 구별되는 경우에 사용하며, 자석이 경계선에 자동으로 달라붙어 이미지를 쉽게 선택할 수 있습니다.

❹ **마술봉 툴(W)**
- 마술봉 툴(Magic Wand Lasso Tool) : 선택 영역을 색상으로 만듭니다. 비슷한 색상 영역을 선택할 때 유용합니다.
- 빠른 선택 툴(Quick Selection Tool) : 브러시로 드래그하여 이미지를 쉽게 선택합니다.

❺ **자르기 툴(C)**
- 자르기 툴(Crop Tool) : 이미지를 원하는 사이즈로 잘라냅니다.
- 원근감 자르기 툴(Perspective Crop Tool) : 모서리를 상하좌우로 드래그하여 원근감을 나타냅니다.
- 슬라이스 툴(Slice Tool) : 이미지를 여러 개의 조각으로 잘라냅니다.
- 슬라이스 선택 툴(Slice Select Tool) : 잘라낸 이미지를 선택하거나 조각의 크기를 조절합니다.

❻ **기타 툴(I)**
- 스포이트 툴(Eyedropper Tool) : 색상을 추출하여 전경색으로 설정합니다.
- 칼라 스포이트 툴(Color Simpler Tool) : 최대 4개의 지정한 색을 추출합니다.
- 눈금자 툴(Ruler Tool) : 두 지점 사이의 거리와 각도, 위치를 측정합니다.
- 노트 툴(Note Tool) : 여러 사람이 작업할 때나 나중에 작업 파일을 볼 때 참조하기 위하여 메모를 표시합니다.

## 보정 툴

힐링 툴, 브러시 툴, 도장 툴, 히스토리 브러시 툴, 지우개 툴, 그레이디언트 툴, 블러 툴, 닷지 툴 등이 있습니다.

❼ **힐링 툴(J)**
- 스팟 힐링 툴(Spot Healing Brush Tool) : 점처럼 작은 영역을 쉽게 제거합니다.
- 힐링 툴(Healing Tool) : 복사되는 위치의 배경색과 복사하는 이미지를 혼합하여 자연스럽게 합성할 수 있습니다.
- 패치 툴(Patch Tool) : 힐링 툴과 비슷하지만, 복사되는 위치를 영역으로 선택하여 합성할 수 있습니다.
- 콘텐츠 인식 툴(Content-Aware Move Tool) : 이미지 내에 포함된 내용을 인지하여 가장 적합한 이미지로 삭제한 이미지를 채워줍니다.
- 레드 아이 툴(Red Eye Tool) : 적목 현상을 제거할 때 사용합니다.

❽ **브러시 툴(B)**
- 브러시 툴(Brush Tool): 그림을 그려주는 붓으로, 크기와 모양, 색상을 다양하게 선택할 수 있습니다.
- 연필 툴(Pencil Tool) : 연필처럼 딱딱한 선을 그립니다. 브러시처럼 크기와 모양, 색상을 다양하게 선택할 수 있습니다.
- 색상 교체 툴(Color Replacement Tool) : 선택한 색상을 다른 색상으로 교체합니다.
- 믹서 브러시 툴(Mixer Brush Tool) : 색상을 붓으로 다양하게 섞어서 표현합니다.

❾ 도장 툴(S)
- 도장 툴(Clone Stamp Tool) : 이미지의 특정 영역을 똑같이 복제합니다.
- 패턴 도장 툴(Pattern Stamp Tool) : 이미지의 특정 영역에 패턴을 칠합니다.

❿ 히스토리 브러시 툴(Y)
- 히스토리 브러시 툴(History Brush Tool) : 브러시로 작업한 이미지를 초기 상태로 복원합니다.
- 아트 히스토리 브러시 툴(Art History Brush Tool) : 다양한 아트 효과를 적용합니다.

⓫ 지우개 툴(E)
- 지우개 툴(Eraser Tool) : 이미지를 지웁니다.
- 배경 지우개 툴(Background Eraser Tool) : 이미지의 배경색을 지웁니다.
- 마술 지우개 툴(Magic Eraser Tool) : 마술봉과 비슷한 계열의 색상 영역을 한 번에 지웁니다.

⓬ 그레이디언트 툴(G)
- 그레이디언트 툴(Gradient Tool) : 2가지 이상의 색이 자연스럽게 중간 단계를 만드는 그레이디언트로 색을 채웁니다.
- 페인트 버켓 툴(Paint Bucket Tool) : 선택 영역에 전경색이나 패턴을 채웁니다.

⓭ 이미지 선명도 조절
- 블러 툴(Blur Tool) : 이미지를 흐릿하게 만듭니다.
- 샤픈 툴(Sharpen Tool) : 이미지를 선명하게 만듭니다.
- 스머지 툴(Smudge Tool) : 손가락으로 문지른 효과를 나타냅니다.

⓮ 이미지 밝기 조절과 색상 조절(O)
- 닷지 툴(Dodge Tool) : 이미지를 밝게 만듭니다.
- 번 툴(Burn Tool) : 이미지를 어둡게 만듭니다.
- 스펀지 툴(Sponge Tool) : 채도를 없애거나 채도를 추가합니다.

**벡터 드로잉 관련 툴**

펜 툴, 문자 툴, 패스 선택 툴, 다각형 툴들이 있습니다.

⓯ 펜 툴(P)
- 펜 툴(Pen Tool) : 패스 선으로 이미지를 그릴 때 사용합니다.
- 자유 펜 툴(Freeform Pen Tool) : 올가미 툴처럼 자유롭게 드래그하여 패스선을 그립니다.
- 앵커 추가 툴(Add Anchor Point Tool) : 패스에 앵커점을 추가합니다.
- 앵커 삭제 툴(Delete Anchor Point Tool) : 앵커점을 삭제합니다.
- 앵커 포인트 변환 툴(Convert Anchor Point Tool) : 앵커점의 방향선을 변형합니다.

⓰ 문자 툴(T)
- 가로 문자 툴(Type Tool) : 글자를 가로로 입력합니다.
- 세로 문자 툴(Vertical Type Tool) : 글자를 세로로 입력합니다.
- 가로 문자 마스크 툴(Horizontal Type Mask Tool) : 가로로 입력한 글자를 선택 영역으로 만듭니다.
- 세로 문자 마스크 툴(Vertical Type Mask Tool) : 세로로 입력한 글자를 선택 영역으로 만듭니다.

⓱ 패스 선택 툴(A)
- 패스 선택 툴(Path Selection Tool) : 그려진 패스선을 선택한 후 전체를 이동합니다.
- 패스 직접 선택 툴(Direct Select Tool) : 앵커점의 위치와 패스선의 방향을 조절합니다.

⓲ 도형 툴(U)
- 사각형 툴(Rectangle Tool) : 사각 모양의 패스선, 벡터 도형, 비트맵 도형 등을 그립니다.
- 모서리가 둥근 사각형 툴(Rounded Rectangel Tool) : 모서리가 둥근 사각형의 패스선, 벡터 도형, 비트맵 도형 등을 그립니다.
- 원형 툴(Ellipse Tool) : 원형 모양의 패스선, 벡터 도형, 비트맵 도형 등을 그립니다.
- 다각형 툴(Polygon Tool) : 다각형의 패스선, 벡터 도형, 비트맵 도형 등을 그립니다.
- 선 툴(Line Tool) : 선 모양의 패스선, 벡터 도형, 비트맵 도형 등을 그립니다.
- 사용자 툴(Custom Tool) : 포토샵에서 제공하는 다양한 도형을 그립니다.

⓳ 기타 툴(H)

아트보드, 슬라이스, 손 툴 등이 있습니다.

⓴ 화면 보기 툴(Z)
- 손바닥 툴(Hand Tool) : 작업 중인 화면을 이동합니다.
- 돋보기 툴(Zoom Tool) : 화면의 크기를 확대하거나 축소합니다.

㉑ 색상 선택 툴(D)

전경색과 배경색을 선택합니다. 클릭하면 나타나는 Color Picker 창에서 원하는 색상을 선택할 수 있습니다.

㉒ 모드/전체 화면(Q)
- 퀵 마스크 모드 툴(Quick Mask Mode Tool) : 선택 영역을 섬세하게 선택할 수 있는 상태인 마스크 모드로 들어가거나 일반 선택 상태로 되돌아옵니다.

## 포토샵을 도와주는 패널 살펴보기

작업을 쉽게 수행할 수 있도록 도와주는 것으로, 총 24개의 패널이 있습니다. 각 패널의 기능에 대해 알아보겠습니다.

❶ Action 패널( ▶, Alt + F9 )

Actions는 '행동'을 뜻합니다. 어떤 행동, 즉 작업을 기록한 후 기록된 작업을 반복적으로 실행하여 작업 시간을 단축할 수 있습니다.

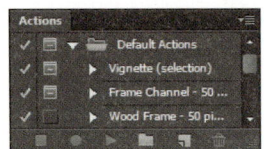

❷ Adjustments 패널( )

Adjustments는 '보정'을 뜻합니다. 선택한 이미지의 어두운 정도, 밝은 정도, 색상 등을 보정합니다.

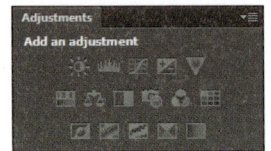

❸ Brush 패널( , F5 )

Brush는 '붓'을 뜻합니다. 붓의 크기, 모양, 색상, 각도, 흩어지는 정도, 투명도 등을 설정합니다.

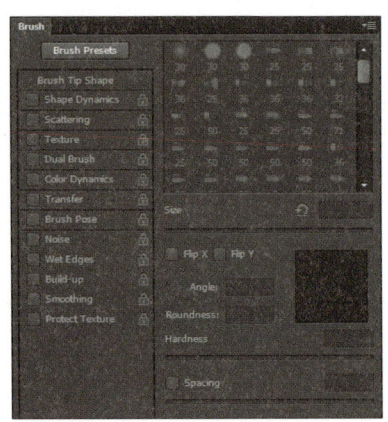

❹ Brush Presets 패널( )

Brush Presets는 '브러시 설정'을 뜻합니다. 포토샵에서 제공하는 다양한 브러시를 선택할 수 있습니다.

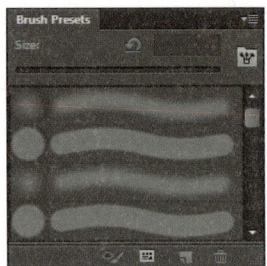

❺ Channels 패널( )

Channels는 '주파수'를 뜻합니다. 이미지의 RGB 색상 정보와 선택 영역을 보관하는 용도로 사용합니다.

❻ Character 패널( )

문자와 관련된 속성 글자 크기, 줄 간격, 자간 등을 조절할 때 사용합니다.

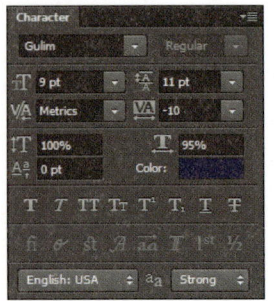

❼ Character Styles 패널(　)

Color는 '색상'을 뜻합니다. 선택한 오브젝트의 면과 선의 색상을 지정합니다.

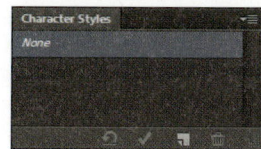

❽ Clone Source 패널(　)

도장 툴과 함께 사용하는 툴로, 여러 장의 이미지 정보를 패널에 저장해두었다가 필요한 경우에 불러와서 사용할 수 있습니다.

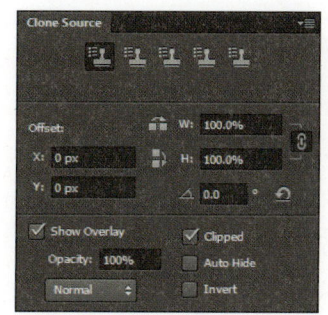

❾ Color 패널(　, F6)

Color는 '색상'을 뜻합니다. 전경색과 배경색을 나타내는 곳으로, 수치를 입력하거나 슬라이더를 조절하여 색상 값을 설정합니다.

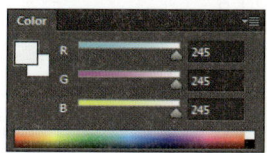

❿ Histogram 패널(　)

Histogram은 '막대그래프'를 뜻합니다. 이미지를 구성하고 있는 색상을 톤별로 구분하여 그래프로 나타냅니다.

⓫ History 패널(　)

작업 과정을 기록해두어 언제든지 작업 과정을 되돌릴 수 있습니다. 기본적으로 20단계까지 기록합니다.

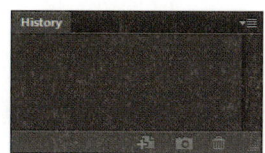

⓬ Info 패널(　, F8)

Info는 '정보'를 뜻합니다. 색상 정보, 마우스 포인터의 위치, 너비 높이 값 등 지정한 영역의 정보를 나타냅니다.

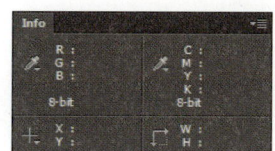

❸ Layer Comps 패널(🖼)

레이어의 구성 요소, 레이아웃들을 저장하고 관리하는 패널입니다. 하나의 캔버스에 여러 개의 레이아웃을 만들 수 있습니다.

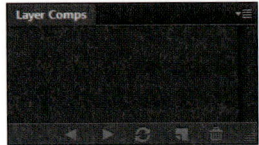

❹ Layers 패널(🔲, F7)

투명한 유리판을 여러 장 쌓아서 작업하는 것을 뜻합니다. 여러 장의 이미지를 합성할 때 사용하며 레이어 추가, 삭제, 투명도 조절, 스타일, 마스크 등을 이용하여 표현할 수 있습니다.

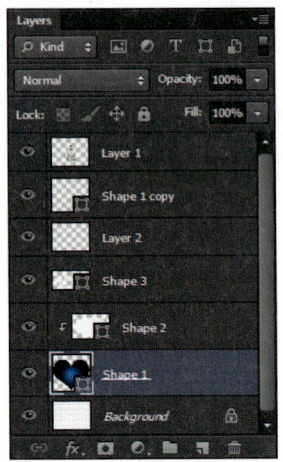

❺ Navigator 패널(🧭)

Navigator는 '항해사'를 뜻합니다. 캔버스 전체를 한눈에 파악할 수 있으며, 이미지를 확대/축소하여 볼 수 있습니다.

❻ Notes 패널(📋)

포스트잇처럼 메모를 남길 수 있습니다.

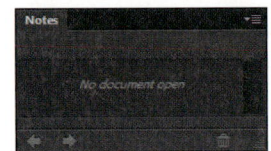

❼ Paragraph(¶)

문단의 정렬(들여쓰기, 내어쓰기)을 설정합니다.

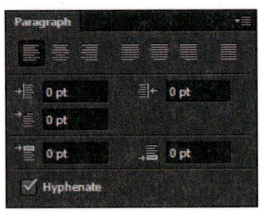

❽ Paragraph Styles(📋)

문단의 정렬(들여쓰기, 내어쓰기) 스타일을 설정합니다.

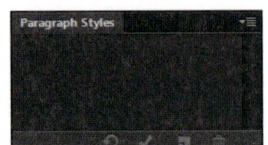

**⑲ Paths 패널( )**

패스로 그린 선이나 도형을 확인합니다. 패스로 그린 도형에 면과 테두리선을 칠할 수 있고, 선택 영역으로 바꾸거나 선택 영역을 패스로 저장할 수도 있습니다.

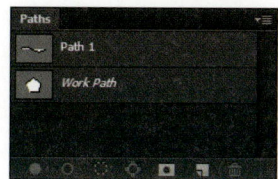

**⑳ Properties 패널( )**

포토샵에서 보정 레이어를 추가할 경우 보정에 대한 속성을 나타내주는 곳으로 보정을 편집하거나 보정 레이어의 마스크 영역을 설정할 수 있도록 합니다.

**㉑ Styles 패널( )**

Styles는 '유행', '방식'을 뜻합니다. 포토샵에서는 선택한 레이어에 다양한 효과를 줄 때 사용합니다.

**㉒ Swatches 패널( )**

색상 견본이 담겨 있으며, 사용자 색을 저장합니다.

**㉓ Timeline 패널**

포토샵에서 간단한 애니메이션을 만들 때 사용하는 패널입니다.

**㉔ Tool Presets 패널( )**

자주 사용하는 도구와 옵션을 저장해두었다가 바로 사용할 수 있도록 하는 툴입니다.

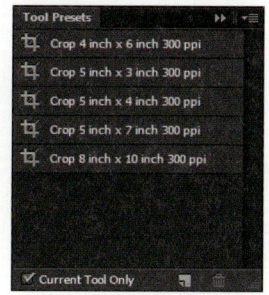

## 05 × 작업을 도와주는 패널을 내 마음대로

모든 패널을 작업 창에 넣을 수는 없습니다. 자주 사용하는 패널을 마음대로 편집하여 작업 창을 효율적으로 사용할 수 있도록 합니다.

▶ **예제 파일** Chapter01/액자사진.jpg

### 패널 확장하기

[Tool] 패널 Dock 위쪽의 Expand Panels(▶▶) 버튼을 클릭하여 패널을 확장합니다. 포토샵 CS3부터는 [Tool] 패널이 한 줄로 변경되었습니다. 이전 버전의 사용자 편의를 위해 2줄로 변경합니다.

### 패널 축소하기

축소할 패널의 제목을 더블클릭하면 최소화되면서 아래쪽의 패널이 확장됩니다.

## 패널 분리하기

패널 제목을 패널 그룹 밖으로 드래그합니다.

## 패널 합치기

패널의 제목을 묶어줄 그룹으로 드래그합니다. 그룹의 바깥쪽 테두리가 파란 박스로 변하면 패널을 놓습니다.

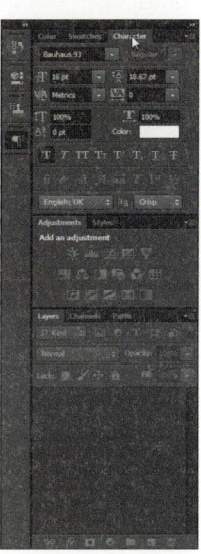

## 패널 닫기

패널 제목에서 마우스 오른쪽 버튼을 클릭합니다. [Close] 버튼을 클릭하면 패널이 닫힙니다.

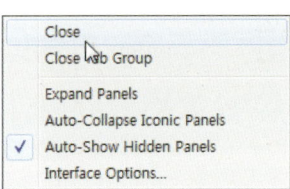

### 새로운 작업 파일 만들기

작업을 하려면 새로운 도큐먼트가 필요합니다. 새로운 도큐먼트를 여는 방법에 대해 알아보겠습니다.

### 새 도큐먼트 만들기

메뉴에서 [File]-[New](Ctrl + N)를 클릭하여 New Document 대화상자를 엽니다.

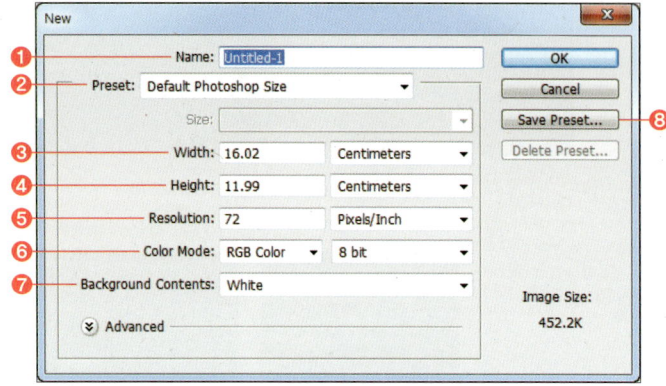

❶ Name : 도큐먼트의 이름을 입력합니다. 작업이 끝나고 저장할 때 사용하는 이름입니다.

❷ Preset : 도큐먼트의 가로, 세로, 해상도 등 포토샵에서 미리 설정되어 있는 값을 불러옵니다.

❸ Width : 도큐먼트의 가로 길이를 입력합니다. 기본 단위는 센티미터(Centimeters)로 설정되어 있으며, 웹용으로 작성할 경우 픽셀(Pixel)을 기준으로 작업합니다.

❹ Height : 도큐먼트의 세로 길이를 입력합니다. 기본 단위는 센티미터(Centimeters)로 설정되어 있으며, 웹용으로 작성할 경우에는 픽셀(Pixel)을 기준으로 작업합니다.

❺ Resolution : 이미지의 해상도를 나타냅니다. 웹용으로 작성할 경우에는 72ppi 또는 96ppi로 설정하고, 인쇄용으로 작업할 경우에는 300ppi로 설정합니다.

❻ Color Mode : 웹용으로 작성할 경우에는 RGB로, 인쇄용으로 작성할 경우에는 CMYK로 설정합니다.

❼ Background Contents : 도큐먼트의 배경색을 설정합니다.

❽ Save Preset : 설정한 값을 Preset으로 저장합니다.

## 06 파일을 불러오는 다양한 방법

포토샵에서는 PSD 파일뿐만 아니라 일러스트레이터 파일인 AI, 이미지 파일인 JPG, GIF, PNG, EPS, 문서 파일인 PDF 등을 불러올 수 있습니다.

### Open으로 불러오기

메뉴에서 [File]-[Open](Ctrl+O)을 클릭한 후 대화상자에서 파일을 선택하여 불러옵니다.

❶ **찾는 위치** : 불러올 파일이 있는 위치를 선택합니다.

❷ **파일 선택 창** : 불러올 파일을 선택합니다.

❸ **파일 이름** : 선택한 파일의 이름을 보여줍니다.

❹ **파일 형식** : 선택한 파일의 파일 형식을 보여줍니다.

❺ **열기** : 선택한 파일을 불러옵니다.

### Open As로 불러오기

외부 파일을 포토샵 작업 화면에 불러와서 사용하거나 단순히 연결만 할 경우에 사용하는 명령입니다. 메뉴에서 [File]-[Open As](Alt+Shift+Ctrl+O)를 클릭한 후 대화상자에서 파일을 선택하여 불러옵니다.

❶ 찾는 위치 : 불러올 파일이 있는 위치를 선택합니다.

❷ 파일 선택 창 : 불러올 파일을 선택합니다.

❸ 파일 이름 : 선택한 파일의 이름을 보여줍니다.

❹ Open As : 선택한 파일의 파일 형식을 보여줍니다.

❺ 열기 : 선택한 파일을 불러옵니다.

## Open As Smart Object로 불러오기

일반 이미지를 벡터 속성을 가진 스마트 오브젝트로 불러옵니다. 스마트 오브젝트는 벡터 속성을 가지고 있기 때문에 이미지를 변형하거나 확대해도 이미지가 손상되지 않습니다. 또한 필터 효과를 주면 레이어에 필터 효과가 표시되어 필터를 삭제하거나 수정할 수 있습니다. 메뉴에서 [File]-[Open As Smart Object]를 클릭한 후 대화상자에서 파일을 선택하여 불러옵니다.

❶ 찾는 위치 : 불러올 파일이 있는 위치를 선택합니다.

❷ 파일 선택 창 : 불러올 파일을 선택합니다.

❸ 파일 이름 : 선택한 파일의 이름을 보여줍니다.

❹ 파일 형식 : 선택한 파일의 파일 형식을 보여줍니다.

❺ 열기 : 선택한 파일을 불러옵니다.

## Mini Bridge로 불러오기

브릿지를 이용하면 불러오기 대화상자에서 미리 볼 수 없는 PSD 파일 내용을 미리 보기할 수 있습니다.

## Place로 불러오기

pdf 파일이나 일러스트 파일 이미지를 벡터 속성으로 불러오므로 이미지의 크기를 변경해도 이미지가 손상되지 않도록 할 수 있습니다.

## 07 다양한 저장 포맷

작업한 이미지를 다양한 형태로 저장하여 사용할 수 있습니다.

### Save로 저장하기

**Save( Ctrl + S )**

포토샵에서 작업한 파일을 저장합니다. PSD, EPS, JPEG, GIF와 같은 포맷으로 저장합니다.

**Save As( Shift + Ctrl + S )**

포토샵에서 작업한 파일을 새로운 이름으로 지정하거나 형식을 변경하여 저장할 수 있습니다.

**Save for Web( Alt + Shift + Ctrl + S )**

포토샵에서 작업한 파일을 웹용 이미지로 저장합니다.

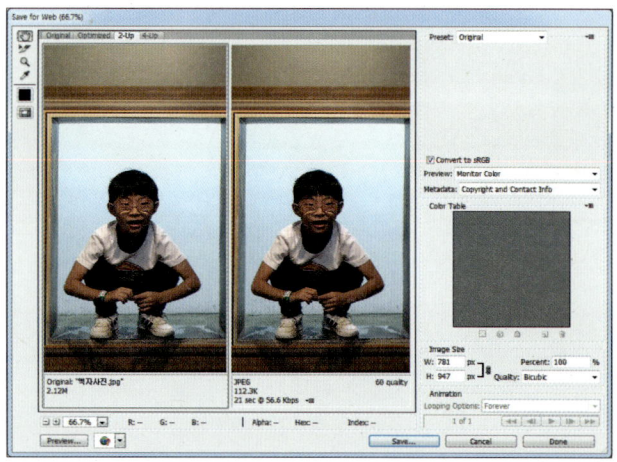

### Export로 저장하기

포토샵에서 작업한 패스를 일러스트로 저장하거나 다양한 형태의 프로그램에서 사용할 수 있도록 저장합니다. 캐드, 그림판, 플래시 등에서 호환할 수 있는 형태로 저장합니다.

## 기능 익히기 — 새 창을 연 후 파일을 Place하고 저장하기

◐ **예제 파일** Chapter01/사진.jpg | **결과 파일** Chapter01/사진완성.ai

### 01 새 도큐먼트 만들기

메뉴에서 [File]–[New]( Ctrl + N )를 클릭하면 [New] 대화상자가 나타납니다. Size는 1024×768로 설정한 후 [OK] 버튼을 클릭합니다.

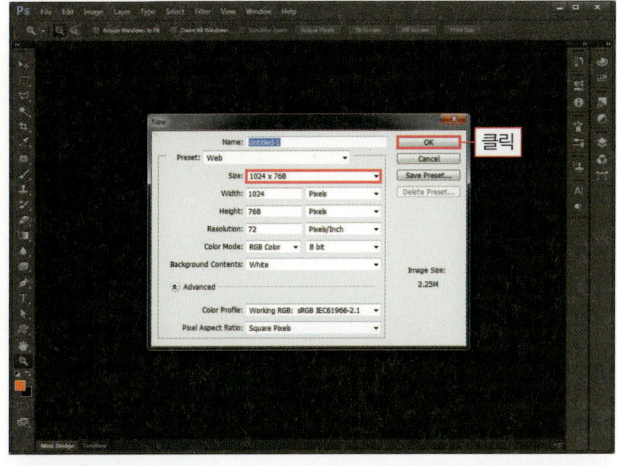

### 02 파일 불러오기

메뉴에서 [File]–[Place]를 클릭하면 [Place] 대화상자가 나타납니다. Chapter01 폴더 안에 있는 사진.jpg를 선택한 후 [OK] 버튼을 클릭하여 이미지를 불러옵니다.

### 03 파일 저장하기

메뉴에서 [File]–[Save]( Ctrl + S )를 클릭하면 [Save As] 대화상자가 나타납니다. 이미지를 저장할 위치를 선택한 후 파일명을 '사진완성.psd'로 입력하고 [저장] 버튼을 클릭합니다.

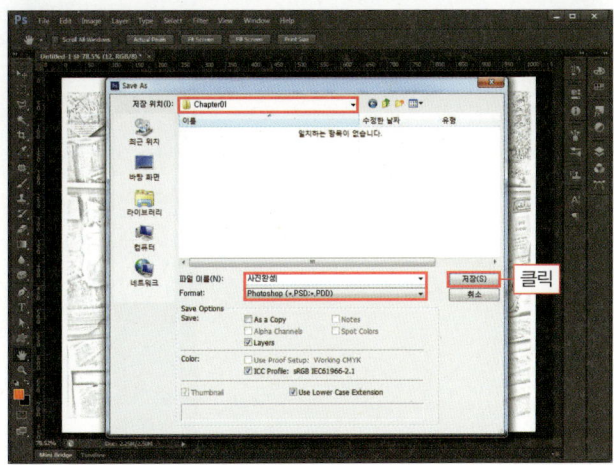

# 정교한 드로잉을 위한
# 보조 기능 알아보기

**CHAPTER 02**

포토샵의 다양한 보조 기능을 이용하면 좀 더 정교한 선택을 할 수 있습니다. 이번에는 작업을 편리하게 해주는 보조 기능에 대해 알아보겠습니다.

× MADAM'S KS PHOTOSHOP CS6 ×

- [Navigator] 패널의 슬라이드 삼각형을 드래그하여 화면을 확대/축소합니다. 화면을 확대/축소하여 이동하는 기능에 대해 알아봅니다.

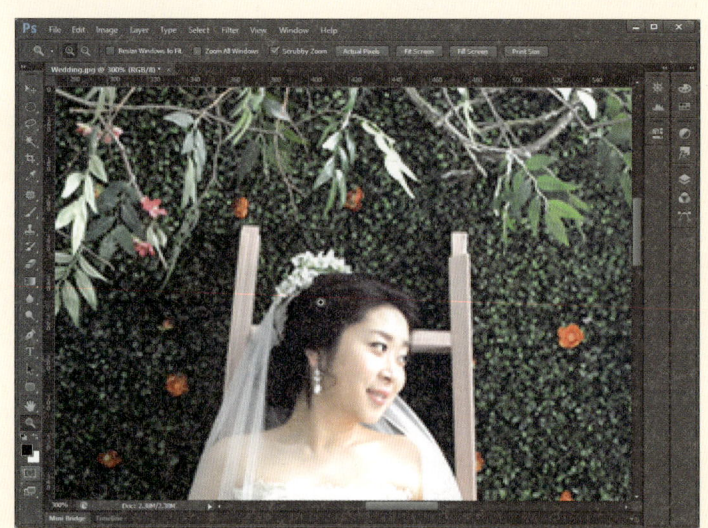

- 눈금자의 단위는 기본 픽셀(Pixel)을 사용합니다. 눈금자를 이용하면 좀 더 세밀한 작업을 할 수 있습니다. 눈금자를 나타내는 방법에 대해 알아봅니다.

## 01 수치를 이용한 작업 – Ruler

눈금자를 이용하면 정밀한 작업을 할 수 있을 뿐만 아니라 크기나 위치를 측정할 수도 있습니다. 웹용을 주로 만들기 때문에 눈금자의 단위는 픽셀(Pixel)을 사용합니다.

### 눈금자 보이기

메뉴의 [View]-[Rulers]( Ctrl + R )를 클릭하면 눈금자가 나타납니다.

### 눈금자 단위 변경하기

눈금자의 단위는 기본적으로 센티미터(cm)를 사용합니다. 단위를 변경하려면 눈금자에 마우스 오른쪽 버튼을 클릭하면 나타나는 바로 가기 메뉴 중에서 원하는 단위를 선택하면 됩니다. 눈금자의 위치는 도큐먼트 왼쪽 상단이 기본입니다. 시작점 위치는 사용자가 원하는 대로 바꿀 수 있습니다.

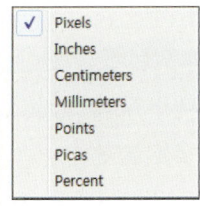

## 02 작업 환경 세팅하기 – 메모리, 히스토리, 폰트 한글로 보기

히스토리 횟수 조절, 메모리 용량 조절, 그리드선의 색상 변경, 한글 폰트 이름의 한글 표기 등과 같은 여러 가지 작업 환경을 사용자 마음대로 세팅할 수 있습니다.

### 히스토리 설정하기

히스토리는 작업한 과정을 기억하는 기능으로, 기본 20번까지 취소할 수 있습니다. 더 많은 과정을 기록하려면 설정 값을 바꾸어야 합니다. 메뉴에서 [Edit]-[Preferance]를 클릭하면 나타나는 [Preferences] 대화상자에서 [Performance] 탭을 클릭한 후 History & Cache의 History States 값을 변경하면 됩니다.

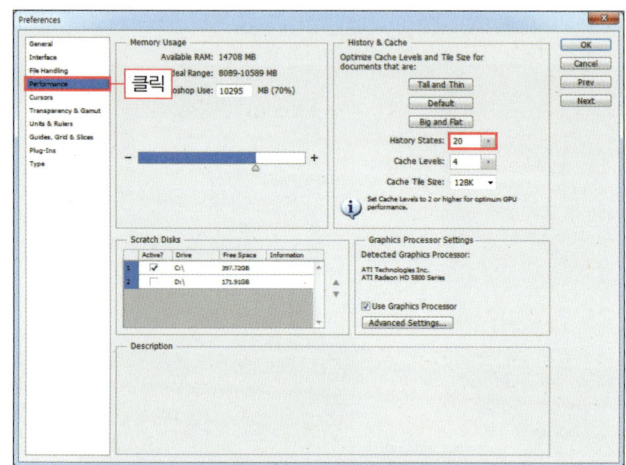

### 메모리 늘리기

포토샵의 특정 툴(Polygon Lasso Tool)을 사용하거나 필터 중 Light Effect와 같은 필터는 다른 기능에 비해 메모리를 많이 차지합니다. 가끔 이러한 기능을 사용하면 화면이 흰색으로 변하면서 멈출 때가 있는데, 그 이유는 포토샵에 할당된 메모리가 작기 때문입니다. 이 경우 메모리 사용량을 늘려주면 화면이 멈추는 현상을 막을 수 있습니다. 보통은 50%를 사용하지만, 50~70%로 설정하는 것이 좋습니다.

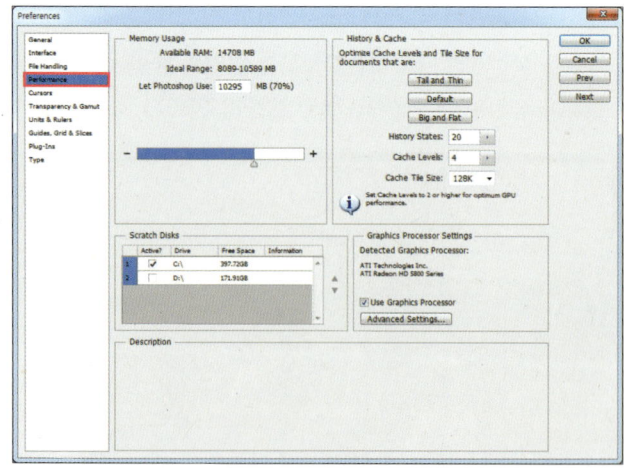

## 영문으로 되어 있는 한글 폰트를 한글 이름으로 보는 방법 설정하기

영문 포토샵에서는 모든 폰트의 이름이 영문으로 나타납니다. 한글 폰트에는 보통 한글 이름이 있으므로 이름을 한글로 표기하여 볼 수 있습니다. 메뉴에서 [Edit]-[Preferance]를 클릭하면 나타나는 [Preferance] 대화상자에서 [Type] 탭을 클릭한 후 'Show Font Names in English'의 체크를 해제하면 됩니다.

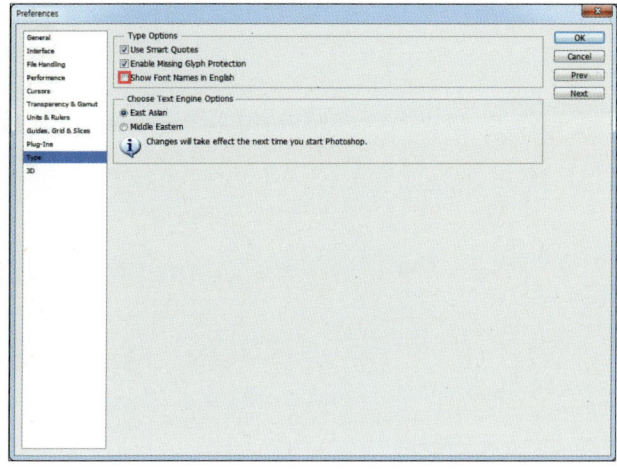

## 여러 작업 창 정렬 방법 설정하기

여러 개의 이미지를 한꺼번에 불러올 경우, 이미지 창의 배열을 설정할 수 있습니다. 메뉴에서 [Windows]-[Arrange]를 클릭합니다.

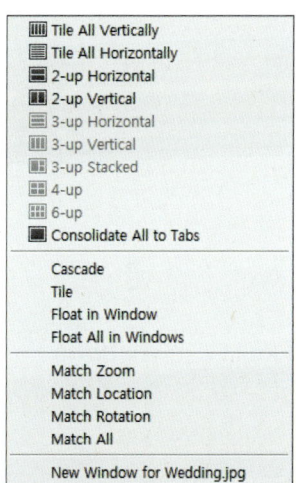

## Tile All Vertically

이미지를 같은 비율의 세로 방향으로 보여줍니다.

## Tile All Horizontally

이미지를 같은 비율의 가로 방향으로 보여줍니다.

## Float All in Windows

모든 캔버스를 윈도우 형태로 분리합니다.

## 03 안내선으로 편리하게 작업하기

안내선은 정밀한 작업을 하기 위해, 그리드선은 오브젝트의 배치를 쉽게 하기 위해 사용합니다.

### 가이드선(Guide Line)을 만들고 나타내기

가이드선은 이미지나 문자를 배치할 경우, 위치를 정확하게 잡기 위해 안내선으로 그려두는 선을 뜻합니다. 작업 화면에서만 나타나고 저장하거나 인쇄할 경우에는 나타나지 않습니다. 눈금자에서 캔버스 방향으로 드래그하면 나타납니다.

### 그리드선(Grid Line)을 만들고 나타내기

그리드선은 바둑판 모양의 눈금자로, 이미지를 정확하게 배치해야 할 경우에 유용합니다. 메뉴에서 [Edit]-[Preferance]를 클릭하면 나타나는 [Preferance] 대화상자에서 [Guide, Grid & Slice] 탭을 클릭하면 Guides, Grid, Slices의 색상과 설정 단위를 변경할 수 있습니다.

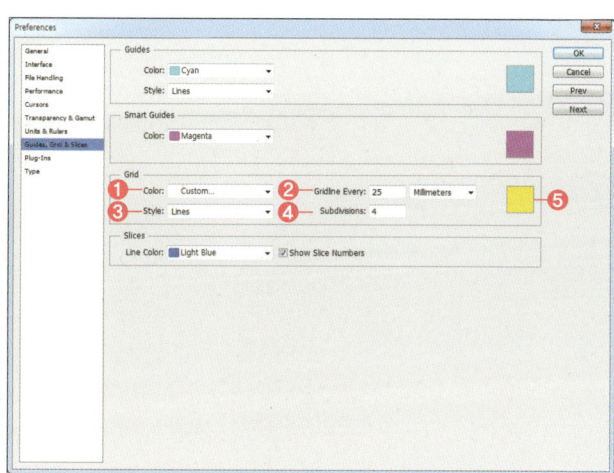

❶ Color : 사용자가 색을 선택하거나 포토샵에서 미리 설정된 색을 지정할 수 있습니다.

❷ Gridline Every : 그리드선의 주 단위 값과 단위를 설정합니다.

❸ Style : 그리드선의 종류를 설정합니다. 그리드선의 종류에는 Line, Dash Line, Dot가 있습니다.

❹ Subdivisions : 주 단위를 나누는 개수를 설정합니다.

❺ Grid Color : 그리드로 사용할 색상을 설정합니다.

▲ 기본 상태

▲ 안내선 선 색상 : 노랑, 주 단위 : 200Pixel sub 2

## 기능 익히기 | 눈금자와 가이드 넣기

◎ **예제 파일** Chapter02/Wedding.jpg

### 01 눈금자 표시하기

메뉴에서 [View]-[Rulers]를 클릭하여 눈금자를 표시합니다.

> 🔖 **TIP | 눈금자 나타내기/감추기**
> `Ctrl` + `R` 을 누르면 눈금자를 나타내거나 감출 수 있습니다.

### 02 눈금자 수정하기

눈금자의 기본 단위는 픽셀(Pixel)입니다. 단위를 픽셀(Pixel)로 바꾸려면, 눈금자에서 마우스 오른쪽 버튼을 클릭하면 나타나는 바로 가기 중 메뉴에서 [Pixel]을 선택하면 됩니다.

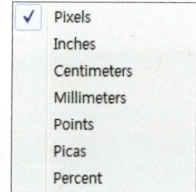

## 03 가이드선을 아트보드에 넣기

세로 눈금자를 클릭한 후 신부와 신랑 가운데를 드래그하여 가이드선을 넣습니다.

> **TIP | 가이드 잠그기**
>
> 메뉴에서 [View]–[Guides]–[Lock Guides] ( Alt + Ctrl + ; )를 클릭하면 가이드선을 잠글 수 있습니다.

## 04 그리드 표시하기

메뉴에서 [View]–[Show]–[Grid]를 클릭하면 그리드선이 나타납니다.

> **TIP |**
>
> **그리드선 나타내기/감추기**
>
> Ctrl + " 을 누르면 그리드선을 나타내거나 감출 수 있습니다.
>
> **그리드선 색상 변경하기**
>
> 메뉴에서 [Edit]–[Preferance]를 클릭합니다. [Guide, Grid & Slice] 탭을 클릭하면 Guide, Grid, Slices의 색상과 설정 단위를 변경할 수 있습니다.

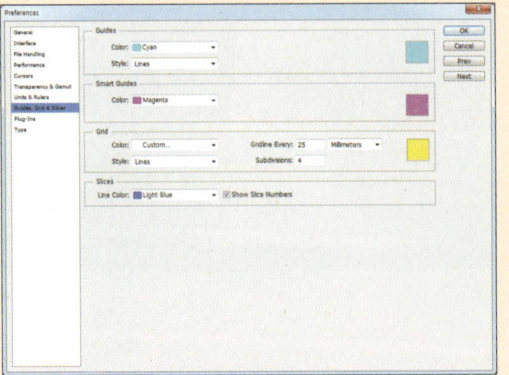

## 04 화면을 내 마음대로 확대/축소하기 – 돋보기 툴(Zoom Tool 🔍), Navigator 패널

세부적인 부분을 수정할 경우에는 화면을 확대하고, 전체 구조를 한눈에 보고자 할 경우에는 화면을 축소할 수 있습니다.

### 화면을 확대/축소하는 다양한 방법

작업 화면을 확대/축소하는 기능에 대해 알아보겠습니다.

#### [Tool] 패널에 돋보기 이용하기

[Tool] 패널에서 돋보기 툴(Zoom Tool 🔍)을 클릭한 후 캔버스 위를 클릭하면 화면이 확대됩니다. `Alt`를 누른 상태에서 클릭하면 축소됩니다.

#### 단축키 이용하기

메뉴에서 [View]-[Zoom In](`Ctrl`+`+`)
메뉴에서 [View]-[Zoom Out](`Ctrl`+`-`)

#### `Alt`+마우스 휠

캔버스 위에 `Alt`를 누른 상태에서 마우스 휠을 위로 올리면 확대되고, 아래로 내리면 축소됩니다.

#### 상태 표시줄

상태 표시줄에 표시된 화면 배율에 직접 값을 입력하거나 이미 설정된 값을 선택하면 화면을 확대/축소할 수 있습니다.

### 손 툴(Hand Tool ✋)로 화면 이동하기

손 툴(Hand Tool ✋)은 캔버스를 이동하는 기능을 가지고 있습니다. [Tool] 패널에서 손 툴(Hand Tool ✋)을 클릭하면 사용할 수 있으며, 다른 툴을 사용하는 도중 캔버스의 위치를 이동하려면 `Space Bar`를 누른 상태에서 캔버스를 드래그하면 됩니다.

## Navigator 패널로 확대/축소/이동하기

[Navigator] 패널의 슬라이드 삼각형을 드래그하면 화면을 확대/축소할 수 있습니다. 확대된 화면으로 위치를 옮길 때는 미리 보기 화면에서 마우스가 손바닥 모양으로 변했을 때 보고자 하는 영역을 빨간색 사각 박스 안으로 드래그하면 됩니다.

## 기능 익히기 | 화면을 확대하거나 이동하기

▶ 예제 파일 Chapter02/Wedding.jpg

### 01 화면 확대하기

[Tool] 패널에서 돋보기 툴(Zoom Tool 🔍)을 클릭합니다. 캔버스를 클릭하면 화면이 확대됩니다.

> **알고 넘어가기**
> 포토샵 CS4부터 캔버스의 화면 배율을 6400%까지 확대할 수 있습니다.

> **TIP | 작업 도중 화면을 확대/축소할 때**
> • 방법 1 단축키 Ctrl + + 로 확대, Ctrl + - 로 축소할 수 있습니다.
> • 방법 2 Alt + 마우스휠을 움직여 조절할 수 있습니다.

### 02 화면 이동하기

[Tool] 패널에서 손바닥 툴(Hand Tool ✋)을 클릭한 후 움직이고 싶은 방향으로 드래그하면 화면이 이동합니다.

### 03 화면 축소하기

[Tool] 패널에서 돋보기 툴(Zoom Tool 🔍)을 클릭합니다. Alt 를 누른 상태에서 클릭하면 화면이 축소됩니다.

> **TIP | 화면을 100%로 볼 때**
> [Tool] 패널에서 돋보기 툴(Zoom Tool 🔍)을 더블클릭하면 화면을 100%로 볼 수 있습니다.

# 포토샵의 기본, 선택 방법 익히기

## CHAPTER 03

이번에는 이미지를 부분적으로 선택하는 기본 선택법에 대해 알아봅니다. 사각형 선택 툴(Rectangular Marquee Tool ▭), 원형 선택 툴(Ellipse Selection Tool ○), 한 줄 선택 툴(Single Row Marquee Tool ┄), 한 칸 선택 툴(Single Column Marquee Tool ┆) 등을 쉽게 선택할 수 있습니다. 이번에는 선택한 이미지를 이동한 후 복사하는 기능에 대해 알아보겠습니다.

×  M A D A M ' S   K S   P H O T O S H O P   C S 6  ×

### 학습목표

•• **이미지 복사한 후 이동하기**
이동 툴()을 이용하여 이미지를 이동하거나 복사하는 기능에 대해 알아봅니다.

•• **선택 툴을 이용하여 이미지를 선택하고 색칠하기**
원형 선택 툴(○)을 이용하여 이미지를 선택하고, 색상을 입히는 방법에 대해 알아봅니다.

## 01 ✕ 반듯반듯 네모난 창문을 선택해보자 – 사각형 선택 툴(Rectangular Marquee Tool )

이미지를 사각형 모양으로 선택할 경우에 사용합니다. 사각형을 선택하는 데에는 직접 선택하는 방법과 툴 옵션 바를 통해 선택하는 방법이 있습니다.

### 직접 선택하기

사각형을 그릴 왼쪽 위 시작점에서 오른쪽 아래로 드래그하여 사각형을 그립니다.

**직사각형 선택하기**

선택할 시작점을 클릭한 후 드래그하면 직사각형을 선택할 수 있습니다.

**정사각형 선택하기( Shift +드래그)**

선택할 시작점을 클릭한 후 Shift 를 누른 상태에서 드래그하면 정사각형을 선택할 수 있습니다.

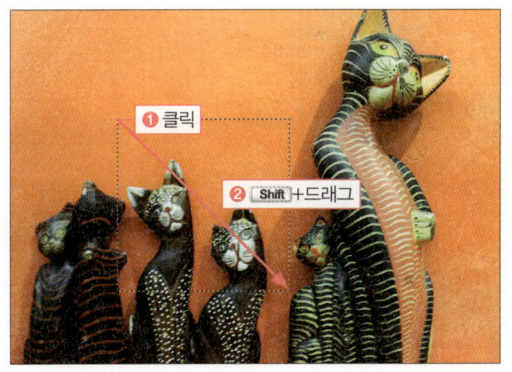

### [Rectangular Marquee Tool Options] 바의 옵션 알아보기

Rectangular Marquee Tool을 선택하면 옵션 바가 바뀝니다. 원형과 사각형의 차이점은 원형은 Anti-alias 옵션이 있으며 각 툴마다 고유한 옵션 값을 가지고 있어 다양한 형태의 옵션을 사용할 수 있다는 것입니다.

❶ **New Selection**(▣) : 하나의 선택 영역을 만듭니다.

❷ **Add to Selection**(▣) : 현재 선택된 영역에 추가 선택 영역을 만듭니다.

❸ **Subtract from Selection**(▣) : 현재 선택된 영역에서 새롭게 그리는 영역이 제외됩니다.

❹ **Intersect with Selection**(▣) : 현재 선택된 영역과 새롭게 그려지는 영역의 교차 영역만을 남깁니다.

❺ **Feather** : 선택 영역의 테두리 부분을 부드럽게 만듭니다. 수치가 높을수록 흐려지는 경계선이 넓어집니다.

▲ 원본

▲ Feather : 0px

▲ Feather : 20px

❻ **Style** : 사용자 지정으로 선택할 것인지, 고정 사이즈로 선택할 것인지를 설정합니다.
- **Normal** : 사용자가 드래그한 만큼 선택합니다.
- **Fixed Radio** : 가로와 세로에 비율을 지정하여 비율 단위로 선택합니다.
- **Fixed Size** : 가로와 세로의 선택 영역 사이즈를 사용자가 지정합니다.

❼ **Refine Edge** : 선택한 영역의 테두리를 다듬을 수 있도록 합니다.

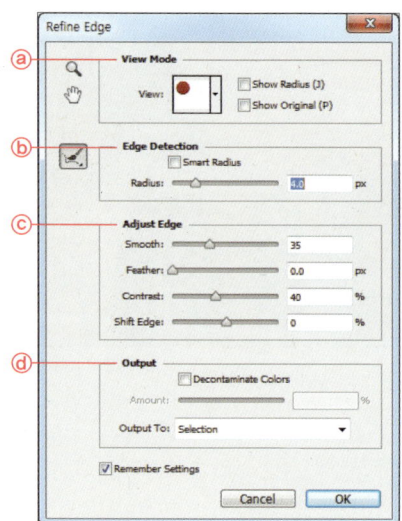

ⓐ **View Mode** : 선택 영역만 보여줄 것인지, 원본을 보여줄 것인지의 여부를 설정합니다.
 - **View** : 선택 영역을 표시할 방법을 설정합니다.

- Marching Ants(M) : 전체 이미지를 보여주면서 선택 영역을 개미가 움직이는 것처럼 점선 형태로 보여줍니다.
- Overlay(V) : 선택되지 않은 부분을 퀵 마스크 모드 형태로 보여줍니다.
- On Black(B) : 선택되지 않은 영역을 검은색으로 보여줍니다.
- On White(W) : 선택되지 않은 영역을 흰색으로 보여줍니다.
- Black & White(K) : 선택되지 않은 영역은 검은색, 선택된 영역은 흰색으로 보여줍니다.
- On Layers(L) : 선택된 영역만 잘라 보여줍니다.
- Reveal Layer(R) : 모든 레이어를 보여줍니다.

- Show Radius(J) : Refine Edge 툴을 이용하여 드래그한 영역을 보여줍니다.
- Show Original(P) : 수정 전 원본 이미지를 보여줍니다.

ⓑ Edge Detection : 테두리를 선명하게 감지하는 기능을 설정합니다.
- Smart Radius : 이미지를 재정리할 때 사용합니다.
- Radius : 부드러워지는 선택 영역 테두리의 크기를 설정합니다. 값이 작으면 테두리가 선명해지고, 값이 크면 테두리가 페더(feather) 효과를 준 것처럼 부드러워집니다.

ⓒ Adjust Edge : 테두리의 보정 정도를 설정합니다.
- Smooth : 테두리를 매끈하게 만들어줍니다.
- Feather : 테두리를 부드럽게 만들어줍니다.
- Contrast : 대비 값이 클수록 대비가 커져서 거칠어집니다.
- Shift Edge : 원하지 않는 영역을 선택하였을 경우 영역을 축소하여 제거합니다.

ⓓ Output : 선택한 테두리의 색상을 어떤 방식으로 만들것인지를 설정합니다.
- Decontaminate Colors : 선택된 테두리 부분의 색상을 전체 색으로 대체합니다.
- Output To : 어떤 방식으로 만들 것인지를 설정합니다.

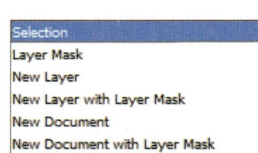

- Selection : 선택된 영역으로 대체합니다.
- Layer Mask : 레이어의 마스크로 설정합니다.
- New Layer : 새 레이어로 만듭니다.
- New Layer with Layer Mask : 새 레이어의 레이어 마스크로 만듭니다.
- New Document : 새 캔버스로 만듭니다.
- New Document with Layer Mask : 새 캔버스의 레이어 마스크로 만듭니다.

## 기능 익히기 | 사각형 선택 툴( )을 이용하여 창문 선택하기

◎ **예제 파일** Chapter03/사각창문.jpg, Chapter03/창문합성.jpg | **결과 파일** Chapter03/창문합성-완성.psd

**01** 화면 아래의 [Mini Bridge] 패널을 클릭하여 펼칩니다.

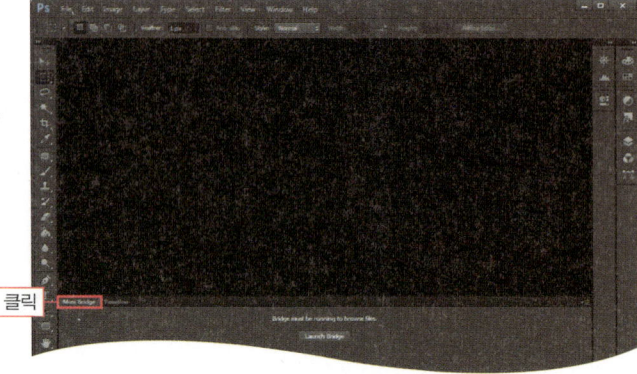

**02**  버튼을 클릭한 후 'Show Navigation Pod'를 클릭하면 그림 경로를 선택할 수 있는 창이 열립니다.

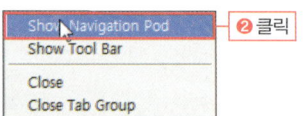

**03** Chapter03 폴더 안에서 '사각창문.jpg'와 '창문합성.jpg'를 클릭하여 불러옵니다.

**04** 윈도우 제목 표시줄을 아래로 드래그하여 윈도우를 분리합니다.

> **TIP | 윈도우 분리하여 불러오기**
> 외부 이미지는 탭 형식으로 불러올 수 있습니다. 이미지를 윈도우 형태로 불러오려면 메뉴에서 [File]-[Preferences]-[Interface]를 클릭한 후 [Option] 탭의 'Open documents as Tabs'의 체크를 해제합니다. 그러면 앞으로 모든 이미지는 윈도우 형식으로 불러올 수 있습니다.

**05** [Tool] 패널에서 돋보기 툴(Zoom Tool )을 클릭합니다. '사각창문.jpg' 파일을 클릭하여 화면을 확대합니다.

> **TIP | 화면 확대하거나 축소하기**
> - `Ctrl` + `+` : 화면을 확대합니다.
> - `Ctrl` + `-` : 화면을 축소합니다.

**06** [Tool] 패널에서 사각형 선택 툴(Rectangle Marquee Tool )을 클릭합니다. '사각창문.jpg' 파일의 창문 왼쪽 위에서 오른쪽 아래로 드래그하여 창문을 선택합니다. 옵션 바의 Add to Selection( )을 클릭합니다. 나머지 창틀을 드래그하여 선택합니다.

CHAPTER 03 포토샵의 기본, 선택 방법 익히기    65

> **TIP | 선택 영역 수정하기**
> [Shift]를 누른 상태에서 드래그하면 Add to Selection(▣)을 클릭하지 않더라도 선택 영역을 추가할 수 있습니다.
> • 선택 영역 추가 : [Shift]를 누른 상태에서 드래그
> • 선택 영역 빼기 : [Alt]를 누른 상태에서 드래그
> • 교차 영역 선택하기 : [Shift]+[Alt]를 누른 상태에서 드래그

**07** [Tool]에서 이동 툴(Move Tool ▶♣)을 클릭합니다. 선택 영역 안을 클릭한 후 '창문합성.jpg'로 드래그합니다.

**08** '창문합성.jpg'을 클릭합니다. [Tool] 패널에서 손 툴(Hand Tool ✋)을 더블클릭하여 합성된 이미지를 확인합니다.

> **TIP | 손 툴(Hand Tool ✋)**
> 손 툴(✋)은 주로 화면을 이동할 때 사용하지만 크기를 변경할 때도 사용합니다. 손 툴(✋)을 더블클릭하면 윈도우를 포토샵 실행 화면에서 보여줄 수 있는 최대 레이아웃으로 보여줍니다.

## 02 동그란 쿠션을 선택해보자 – 원형 선택 툴(Ellipse Tool)

이미지를 원형으로 선택할 때 사용합니다. 원형을 선택하는 데에는 직접 선택하는 방법과 툴 옵션 바를 통해 선택하는 방법이 있습니다.

### 직접 선택하기

**타원 선택하기**

선택할 시작점을 클릭한 후 원하는 사이즈만큼 드래그합니다.

**정원 선택하기( Shift +드래그)**

선택할 시작점을 클릭한 후 Shift 를 누른 상태에서 드래그하면 정원을 선택할 수 있습니다.

**클릭한 위치를 중심으로 원 선택하기( Alt +드래그)**

원의 중심으로 사용할 위치를 클릭한 후 Alt 를 누르면서 드래그하면 시작 위치가 중심으로 바뀝니다. 또한 정원을 그리고 싶으면 Shift + Alt 를 함께 누른 후에 드래그합니다.

## [Marquee Tool Options] 바의 옵션 알아보기

Marquee Tool을 선택하면 옵션 바가 바뀝니다. 원형과 사각형의 차이점은 원형은 Anti-alias 옵션이 있으며 각 툴마다 고유한 옵션 값을 가지고 있어 다양한 형태의 옵션을 사용할 수 있다는 것입니다.

❶ New Selection(▣) : 하나의 선택 영역을 만듭니다.

❷ Add to Selection(▣) : 현재 선택된 영역에 추가 선택 영역을 만듭니다.

❸ Subtract from Selection(▣) : 현재 선택된 영역에서 새롭게 그리는 영역이 제외됩니다.

❹ Intersect with Selection(▣) : 현재 선택된 영역과 새롭게 그려지는 영역의 교차 영역만을 남깁니다.

❺ Feather : 선택 영역의 테두리 부분을 부드럽게 만듭니다. 수치가 높을수록 흐려지는 경계선이 넓어집니다.

❻ Anti-alias : 선택 경계선의 테두리를 중간 단계를 생성하여 부드럽게 만들 때 사용하며 체크를 하지 않으면 경계선이 계단 모양으로 깨져 보입니다.

❼ Style : 사용자 지정으로 선택할 것인지, 고정 사이즈로 선택할 것인지를 설정합니다.
  • Normal : 사용자가 드래그한 만큼 선택합니다.
  • Fixed Radio : 가로와 세로에 비율을 지정하여 비율 단위로 선택합니다.
  • Fixed Size : 가로와 세로의 선택 영역 사이즈를 사용자가 지정합니다.

❽ Refine Edge : 선택한 영역의 테두리를 다듬을 수 있도록 합니다.

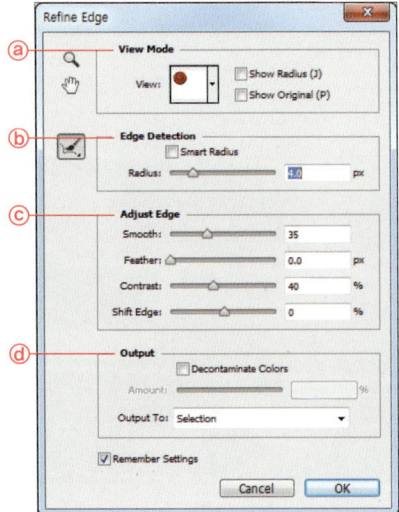

ⓐ View Mode : 선택 영역만 보여줄 것인지, 원본을 보여줄 것인지의 여부를 설정합니다.
- View : 선택 영역을 표시할 방법을 설정합니다.

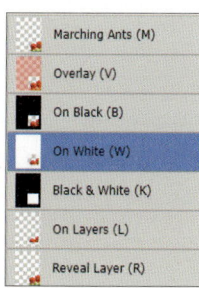

  - Marching Ants(M) : 전체 이미지를 보여주면서 선택 영역을 개미가 움직이는 것처럼 점선 형태로 보여줍니다.
  - Overlay(V) : 선택되지 않은 부분을 퀵 마스크 모드 형태로 보여줍니다.
  - On Black(B) : 선택되지 않은 영역을 검은색으로 보여줍니다.
  - On White(W) : 선택되지 않은 영역을 흰색으로 보여줍니다.
  - Black & White(K) : 선택되지 않은 영역은 검은색, 선택된 영역은 흰색으로 보여줍니다.
  - On Layers(L) : 선택된 영역만 잘라 보여줍니다.
  - Reveal Layer(R) : 모든 레이어를 보여줍니다.

- Show Radius(J) : Refine Edge 툴을 이용하여 드래그한 영역을 보여줍니다.
- Show Original(P) : 수정 전 원본 이미지를 보여줍니다.

ⓑ Edge Detection : 테두리를 선명하게 감지하는 기능을 설정합니다.
- Smart Radius : 이미지를 재정리할 때 사용합니다.
- Radius : 부드러워지는 선택 영역 테두리의 크기를 설정합니다. 값이 작으면 테두리가 선명해지고, 값이 크면 테두리가 페더(feather) 효과를 준 것처럼 부드러워집니다.

ⓒ Adjust Edge : 테두리의 보정 정도를 설정합니다.
- Smooth : 테두리를 매끈하게 만들어줍니다.
- Feather : 테두리를 부드럽게 만들어줍니다.
- Contrast : 대비 값이 클수록 대비가 커져서 거칠어집니다.
- Shift Edge : 원하지 않는 영역을 선택하였을 경우 영역을 축소하여 제거합니다.

ⓓ Output : 선택한 테두리의 색상을 어떤 방식으로 만들것인지를 설정합니다.
- Decontaminate Colors : 선택된 테두리 부분의 색상을 전체 색으로 대체합니다.
- Output To : 어떤 방식으로 만들 것인지를 설정합니다.

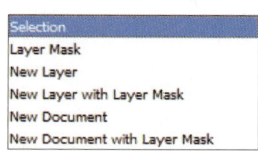

  - Selection : 선택된 영역으로 대체합니다.
  - Layer Mask : 레이어의 마스크로 설정합니다.
  - New Layer : 새 레이어로 만듭니다.
  - New Layer with Layer Mask : 새 레이어의 레이어 마스크로 만듭니다.
  - New Document : 새 캔버스로 만듭니다.
  - New Document with Layer Mask : 새 캔버스의 레이어 마스크로 만듭니다.

## 기능 익히기 | 원형 선택 툴(Elliptical Marquee Tool)을 이용하여 원형 쿠션 색상 바꾸기

> 예제 파일 Chapter03/Circle.jpg | 결과 파일 Chapter03/Circle-완성.jpg

**01** [Tool] 패널에서 원형 선택 툴(Elliptical Marquee Tool)을 클릭합니다. 첫 번째 원의 왼쪽 위에서 오른쪽 아래로 드래그합니다.

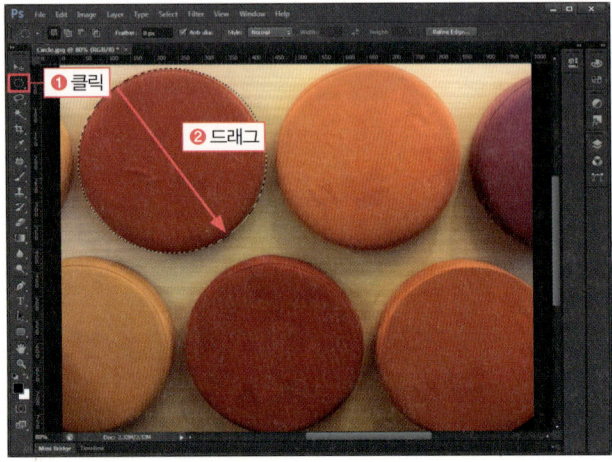

### TIP | 원형 선택하기
방법 1 `Alt`를 누른 상태에서 드래그하면 처음 시작한 위치를 중심으로 원을 그릴 수 있습니다.
방법 2 `Shift`를 누른 상태에서 드래그하면 정원을 그릴 수 있습니다.

**02** 옵션 바의 `Refine Edge...`을 클릭하면 [Refine Edge] 대화상자가 나타납니다. Raduis는 '4', Smooth는 '35' Contrast는 '40'으로 설정한 후 [OK] 버튼을 클릭합니다.

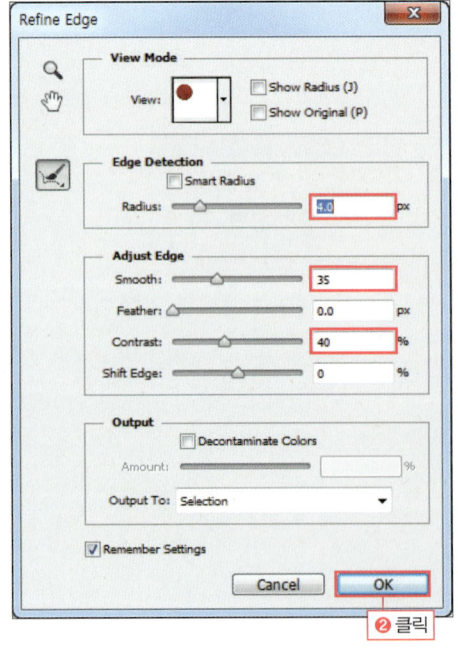

**03** 메뉴에서 [Image]-[Adjustment]-[Hue/Saturation]을 클릭합니다. Colorize에 체크한 후 Hue는 '196', Saturation은 '50'으로 설정하고 [OK] 버튼을 클릭하여 색상을 적용합니다.

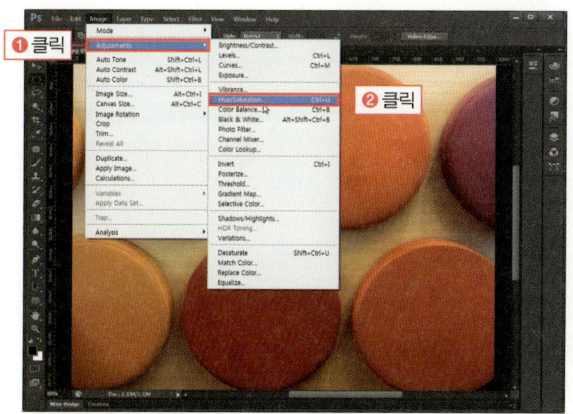 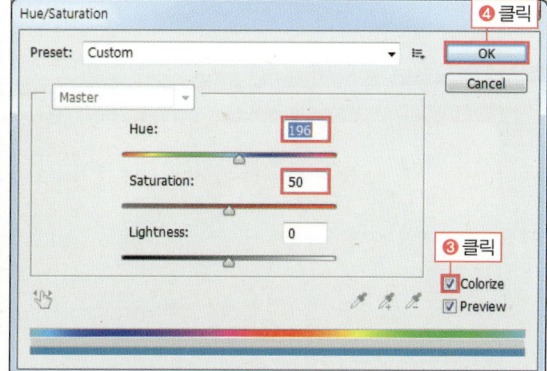

**TIP | Colorize**
흑백 이미지에 색상을 입히거나 한 가지 톤으로 색상을 입힐 경우에는 반드시 체크해야 합니다.

**04** `Ctrl`+`D`를 눌러 선택 영역을 해제합니다.

**05** 동일한 방법으로 두 번째와 세 번째 원을 선택하여 색상을 각각 적용합니다.

## 03 가로 줄 선택 툴(Single Row Marquee Tool)

1픽셀의 가로선을 선택합니다. 클릭하면 캔버스 가로 전체 1픽셀이 선택됩니다.

## 04 세로 줄 선택 툴(Single Column Marquee Tool)

1픽셀의 세로선을 선택합니다. 클릭하면 캔버스 세로 전체 1픽셀이 선택됩니다.

## 기능 익히기 | 가로 줄, 세로 줄 선택 툴을 이용하여 타깃 모양 만들기

◎ **예제 파일** Chapter03/벌.jpg | **결과 파일** Chapter03/벌-완성.jpg

**01** [Tool] 패널에서 가로 줄 선택 툴(Single Row Marquee Tool ▄)을 클릭합니다. 벌이 있는 곳에서 클릭한 후 가로 한 줄을 선택합니다.

**02** [Tool] 패널에서 세로 줄 선택 툴(Single Column Marquee Tool ▮)을 클릭합니다. 옵션 바에서 ▣을 선택한 후 벌이 있는 곳에서 클릭하여 세로 한 줄을 선택합니다.

**03** 전경색을 흰색으로 선택한 후 Alt + Del 를 눌러 선택 영역에 흰색을 채웁니다. 그런 다음, Ctrl + D를 눌러 선택 영역을 해제합니다.

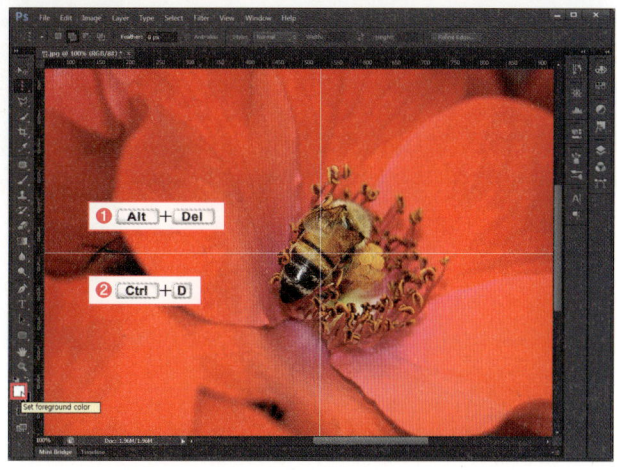

**04** [Tool] 패널에서 원형 선택 툴(Elliptical Marquee Tool )을 클릭합니다. 가로선과 세로선이 만나는 교차점에서 `Alt`+`Shift`를 누르면서 드래그하여 정원을 그립니다.

**05** 메뉴에서 [Edit]-[Stroke]를 클릭합니다. Width는 '1px', Color는 '흰색'으로 설정하고 [OK] 버튼을 클릭합니다.

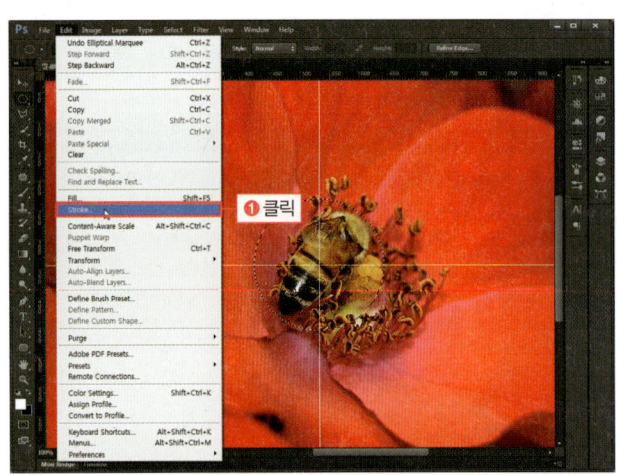
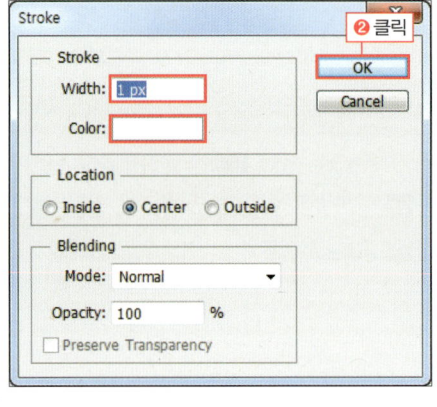

**06** `Ctrl`+`D`를 눌러 선택 영역을 해제한 후 그림을 완성합니다.

## 05 선택한 이미지 이동하기 – 이동 툴(Move Tool)

선택한 이미지를 이동할 때 사용합니다. 이동 툴은 이동뿐만 아니라 이미지를 복사할 때도 사용합니다.

### 선택한 이미지 이동하기

선택 영역 안에 마우스를 올려놓은 후 클릭하여 원하는 위치로 드래그합니다.

#### 이동하기

선택한 이미지를 클릭하여 원하는 위치로 드래그합니다.

#### 복사하기( Alt +드래그)

Alt 를 누른 상태에서 드래그하면 선택한 이미지가 복사됩니다.

## 기능 익히기 | 크리스마스 트리볼 선택하여 복사하기

> **예제 파일** Chapter03/Christmas.jpg | **결과 파일** Chapter03/Christmas-완성.jpg

**01** [Tool] 패널에서 원형 선택 툴(Elliptical Marquee Tool ◯)을 클릭합니다. 아래쪽의 금색 트리볼을 클릭, 드래그하여 원형으로 선택합니다.

> **TIP | 원의 위치가 맞지 않을 경우**
> 원을 드래그할 때 위치가 맞지 않을 경우, Ctrl 을 누른 상태에서 드래그하면 위치를 조절할 수 있습니다.

**02** [Tool] 패널에서 이동 툴(Move Tool)을 클릭합니다. 선택 영역 안에 마우스를 올려놓으면 마우스 포인터의 모양이 ▶로 바뀌는데, 이때 Alt 를 누른 상태에서 복사할 위치로 드래그합니다.

**03** [Tool] 패널에서 원형 선택 툴(Elliptical Marquee Tool ◯)을 클릭합니다. 오른쪽 아래의 파란색 트리볼을 클릭, 드래그하여 원형으로 선택합니다. [Tool] 패널에서 이동 툴(Move Tool)을 클릭합니다. 선택 영역 안에 마우스를 올려놓으면 마우스 포인터의 모양이 ▶로 바뀌는데, 이때 Alt 를 누른 상태에서 복사할 위치로 드래그하여 트리볼을 복사합니다. 복사가 완성되었습니다.

※ 쉬어가는 페이지 ※

# 포토샵의 다양한 선택 방법 익히기

## 04 CHAPTER

다양한 모양의 이미지를 부분적으로 선택하는 선택 방법에 대해 알아보겠습니다. 다양한 모양을 선택하는 올가미 툴, 색상 정보를 가지고 선택하는 마술봉 툴, 머리카락처럼 가는 이미지를 선택한 후 정교하게 선택할 수 있는 퀵 마스크 모드에 대해 알아봅니다.

× MADAM'S KS PHOTOSHOP CS6 ×

학습목표

•• **다각형 올가미 툴을 이용하여 다양한 모양 선택하기**
다각형 올가미 툴을 이용하면 각진 모양을 쉽게 선택할수 있습니다. 다각형 올가미 툴에 대해 알아봅니다.

•• **색상 정보로 선택하는 빠른 선택 툴**
빠른 선택 툴로 이미지를 빠르게 선택할 때 사용되는 툴입니다. 빠른 선택 툴에 대해 알아봅니다.

## 01 ✕ 자유분방한 이미지 선택하기 – 올가미 툴(Lasso Tool)

다양한 형태의 이미지를 선택할 때 사용합니다. 자유롭게 드래그하여 원하는 영역을 선택합니다. 작업 도중 Alt 를 누르면 다각형 올가미 툴로 변경됩니다.

### 선택 방법

선택하려는 이미지의 테두리를 한 번 클릭한 후 드래그합니다.

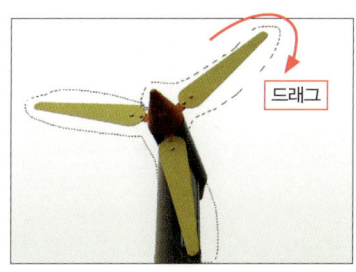

### [Lasso Tool Options] 바의 옵션 알아보기

Lasso Marquee Tool을 선택하면 옵션 바가 바뀝니다. 각 툴마다 고유한 옵션 값을 가지고 있으며, 다양한 형태의 옵션을 사용할 수 있습니다.

❶ **New Selection( )** : 하나의 선택 영역을 만듭니다.

❷ **Add to Selection( )** : 현재 선택된 영역에 추가로 선택 영역을 만듭니다.

❸ **Subtract from selection( )** : 현재 선택된 영역에서 새롭게 그리는 영역을 제외합니다.

❹ **Intersect with selecton( )** : 현재 선택된 영역과 새롭게 그려지는 영역의 교차 영역만을 남깁니다.

❺ **Feather** : 선택 영역의 테두리 부분을 부드럽게 만듭니다. 수치가 높을수록 흐려지는 경계선이 넓어집니다.

❻ **Anti-alias** : 선택 경계선 테두리의 중간 단계를 생성하여 부드럽게 만들 때 사용하며, 체크를 하지 않으면 경계선이 계단 모양으로 깨져 보입니다.

❼ **Refine Edge** : 선택한 영역의 테두리를 다듬을 수 있도록 합니다.

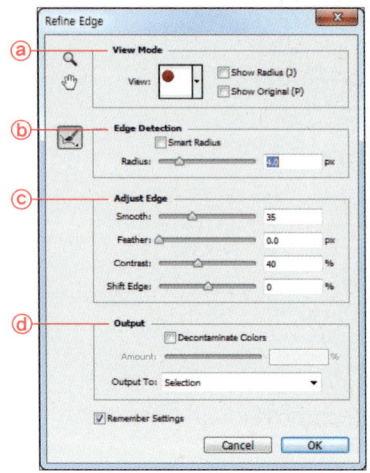

ⓐ **View Mode** : 선택 영역만 보여줄 것인지, 원본을 보여줄 것인지의 여부를 설정합니다.
- View : 선택 영역을 표시할 방법을 설정합니다.
  - Marching Ants(M) : 전체 이미지를 보여주면서 선택 영역을 개미가 움직이는 것처럼 점선 형태로 보여줍니다.
  - Overlay(V) : 선택되지 않은 부분을 퀵 마스크 모드 형태로 보여줍니다.
  - On Black(B) : 선택되지 않은 영역을 검은색으로 보여줍니다.
  - On White(W) : 선택되지 않은 영역을 흰색으로 보여줍니다.
  - Black & White(K) : 선택되지 않은 영역은 검은색, 선택된 영역은 흰색으로 보여줍니다.
  - On Layers(L) : 선택된 영역만 잘라 보여줍니다.
  - Reveal Layer(R) : 모든 레이어를 보여줍니다.
- Show Radius(J) : Refine Edge 툴을 이용하여 드래그한 영역을 보여줍니다.
- Show Original(P) : 수정 전 원본 이미지를 보여줍니다.

ⓑ **Edge Detection** : 테두리를 선명하게 감지하는 기능을 설정합니다.
- Smart Radius : 이미지를 재정리할 때 사용합니다.
- Radius : 부드러워지는 선택 영역 테두리의 크기를 설정합니다. 값이 작으면 테두리가 선명해지고, 값이 크면 테두리가 페더(feather) 효과를 준 것처럼 부드러워집니다.

ⓒ **Adjust Edge** : 테두리의 보정 정도를 설정합니다.
- Smooth : 테두리를 매끈하게 만들어줍니다.
- Feather : 테두리를 부드럽게 만들어줍니다.
- Contrast : 대비 값이 클수록 대비가 커져서 거칠어집니다.
- Shift Edge : 원하지 않는 영역을 선택하였을 경우 영역을 축소하여 제거합니다.

ⓓ **Output** : 선택한 테두리의 색상을 어떤 방식으로 만들것인지를 설정합니다.
- Decontaminate Colors : 선택된 테두리 부분의 색상을 전체 색으로 대체합니다.
- Output To : 어떤 방식으로 만들 것인지를 설정합니다.

## 02 각진 모양 선택하기 – 다각형 올가미 툴(Polygonal Lasso )

각진 형태의 이미지를 선택할 때 편리합니다.

### 선택 방법

클릭하면 포인트가 생기는데, 포인트와 포인트를 이어주는 선분으로 이미지를 선택합니다. 잘못 찍은 연결점은 `Back Space`를 눌러 지울 수 있으며, 작업 도중 `Alt`를 누르면 올가미 툴로 변환됩니다. 옵션 바는 Lasso Tool과 같습니다.

### [Polygon Lasso Tool Options] 바의 옵션 알아보기

Polygon Lasso Marquee Tool을 선택하면 옵션 바가 바뀝니다. 각 툴마다 고유한 옵션 값을 가지고 있으며 다양한 형태의 옵션을 사용할 수 있습니다.

❶ **New Selection**(▢) : 하나의 선택 영역을 만듭니다.

❷ **Add to Selection**(▢) : 현재 선택된 영역에 추가로 선택 영역을 만듭니다.

❸ **Subtract from selection**(▢) : 현재 선택된 영역에서 새롭게 그리는 영역을 제외합니다.

❹ **Intersect with selecton**(▢) : 현재 선택된 영역과 새롭게 그려지는 영역의 교차 영역만을 남깁니다.

❺ **Feather** : 선택 영역의 테두리 부분을 부드럽게 만듭니다. 수치가 높을수록 흐려지는 경계선이 넓어집니다.

❻ **Anti-alias** : 선택 경계선 테두리의 중간 단계를 생성하여 부드럽게 만들 때 사용하며, 체크를 하지 않으면 경계선이 계단 모양으로 깨져 보입니다.

❼ **Refine Edge** : 선택한 영역의 테두리를 다듬을 수 있도록 합니다.

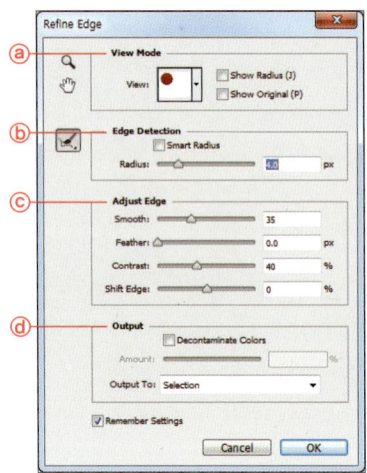

ⓐ **View Mode** : 선택 영역만 보여줄 것인지, 원본을 보여줄 것인지의 여부를 설정합니다.
- **View** : 선택 영역을 표시할 방법을 설정합니다.
  - **Marching Ants(M)** : 전체 이미지를 보여주면서 선택 영역을 개미가 움직이는 것처럼 점선 형태로 보여줍니다.
  - **Overlay(V)** : 선택되지 않은 부분을 퀵 마스크 모드 형태로 보여줍니다.
  - **On Black(B)** : 선택되지 않은 영역을 검은색으로 보여줍니다.
  - **On White(W)** : 선택되지 않은 영역을 흰색으로 보여줍니다.
  - **Black & White(K)** : 선택되지 않은 영역은 검은색, 선택된 영역은 흰색으로 보여줍니다.
  - **On Layers(L)** : 선택된 영역만 잘라 보여줍니다.
  - **Reveal Layer(R)** : 모든 레이어를 보여줍니다.
- **Show Radius(J)** : Refine Edge 툴을 이용하여 드래그한 영역을 보여줍니다.
- **Show Original(P)** : 수정 전 원본 이미지를 보여줍니다.

ⓑ **Edge Detection** : 테두리를 선명하게 감지하는 기능을 설정합니다.
- **Smart Radius** : 이미지를 재정리할 때 사용합니다.
- **Radius** : 부드러워지는 선택 영역 테두리의 크기를 설정합니다. 값이 작으면 테두리가 선명해지고, 값이 크면 테두리가 페더(feather) 효과를 준 것처럼 부드러워집니다.

ⓒ **Adjust Edge** : 테두리의 보정 정도를 설정합니다.
- **Smooth** : 테두리를 매끈하게 만들어줍니다.
- **Feather** : 테두리를 부드럽게 만들어줍니다.
- **Contrast** : 대비 값이 클수록 대비가 커져서 거칠어집니다.
- **Shift Edge** : 원하지 않는 영역을 선택하였을 경우 영역을 축소하여 제거합니다.

ⓓ **Output** : 선택한 테두리의 색상을 어떤 방식으로 만들것인지를 설정합니다.
- **Decontaminate Colors** : 선택된 테두리 부분의 색상을 전체 색으로 대체합니다.
- **Output To** : 어떤 방식으로 만들 것인지를 설정합니다.

## 기능 익히기 | 다각형 올가미 툴( )로 등을 선택하여 색상 바꾸기

> 예제 파일 Chapter04/등.jpg | 결과 파일 Chapter04/등-완성.jpg

**01** [Tool] 패널에서 다각형 올가미 툴(Polygonal Lasso Tool )을 클릭합니다. 등 왼쪽 모서리와 중앙 위를 클릭한 후 등 전체 모서리를 클릭하고 처음 시작한 곳으로 돌아오면 마우스 포인터의 모양이 로 바뀌는데, 이때 클릭합니다.

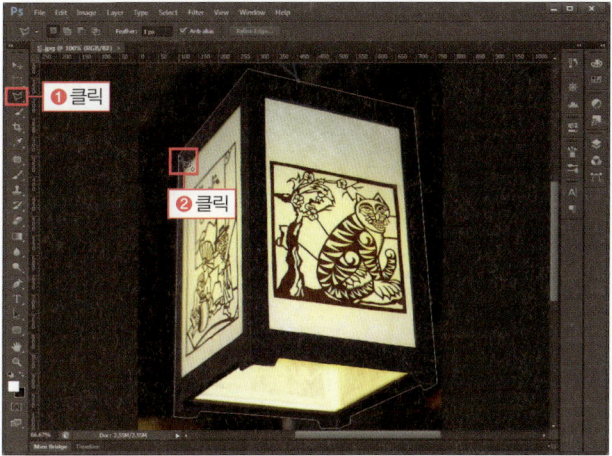

> **TIP | 마우스 포인터가 안 보일때**
> 마우스 포인터가 올가미 모양이 아니라 로 나타날 경우 Caps Lock 를 누르면 올가미 툴이 나타납니다.

**02** 메뉴에서 [Images]–[Adjustment]–[Hue/Saturation]을 클릭합니다. Hue는 '–55', Saturation은 '50'으로 설정한 후 [OK] 버튼을 클릭합니다.

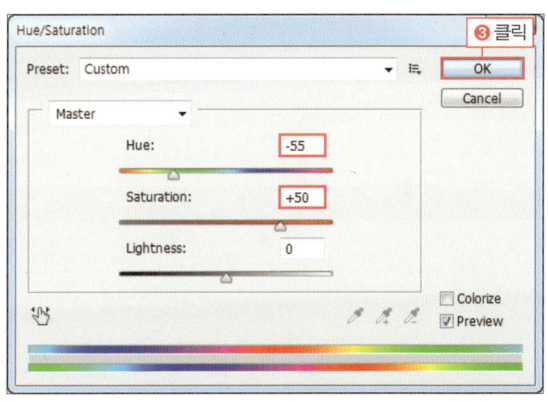

**03** 선택한 등의 색상이 변경되었습니다. Ctrl + D 를 눌러 선택을 해제합니다. 그림이 완성되었습니다.

CHAPTER 04 포토샵의 다양한 선택 방법 익히기

## 03 자석처럼 딱 달라붙네 – 자석 올가미 툴(Magnetic Lasso Tool)

선택하려는 이미지와 배경의 색상 차이가 날 때 사용하면 이미지를 편리하게 선택할 수 있습니다.

## 선택 방법

선택할 이미지의 경계선을 올가미 툴처럼 드래그하듯이 따라가면 자동으로 연결점이 생깁니다. 다각형 올가미 툴처럼 지우고 싶은 연결점은 Back Space 를 눌러 지울 수 있습니다.

## [Magnetic Lasso Tool Options] 바의 옵션 알아보기

Magnetic Lasso Marquee Tool을 선택하면 옵션 바가 바뀝니다. 각 툴마다 고유한 옵션 값을 가지고 있으며 다양한 형태의 옵션을 사용할 수 있습니다.

❶ **Width** : 검색할 범위를 설정합니다. 1~256픽셀까지 입력할 수 있으며, 숫자가 낮으면 좁은 범위에서, 숫자가 높으면 넓은 범위에서 경계선을 찾습니다.

❷ **Contrast** : 경계선의 색상 대비를 100%로 나타내며, 숫자가 낮으면 거친 경계선을, 숫자가 높으면 부드러운 경계선을 만듭니다.

❸ **Frequency** : 경계선을 찾을 때 나타내는 포인트의 빈도 수를 설정합니다. 0~100까지 입력합니다.

❹ : 태블릿 압력으로 선택 영역 사이즈를 조절합니다.

## 기능 익히기 | 자석 올가미 툴( )로 남자를 풍경과 합성하기

▶ **예제 파일** Chapter04/남자.jpg, Chapter04/풍경.jpg | **결과 파일** Chapter04/남자와풍경-완성.jpg

**01** 메뉴에서 [File]-[Open]을 클릭합니다. Chapter04/남자.jpg, Chapter04/풍경.jpg를 더블클릭하여 불러옵니다. [Tool] 패널에서 자석 올가미 툴(Magnetic Lasso Tool  )을 클릭합니다. 남자 이미지 경계선 아무곳이나 클릭한 후 테두리를 따라 마우스를 이동합니다. 처음 시작한 곳으로 돌아오면 마우스 포인터의 모양이  로 바뀌는데, 이때 클릭합니다.

> **TIP | 포인터가 잘못 찍혔을 경우**
> 테두리 포인터가 잘못 찍혔을 경우 `Back Space`를 누르면 방금 전에 찍힌 포인터를 지울 수 있습니다.

**02** 메뉴에서 [Window]-[Arrange]-[2 Up Vertical]을 클릭한 후 남자.jpg와 풍경.jpg 윈도우가 반반 나누어 보이도록 합니다.

> **TIP | 여러 장 열려 있는 이미지 이동하기**
> `Ctrl` + `Tab` 을 누르면 이미지를 순차적으로 열어 이동할 수 있습니다.

> **TIP | 윈도우 분리하여 불러오기**
> 외부 이미지는 탭 형식으로 불러올 수 있습니다. 이때에는 윈도우 형태로 분리하여 불러옵니다. 메뉴에서 [File]-[Preferences]-[Interface]를 클릭합니다. [Option] 탭의 'Open documents as Tabs'의 체크를 해제하면 앞으로 모든 이미지는 윈도우 형식으로 불러올 수 있습니다.

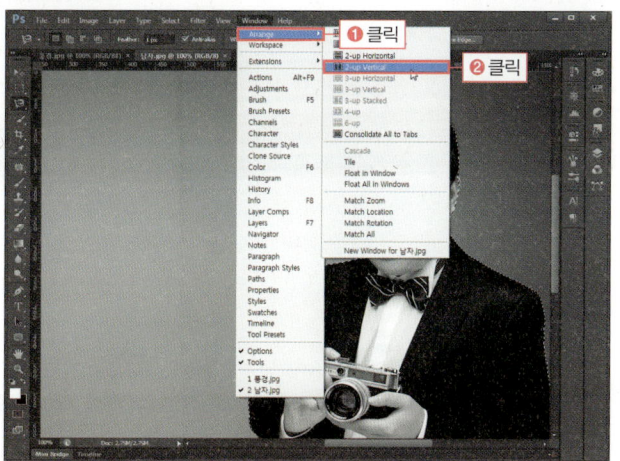

**03** [Tool] 패널에서 손 툴(Hand Tool  )을 클릭합니다. 선택한 남자가 보이도록 화면을 이동합니다.

**04** [Tool] 패널에서 이동 툴(Move Tool )을 클릭합니다. 남자 선택 영역 안에 마우스를 올려놓으면 마우스 포인터의 모양이 로 바뀌는데, 이때 클릭하여 풍경 이미지로 드래그합니다.

**05** 메뉴에서 [Window]-[Arrange]-[Consolidate All to Tabs]를 클릭하여 풍경.jpg를 활성화합니다.

**06** [Tool] 패널에서 이동 툴(Move Tool )을 클릭한 후 남자를 풍경에 맞게 이동하여 그림을 완성합니다.

## 04 비슷한 색상으로 선택하기 – 마술봉 툴(Magic Wand Tool)

색상 정보를 이용하여 이미지를 선택할 때 사용합니다. 비슷한 색상으로 이루어진 영역을 한 번에 선택할 수 있습니다.

### 선택하기

선택하고자 하는 영역을 클릭합니다. 기본 옵션 값은 Add to Selection( )을 체크한 후에 사용해야 합니다.

### [Magic Wand Tool Options] 바의 옵션 알아보기

Magic Wand Tool을 선택하면 옵션 바가 바뀝니다. 각 툴마다 고유한 옵션 값을 가지고 있으며, 다양한 형태의 옵션을 사용할 수 있습니다.

❶ **Sample Size** : 포토샵 CS6에서 처음 선보이는 옵션으로, 마술봉 툴의 샘플링 픽셀수를 선택할 수 있도록 만들어줍니다. 선택한 픽셀수의 평균을 구하여 선택 영역을 지정합니다.

❷ **Tolerance** : 색상 허용 범위를 뜻하며, 0~255의 색상 범위를 지정할 수 있습니다. 기본 값은 '32'이고, 수치가 높으면 허용 범위가 넓어집니다.

❸ **Contiguous** : 체크하면 서로 연결되어 있는 면의 색상만 선택합니다.

❹ **Sample All Layers** : 체크하면 같은 색상이 있는 다른 레이어까지도 선택합니다.

## 기능 익히기 | 마술봉 툴(🪄)을 이용하여 하늘 배경색 바꾸기

◉ **예제 파일** Chapter04/손.jpg | **결과 파일** Chapter04/손_완성.jpg

**01** [Tool] 패널에서 마술 봉 툴(Magic Wand Lasso Tool 🪄)을 클릭합니다. 옵션 바에서 Add to Selection(▣)을 클릭한 후 Tolerance를 '50'으로 설정하고 하늘 배경을 클릭합니다. 선택이 안 된 하늘을 클릭하여 하늘을 모두 선택합니다.

**02** 메뉴에서 [Images]-[Adjustment]-[Hue/Saturation]을 클릭합니다. Hue를 '180'으로 설정한 후 [OK] 버튼을 클릭합니다.

 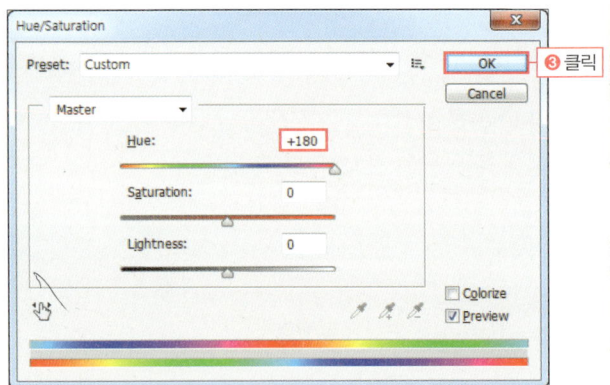

**03** 선택한 하늘 색상이 변경되었습니다. `Ctrl`+`D`를 눌러 선택을 해제합니다.

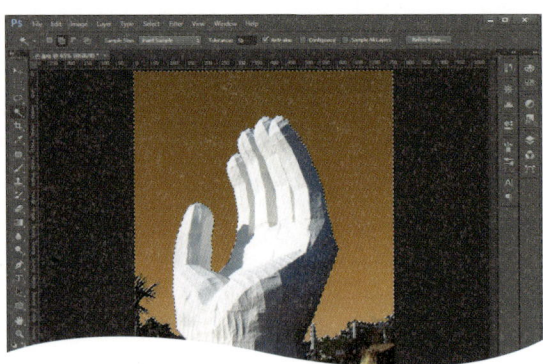 

## 05 브러시로 그리듯 선택하기 – 빠른 선택 툴(Quick Selection Tool )

브러시를 이용하여 드래그하는 지점의 색상과 비슷한 색상 영역을 자동으로 인식하여 선택 영역을 설정합니다.

### 선택 방법

선택하고자 하는 이미지의 영역을 브러시로 드래그합니다.

### [Quick Selection Tool Options] 바의 옵션 알아보기

Quick Selection Tool을 선택하면 옵션 바가 바뀝니다. 각 툴마다 고유한 옵션 값을 가지고 있으며, 다양한 형태의 옵션을 사용할 수 있습니다.

❶ **New Selection(　)** : 하나의 선택 영역을 만듭니다.

❷ **Add to Selection(　)** : 현재 선택된 영역에 추가로 선택 영역을 만듭니다.

❸ **Subtract from Selection(　)** : 현재 선택된 영역에서 새롭게 그리는 영역을 제외합니다.

❹ **브러시 설정**
- Size : 브러시의 크기를 조절합니다.
- Hardness : 브러시 경계선의 부드러운 정도를 설정합니다. 수치가 낮을수록 부드러워지고, 숫자가 높을수록 또렷해집니다.
- Spacing : 브러시 사이의 간격을 조절합니다.
- Angle : 브러시의 기울기를 설정합니다.
- Roundness : 둥근 정도를 설정합니다.

❺ **Sample All Layers** : 체크를 하면 같은 색상이 있는 다른 레이어까지도 선택합니다.

❻ **Auto-Enhance** : 체크를 하면 선택되는 영역의 테두리 부분을 부드럽게 선택합니다.

## 기능 익히기 | 빠른 선택 툴( )을 이용하여 인형 색상 바꾸기

> 예제 파일 Chapter04/인형.jpg | 결과 파일 Chapter04/인형-완성.jpg

**01** [Tool] 패널에서 빠른 선택 툴(Quick Selection Tool )을 클릭합니다. 그림을 그리듯 하늘색 돌고래 몸통과 지느러미를 드래그합니다.

**02** 메뉴에서 [Images]-[Adjustment]-[Hue/Saturation]을 클릭합니다. Colorize에 체크를 한 후 Hue를 '242', Saturation를 '100'으로 설정하고 [OK] 버튼을 클릭합니다.

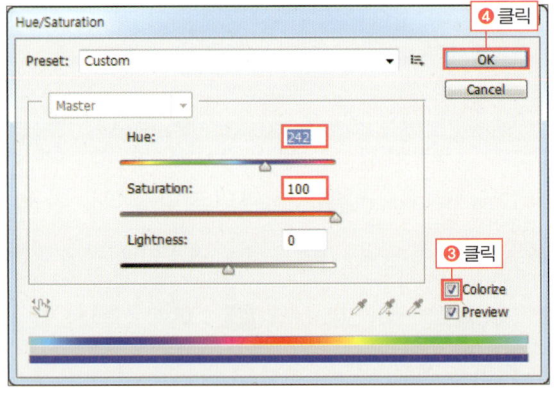

**03** 선택한 돌고래의 색상이 변경되었습니다. Ctrl + D 를 눌러 선택을 해제합니다.

## 06 섬세하게 선택하기 – 퀵 마스크 모드(Quick Mask Mode )

선택 영역을 추가하거나 삭제할 때 사용합니다. 브러시 사이즈를 작게 하면 디테일한 영역을 선택할 수 있고, 크게 하면 넓은 영역을 선택할 수 있습니다.

### 선택 방법

[Tool] 패널의 퀵 마스크 모드(Quick Mask Mode ) 버튼을 클릭하면 선택된 영역은 투명하게, 선택되지 않은 영역은 빨간색으로 채워집니다.

### [Quick Mask Options] 살펴보기

[Tool] 패널의 퀵 마스크 모드(Quick Mask Mode ) 버튼을 더블클릭하면 나타납니다.

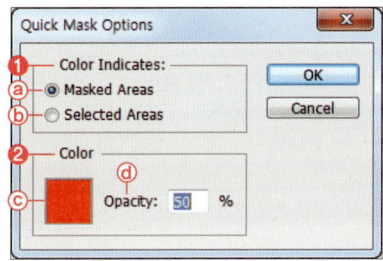

❶ **Color Indicates** : 칼라를 나타낼 영역을 설정합니다.

  ⓐ **Masked Areas** : 선택된 영역은 투명하게, 선택되지 않은 영역은 Color에서 선택된 색으로 채웁니다.

  ⓑ **Selected Areas** : 선택된 영역은 Color에서 선택한 색으로 채우고, 선택되지 않은 영역은 투명하게 나타냅니다.

❷ **Color** : 마스크 영역의 색상과 투명도를 설정합니다.

  ⓒ **색상** : 마스크 영역에 나타나는 색상을 지정합니다. 클릭하면 나타나는 [Color Picker] 대화상자에서 사용자가 임의로 색상을 선택할 수 있습니다.

  ⓓ **Opacity** : 선택한 색의 투명도를 설정합니다. 0~100%까지 설정할 수 있습니다.

## 기능 익히기 | 퀵 마스크 모드( )로 가느다란 카페 등 선택하기

◎ **예제 파일** Chapter04/카페.jpg | **결과 파일** Chapter04/카페-완성.jpg

**01** [Tool] 패널에서 빠른 선택 툴(Quick Selection Tool )을 클릭합니다. 첫 번째 전등을 드래그하여 선택합니다.

**02** [Tool] 패널의 퀵 마스크 모드(Quick Mask Mode ) 버튼을 클릭하면 선택 영역은 투명하게, 선택되지 않은 영역은 빨간색으로 채워집니다.

> **TIP | 눈금자 나타내기/감추기**
> Ctrl + R 을 누르면 눈금자를 나타내거나 감출 수 있습니다.

**03** [Tool] 패널에서 돋보기 툴(Zoom Tool )을 클릭한 후 첫 번째 등을 클릭하고 화면을 확대합니다. 브러시 툴(Brush Tool )을 클릭한 후 등 왼쪽의 선택 부분을 드래그하여 색상을 채웁니다.

> **TIP | 화면 확대하거나 축소하기**
> Ctrl + + : 화면을 확대합니다.
> Ctrl + - : 화면을 축소합니다.

**04** [Tool] 패널에서 전경색과 배경색을 Swap하는 ![] 버튼을 클릭합니다. 옵션 바에서 브러시 설정을 클릭한 후 Size를 4px로 설정합니다.

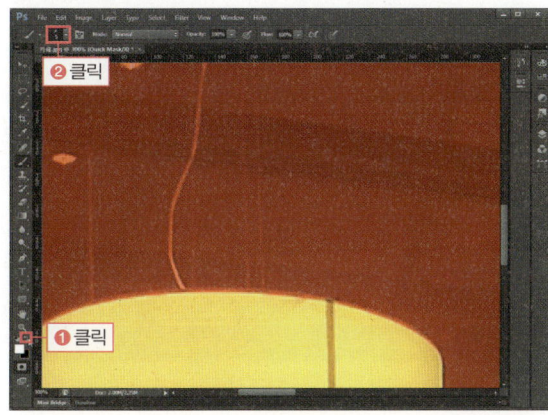 

> **TIP | 전경색과 배경색 교차하기**
> 단축키 X 를 누르면 전경색과 배경색이 교차됩니다. 퀵 마스크 모드에서 검은색은 선택 영역을 제거할 때, 흰색은 선택 영역을 추가할 때 사용합니다.

> **TIP | 브러시 사이즈 조절하기**
> R 을 누르면 브러시가 5pixel씩 작아지고 10pixel부터는 1pixel씩 작아집니다.
> R 을 누르면 브러시가 5pixel씩 커지고, 50pixel부터는 10pixel씩 커집니다.

**05** 천정과 등을 이어주는 선을 브러시 사이즈를 조절하면서 드래그하여 선택합니다. [Tool] 패널에서 손 툴(Hand Tool) ![]을 더블클릭하여 화면을 축소합니다.

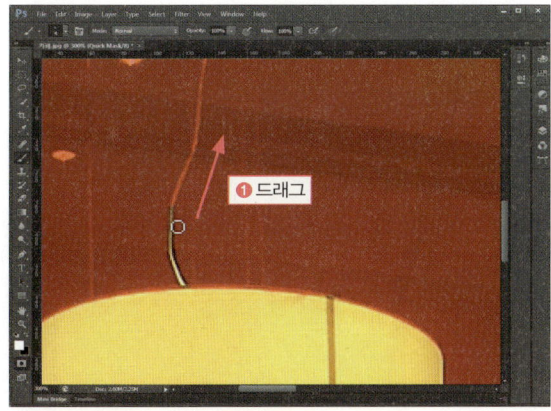 

> **TIP | 손 툴(Hand Tool ![])**
> 손 툴은 화면을 이동할 때 사용하는 툴이지만, 크기를 변경할 때도 사용합니다. 손 툴을 더블클릭하면 윈도우를 포토샵 실행 화면에서 보여줄 수 있는 최대 레이아웃으로 나타냅니다.

**06** [Tool] 패널의 표준 모드(Standard Mode ◻) 버튼을 클릭하면 퀵 마스크 모드(Quick Mask Mode ◻)로 돌아오면서 선택 영역이 점선으로 바뀝니다.

**07** [Tool] 패널 이동 툴(Move Tool )을 클릭합니다. Alt 를 누른 상태에서 오른쪽으로 드래그하여 선택한 등을 한 개 더 복사합니다.

**08** 메뉴에서 [Edit]-[Free Transform]을 클릭합니다.

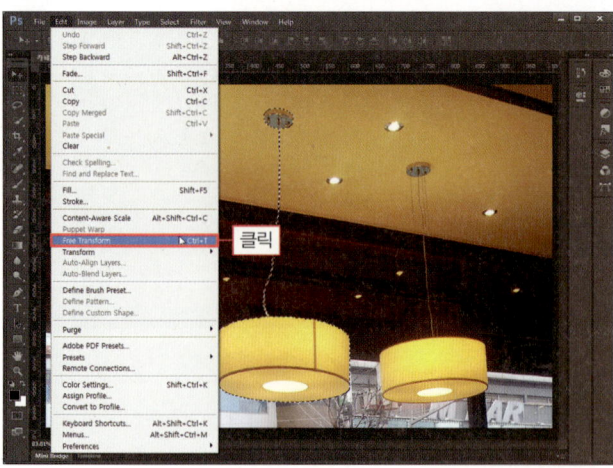

> **TIP | 이미지 크기 조절하기**
> Ctrl + T 를 누르면 사방에 조절점이 생깁니다. 조절점을 클릭한 후 원하는 사이즈로 드래그하여 크기를 조절합니다.

**09** 조절점에 마우스를 올려놓으면 마우스 포인터의 모양이 ↗로 바뀌는데, 이때 클릭한 후 안쪽으로 드래그하여 줄입니다.

**10** Ctrl + D를 눌러 선택 영역을 해제합니다. 그림이 완성되었습니다.

# 합성의 기본, 이미지 편집하기

CHAPTER 05

이번에는 그림 자체를 잘라내는 크롭 툴, 모양을 내 마음대로 왜곡하는 변형 메뉴, 특정 영역을 보호하면서 크기를 변형하는 콘텐츠 어웨어 스케일 등과 같이 이미지를 변경, 회전, 변형 및 왜곡하는 방법에 대해 알아보겠습니다.

× MADAM'S KS PHOTOSHOP CS6 ×

학습 목표

•• 원하는 부분의 이미지만 잘라서 사용할 수 있습니다. 불필요한 영역을 잘라내는 크롭 툴에 대해 알아봅니다.

•• 특정 영역을 제외한 나머지 영역을 늘려 이미지의 배경을 자연스럽게 확장할 수 있습니다. 콘텐츠 어웨어 스케일 기능에 대해 알아봅니다.

## 01 원하는 부분만 잘라 사용하기 - 자르기 툴(Crop Tool)

이미지에서 불필요한 부분을 잘라낼 때 사용합니다.

### 사용 방법

자르기 툴(Crop Tool)을 선택하면 이미지의 사방에 조절점이 나타납니다. 조절점을 드래그하면 잘려지는 부분의 색상이 어둡게 바뀝니다. Enter를 누르면 어두운 부분이 잘라집니다.

▲ 원본

▲ 남겨지는 영역

### [Crop Tool Options] 바의 옵션 알아보기

Crop Tool을 선택하면 옵션 바가 바뀝니다. 각 툴마다 고유한 옵션 값을 가지고 있으며, 다양한 형태의 옵션을 사용할 수 있습니다.

❶ 잘리는 비율을 설정합니다.

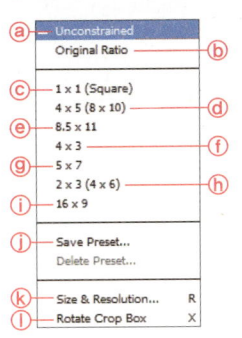

ⓐ Unconstrained : 사용자가 지정한 만큼 사이즈가 조절됩니다.

ⓑ Origianl Ratio : 원본 이미지의 비율에 맞춰 사이즈가 조절됩니다.

ⓒ 1×1(Square) : 1:1 비율에 맞게 이미지를 자릅니다.

ⓓ 4×5(8×10) : 4×5의 비율로 이미지를 자릅니다.

ⓔ 8.5×11 : 8.5×11의 비율로 이미지를 자릅니다.

ⓕ 4×3 : 4×3의 비율로 이미지를 자릅니다.

ⓖ 5×7 : 5×7의 비율로 이미지를 자릅니다.

ⓗ 2×3(4×6) : 2×3의 비율로 이미지를 자릅니다.

ⓘ 16×9 : 16×9의 비율로 이미지를 자릅니다.

ⓙ Save Preset : 설정한 사이즈를 Preset에 저장합니다.
ⓚ Save & Resolution : 잘려지는 사이즈와 해상도를 저장합니다.
ⓛ Rotate Crop Box : 설정된 사이즈를 180도 회전합니다.

❷ 너비, 높이 : 자르는 사이즈를 설정합니다.

❸ ■ : 입력한 값을 이전 상태로 초기화합니다.

❹ Straghten : 수평 맞추기 옵션으로, 수평으로 맞추고 싶은 기준을 드래그합니다.

❺ View : 화면에 나타나는 그리드선의 종류를 설정합니다.

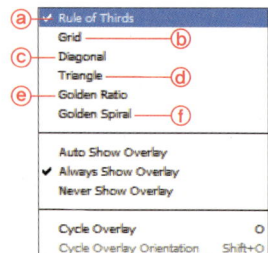

ⓐ Rule of Thirds : 화면을 가로, 세로 각각 3등분하는 그리드를 나타냅니다.
ⓑ Grid : 그리드선을 표시합니다.
ⓒ Diagonal : 다이아몬드 형태의 그리드선을 나타냅니다.
ⓓ Triangle : 삼각형 형태의 그리드선을 나타냅니다.
ⓔ Golden Radio : 황금 비율 형태의 그리드선을 나타냅니다.
ⓕ Golden Spiral : 황금 나선형 형태의 그리드선을 나타냅니다.

❻ ✱ : 보이는 형태를 설정합니다.

ⓐ Use Classic Mode : 체크하면 CS5 이전 버전의 크롭 작업 방식처럼 이미지를 잘라냅니다.
ⓑ Auto Center Preview : 체크한 후 이미지를 드래그하면 캔버스 중앙에 미리 보기를 배치합니다.
ⓒ Show Cropped Area : 해제하면 크롭된 상태를 미리 보여줍니다.
ⓓ Enable Crop Shield : 해제하면 잘려지는 부분도 밝게 표시합니다.
ⓔ Color : 잘려지는 영역의 색상을 지정하는 방식이 들어 있습니다. Match Canvas를 지정하면 캔버스의 색상과 같게, Custom을 지정하면 사용자가 색상을 설정할 수 있습니다.
ⓕ Opacity : 잘려지는 영역에 지정한 색상의 불투명도를 설정합니다.
ⓖ Auto Adjust Opacity : 체크한 후 이미지 영역에서 마우스를 다운하면 기본 불투명도가 적용된 상태를 보여줍니다.

❼ Delete Cropped Pixels : 체크를 하면 크롭된 픽셀을 제거합니다.

## 기능 익히기 | 바다 풍경 이미지만 잘라내기

> **예제 파일** Chapter05/해변.jpg | **결과 파일** Chapter05/해변-완성.jpg

**01** [Tool] 패널에서 자르기 툴(Crop Tool)을 클릭합니다. 이미지의 사방에 조절점이 생깁니다.

**02** 아래쪽 조절점에 마우스를 올려놓은 후 위로 드래그합니다.

**03** Enter 를 누르면 어두운 부분의 이미지가 잘립니다.

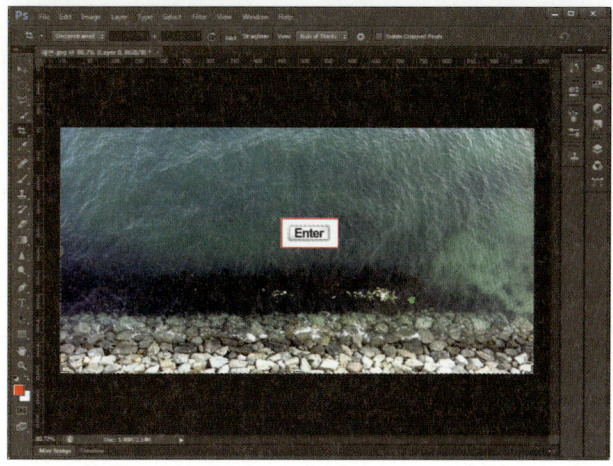

> **TIP | 메뉴를 이용하여 자르기**
> [Tool] 패널에서 사각형 선택 툴(Rectangle Marquee Tool)로 잘라낼 이미지를 선택합니다. 메뉴에서 [Images]-[Crop]을 클릭하면 잘라낼 수 있습니다.

# 02 원근감 자르기 툴(Perspective Crop Tool)

원근감 자르기 툴(Perspective Crop Tool)은 이미지를 원근감 있게 잘라 삐뚤어진 이미지를 바로 펴주거나 거리감을 느끼게 할 때 사용합니다.

## 사용 방법

자르고 싶은 만큼 사각형을 그리듯 클릭, 드래그합니다. 이미지의 사방에 조절점이 생기면 조절점을 드래그한 후 Enter 를 클릭합니다.

▲ 원본    ▲ 원근감 자르기 툴( )로 자른 이미지

## [Perspective Crop] 옵션 바 살펴보기

Perspective Crop Tool을 선택하면 옵션 바가 바뀝니다. 각 툴마다 고유한 옵션 값을 가지고 있으며, 다양한 형태의 옵션을 사용할 수 있습니다.

❶ 너비와 높이 값을 설정합니다.

❷ Resolution : 해상도를 설정합니다.

❸ 해상도 적용 단위를 설정합니다.

❹ Front Image : 선택한 사진의 너비, 높이, 해상도를 ❶, ❷에 나타내도록 하는 버튼입니다.

❺ Clear : 설정 값을 초기화합니다.

❻ Show Grid : 체크를 한 후 툴을 선택하면 화면에 그리드선이 나타납니다.

**기능 익히기** 기울어진 사진을 원근감 자르기 툴(🔲)을 이용하여 정면 사진으로 바꾸기

▶ **예제 파일** Chapter05/원근감.jpg | **결과 파일** Chapter05/원근감-완성.jpg

**01** [Tool] 패널에서 원근감 자르기 툴(Perspective Crop Tool 🔲)을 클릭합니다.

**02** 자르고 싶은 만큼 드래그하면 조절점이 나타납니다.

**03** 왼쪽 위 모서리 조절점을 안쪽으로 드래그하여 왼쪽 기둥이 일직선 형태가 선택되도록 조절합니다.

CHAPTER 05 합성의 기본, 이미지 편집하기   101

**04** 오른쪽 위 모서리 조절점을 안쪽으로 드래그하여 오른쪽 기둥이 일직선 형태가 되도록 조절합니다. 옵션 바에서 ✓를 클릭하여 조절을 적용합니다.

> **TIP | 변형된 값 적용하기**
> Enter 를 누르면 설정된 옵션 값들이 적용됩니다.

**05** 이미지가 정면 사진으로 변경되었습니다.

## 03 디지털카메라로 찍은 사진 사이즈 조절하기 – 이미지 사이즈 조절하기

핸드폰이나 디지털카메라로 찍은 사진을 포토샵에서 불러오면 생각했던 사이즈보다 훨씬 큰 것을 알 수 있습니다. 인쇄를 하거나 화면에서 사용하기 위해서는 사이즈를 줄여 사용해야 합니다.

### 사용 방법

메뉴에서 [Image]-[Image Size](Alt + Ctrl + I)를 클릭하면 이미지 사이즈를 조절하는 대화상자가 나타납니다. 너비와 높이를 원하는 사이즈로 설정합니다.

### [Image Size] 대화상자 살펴보기

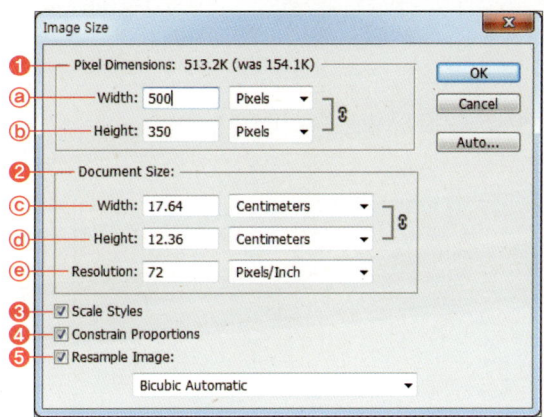

❶ Pixel Dimensions : 파일의 용량을 나타냅니다.

　ⓐ Width : 너비를 나타냅니다. 단위는 픽셀(pixels)과 퍼센트(Percent)가 있습니다.

　ⓑ Height : 높이를 나타냅니다. 단위는 픽셀(pixels)과 퍼센트(Percent)가 있습니다.

❷ Document Size : 인쇄용 이미지의 사이즈를 설정합니다.

　ⓒ Width : 인쇄물의 가로 사이즈를 설정합니다.

　ⓓ Height : 인쇄물의 세로 사이즈를 설정합니다.

　ⓔ Resolution : 해상도를 나타내며, 웹용 작업 시에는 72pixels/Inch로, 인쇄용일 경우에는 300pixels/Inch로 설정합니다.

❸ Scale Styles : 체크를 하면 이미지 사이즈에 맞게 스타일 사이즈도 함께 변경됩니다.

❹ Constrain Proportions : 체크를 하면 Pixel Dimensions에 ▣가 생기고, 가로, 세로 비율을 유지하면서 사이즈가 조절됩니다.

❺ Resample Image : 이미지 사이즈를 조절할 때마다 리사이징되는 방식을 적용합니다.

## 기능 익히기 — 핸드폰으로 찍은 사진 사이즈 조절하기

> **예제 파일** Chapter05/제주도.jpg | **결과 파일** Chapter05/제주도-완성.jpg

**01** 하단 상단 파일명 옆의 현재 이미지 크기 비율이 33.3%인지 확인합니다.

**02** 메뉴에서 [Image]-[Image Size](Alt + Ctrl + I)를 클릭합니다. Constrain Proportions에 체크를 한 후 Width에 '900'을 입력하고 [OK] 버튼을 클릭합니다.

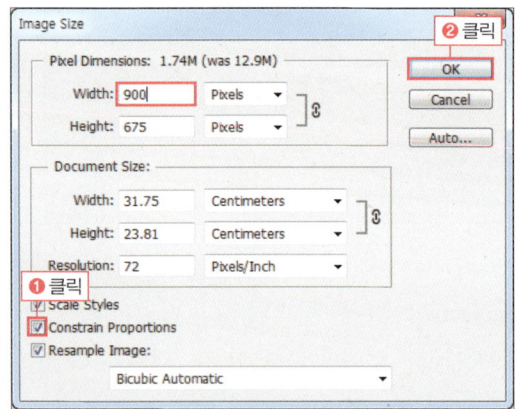

**03** [Tool] 패널에서 돋보기 툴(Zoom Tool)을 더블클릭하여 화면을 100%로 만듭니다.

## 04 작업 영역을 내 마음대로 – 캔버스 사이즈 조절 및 회전하기

작업을 하다가 작업 영역이 너무 작거나 클 경우, 사이즈를 조절할 때 사용합니다.

### 사용 방법

메뉴에서 [Image]-[Canvas Size]( Alt + Ctrl + C )를 클릭하면 이미지 사이즈를 조절하는 대화상자가 나타납니다. 너비와 높이를 원하는 대로 설정합니다.

### [Canvas Size] 대화상자 살펴보기

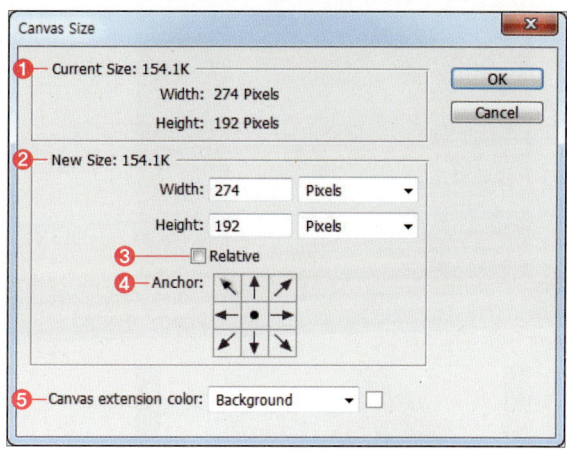

❶ Current Size : 현재 이미지의 용량과 사이즈를 나타냅니다.

❷ New Size : 너비와 높이 값을 설정합니다.

❸ Relative : 체크를 하면 캔버스를 비율 형태로 조절합니다.

❹ Anchor : 캔버스가 늘어나거나 줄어들 때의 중심 위치를 설정합니다.

❺ Canvas extension color : 캔버스가 늘어날 때의 배경색을 설정합니다.

# Image Rotation – 캔버스, 이미지 회전과 반전

이미지를 회전하거나 반전할 때 사용합니다. 메뉴에서 [Image]-[Image Rotation]을 클릭하면 나타납니다.

- 180° : 캔버스를 180도 회전합니다.

- 90° CW : 캔버스를 시계 방향으로 90도 회전합니다.

- 90° CCW : 캔버스를 반시계 방향으로 90도 회전합니다.

- Arbitrary : 사용자가 정한 각도로 회전합니다.

- Flip Canvas Horizontal : 캔버스를 좌우 대칭으로 만듭니다.

- Flip Canvas Vertical : 캔버스를 상하 대칭으로 만듭니다.

## 기능 익히기 — 캔버스 사이즈 조절하고 글씨 삽입하기

◎ **예제 파일** Chapter05/동물원.jpg, Chapter05/라벨.jpg | **결과 파일** Chapter05/동물원-완성.jpg

**01** 메뉴에서 [File]-[Open]을 클릭하여 Chapter05에서 동물원.jpg, 라벨.jpg를 불러옵니다.

**02** 배경 색상을 흰색으로 설정합니다. 메뉴에서 [Image]-[Canvas Size](**Alt** + **Ctrl** + **C**)를 클릭합니다.

**03** Width에 '820'을 입력한 후 Anchor은 오른쪽 가운데, Canvas extension color는 'Background'로 설정하고 [OK] 버튼을 클릭합니다.

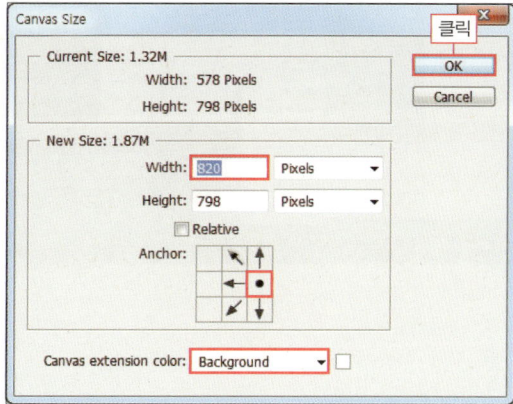

CHAPTER 05 합성의 기본, 이미지 편집하기 **107**

**04** 메뉴에서 [Window]-[Arrange]-[2-up Vertical]을 클릭하여 화면을 2개로 분리합니다.

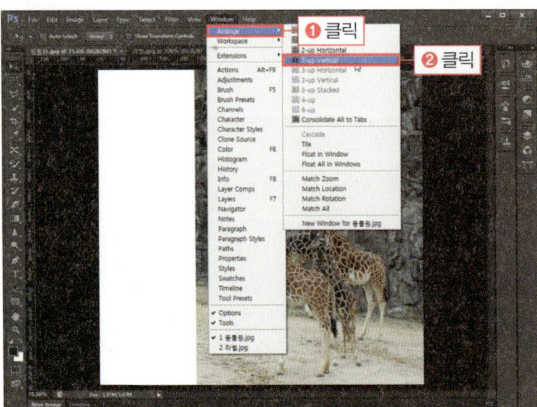 

**05** [Tool] 패널에서 이동 툴(Move Tool)을 클릭합니다. 라벨 이미지를 기린 이미지로 드래그합니다.

**06** 메뉴에서 [Window]-[Arrange]-[Consolidate All to Tabs]를 클릭합니다.

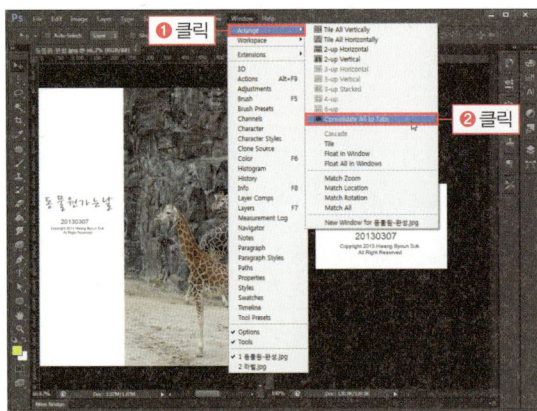 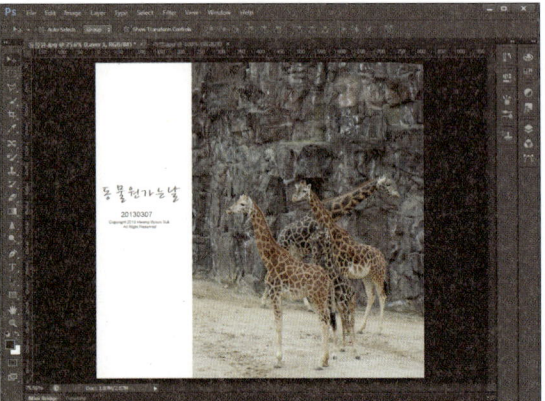

## 05 이미지를 내 마음대로 왜곡하기 – Transform 메뉴

이미지를 자유롭게 왜곡할 때 사용합니다. 메뉴에서 [Edit]-[Free Transform](Ctrl+T)을 클릭하면 자유 조절점이 나타납니다.

### 사용 방법

메뉴에서 [Edit]-[Transform]을 클릭하면 여러 가지 변형 메뉴가 나타납니다.

- 크기 변경(Scale) : 이미지의 크기를 설정합니다.

- 회전하기(Rotate) : 이미지를 원하는 각도로 회전합니다.

- 비틀기(Skew) : 이미지를 수평이나 수직 방향으로 왜곡합니다.

- 왜곡하기(Distort) : 이미지 전체를 왜곡합니다.

- 원근감 변형(Perspective) : 이미지를 사다리꼴 형태로 왜곡합니다.

- 다양한 왜곡(Wrap) : 이미지를 곡선 형태로 왜곡합니다.

- Rotate 180° : 이미지를 180도 회전합니다.

- Rotate 90° CW : 이미지를 180도 회전합니다.

- Rotate 90° CCW : 이미지를 180도 회전합니다.

- Flip Horizontal : 이미지를 좌우 대칭으로 만듭니다.

- Flip Vertical : 이미지를 상하 대칭으로 만듭니다.

# [Transform Options] 바의 옵션 알아보기

메뉴에서 [Edit]-[Free Transform]을 선택하면 옵션 바가 바뀝니다. 각 툴마다 고유한 옵션 값을 가지고 있으며, 다양한 형태의 옵션을 사용할 수 있습니다.

❶ ▦ : 이미지를 변형할 경우 설정할 중심점을 지정합니다.

❷ X, Y : 입력된 값으로 위치 값을 설정합니다.

❸ W, H : 이미지의 너비와 높이 값을 설정합니다.

❹ △ : 각도를 회전합니다.

❺ H, V : 이미지를 가로, 세로 방향으로 왜곡합니다.

❻ Interpolation : 이미지를 변형할 경우, 픽셀이 변형되는 방식을 적용합니다.

❼ ▨ : 왜곡 효과를 적용합니다.

❽ ⊘ : 변형 명령을 취소합니다.

❾ ✓ : 설정한 변형 명령을 실행합니다.

## 기능 익히기 — 핸드폰 안의 그림을 변형 툴을 이용하여 바꾸기

> **예제 파일** Chapter05/핸드폰.jpg, Chapter05/핸드폰그림.jpg | **결과 파일** Chapter05/핸드폰-완성.jpg

**01** 메뉴에서 [File]-[Open]을 클릭합니다. Chapter05에서 핸드폰.jpg, 핸드폰그림.jpg를 선택한 후 [OK] 버튼을 클릭합니다.

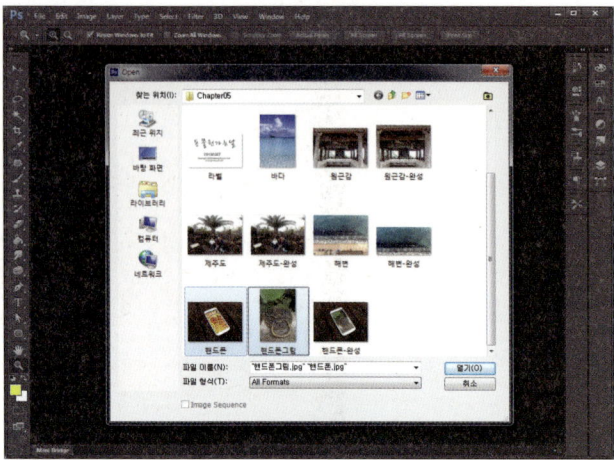

**02** `Ctrl`+`A`를 클릭한 후 메뉴에서 [Edit]-[Copy](`Ctrl`+`C`)를 클릭합니다.

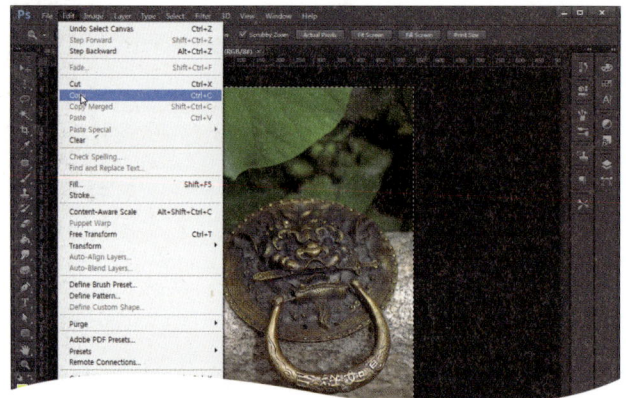

**03** 핸드폰.jpg를 클릭하여 불러옵니다. 메뉴에서 [Edit]-[Paste](`Ctrl`+`V`)를 클릭하여 화면에 붙여넣기합니다. 메뉴에서 [Edit]-[Free Transform](`Ctrl`+`D`)를 클릭하면 사방에 조절점이 생깁니다.

**04** 모서리 조절점을 그림 안으로 드래그하여 크기를 줄입니다. 그림 안에 마우스를 올려놓으면 마우스 포인터의 모양이 ▶로 변하는데, 이때 핸드폰 위로 그림을 드래그합니다.

**05** 메뉴에서 [Edit]-[Transform]-[Distort]를 클릭합니다. 오른쪽 위에 있는 모서리 조절점을 핸드폰 화면에 맞게 드래그하여 맞춥니다.

> **TIP**
>
> **Skew 단축키 이용하기**
> `Ctrl`+`T`를 누릅니다. 이미지의 모서리를 `Ctrl`+`Shift`를 누른 상태에서 드래그하는 방법과 같습니다.
>
> **Distort 단축키 이용하기**
> `Ctrl`+`T`를 누릅니다. 이미지의 모서리를 `Ctrl`을 누른 상태에서 드래그하는 방법과 같습니다.
>
> **Perspective 단축키 이용하기**
> `Ctrl`+`T`를 누릅니다. 이미지의 모서리를 `Ctrl`+`Shift`+`Alt`를 누른 상태에서 드래그하는 방법과 같습니다.

**06** 동일한 방법으로 나머지 3개의 모서리도 위치를 조절하여 핸드폰을 완성합니다.

## 06 특정 영역을 보호하면서 이미지 늘리기 – Content Aware Scale

이미지의 특정 영역을 보호하면서 배경 부분만 자연스럽게 늘릴 때 사용합니다.

### 사용 방법

보호할 영역을 선택 영역으로 설정합니다. 메뉴에서 [Select]-[Save Selection]을 클릭하여 선택 영역을 저장합니다. 메뉴에서 [Edit]-[Content Aware Scale]을 클릭하여 크기를 조절합니다.

▲ 원본

▲ Content Aware Scale로 배경 크기 변경

### Content Aware Scale 옵션 바 살펴보기

[Edit]-[Content Aware Scale] 메뉴를 선택하면 옵션 바가 바뀝니다. 각 툴마다 고유한 옵션 값을 가지고 있으며, 다양한 형태의 옵션을 사용할 수 있습니다.

❶ : 이미지를 변형할 경우 설정할 중심점을 지정합니다.

❷ X, Y : 입력된 값으로 위치 값을 설정합니다.

❸ W, H : 이미지의 너비와 높이 값을 설정합니다.

❹ Amount : 원본 이미지의 비율을 나타냅니다.

❺ Protect : 이미지 크기 변경 시 보호할 영역을 선택합니다.

❻ : 클릭하면 사람의 피부톤이 포함된 영역을 보호하여 자연스럽게 만듭니다.

❼ : 변형 명령을 취소합니다.

❽ : 설정한 변형 명령을 실행합니다.

## 기능 익히기 | 등대는 보호하면서 배경을 크게 만들기

> 예제 파일 Chapter05/등대.jpg | 결과 파일 Chapter05/등대-완성.jpg

**01** 패널에서 [Layer]( )를 클릭합니다. Background 레이어를 더블클릭하면 나타나는 레이어 대화상자에서 [OK] 버튼을 클릭하여 레이어를 일반 레이어로 변경합니다.

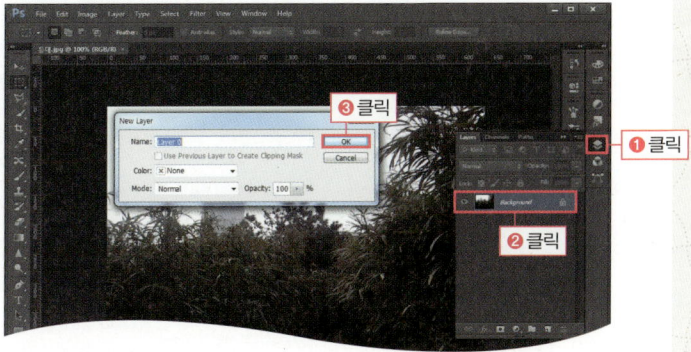

**02** [Tool] 패널에서 사각형 선택 툴(Rectangle Marquee Tool )을 클릭합니다. 등대를 드래그하여 선택합니다. 메뉴에서 [Select]-[Save Selection]을 클릭하면 나타나는 [Save Selection] 대화상자의 Name에 '보호'를 입력하고 [OK] 버튼을 클릭합니다.

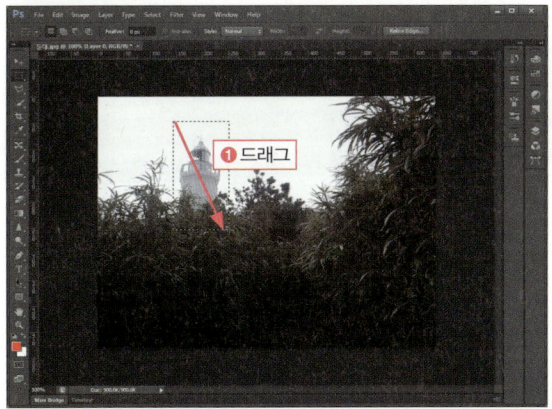
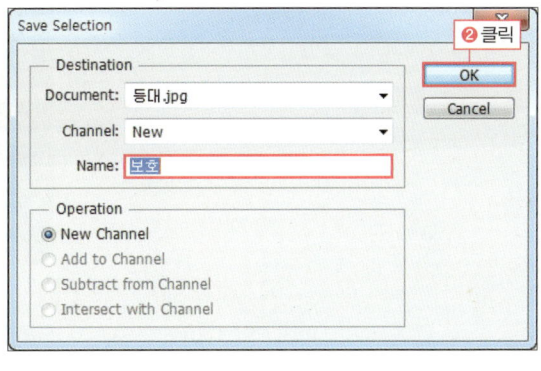

**03** 메뉴에서 [Image]-[Canvas Size]를 클릭하면 나타나는 [Canvas Size] 대화상자의 Width에 '950'을 입력한 후 첫 번째 칸의 Anchor를 선택하고 [OK] 버튼을 클릭합니다.

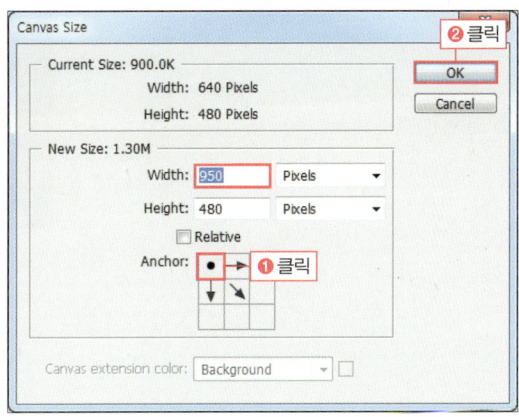

**04** 메뉴에서 [Edit]-[Content Aware Scale]을 클릭합니다. 옵션 바에서 Protect 콤보를 눌러 '보호'를 선택합니다.

**05** 조절점을 캔버스 사이즈만큼 늘립니다.

**06** 등대 크기는 거의 변화가 없고, 이미지 배경만 늘어났습니다.

✖ 쉬어가는 페이지 ✖

# 채색하고 배경 만들기, 마법사 브러시

CHAPTER

이번에는 그림을 그리듯 페인팅하는 브러시와 날카로운 선을 그려주는 연필, 특정 부분의 색상을 교체하는 색상 교체 툴, 회화 느낌의 리터칭을 하는 믹서 브러시 툴과 같은 다양한 도구의 기능에 대해 알아봅니다.

× MADAM'S KS PHOTOSHOP CS6 ×

- • 그림을 그리듯 브러시를 이용하여 나만의 배경을 만들 수 있습니다. 리터칭 도구인 브러시에 대해 알아봅니다.

- • 특정 색만 찾아서 다른 색으로 변경할 수 있습니다. 원하는 색으로 바꿔주는 색상 교체 툴에 대해 알아봅니다.

## 01 나만의 배경 만들기 – 브러시 툴(Brush Tool)

다양한 모양의 브러시를 가지고 그림을 그리듯 색칠하기, 나만의 배경 만들기 등을 할 때 사용합니다.

### 사용 방법

채색하고 싶은 부분을 드로잉합니다. 기본은 전체가 색칠되는 것이고, 브러시의 종류에 따라 무늬를 넣을 수도 있습니다.

▲ 원본

▲ 별 브러시

### [Brush Tool Options] 바의 옵션 알아보기

Brush Tool을 선택하면 옵션 바가 바뀝니다. 각 툴마다 고유한 옵션 값을 가지고 있으며, 다양한 형태의 옵션을 사용할 수 있습니다.

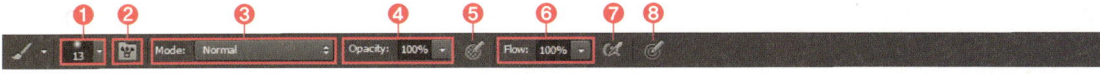

❶ 브러시 설정 : 브러시의 크기와 압력 값 등을 설정합니다.

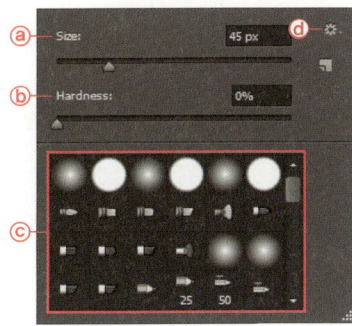

ⓐ Size : 브러시의 크기를 조절합니다.

ⓑ Hardness : 브러시 경계선의 부드러운 정도를 설정합니다. 수치가 낮을수록 부드러워지며, 높을수록 또렷해집니다.

ⓒ 브러시의 종류를 선택합니다.

ⓓ ※ : 브러시 저장, 브러시 불러오기, 포토샵에서 제공하는 브러시 불러오기 등을 설정합니다.

❷ ▣ : [Brush] 패널을 불러와 세부 설정을 합니다.

❸ Mode : 블렌드 모드를 적용합니다.

❹ Opacity : 브러시의 투명도를 설정합니다. 0~100%를 사용하며 숫자가 높을수록 선명하게, 낮을수록 투명하게 채색됩니다.

❺ ▨ : 태블릿 압력 값을 설정합니다.

❻ Flow : 브러시의 농도를 설정합니다. 0~100%를 사용하며, 숫자가 높을수록 짙은 농도로 채색됩니다.

❼ 에어브러시(▨) : 압력을 감지할 수 있는 에어브러시를 사용합니다.

❽ ▨ : 태블릿 압력으로 사이즈를 조절합니다.

## 브러시 ▨

브러시를 보는 방법, 브러시 저장, 불러오기(포토샵에서 제공하는 브러시 불러오기) 등을 설정합니다.

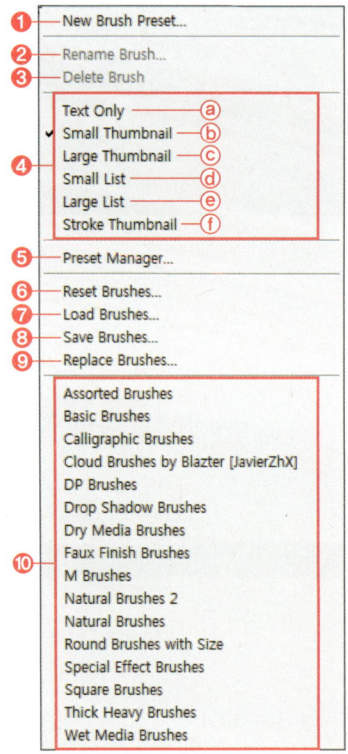

❶ New Brush Preset : 현재 선택한 브러시를 프리셋에 등록합니다.

❷ Rename Brush : 브러시의 이름을 변경합니다.

❸ Delete Brush : 선택한 브러시를 삭제합니다.

❹ 목록 보기 : 브러시의 이미지 보기 방식을 설정합니다.

ⓐ Text Only : 브러시 이름으로 나타냅니다.

ⓑ **Small Thumbnail** : 작은 섬네일 그림으로 나타냅니다.

ⓒ **Large Thumbnail** : 큰 섬네일 그림으로 나타냅니다.

ⓓ **Small List** : 작은 리스트 형식으로 나타냅니다.

ⓔ **Large List** : 큰 리스트 형식으로 나타냅니다.

ⓕ **Stroke Thumbnail** : 브러시의 설정된 값을 미리 보기 형태로 나타냅니다.

❺ **Preset Manager** : 프리셋을 관리하는 [Preset Manager] 대화상자를 엽니다.

❻ **Reset Brushes** : 브러시 목록을 초기화합니다.

❼ **Load Brushes** : 외부 브러시를 불러옵니다.

❽ **Save Brushes** : 현재 열린 목록에 있는 브러시를 저장합니다.

❾ **Replace Brushes** : 선택한 브러시를 다른 브러시로 교체합니다.

❿ 포토샵에서 기본적으로 제공하는 브러시와 사용자가 등록한 브러시 목록을 나타냅니다.

## [Brush Panel]의 옵션 알아보기

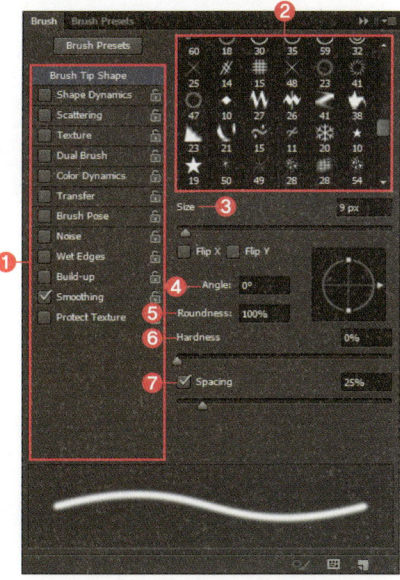

❶ **브러시 옵션 선택** : 브러시의 크기, 간격, 색상 등을 조절합니다.

❷ 브러시의 종류를 나타냅니다.

❸ **Size** : 브러시의 사이즈를 설정합니다.

❹ **Angle** : 브러시의 기울기를 설정합니다.

❺ **Roundness** : 브러시의 납작한 정도를 설정합니다.

❻ **Hardness** : 브러시의 부드러움을 설정합니다. 0~100 사이를 사용하며, 숫자가 낮으면 딱딱한 브러시가, 높으면 부드러운 브러시가 됩니다.

❼ **Spacing** : 브러시 사이의 간격을 조절합니다. 기본 값은 25이며, 숫자가 높을수록 간격이 멀어집니다.

## 브러시 각 옵션의 기능

Ⓐ **Brush Tip Shape** : 브러시의 종류, 사이즈, 간격, 부드러운 정도 등을 설정합니다.

Ⓑ **Shape Dynamics** : 브러시의 랜덤 사이즈, 회전, 기울기 등을 설정합니다.

Ⓒ **Scattering** : 브러시의 흩어지는 정도를 설정합니다.

Ⓓ **Texture** : 브러시에 재질을 입혀 외곽선이 거칠게 나타납니다.

Ⓔ **Dual Brush** : 2개의 브러시에 합성 모드와 크기, 간격 등을 설정하여 함께 표현합니다.

Ⓕ **Color Dynamics** : 전경색과 배경색뿐만 아니라 채도, 명도 등을 혼합하여 채색합니다.

Ⓖ **Transfer** : 브러시의 투명도를 설정합니다.

Ⓗ **Brush Pose** : 회전 및 압력에 대한 값을 설정합니다.

Ⓘ **Noise** : 브러시 외곽에 노이즈를 추가하거나 제외합니다. 추가하면 거칠게 칠해집니다.

Ⓙ **Wet Edges** : 수채화 느낌을 표현합니다. 브러시 안쪽이 옅은 색으로 칠해집니다.

Ⓚ **Smoothing** : 곡선을 그릴 때 부드럽게 표현합니다. 육안으로는 잘 구별되지 않습니다.

Ⓛ **Protect Texture** : 브러시에 적용된 재질의 크기와 모양을 일정하게 만듭니다.

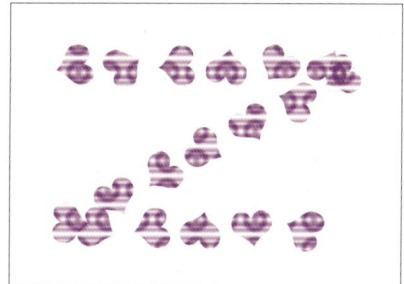

## 내가 만든 브러시 등록하기

등록할 브러시 모양을 그린 후 메뉴에서 [Edit]-[Define Brush Preset]을 클릭하여 등록할 수 있습니다. 브러시로 등록되는 그림의 색상은 검은색이 'Opacity 100'을 뜻하며, 흰색이 'Opacity 0'을 뜻하므로 반드시 검은색으로 그려넣어야 합니다.

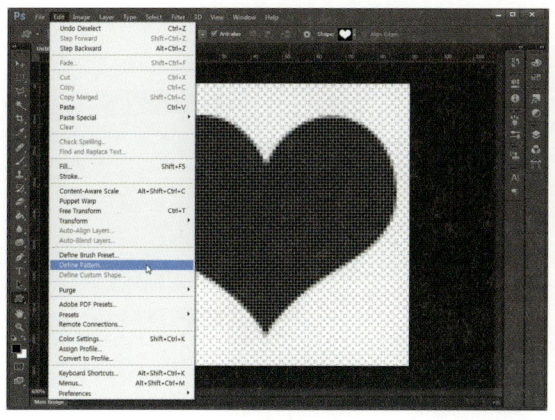

## 기능 익히기 | 반짝이 브러시 만들어 등록하기

◎ **예제 파일** Chapter06/야경.jpg  |  **결과 파일** Chapter06/야경-완성.psd

**01** 메뉴에서 [File]-[New](Ctrl+N)를 클릭합니다. Width와 Height는 '50', Background Contents는 'Transparent'를 선택한 후 [OK] 버튼을 클릭합니다.

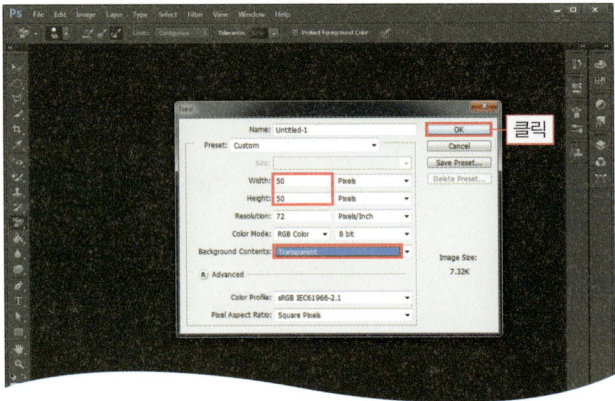

**02** [Tool] 패널에서 돋보기 툴(Zoom Tool)을 클릭합니다. 화면을 클릭하여 '800%'까지 확대합니다.

**03** [Tool] 패널에서 Default Color를 클릭합니다. 브러시 툴(Brush Tool)을 선택한 후 옵션 바에서 브러시 사이즈를 '35'로 설정하고 화면 중앙을 클릭하여 원을 그립니다.

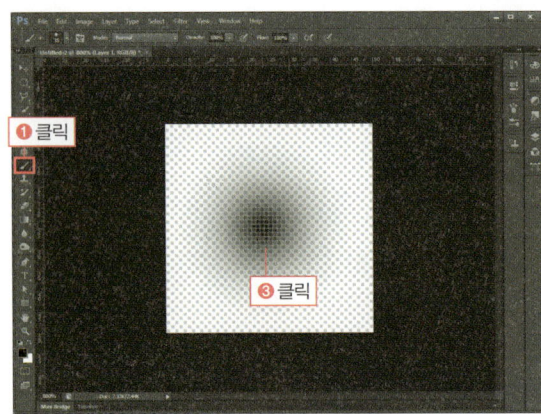 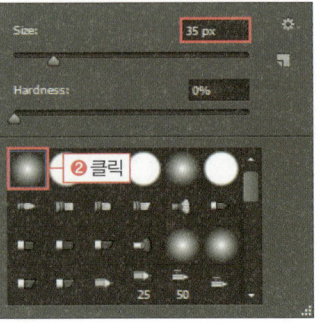

**04** 브러시 설정을 클릭한 후 Assorted Brushes를 선택하면 나타나는 대화상자에서 [Append] 버튼을 클릭하여 추가한 후 'Crosshatch 4'를 선택합니다.

 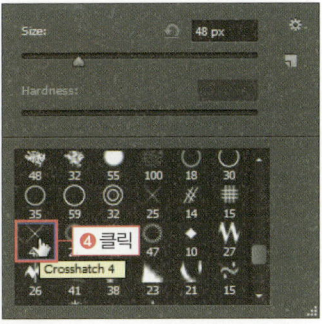

**05** 화면 중앙을 클릭하여 십자 모양을 넣습니다. 그런 다음, 메뉴에서 [Edit]-[Define Brush Preset]을 클릭합니다.

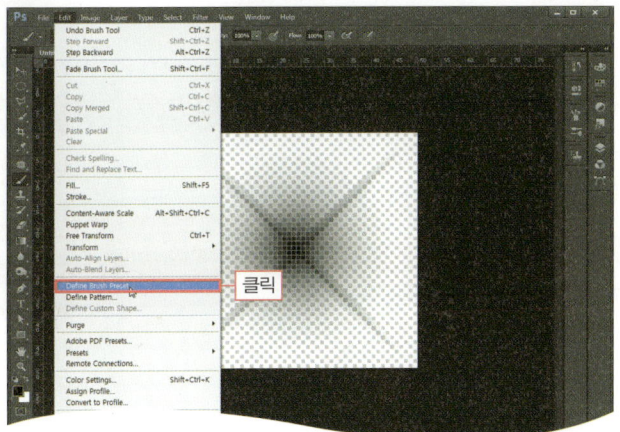

**06** Name에 '반짝이'를 입력한 후 [OK] 버튼을 클릭합니다.

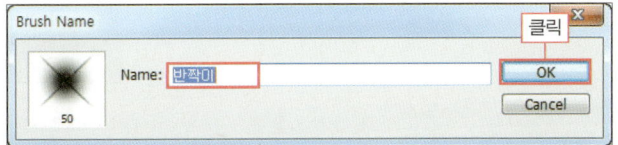

**07** 메뉴에서 [File]-[Open](Ctrl+O)을 클릭하여 Chapter06 안의 '야경.jpg'를 불러옵니다.

**08** [Tool] 패널에서 브러시 툴(Brush Tool)을 클릭합니다. 옵션 바에서 아이콘을 클릭하여 [Brush] 패널을 엽니다. Brush Tip Shape의 Spacing을 '200'으로 설정합니다.

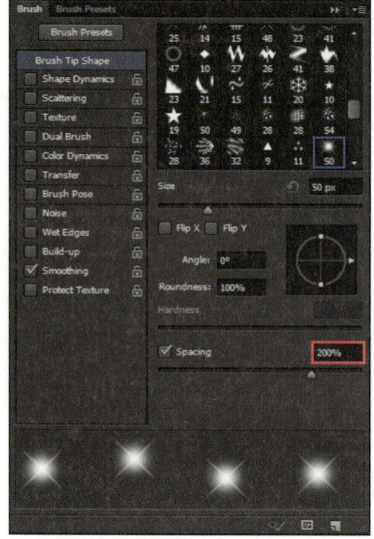

**09** Shape Dynamics에서 Size Jitter를 '100', Mininum Diameter를 '25', Angle Jitter를 '100'으로 설정합니다.

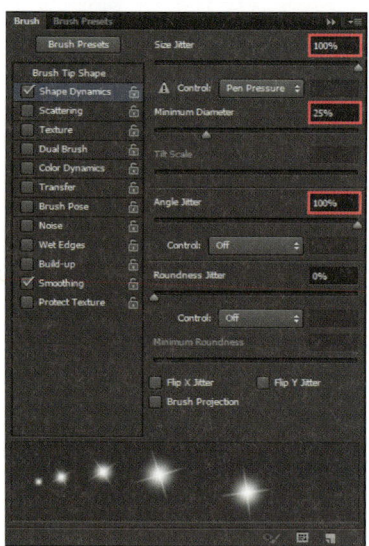

**10** 간판을 중심으로 드래그하면서 반짝이를 칠합니다.

## 기능 익히기 브러시를 이용하여 타잔에 어울리는 풀밭 만들기

> 예제 파일 Chapter06/타잔.jpg | 결과 파일 Chapter06/타잔-완성.jpg

**01** 전경색 버튼을 클릭하여 '#85c154', 배경색 버튼을 클릭하여 '#206e10'으로 설정합니다.

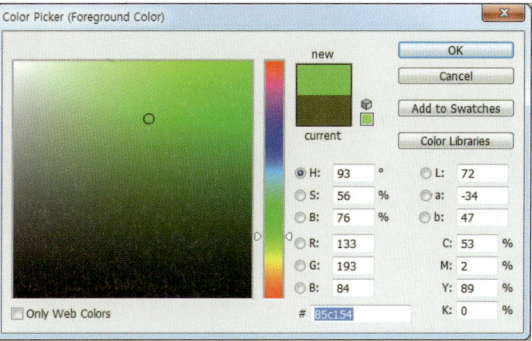

**02** [Tool] 패널에서 브러시 툴(Brush Tool)을 클릭하고 옵션 바의 브러시 콤보 버튼을 클릭하여 'Grass'를 선택합니다.

**03** 브러시 패널 버튼()을 클릭한 후 [Color Dynamics] 탭을 선택합니다. Foreground/Background Jitter 값을 '100%', Hue Jitter는 '0'으로 설정하고 밑쪽에서 좌우로 드래그합니다.

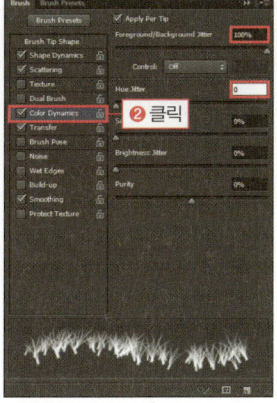

**04** 브러시 옵션 바에서 Brush Preset picker 콤보 버튼을 클릭한 후 브러시 설정 버튼을 클릭합니다. 'Dp Brushes'를 클릭하면 나타나는 대화상자에서 [Append] 버튼을 클릭하여 브러시를 추가합니다.

**05** 'DP Crackle'를 선택한 후 브러시 사이즈를 '175'로 설정하고 화면 왼쪽 상단에 2개를 클릭합니다.

**06** 'Dp Brushes'를 추가하는 동일한 방법으로 'M Brushes'를 추가한 후 'Leaf w/tilt & color'를 선택합니다.

**07** 옵션 바에서 브러시 패널 버튼( )을 클릭하여 [Brush] 패널을 엽니다. Spacing 값을 '290'으로 설정합니다.

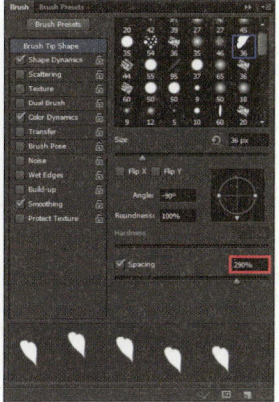

**08** Shape Dynamics을 선택한 후 Size Jitter는 '100', Minium Diameter는 '30', Angle Jitter는 '100'으로 설정합니다. 그런 다음, 나뭇잎 모양을 넣고 싶은 위치를 클릭하여 나뭇잎을 넣습니다.

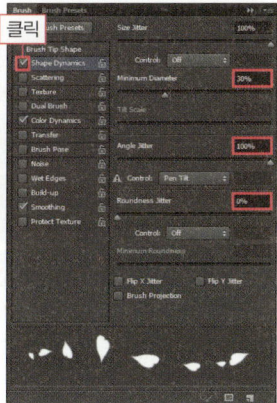

## 02 ✕ 도트 이미지 만들기 – 연필 툴(Pencil Tool)

브러시와 비슷하지만 딱딱한 느낌으로 그림을 그리는 데 사용합니다. 픽셀 아트나 점선을 그릴 때 주로 사용합니다.

### 사용 방법

그림을 그리고 싶은 대로 자유롭게 드로잉합니다.

### [Pencil Brush Tool] 옵션 바 살펴보기

❶ 브러시 설정 : 브러시의 크기와 압력 값 등을 설정합니다.

❷ : [Brush] 패널을 불러와 세부 설정을 합니다.

❸ Mode : 블렌드 모드를 적용합니다.

❹ Opacity : 브러시의 투명도를 설정합니다. 0~100%를 사용하며 숫자가 높을수록 선명하게, 낮을수록 투명하게 채색됩니다.

❺ : 태블릿 압력 값을 설정합니다.

❻ Auto Erase : 지우개 도구를 사용하지 않고 연필 스트로크의 일부를 제거합니다.

❼ : 태블릿 압력으로 사이즈를 조절합니다.

## 기능 익히기 — 연필 브러시로 홈페이지 배너에 구분선 넣기

◉ **예제 파일** Chapter06/홈페이지배너.jpg | **결과 파일** Chapter06/홈페이지배너-완성.jpg

**01** 상태 표시줄에서 화면에 '250'을 입력하여 확대합니다. 전경색 버튼을 클릭하여 '#666666'으로 설정한 후 [OK] 버튼을 클릭합니다.

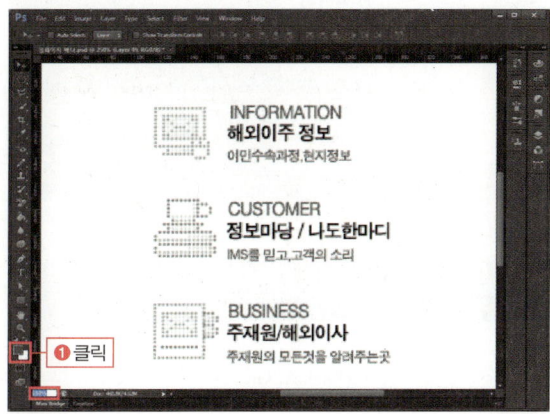
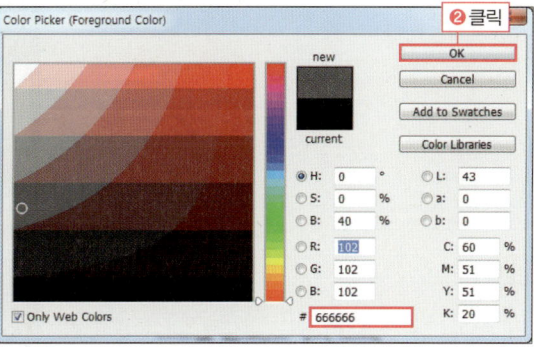

**02** [Tool] 패널에서 연필 툴(Pencil Tool ✏️)을 클릭합니다. 옵션 바에서 브러시 설정 버튼을 클릭하여 Size를 '2'로 설정합니다.

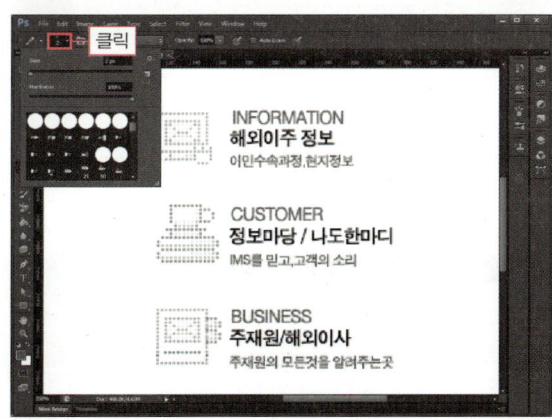
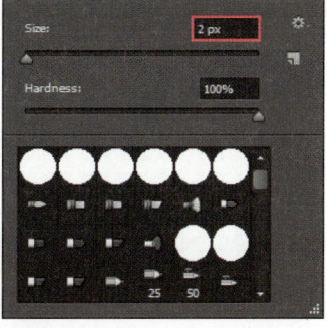

CHAPTER 06 채색하고 배경 만들기, 마법사 브러시 **131**

**03** 브러시 패널 버튼(🖌)을 클릭하여 [Brush] 패널을 엽니다. Brush Tip Shape에서 Spacing을 '300'으로 설정합니다.

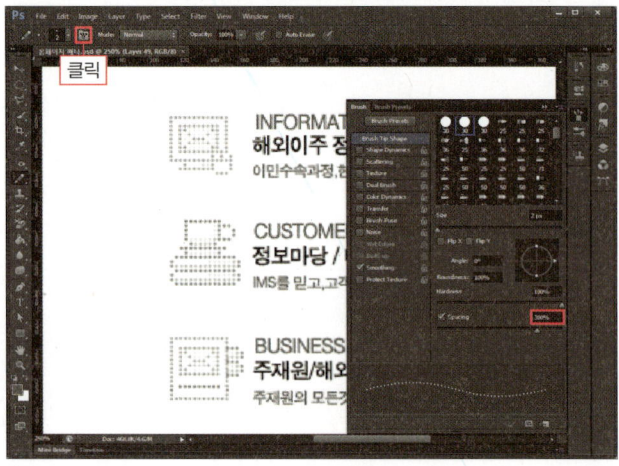

**04** 배너와 배너 사이에 마우스를 올려놓은 후 Shift 를 누른 상태에서 왼쪽에서 오른쪽으로 드래그합니다.

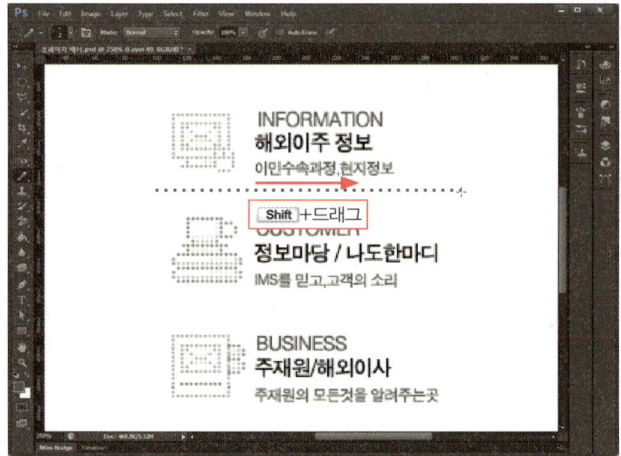

**05** [Tool] 패널에서 이동 툴(Move Tool)을 클릭한 후 점선을 Alt 를 누른 상태에서 아래로 드래그하여 점선을 하나 더 복사합니다.

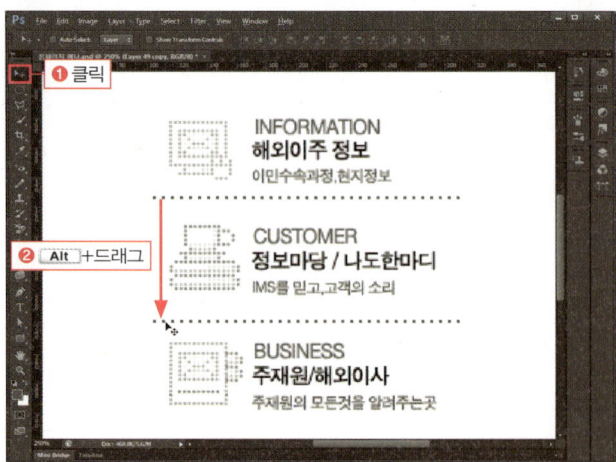

## 03 이미지 특정 부분 색상 변경하기 – 색상 교체 툴(Color Replacement Tool)

특정 영역의 색상을 설정된 색으로 교체할 때 사용합니다.

### 사용 방법

추출할 색상을 Alt 를 누른 상태에서 클릭합니다. 변경할 이미지를 드래그하면 선택한 색상으로 교체됩니다.

▲ 원본

▲ 왼쪽 매트의 색상을 오른쪽 매트의 색상으로 교체

### [Color Replacement Tool] 옵션 바 살펴보기

Color Replacement Tool을 선택하면 옵션 바가 바뀝니다. 각 툴마다 고유한 옵션 값을 가지고 있으며, 다양한 형태의 옵션을 사용할 수 있습니다.

❶ 브러시 설정 : 브러시의 크기와 압력 값 등을 설정합니다.

❷ Mode : 블렌드 모드를 적용합니다.

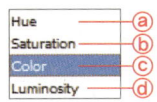

ⓐ Hue : 이미지의 채도와 명도는 그대로 유지하면서 전경색으로 교체합니다.

ⓑ Saturation : 전경색의 채도를 기준으로 이미지의 채도를 교체합니다.

ⓒ Color : 이미지의 명도는 그대로 유지하면서 전경색의 색상과 채도를 기준으로 교체합니다.

ⓓ Luminosity : 이미지의 채도는 그대로 유지하면서 전경색의 명도를 기준으로 교체합니다.

❸ Continuous( ) : 샘플링된 색상을 지속적으로 드래그하는 동안 사용합니다.

❹ Once(📎) : 클릭한 대상 색상을 한 번만 변경합니다.

❺ Background Swatch(📎) : 배경색과 일치하는 영역만 지웁니다.

❻ Limits : 선택한 영역의 경계선을 어떤 방식으로 할 것인지를 설정합니다.

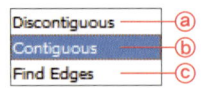

ⓐ Discontigous : 마우스를 클릭한 지점의 색상 중 비연속적인 영역도 색상을 변경합니다.

ⓑ Contiguous : 마우스를 클릭한 지점의 색상 중 인접한 영역을 찾아 색상을 변경합니다.

ⓒ Find Edges : 경계를 정확하게 인식하여 대체되는 페인트 색상이 뚜렷하게 나타나도록 합니다.

❼ Tolerance : 색상 허용 범위를 뜻하며, 0~255의 색상 범위를 지정할 수 있습니다. 기본 값은 '32'이고, 수치가 높으면 허용 범위가 넓어집니다.

❽ Anti-alias : 선택 경계선의 테두리를 중간 단계를 생성하여 부드럽게 만들 때 사용하며, 체크를 하지 않으면 경계선이 계단 모양으로 깨져 보입니다.

❾ 📎 : 태블릿 압력으로 사이즈를 조절합니다.

## 기능 익히기 | 색상 교체 기능을 이용하여 소파의 색상 바꾸기

> 예제 파일 Chapter06/소파.jpg | 결과 파일 Chapter06/소파-완성.jpg

**01** [Tool] 패널에서 빠른 선택 툴(Quick Selection Tool)을 클릭합니다. 옵션 바에서 브러시 사이즈를 '45'로 설정하고, 핑크색 소파를 드래그하여 선택합니다.

### TIP | 브러시 사이즈 조절하기
[를 누르면 브러시가 5pixel씩 작아지고 10pixel부터는 1pixel씩 작아집니다.
]를 누르면 브러시가 5pixel씩 커지고, 50pixel부터는 10pixel씩 커집니다.

**02** [Tool] 패널에서 색상 교체 툴(Color Replacement Tool)을 클릭합니다. Alt 를 누른 상태에서 오른쪽 소파 위의 초록색을 클릭합니다.

**03** 핑크색 소파에서 붓으로 그리듯 지그재그로 드래그합니다. 소파의 색상이 바뀌었습니다.

## 04 붓으로 그린 듯한 느낌 만들기 – 믹서 브러시 툴(Mixer Brush Tool)

회화 느낌으로 리터칭할 때 사용합니다.

### 사용 방법

그림을 그리듯 이미지를 리터칭하면 회화적인 느낌이 납니다.

▲ 원본

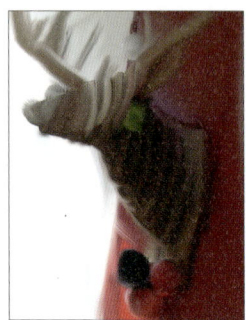
▲ 믹서 브러시 적용

### [Mixer Brush Tool] 옵션 바 살펴보기

❶ 브러시 설정 : 브러시의 크기와 압력 값 등을 설정합니다.

❷ : [Brush] 패널을 불러와 세부 설정을 합니다.

❸ Current brush load : 설정되어 있는 브러시의 색상을 나타냅니다.

❹ Load the brush atfer each stroke( ) : 체크를 하면 한 번 칠한 후에 설정되어 있는 색상을 불러옵니다.

❺ Clean the brush after each stroke( ) : 체크를 하면 한 번 칠한 후에 브러시를 초기화합니다.

❻ 자주 사용하는 설정 값을 선택합니다.

❼ Wet : 페인트의 양을 조절합니다.

❽ Load : 불러오는 페인트의 양을 설정합니다. 숫자가 낮을수록 양이 적어 빨리 건조됩니다.

❾ Mix : 이미지의 색상과 페인트의 색상 비율을 조절합니다.

❿ Flow : 브러시의 농도를 설정합니다. 0~100%를 사용하며 숫자가 높을수록 짙은 농도로 채색됩니다.

⓫ 에어브러시( ) : 클릭하면 압력을 감지할 수 있는 에어브러시를 사용합니다.

⓬ Sample All layers : 체크를 하면 같은 색상이 있는 다른 레이어까지도 선택합니다.

⓭ : 태블릿 압력으로 사이즈를 조절합니다.

## 기능 익히기 | 믹서 브러시 툴( )을 이용하여 유화 느낌의 꽃 만들기

◎ **예제 파일** Chapter06/장미.jpg | **결과 파일** Chapter06/장미-완성.jpg

**01** [Tool] 패널에서 믹서 브러시 툴(Mixer Brush Tool )을 클릭합니다. 옵션 바에서 브러시 사이즈를 '50'으로 설정합니다.

**02** 장미 외곽의 꽃잎을 결을 따라 드래그합니다.

**03** 나머지 꽃잎도 결을 따라 드래그하여 완성합니다.

# 이미지 복원과 수정하기

CHAPTER 07

이번에는 똑같은 이미지를 복사하는 도장 툴( ), 잡티를 자연스럽게 제거하는 힐링 툴( )과 같이 이미지를 복원하고 수정하는 다양한 방법에 대해 알아보겠습니다.

× MADAM'S KS PHOTOSHOP CS6 ×

•• 패턴 이미지를 복사하는 기능인 패턴 스탬프를 이용하여 드레스에 자연스럽게 무늬를 넣을 수 있습니다. 무늬를 복사하는 패턴 스탬프 툴에 대해 알아봅니다.

•• 힐링 툴( )을 이용하면 자연스럽게 배경과 합성되도록 이미지를 복사할 수 있습니다. 자연스럽게 복사되는 힐링 툴에 대해 알아봅니다.

## 01 똑같은 이미지 복사하기 – 도장 툴(Clone Stamp Tool)

이미지의 특정 부분을 도장처럼 똑같이 복사할 때 사용합니다.

### 사용 방법

복사하려는 지점에서 `Alt`를 누르고 클릭하면 해당 위치가 기억되며, 드래그하면 복사 위치가 붙여집니다.

▲ 원본

▲ 도장 툴로 이미지 복사

### [Clone Stamp Tool Options] 바의 옵션 알아보기

Stamp Tool을 선택하면 옵션 바가 바뀝니다. 각 툴마다 고유한 옵션 값을 가지고 있으며, 다양한 형태의 옵션을 사용할 수 있습니다.

❶ 브러시 설정 : 브러시의 크기와 압력 값 등을 설정합니다.

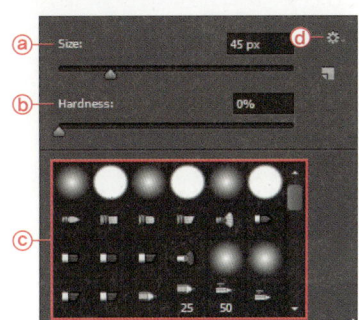

ⓐ Size : 브러시의 크기를 조절합니다.

ⓑ Hardness : 브러시 경계선의 부드러운 정도를 설정합니다. 수치가 낮을수록 부드러워지고, 숫자가 높을수록 또렷해집니다.

ⓒ 브러시의 종류를 선택합니다.

ⓓ ✿ : 브러시를 보는 방법, 브러시 저장, 불러오기, 포토샵에서 제공하는 브러시 불러오기 등을 설정합니다.

❷ : Brush 패널을 불러옵니다.

❸ 🖼 : Clone Source 패널을 불러옵니다.

❹ Mode : 블렌드 모드를 적용합니다.

❺ Opacity : 투명도를 설정합니다.

❻ 🖌 : 태블릿 압력 값을 설정합니다.

❼ Flow : 그려지는 선명도를 조절합니다. 값이 100이면 선명해지고, 수치가 낮을수록 흐려집니다.

❽ 🖌 : 압력을 감지하는 에어브러시로 바꿉니다.

❾ Aligned : 체크를 해제하면 처음 복사할 위치를 기억해 똑같은 이미지를 여러 곳에 복사합니다.

❿ Sample : 도장 툴을 어떤 레이어에 적용할 것인지를 설정합니다.

ⓐ Current Layer : 현재 레이어에 이미지를 복사합니다.
ⓑ Current & Below : 현재 레이어와 아래쪽 레이어에 이미지를 복사합니다.
ⓒ All Layers : 모든 레이어에 이미지를 복사합니다.

⓫ 🖌 : 태블릿 압력으로 사이즈를 조절합니다.

## Clone Source 패널 살펴보기

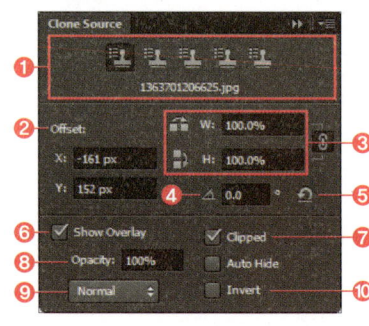

❶ 복사하려는 소스를 저장하여 사용할 수 있습니다. 최대 5개까지 저장됩니다.

❷ Offset : 선택한 소스의 좌표 값을 나타냅니다.

❸ W/H : 복사할 소스의 크기를 설정합니다.

❹ Rotate the cloe source(△) : 입력된 값으로 회전하여 복사합니다.

❺ Rotate transform(↺) : 회전 값을 초기화합니다.

❻ Show Overlay : 기본은 체크가 된 상태이며, 복사될 이미지를 미리 확인할 수 있습니다.

❼ Clipped : 기본은 체크가 된 상태이며, 체크를 해제하면 복사하려는 위치뿐만 아니라 이미지 전체가 복사됩니다.

❽ Opacity : Clipped가 해제된 상태에서만 이미지에 적용할 수 있으며, Clipped에 체크되어 있으면 미리 보기만 할 수 있을 뿐 실제로 이미지에 적용되지는 않습니다.

❾ Normal : Clipped가 해제된 상태에서만 이미지에 적용되며, Clipped에 체크가 되어 있으면 미리 보기만 할 수 있을 뿐 실제로, 이미지에 적용되지는 않습니다.

❿ Invert : Clipped가 해제된 상태에서만 이미지에 적용할 수 있으며, Clipped에 체크되어 있으면 미리 보기만 할 수 있을 뿐 실제로 이미지에 적용되지는 않습니다.

## 기능 익히기 | 도장 툴( )을 이용하여 연꽃 복사하기

▶ **예제 파일** Chapter07/연꽃.jpg | **결과 파일** Chapter07/연꽃-완성.jpg

**01** [Tool] 패널에서 도장 툴(Clone Stamp Tool )을 클릭합니다. Alt 를 누른 상태에서 연꽃 위를 클릭합니다. 그런 다음, 연꽃이 복사될 위치에서 드래그하면 복사되는 원본 위치에 +가 생기면서 연꽃이 복사됩니다.

> **TIP | 복사되는 위치 확인하기**
> 복사할 위치를 Alt 를 누른 상태에서 클릭하면 이미지가 클립보드에 저장됩니다. 복사될 위치에서 드래그하면 드래그되는 브러시 안에 +가 생기고, 그 위치에 이미지가 복사됩니다.

**02** 옵션 바에서 을 클릭하면 [Clone Source] 패널이 열립니다. 링크( )를 클릭한 후 W에 '70'을, 각도( )에 '60'을 입력합니다.

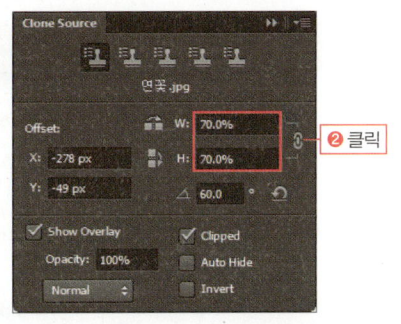

**03** 연꽃을 복사할 화면 오른쪽에서 드래그하여 크기는 '70%' 작고, 각도는 '60도' 회전한 연꽃을 복사합니다.

CHAPTER 07 이미지 복원과 수정하기

## 02 똑같은 패턴을 이미지에 복사하기 – 패턴 도장 툴(Pattern Stamp Tool)

패턴을 이미지에 도장으로 복사하여 채워 넣을 때 사용합니다.

### 사용 방법

옵션 바에서 복사할 패턴 소스를 선택한 후 드래그하면 패턴이 채워집니다.

▲ 원본

▲ 패턴 도장 툴로 배경 삽입

### [Pattern Stamp Tool Options] 바의 옵션 알아보기

Pattern Stamp Tool을 선택하면 옵션 바가 바뀝니다. 각 툴마다 고유한 옵션 값을 가지고 있으며, 다양한 형태의 옵션을 사용할 수 있습니다.

❶ 복사할 패턴 소스를 선택합니다.

❷ Impressionist : 체크를 하면 패턴을 복사할 때 회화적인 효과를 추가합니다.

## 기능 익히기 | 밋밋한 웨딩드레스에 무늬 넣기

> **예제 파일** Chapter07/패턴입히기.jpg | **결과 파일** Chapter07/패턴입히기-완성.jpg

**01** [Tool] 패널에서 빠른 선택 툴(Quick Selection Tool)을 클릭합니다. 옵션 바의 브러시 사이즈를 '30'으로 설정하고, 빨간색 드레스를 드래그합니다.

**02** [Tool] 패널에서 패턴 도장 툴(Pattern Stamp Tool)을 클릭합니다. 옵션 바에서 브러시의 사이즈는 '150'으로 설정하고, 패턴 소스를 클릭하면 패턴 창이 보입니다. 을 클릭한 후 Nature Pattern을 클릭하고 [Append] 버튼을 클릭하여 패턴을 추가합니다.

**03** 옵션 바의 Mode에서 'Multiply'을 클릭한 후 드레스 안을 드래그하면 패턴에 'Multiply' 효과가 적용됩니다.

## 03 ✕ 감쪽같이 옥의 티 지우기 – 스팟 힐링 브러시 툴(Spot Healing Brush Tool)

브러시로 드래그하면 주변의 이미지를 자동으로 인식하여 빠르게 수정할 수 있습니다.

### 사용 방법

스팟 힐링 브러시 툴( )을 선택한 후 지우고 싶은 부분을 지우개로 지우듯 드래그합니다.

▲ 원본

▲ 스팟 힐링 브러시 툴( )로 구멍 삭제

### [Spot Healing Tool Options] 바의 옵션 알아보기

Spot Healing Tool을 선택하면 옵션 바가 바뀝니다. 각 툴마다 고유한 옵션 값을 가지고 있으며, 다양한 형태의 옵션을 사용할 수 있습니다.

❶ 브러시 설정 : 브러시의 크기와 압력 값 등을 설정합니다.

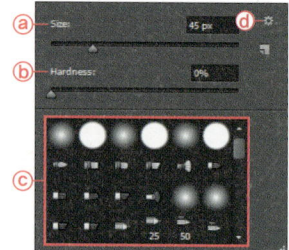

ⓐ Size : 브러시의 크기를 조절합니다.

ⓑ Hardness : 브러시 경계선의 부드러운 정도를 설정합니다. 수치가 낮을수록 부드러워지고, 높을수록 또렷해집니다.

ⓒ 브러시의 종류를 선택합니다.

ⓓ : 브러시 저장, 불러오기 등을 설정합니다.

❷ Mode : 블렌드 모드를 적용합니다.

❸ Type : 이미지를 선택하는 유형을 설정합니다.
- Proximity Match : 드래그하는 위치의 이미지를 소스로 사용하여 이미지를 합성합니다.
- Create Texture : 드래그하는 위치와 비슷한 질감을 만들어 합성합니다.
- Content-Aware : 드래그하는 위치의 이미지 내용을 자동으로 인식하여 합성합니다.

❹ Smaple All Layers : 체크를 하면 같은 색상이 있는 다른 레이어까지도 선택합니다.

❺ : 태블릿 압력으로 사이즈를 조절합니다.

## 기능 익히기 — 스팟 힐링 브러시 툴( )을 이용하여 전봇대 지우기

◎ **예제 파일** Chapter07/스팟.jpg | **결과 파일** Chapter07/스팟-완성.jpg

**01** [Tool] 패널에서 스팟 힐링 브러시 툴(Spot Healing Brush Tool )을 클릭한 후 옵션 바에서 브러시 사이즈를 '20'으로 설정합니다.

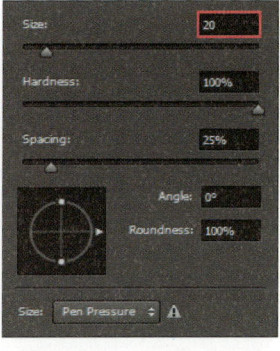

**02** [Tool] 패널에서 돋보기 툴(Zoom Tool )을 선택한 후 캔버스를 클릭하여 화면을 확대합니다.

**03** [Tool] 패널에서 스팟 힐링 브러시 툴(Spot Healing Brush Tool )을 클릭합니다. 전봇대를 드래그하여 지웁니다.

**04** 옵션 바에서 브러시 사이즈를 '9'로 설정한 후 산 경계와 숲속 전봇대를 드래그하여 지웁니다.

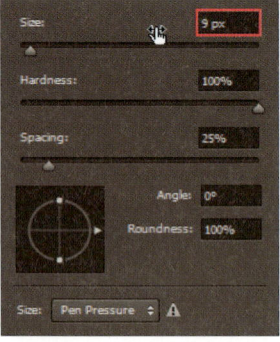

**05** 동일한 방법으로 작은 전봇대를 드래그합니다. 돌에 있는 전봇대도 드래그하면 없어집니다.

**06** 그림이 완성되었습니다.

## 04 × 배경과 합성하면서 지우기 – 힐링 브러시 툴(Healing Brush Tool )

선택하려는 이미지와 배경의 색상이 차이가 날 때 사용하면 이미지를 편리하게 선택할 수 있습니다.

### 사용 방법

복사하려는 지점에서 Alt 를 누른 후 클릭하면 위치가 기억되며, 드래그하면 위치가 붙여집니다.

▲ 원본

▲ 힐링 브러시(  )로 손잡이 삭제

### [Healing Brush Tool Options] 바의 옵션 알아보기

Healing Brush Tool을 선택하면 옵션 바가 바뀝니다. 각 툴마다 고유한 옵션 값을 가지고 있으며, 다양한 형태의 옵션을 사용할 수 있습니다.

❶ **브러시 설정** : 브러시의 크기와 압력 값 등을 설정합니다.

❷ : Clone Source 패널을 불러옵니다.

❸ Mode : 블렌드 모드를 적용합니다.

❹ Source : 복사되는 것이 이미지인지 패턴인지를 설정합니다.
 • Sampled : 복사될 위치에 선택한 이미지를 복사합니다.
 • Pattern : 복사될 위치에 선택한 패턴을 복사합니다.

❺ Aligned : 체크를 해제하면 처음 복사할 위치를 기억해 똑같은 이미지를 여러 곳에 복사합니다.

❻ Sample : 어떤 레이어에 적용할 것인지를 설정합니다.
 ⓐ Current Layer : 현재 레이어에 이미지를 복사합니다.
 ⓑ Current & Below : 현재 레이어와 아래쪽 레이어에 이미지를 복사합니다.
 ⓒ All Layers : 모든 레이어에 이미지를 복사합니다

❼ : 태블릿 압력으로 사이즈를 조절합니다.

## 기능 익히기 — 힐링 브러시 툴( )을 이용하여 조각상 복사하기

> **예제 파일** Chapter07/조각.jpg | **결과 파일** Chapter07/조각-완성.jpg

**01** [Tool] 패널에서 힐링 브러시 툴(Healing Tool )을 클릭합니다. 옵션 바에서 을 클릭하여 [Clone Source] 패널을 불러온 후 W와 H를 각각 '70'으로 설정하고 복사할 위치에서 드래그합니다.

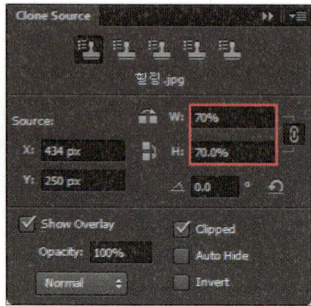

**02** 복사가 완성되면 배경에 있는 색과 복사된 이미지가 자연스럽게 합성됩니다.

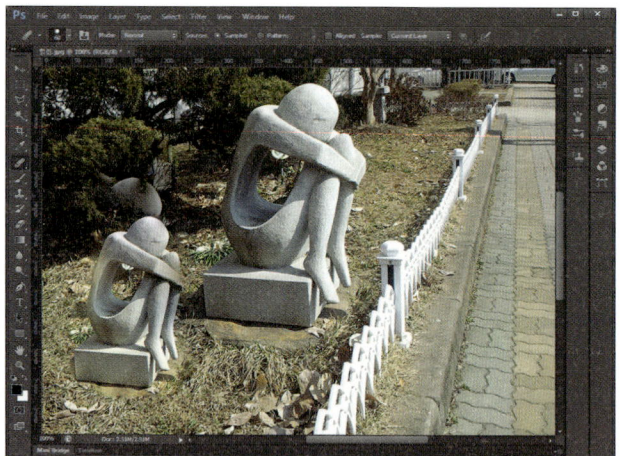

## 05 넓은 영역 합성하면서 지우기 – 패치 툴(Patch Tool)

Healing Brush Tool()은 Brush 방식을 사용하고, Patch Tool()은 영역을 설정하여 수정한다는 것이 다릅니다.

### 사용 방법

수정할 영역을 선택 영역으로 설정한 후 복사할 소스로 가져가면 소스의 내용이 영역 안에 복사됩니다.

▲ 원본

▲ 패치 툴()로 잔디 복사

### [Patch Tool Options] 바의 옵션 알아보기

Patch Tool을 선택하면 옵션 바가 바뀝니다. 각 툴마다 고유한 옵션 값을 가지고 있으며, 다양한 형태의 옵션을 사용할 수 있습니다.

❶ **New Selection()** : 하나의 선택 영역을 만듭니다.

❷ **Add to Selection()** : 현재 선택된 영역에 추가 선택 영역을 만듭니다.

❸ **Subtract from selection()** : 현재 선택된 영역에서 새롭게 그리는 영역을 제외합니다.

❹ **Intersect with selecton()** : 현재 선택된 영역과 새롭게 그려지는 영역의 교차 영역만을 남깁니다.

❺ **Patch** : 복사되는 이미지 처리 방식을 설정합니다.

  ⓐ **Normal** : 선택한 영역을 이동한 위치의 이미지로 복사합니다.
  ⓑ **Content-Aware** : 이미지를 감지하여 자연스럽게 이미지와 합성합니다.

❻ **Source** : 선택한 영역을 이동한 위치의 이미지로 복사합니다.

  • **Destination** : 선택한 영역 안에 이동한 위치의 이미지로 채웁니다.
  • **Transparent** : 체크를 하면 투명도를 적용하지 않습니다.

❼ **Use Pattern** : 선택한 영역을 패턴과 자연스럽게 합성합니다.

## 기능 익히기 | 패치 툴(🔲)을 이용하여 나만의 해변 만들기

◎ **예제 파일** Chapter07/해변.jpg | **결과 파일** Chapter07/해변-완성.jpg

**01** [Tool] 패널에서 패치 툴(Patch Tool 🔲)을 클릭합니다. 해변 뒤에 있는 흰옷 입은 사람을 드래그하여 선택합니다.

**02** 선택한 사람을 왼쪽 바다로 드래그하면 사람에 바다가 채워집니다.

**03** 동일한 방법으로 하늘색 옷을 입은 사람과 오른쪽 가족을 모래와 바다로 드래그하면 선택 영역에 모래와 바다가 채워집니다. Ctrl + D를 눌러 선택 영역을 해제합니다.

## 06 내용을 감쪽같이 이동하기 – 영역 인식 이동 툴(Content Aware Move Tool)

이동되거나 복사될 위치의 이미지를 감지하여 이동하는 이미지가 자연스럽게 합성되도록 만듭니다.

### 사용 방법

복사하거나 이동할 이미지를 브러시로 그리듯 선택한 후 원하는 위치로 드래그합니다.

▲ 원본

▲ Content Aware Move Tool() 적용

### [Content Aware Move Tool Options] 바의 옵션 알아보기

Content Aware Move Tool을 선택하면 옵션 바가 바뀝니다. 각 툴마다 고유한 옵션 값을 가지고 있으며, 다양한 형태의 옵션을 사용할 수 있습니다.

❶ New Selection() : 하나의 선택 영역을 만듭니다.

❷ Add to Selection() : 현재 선택된 영역에 추가 선택 영역을 만듭니다.

❸ Subtract from selection() : 현재 선택된 영역에서 새롭게 그리는 영역을 제외합니다.

❹ Intersect with selecton() : 현재 선택된 영역과 새롭게 그려지는 영역의 교차 영역만을 남깁니다.

❺ Mode : 이미지를 어떤 방식으로 복사할 것인지를 설정합니다.

ⓐ Move : 선택한 이미지를 이동하면서 합성합니다.

ⓑ Extend : 선택한 이미지를 복사하면서 이동합니다.

❻ Adaptation : 이미지 경계선 처리 방식을 설정합니다.

ⓐ Very Strict : 경계선을 매우 선명하게 만듭니다.

ⓑ Strict : 경계선을 선명하게 만듭니다.

ⓒ Medium : 경계선에 Feather 효과를 약간 적용한 것처럼 부드럽게 만듭니다.

ⓓ Loose : 경계선에 Feather 효과를 적용한 것처럼 부드럽게 만듭니다.

ⓔ Very Loose : 경계선에 Feather 효과를 많이 적용한 것처럼 부드럽게 만듭니다.

❼ Sample All Layers : 체크를 하면 같은 색상이 있는 다른 레이어도 선택합니다.

## 기능 익히기 — 새 창을 연 후 파일을 Place하고 저장하기

◐ 예제 파일 Chapter07/거위.jpg   ◐ 결과 파일 Chapter07/거위-완성.jpg

**01** [Tool] 패널에서 콘텐츠 인식 툴(Content-Aware Move Tool)을 클릭합니다. 옵션 바의 Mode는 'Move', Adaptaion은 'Very Loose'로 설정합니다.

**02** 왼쪽에 잠자는 흰색오리를 따라 붓으로 그리듯 드래그하여 선택합니다. 선택 영역 안에 마우스를 올려놓은 후 이동할 오른쪽 상단 위치로 드래그합니다.

**03** 감쪽같이 오른쪽으로 거위가 이동되었습니다.

## 07 ✕ 적목 현상 제거하기 – 레드 아이 툴(Red Eye Tool)

야간 또는 실내에서 플래시를 터뜨려 촬영한 사진 눈동자에 나타나는 적목 현상을 제거할 때 사용합니다.

### 사용 방법

적목 현상을 제거할 부분을 마우스로 클릭하면 적목 현상이 사라집니다.

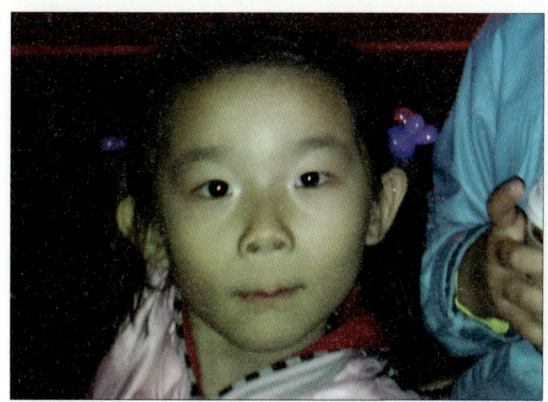
▲ 원본

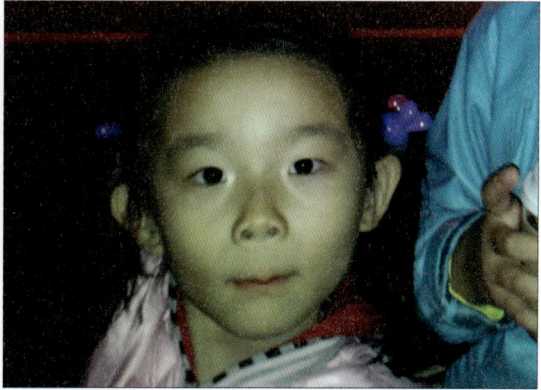
▲ 적목 현상 제거

### [Red Eye Tool Options] 바의 옵션 알아보기

Red Eye Tool을 선택하면 옵션 바가 바뀝니다. 각 툴마다 고유한 옵션 값을 가지고 있으며, 다양한 형태의 옵션을 사용할 수 있습니다.

❶ **Pupil Size** : 동공의 크기를 설정합니다.

❷ **Darken Amount** : 어둡게 변하는 양을 설정합니다.

## 기능 익히기 — 레드 아이 툴( )을 이용하여 신호등 색상 바꾸기

> **예제 파일** Chapter07/신호등.jpg   |   **결과 파일** Chapter07/신호등-완성.jpg

**01** [Tool] 패널에서 레드 아이 툴(Red Eye Tool )을 클릭합니다.

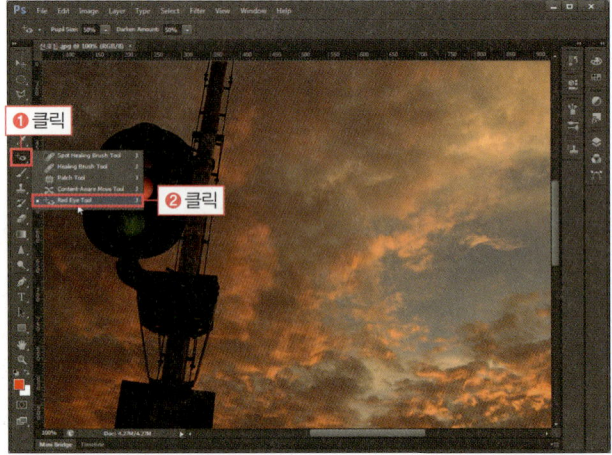

**02** 빨간 신호등 위를 클릭합니다.

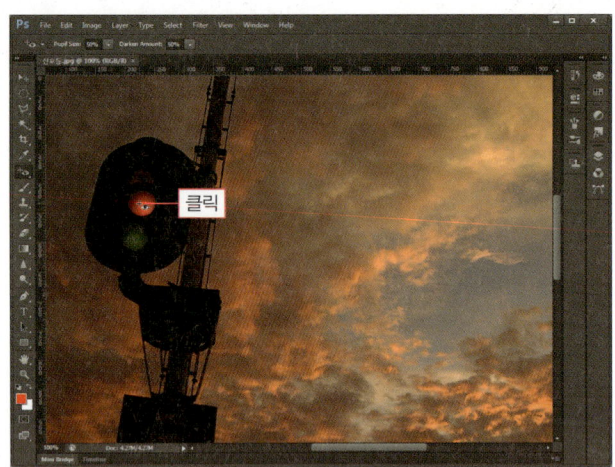

**03** 신호등의 빨간색이 사라졌습니다.

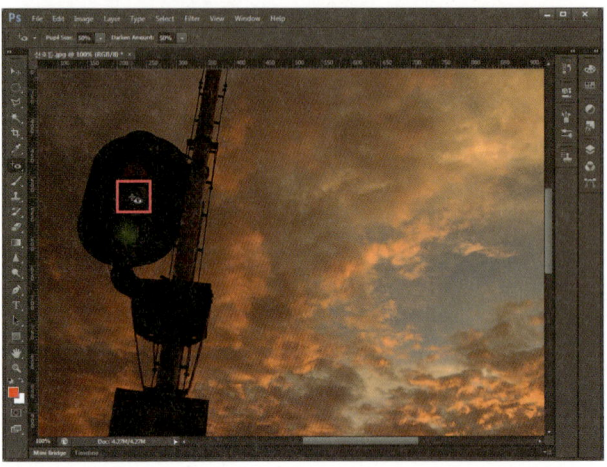

※ 쉬어가는 페이지 ※

# 리터칭 작업의 기본, 도구 익히기

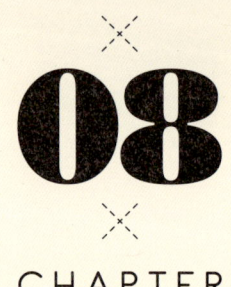

CHAPTER 08

이번에는 이미지를 흐리게 하는 블러 툴( ), 이미지를 어둡게 하는 번 툴( ), 이미지를 왜곡하는 스머지 툴( ), 색을 더하거나 빼는 스펀지 툴( ) 등과 같은 리터칭 도구들을 이용하여 특정 부분에 효과를 적용하는 방법에 대해 알아보겠습니다.

× M A D A M ' S   K S   P H O T O S H O P   C S 6 ×

•• 배경을 흐리게 하여 특정 영역을 돋보이게 만들 수 있습니다. 이미지를 흐리게 만드는 블러 툴( )에 대해 알아봅니다.

•• 특정 영역의 색상을 제거하는 툴에 대해 알아봅니다. 특정 영역의 색상을 흑백으로 만들어 봅니다.

## 01 배경을 흐리게 하여 특정 영역 돋보이게 하기 – 블러 툴(Blur Tool)

이미지의 배경을 흐리게 하여 특정 영역을 돋보이게 할 때 사용합니다.

### 사용 방법

흐리게 하고 싶은 부분을 브러시로 칠하듯 드래그하여 문지릅니다.

▲ 원본

▲ 블러 툴( ) 적용

### [Blur Tool] 옵션 바 살펴보기

Blur Tool을 선택하면 옵션 바가 바뀝니다. 각 툴마다 고유한 옵션 값을 가지고 있으며, 다양한 형태의 옵션을 사용할 수 있습니다.

❶ 브러시 설정 : 브러시의 크기와 압력 값 등을 설정합니다.

❷ Mode : 블렌드 모드를 적용합니다.

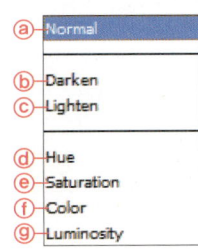

ⓐ Normal : 블렌드 모드의 기본 값으로 블렌드 모드를 적용하지 않은 상태입니다.

ⓑ Darken : 위쪽 레이어의 색상이 아래쪽 레이어의 색상보다 밝으면 투명해지고, 어두우면 더 어두워집니다.

ⓒ Lighten : 어두운 색은 투명해지고, 밝은 색 이미지가 우선적으로 나타납니다.

ⓓ Hue : 아래 레이어의 명도와 채도에 위의 레이어가 합쳐지면서 나타납니다.

ⓔ Saturation : 아래 레이어의 색상과 채도에 위의 레이어가 합쳐지면서 나타납니다.

ⓕ Color : 아래 레이어의 명도와 위 레이어의 색상과 채도가 합쳐지면서 나타납니다.

ⓖ Luminosity : 아래 레이어의 색상과 채도와 위 레이어의 명도가 합쳐지면서 나타납니다.

❸ Strength : 브러시의 농도를 설정합니다. 숫자가 높을수록 짙은 농도로 채색됩니다.

❹ Sample All Layers : 체크를 하면 같은 색상이 있는 다른 레이어까지도 선택합니다.

## 기능 익히기 : 블러 툴(🔵)을 이용하여 소 돋보이게 하기

▶ **예제 파일** Chapter08/소.jpg | **결과 파일** Chapter08/소-완성.jpg

**01** [Tool] 패널에서 빠른 선택 툴(Quick Selection Tool)을 클릭합니다. 옵션 바에서 브러시 사이즈를 '20'으로 설정한 후 맨 앞의 소를 드래그하여 선택합니다.

**02** 메뉴에서 [Select]-[Inverse](Shift + Ctrl + I)를 클릭하여 선택 영역을 반전합니다. [Tool] 패널에서 블러 툴(Blur Tool)을 클릭한 후 옵션 바에서 브러시 사이즈를 '150', Strength를 '100'으로 설정하고 배경을 드래그합니다.

**03** Ctrl + D를 눌러 선택 영역을 해제합니다.

# 02 이미지를 선명하게 보정하기 – 샤픈 툴(Sharpen Tool)

디지털카메라로 찍은 흐릿한 사진을 선명하게 만들어 이미지를 돋보이게 할 때 사용합니다.

## 사용 방법

선명하게 하고 싶은 부분을 브러시로 칠하듯 드래그하여 문지릅니다.

▲ 원본

▲ 샤픈 툴( ) 적용

## [Sharpen Tool] 옵션 바 살펴보기

Sharpen Tool을 선택하면 옵션 바가 바뀝니다. 각 툴마다 고유한 옵션 값을 가지고 있으며, 다양한 형태의 옵션을 사용할 수 있습니다.

❶ 브러시 설정 : 브러시의 크기와 압력 값 등을 설정합니다.

❷  : [Brush] 패널을 불러와 세부 설정을 합니다.

❸ Mode : 블렌드 모드를 적용합니다.

❹ Strength : 브러시의 농도를 설정합니다. 0~100%를 사용하며, 숫자가 높을수록 짙은 농도로 채색됩니다.

❺ Sample All Layers : 체크를 하면 같은 색상이 있는 다른 레이어까지도 선택합니다.

❻ Protect Detail : 체크를 하면 이미지를 섬세하게 보호하면서 효과를 적용합니다.

❼  : 태블릿 압력으로 사이즈를 조절합니다.

## 기능 익히기 — 샤픈 툴(▲)을 이용하여 초가집 돋보이게 하기

> **예제 파일** Chapter08/풍경.jpg  |  **결과 파일** Chapter08/풍경-완성.jpg

**01** [Tool] 패널에서 샤픈 툴(Sharpen Tool ▲)을 클릭합니다. 옵션 바에서 브러시 사이즈를 '250'으로 설정합니다.

**02** 산과 초가집, 들을 드래그하여 이미지를 선명하게 합니다.

## 03 밀어서 왜곡하기 – 스머지 툴(Smudge Tool)

손가락으로 문지른 효과를 줄 때 사용합니다.

### 사용 방법

문지르고 싶은 부분을 브러시로 칠하듯 드래그하여 문지릅니다.

▲ 원본

▲ 스머지 툴( ) 적용

### [Smudge Tool] 옵션 바 살펴보기

Smudge Tool을 선택하면 옵션 바가 바뀝니다. 각 툴마다 고유한 옵션 값을 가지고 있으며, 다양한 형태의 옵션을 사용할 수 있습니다.

❶ 브러시 설정 : 브러시의 크기와 압력 값 등을 설정합니다.

❷ : [Brush] 패널을 불러와 세부 설정을 합니다.

❸ Mode : 블렌드 모드를 적용합니다.

❹ Strength : 브러시의 농도를 설정합니다. 0~100%를 사용하며, 숫자가 높을수록 짙은 농도로 채색됩니다.

❺ Sample All Layers : 체크를 하면 같은 색상이 있는 다른 레이어까지도 선택됩니다.

❻ Finger Painting : 체크를 하면 손가락에 전경색을 페인팅하여 문지르는 효과를 적용합니다.

❼ : 태블릿 압력으로 사이즈를 조절합니다.

## 기능 익히기 | 스머지 툴( )을 이용하여 복실 강아지 만들기

◎ **예제 파일** Chapter08/강아지.jpg | **결과 파일** Chapter08/강아지-완성.jpg

**01** [Tool] 패널에서 스머지 툴(Smudge Tool )을 클릭합니다. 옵션 바에서 브러시 사이즈를 '20'으로 설정합니다.

**02** 강아지 몸통에 있는 털에서 바깥으로 드래그하여 털을 밉니다.

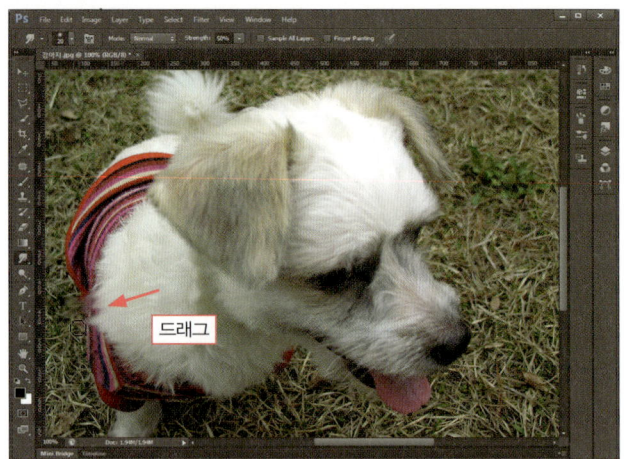

**03** 동일한 방법으로 전체 털을 바깥으로 밉니다.

## 04 이미지를 밝게 만들어 하이라이트 주기 – 닷지 툴(Dodge Tool)

디지털카메라로 찍은 어두운 사진을 밝게 만들어 이미지를 돋보이게 할 때 사용합니다.

### 사용 방법

밝게 하고 싶은 부분을 브러시로 칠하듯 드래그하여 문지릅니다.

▲ 원본

▲ 닷지 툴( ) 적용

### [Sharpen Tool] 옵션 바 살펴보기

Dodge Tool을 선택하면 옵션 바가 바뀝니다. 각 툴마다 고유한 옵션 값을 가지고 있으며, 다양한 형태의 옵션을 사용할 수 있습니다.

❶ 브러시 설정 : 브러시의 크기와 압력 값 등을 설정합니다.

❷ : [Brush] 패널을 불러와 세부 설정을 합니다.

❸ Range : 효과를 적용할 색상 톤을 설정합니다.

　　ⓐ Shadows : 어두운 톤에 효과를 적용합니다.
　　ⓑ Midtones : 중간 톤에 효과를 적용합니다.
　　ⓒ Highlights : 밝은 톤에 효과를 적용합니다.

❹ Exposure : 브러시의 농도를 설정합니다. 0~100%를 사용하며 숫자가 높을수록 짙은 농도로 채색됩니다.

❺ 에어브러시( ) : 클릭하면 압력을 감지할 수 있는 에어브러시를 사용합니다.

❻ Protect Tones : 이미지의 톤을 보호하면서 효과를 적용합니다.

❼ : 태블릿 압력으로 사이즈를 조절합니다.

## 기능 익히기 : 밝기 기능을 이용하여 에펠탑 야경 더 밝게 만들기

▶ **예제 파일** Chapter08/에펠탑.jpg | **결과 파일** Chapter08/에펠탑-완성.jpg

**01** [Tool] 패널에서 닷지 툴(Dodge Tool )을 클릭합니다. 옵션 바에서 브러시 사이즈를 '175'로 설정합니다.

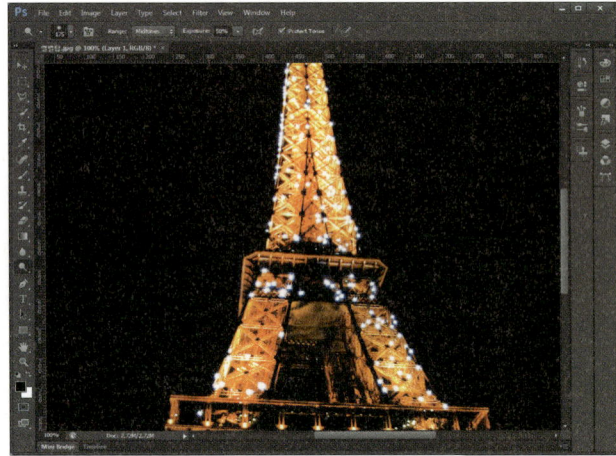

**02** 에펠탑을 드래그하여 빛을 더 밝게 만듭니다.

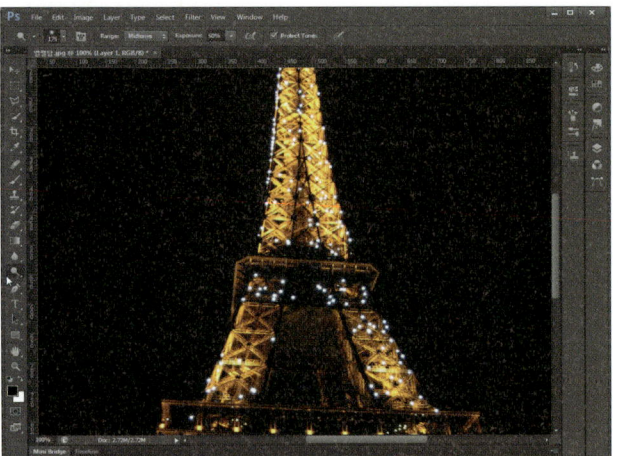

## 05 어둡게 명암 보정하기 – 번 툴(Burn Tool)

디지털카메라로 찍은 밝은 사진을 어둡게 만들어 이미지를 돋보이게 할 때 사용합니다.

### 사용 방법

어둡게 하고 싶은 부분을 브러시로 칠하듯 드래그하여 문지릅니다.

▲ 원본

▲ 번 툴() 적용

### [Burn Tool] 옵션 바 살펴보기

Burn Tool을 선택하면 옵션 바가 바뀝니다. 각 툴마다 고유한 옵션 값을 가지고 있으며, 다양한 형태의 옵션을 사용할 수 있습니다.

❶ 브러시 설정 : 브러시의 크기와 압력 값 등을 설정합니다.

❷  : [Brush] 패널을 불러와 세부 설정을 합니다.

❸ Range : 효과를 적용할 색상 톤을 설정합니다.

❹ Exposure : 브러시의 농도를 설정합니다. 0~100%를 사용하며, 숫자가 높을수록 짙은 농도로 채색됩니다.

❺ 에어브러시() : 클릭하면 압력을 감지할 수 있는 에어브러시를 사용합니다.

❻ Protect Tones : 이미지의 톤을 보호하면서 효과를 적용합니다.

❼  : 태블릿 압력으로 사이즈를 조절합니다.

## 기능 익히기 : 전체 배경을 어둡게 하여 조명을 더 돋보이게 만들기

◎ **예제 파일** Chapter08/조명.jpg  |  **결과 파일** Chapter08/조명-완성.jpg

**01** [Tool] 패널에서 번 툴(Burn Tool)을 클릭합니다. 옵션 바에서 브러시 사이즈를 '125', Exposure를 '100'으로 설정합니다.

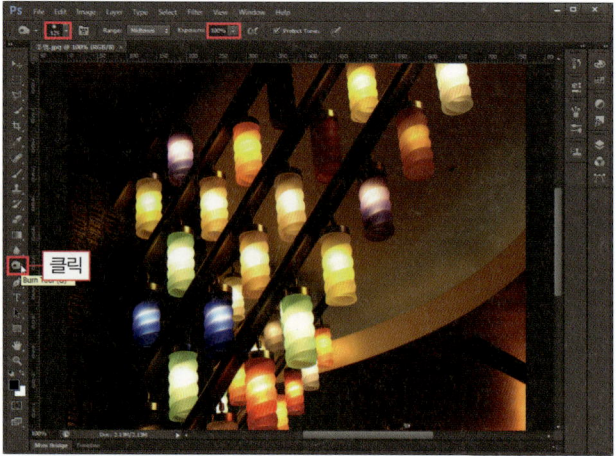

**02** 배경 전체를 드래그하여 어둡게 만듭니다.

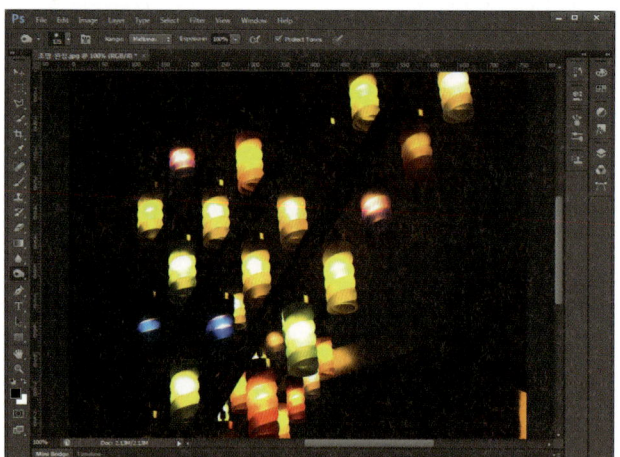

## 06 × 색을 빼거나 더하기 – 스펀지 툴(Sponge Tool)

특정 영역에 채도를 빼거나 더할 때 사용합니다.

### 사용 방법

채도를 넣고 싶거나 흑백으로 만들고 싶은 부분을 브러시로 칠하듯 드래그하여 문지릅니다.

▲ 원본

▲ 스펀지 툴( ) 적용

### [Sponge Tool] 옵션 바 살펴보기

Sponege Tool을 선택하면 옵션 바가 바뀝니다. 각 툴마다 고유한 옵션 값을 가지고 있으며, 다양한 형태의 옵션을 사용할 수 있습니다.

❶ 브러시 설정 : 브러시의 크기와 압력 값 등을 설정합니다.

❷ : [Brush] 패널을 불러와 세부 설정을 합니다.

❸ Mode : 색상을 추가하거나 제거하는 값을 설정합니다.

ⓐ Desaturate
ⓑ Saturate

  ⓐ Desaturate : 색도를 빼서 흑백으로 만듭니다.
  ⓑ Saturate : 채도를 추가하여 색상이 더 선명해집니다.

❹ Flow : 브러시의 농도를 설정합니다. 0~100%를 사용하며, 숫자가 높을수록 짙은 농도로 채색됩니다.

❺ 에어브러시( ) : 클릭하면 압력을 감지할 수 있는 에어브러시를 사용합니다.

❻ Vibrance : 체크를 하면 최소한의 몇 가지 색은 채도가 살아 있도록 합니다.

❼ : 태블릿 압력으로 사이즈를 조절합니다.

## 기능 익히기 — 전체를 흑백으로 만든 후 특정 영역 강조하기

◉ **예제 파일** Chapter08/매듭.jpg | **결과 파일** Chapter08/매듭-완성.jpg

**01** [Tool] 패널에서 빠른 선택 툴(Quick Selection Tool)을 클릭합니다. 옵션 바에서 브러시 사이즈를 '10'으로 설정한 후 빨간색 매듭을 드래그하여 선택합니다.

**02** 메뉴에서 [Select]-[Inverse](Shift+Ctrl+I)를 클릭한 후 선택 영역을 반전합니다. [Tool] 패널에서 스펀지 툴(Sponge Tool)을 클릭합니다. 옵션 바에서 브러시 사이즈를 '300', Flow를 '100'으로 설정한 후 배경을 드래그합니다.

**03** Ctrl+D를 눌러 선택 영역을 해제합니다.

✕ 쉬어가는 페이지 ✕

# 모두 모두 지워라

CHAPTER

이번에는 브러시로 사용한 기능만 삭제하는 히스토리 브러시 툴( ), 특정 영역을 투명하게 지우는 지우개 툴( ) 등과 같은 이미지의 일부분을 지울 때 사용하는 툴에 대해 알아보겠습니다.

× MADAM'S KS PHOTOSHOP CS6 ×

•• 이미지를 유화 느낌이 나도록 만들 수 있습니다. 유화 느낌이 나는 아트 히스토리 브러시 툴( )에 대해 알아봅니다.

•• 특정 영역을 마술처럼 제거하는 툴에 대해 알아봅니다. 마술 지우개 툴( )을 이용하면 선택한 색상을 한꺼번에 삭제할 수 있습니다.

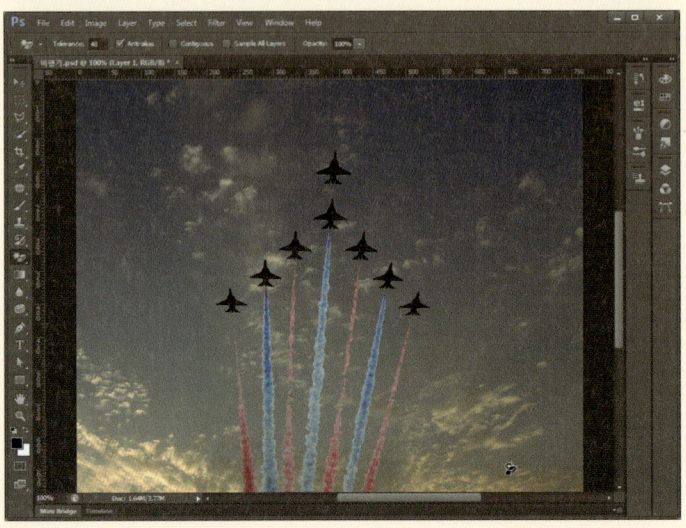

## 01 ✕ 브러시 기능만 지우기 – 히스토리 브러시 툴(History Brush Tool ✎)

옵션 바에서 브러시 옵션으로 작업한 모든 작업을 지울 때 사용합니다. 이때 원본 이미지에는 전혀 영향을 미치지 않습니다.

### 사용 방법

지우고 싶은 효과에 가서 드래그하면 이전에 적용된 효과가 사라집니다.

▲ 원본

▲ 흑백 효과 제거

### [History Brush Tool] 옵션 바 살펴보기

History Brush Tool을 선택하면 옵션 바가 바뀝니다. 각 툴마다 고유한 옵션 값을 가지고 있으며, 다양한 형태의 옵션을 사용할 수 있습니다.

❶ 브러시 설정 : 브러시의 크기와 압력 값 등을 설정합니다.

❷ 🖌 : [Brush] 패널을 불러와 세부 설정을 합니다.

❸ Mode : 블렌드 모드를 적용합니다.

❹ Opacity : 브러시의 투명도를 설정합니다. 0~100%를 사용하며, 100%는 불투명, 0은 투명해집니다.

❺ 🖌 : 태블릿 압력 값을 설정합니다.

❻ Flow : 브러시의 농도를 설정합니다. 0~100%를 사용하며, 숫자가 높을수록 짙은 농도로 채색됩니다.

❼ 에어브러시(🖌) : 클릭하면 압력을 감지할 수 있는 에어브러시를 사용합니다.

❽ 🖌 : 태블릿 압력으로 사이즈를 조절합니다.

## 기능 익히기 | 이미지에 적용했던 여러 가지 효과들을 부분적으로 지우기

> **예제 파일** Chapter09/무궁화.jpg | **결과 파일** Chapter09/무궁화-완성.jpg

**01** 메뉴에서 [Filter]-[Blur]-[Gaussian Blur]를 클릭한 후 [Gaussian Blur] 대화상자의 Radius를 '5'로 설정하고 [OK] 버튼을 클릭합니다.

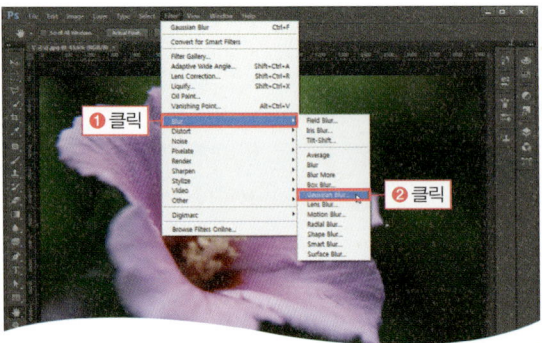 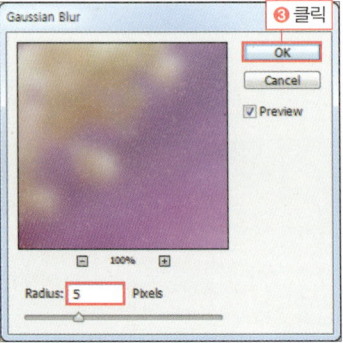

**02** 메뉴에서 [Image]-[Adjustment]-[Desaturate](Shift+Ctrl+U)를 클릭하여 이미지를 흑백으로 만듭니다.

 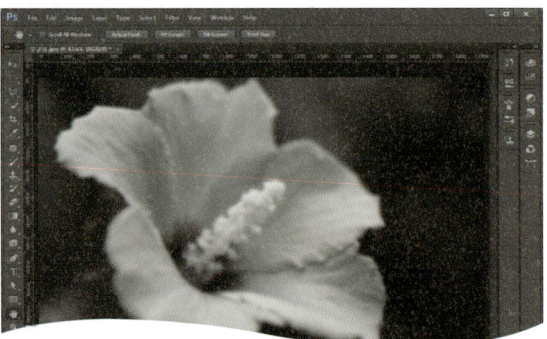

**03** [Tool] 패널에서 히스토리 브러시 툴(History Brush Tool)을 클릭합니다. 옵션 바에서 브러시 사이즈를 '125'으로 설정한 후 무궁화 꽃잎을 드래그하여 흑백과 블러 효과를 지웁니다. 그런 다음, 꽃 전체를 드래그하여 꽃에 적용한 효과를 지웁니다.

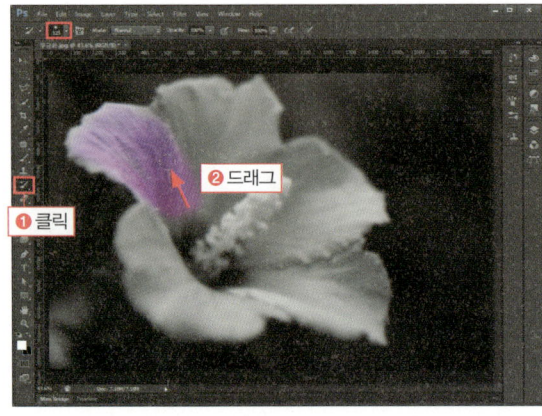 

## 02 유화 느낌 이미지 만들기 – 아트 히스토리 브러시 툴(Art History Brush Tool)

이미지를 유화 느낌으로 표현할 수 있습니다.

### 사용 방법

유화 느낌을 주고 싶은 곳을 브러시로 드래그합니다.

▲ 원본

▲ 유화 느낌 적용

### [Art History Brush Tool] 옵션 바 살펴보기

Art History Brush Tool을 선택하면 옵션 바가 바뀝니다. 각 툴마다 고유한 옵션 값을 가지고 있으며, 다양한 형태의 옵션을 사용할 수 있습니다.

❶ 브러시 설정 : 브러시의 크기와 압력 값 등을 설정합니다.

❷ : [Brush] 패널을 불러와 세부 설정을 합니다.

❸ Mode : 블렌드 모드를 적용합니다.

❹ Opacity : 브러시의 투명도를 설정합니다. 0~100%를 사용하며, 100%는 불투명, 0은 투명해집니다.

❺ : 태블릿 압력 값을 설정합니다.

❻ Style : 아트 히스토리 브러시의 종류를 설정합니다.

ⓐ Tight Short : 브러시가 Hard하면서 짧은 선으로 그려집니다.

ⓑ Tight Medium : 브러시가 Hard하면서 중간 선으로 그려집니다.

ⓒ Tight Long : 브러시가 Hard하면서 긴 선으로 그려집니다.

ⓓ Loose Medium : 브러시가 Soft하면서 중간 선으로 그려집니다.

ⓔ Loose Long : 브러시가 Soft하면서 긴 선으로 그려집니다.

ⓕ Dab : 가볍게 문지르듯 선으로 그려집니다.

ⓖ Tight Curl : 브러시가 Hard하면서 짧은 곱슬한 선으로 그려집니다

ⓗ Tight Curl Long : 브러시가 Hard하면서 긴 원형 형태의 곱슬한 선으로 그려집니다

ⓘ Loose Curl : 브러시가 Soft하면서 중간선 정도의 곱슬한 선으로 그려집니다.

ⓙ Loose Curl Long : 브러시가 Soft하면서 긴 곱슬한 선으로 그려집니다.

▲ 원본

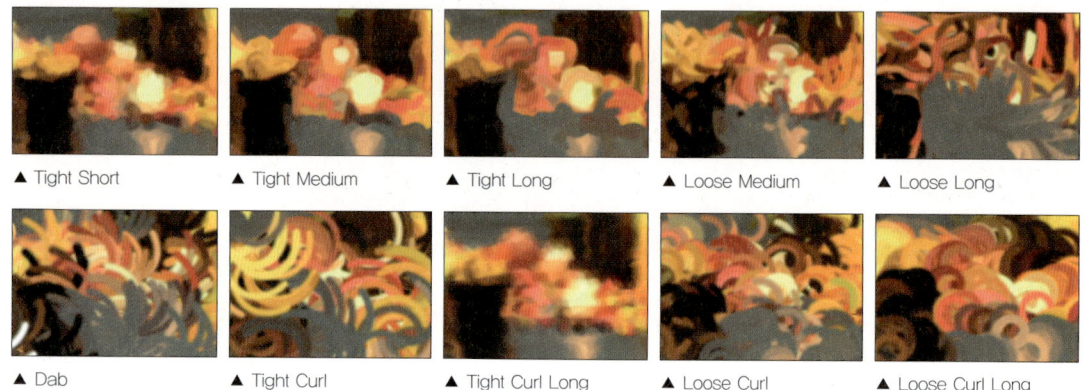

▲ Tight Short    ▲ Tight Medium    ▲ Tight Long    ▲ Loose Medium    ▲ Loose Long

▲ Dab    ▲ Tight Curl    ▲ Tight Curl Long    ▲ Loose Curl    ▲ Loose Curl Long

❼ Area : 브러시가 적용되는 범위 값을 설정합니다.

❽ Tolerance : 색상 허용 범위를 뜻하며, 0~255의 색상 범위를 지정할 수 있습니다. 기본 값은 '32'이고, 수치가 높으면 허용 범위가 넓어집니다.

❾ : 태블릿 압력으로 사이즈를 조절합니다.

## 기능 익히기 | 벽화 조각상을 유화 느낌의 이미지로 바꾸기

▶ **예제 파일** Chapter09/그리스.jpg | **결과 파일** Chapter09/그리스-완성.jpg

**01** [Tool] 패널에서 돋보기 툴(Zoom Tool)을 더블클릭하여 화면을 '100%'로 만듭니다.

**02** [Tool] 패널에서 아트 히스토리 브러시 툴(Art History Brush Tool)을 클릭한 후 옵션 바에서 브러시의 사이즈는 '8', Style는 'Tight Short'로 설정합니다.

 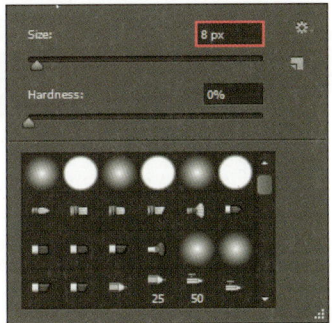

**03** 왼쪽 기둥을 좌우로 드래그합니다. 동일한 방법으로 이미지의 결 방향에 맞게 이미지 전체를 드래그합니다.

## 03 ✕ 원하는 영역 지우기 – 지우개 툴(Eraser Tool)

이미지의 일부분을 삭제할 때 사용합니다.

### 사용 방법

지우개 싶은 부분을 지우개 문지르듯 드래그하면 지워집니다. 일반적으로 이미지를 삭제하면 기본 배경 색상이 채워집니다.

▲ 원본

▲ 지우개로 배경 제거

### [Eraser Tool] 옵션 바 살펴보기

Eraser Tool을 선택하면 옵션 바가 바뀝니다. 각 툴마다 고유한 옵션 값을 가지고 있으며, 다양한 형태의 옵션을 사용할 수 있습니다.

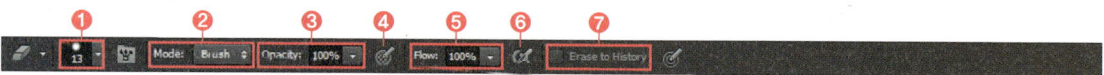

❶ 브러시 설정 : 브러시의 크기와 압력 값 등을 설정합니다.

❷ Mode : 지우개의 종류를 설정합니다.

    ⓐ Brush : 테두리가 부드러운 브러시입니다.
    ⓑ Pencil : 테두리가 딱딱한 브러시입니다.
    ⓒ Block : 사각형 브러시입니다.

❸ Opacity : 브러시의 투명도를 설정합니다. 0~100%를 사용하며, 100%는 불투명, 0은 투명해집니다.

❹ : 태블릿 압력 값을 설정합니다.

❺ Flow : 브러시의 농도를 설정합니다. 0~100%를 사용하며, 숫자가 높을수록 짙은 농도로 채색됩니다.

❻ 에어브러시( ) : 클릭하면 압력을 감지할 수 있는 에어브러시를 사용합니다.

❼ Erase to History : 지우개로 지운 부분을 되살릴 때 사용합니다.

## 기능 익히기 | 사막의 하늘 지우기

▶ **예제 파일** Chapter09/사막.jpg | **결과 파일** Chapter09/사막-완성.jpg

**01** [Tool] 패널에서 Default Color를 클릭한 후 지우개 툴(Eraser Tool)을 선택합니다. 그런 다음, 옵션 바에서 브러시의 종류는 'Soft Round'로, 사이즈는 '100'으로 설정합니다.

**02** 하늘을 드래그하면 하늘이 지워지면서 흰색 배경이 채워집니다.

**TIP | 배경을 지웠는데 색이 채워지는 이유는?**
jpg로 저장된 그림을 지우면 배경이 배경색으로 채워집니다. 이때 배경을 투명하게 만들려면 [Layer] 패널에서 배경 자물쇠를 풀어주어야만 합니다.

## 04 배경을 깔끔하게 정리하기 – 배경 지우개 툴(Background Eraser Tool )

이미지의 배경을 지울 때 사용합니다. 클릭한 부분을 인식하여 비슷한 색을 찾아 지웁니다. 이미지를 지우면 배경이 투명해집니다. 배경 레이어에서 작업하면 레이어가 일반 레이어로 변경됩니다.

### 사용 방법

`Alt`를 누른 상태에서 지우고 싶은 색상을 클릭한 후 브러시로 그리듯 드래그하여 지웁니다.

▲ 원본

▲ 배경 지우개 툴() 사용

### [Background Eraser Tool] 옵션 바 살펴보기

Background Eraser Tool을 선택하면 옵션 바가 바뀝니다. 각 툴마다 고유한 옵션 값을 가지고 있으며, 다양한 형태의 옵션을 사용할 수 있습니다.

❶ Continuous() : 샘플링된 색상을 지속적으로 드래그하는 동안 사용합니다.

❷ Once() : 클릭한 대상 색상을 한 번만 변경합니다.

❸ Background Swatch() : 배경색과 일치하는 영역만 지웁니다.

❹ Limits : 선택한 영역의 경계선을 어떤 방식으로 할 것인지를 설정합니다.

ⓐ Discontigous : 마우스를 클릭한 지점의 색상 중 비연속적인 영역도 색상을 변경합니다.

ⓑ Contiguous : 마우스를 클릭한 지점의 색상 중 인접한 영역을 찾아 색상을 변경합니다.

ⓒ Find Edges : 경계를 정확하게 인식하여 대체되는 페인트 색상을 뚜렷하게 나타나도록 합니다.

❺ Tolerance : 색상 허용 범위를 뜻하며, 0~255의 색상 범위를 지정할 수 있습니다.

❻ Protect Foreground Color : 체크를 하면 전경색은 지워지지 않습니다.

## 기능 익히기 | 특정 색을 찾아 지우기

> **예제 파일** Chapter09/배경지우개.jpg | **결과 파일** Chapter09/배경지우개-완성.psd

**01** [Tool] 패널에서 배경 지우개 툴(Background Eraser Tool )을 클릭합니다.

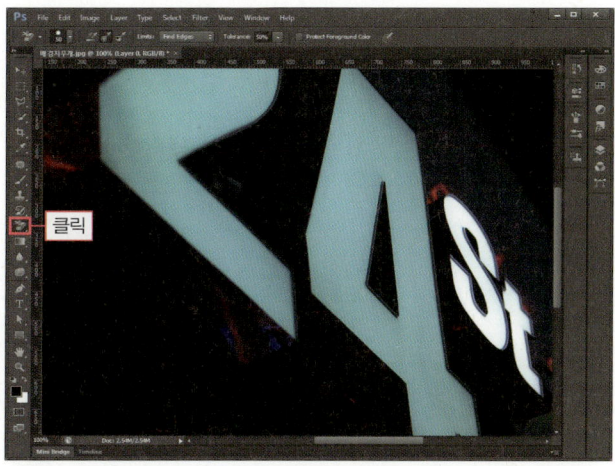

**02** 옵션 바에서 브러시 사이즈는 '50'으로 설정하고, 을 클릭한 후 숫자 '2' 안에서 한 번 클릭하고 전체를 드래그하면 하늘색 색상만 지워집니다.

 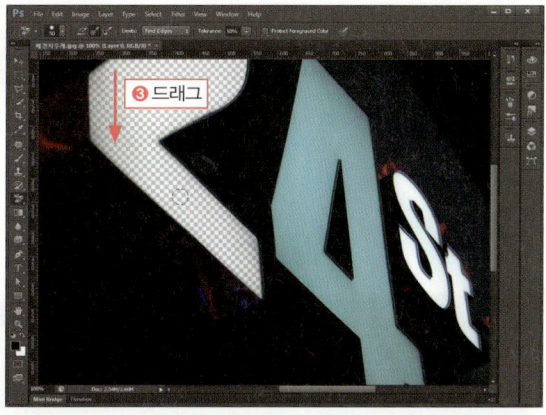

**03** 동일한 방법으로 '4' 안의 색상도 지웁니다.

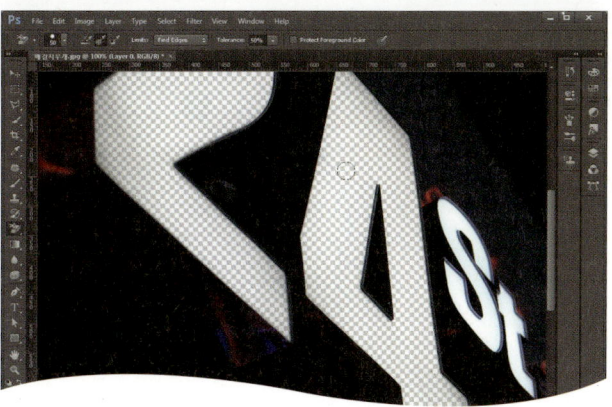

## 05 클릭 한 번으로 지우기 – 마술 지우개 툴(Magic Eraser Tool)

마술봉 툴과 비슷하게 한 번의 클릭으로 비슷한 계열의 색상을 한꺼번에 삭제할 수 있습니다.

### 사용 방법

지우고 싶은 부분을 클릭하면 삭제되면서 배경이 투명해집니다.

▲ 원본

▲ 마술 지우개 툴( ) 적용

### [Magic Eraser Tool] 옵션 바 살펴보기

Magic Eraser Tool을 선택하면 옵션 바가 바뀝니다. 각 툴마다 고유한 옵션 값을 가지고 있으며, 다양한 형태의 옵션을 사용할 수 있습니다.

❶ **Tolerance** : 색상 허용 범위를 뜻하며, 0~255의 색상 범위를 지정할 수 있습니다. 기본 값은 '32'이고, 수치가 높으면 허용 범위가 넓어집니다.

❷ **Anti-alias** : 선택 경계선의 테두리를 중간 단계를 생성하여 부드럽게 만들 때 사용하며, 체크를 하지 않으면 경계선이 계단 모양으로 깨져 보입니다.

❸ **Contiguous** : 체크를 하면 서로 인접되어 있는 면의 색상만 삭제합니다.

❹ **Sample All Layers** : 체크를 하면 같은 색상이 있는 다른 레이어도 삭제합니다.

❺ **Opacity** : 투명도를 설정합니다. 0이면 투명, 100이면 불투명합니다.

## 기능 익히기 | 밋밋한 하늘을 지우고 노을진 하늘을 배경으로 만들기

> **예제 파일** Chapter09/비행기.psd | **결과 파일** Chapter09/비행기-완성.jpg

**01** [Tool] 패널에서 마술 지우개 툴(Magic Eraser Tool )을 클릭합니다. 옵션 바에서 Tolerance를 '40'으로 설정합니다.

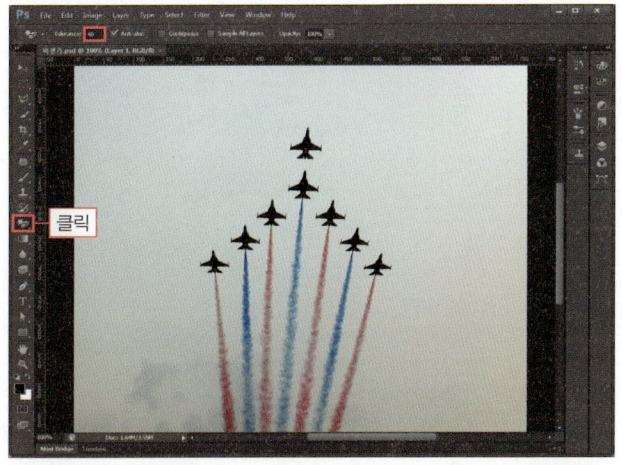

**02** 하늘 배경을 클릭하면 배경의 일부분이 지워집니다.

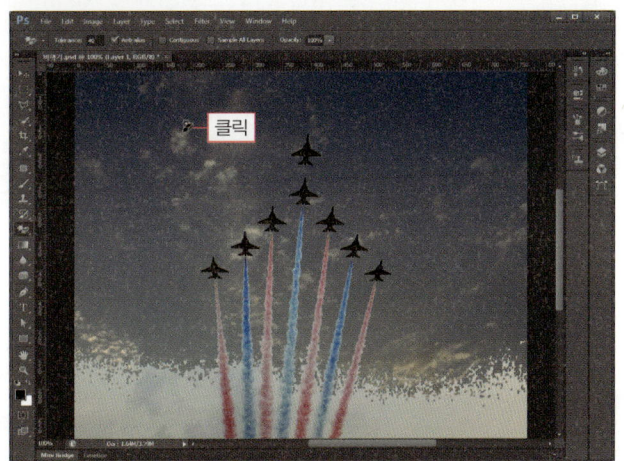

**03** 나머지 하늘을 클릭하여 하늘을 전부 지웁니다.

# 포토샵에서 색상 입히기

CHAPTER 10

이번에는 단색을 칠해주는 페인트 버킷 툴( ), 여러 개의 색상이 자연스럽게 변하는 모습을 표현해주는 그레이디언트 툴( ), 반복되는 문양을 칠해주는 패턴 등과 같은 포토샵에서 색을 칠하는 다양한 방법에 대해 알아봅니다.

× MADAM'S KS PHOTOSHOP CS6 ×

•• 여러 개의 색상이 자연스럽게 변하는 모습을 표현할 수 있습니다. 자연스러운 색상 변화인 그레이디언트에 대해 알아 봅니다.

•• 일정한 문양을 칠할 수 있습니다. 반복되는 문양을 만드는 방법과 문양을 칠하는 패턴에 대해 알아봅니다.

## 01 포토샵에서 색 선택하기

포토샵에서 색을 선택하는 데에는 Color Picker를 이용하는 방법, [Color] 패널을 이용하는 방법, [Swatches] 패널을 이용하는 방법, 스포이트 툴(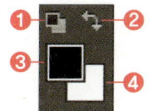)로 색상을 추출하는 방법이 있습니다.

### 전경색과 배경색 이해하기

[Tool] 패널 아래에 색을 선택하는 버튼이 있습니다.

❶ **Default Color** : 기본 색상으로 색을 설정합니다. 전경색은 검은색, 배경색은 흰색이 기본 값입니다.

❷ **Swatch Forground and Background Colors** : 전경색과 배경색을 서로 바꿉니다.

❸ **Foreground Color** : 전경색을 설정합니다.

❹ **Background Color** : 배경색을 설정합니다.

### 색을 선택하는 방법

**[Color Picker] 대화상자**

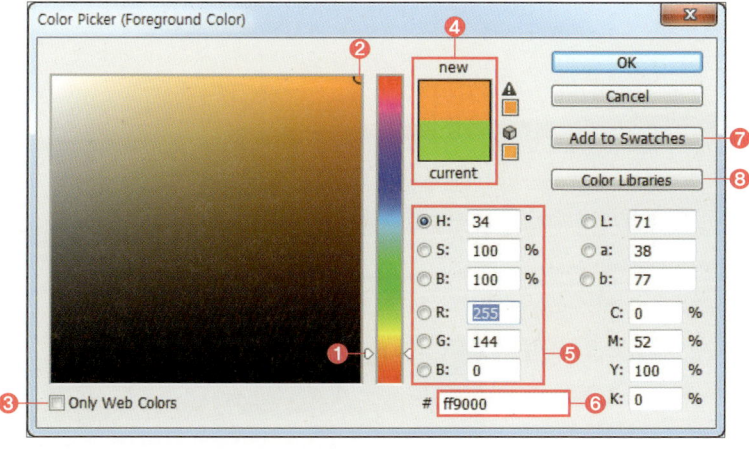

❶ 슬라이더 : 색상을 선택하는 스펙트럼입니다.

❷ 스펙트럼에서 선택한 색상의 채도와 명도를 나타냅니다. 클릭한 곳이 선택한 색상이 됩니다.

❸ **Only Web Colors** : 웹 안전색을 나타내며, 216가지가 있습니다.

❹ new는 현재 선택한 색상이, current에는 이전에 선택한 색상이 나타납니다.

❺ 색상 모드 : 선택한 색상의 수치가 나타납니다.

❻ 색상 코드 : 색상 코드가 표시되면 직접 입력할 수 있습니다.

❼ Add to Swatches : 선택한 색을 [Swatches] 패널에 추가합니다.

❽ Color Libraries : [Color Libraries] 대화상자에서 포토샵에서 제공하는 기본 색상 샘플을 선택합니다.

[Color] 패널

전경색과 배경색을 슬라이더 바 또는 스펙트럼 바를 통해 설정할 수 있습니다.

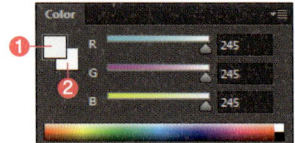

❶ 전경색을 설정합니다.

❷ 배경색을 설정합니다.

[Swatches] 패널

자주 사용하는 색이 기본색으로 등록되어 있으며, 사용자가 색을 등록하거나 삭제할 수 있습니다. 단색 뿐만 아니라 그레이디언트와 패턴도 등록할 수 있습니다.

❶ 포토샵에서 제공되는 기본색과 사용자가 등록한 색이 나타납니다.

❷ : 설정되어 있는 전경색과 배경색을 새로운 색으로 등록합니다.

❸ : 선택한 색을 삭제합니다.

스포이트 툴(Eyedropper Tool())

이미지에 있는 색을 추출하여 전경색이나 배경색으로 설정합니다. 스포이트 툴()을 클릭하면 컬러 샘플링이 나타나는데, 위쪽은 현재 선택한 색, 아래쪽은 이전에 선택한 색이 나타납니다.

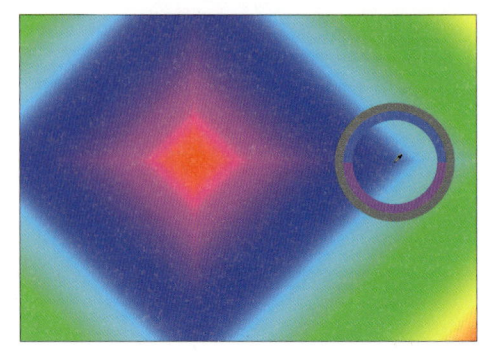

## 02 단색을 이용하여 색 채우기 – 페인트 버켓 툴(Paint Bucket Tool)

선택한 색상을 채우는 툴입니다.

### 사용 방법

페인트 버켓 툴()을 클릭하면 전경색이 채워집니다.

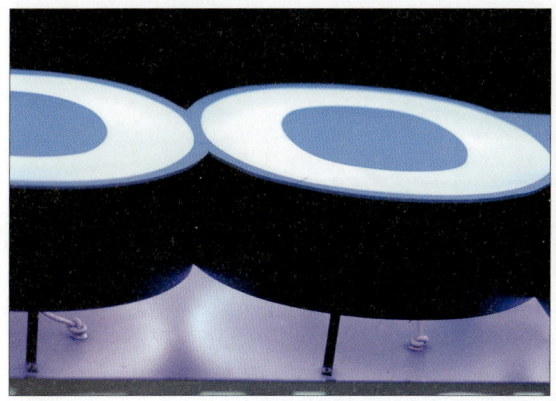
▲ 원본

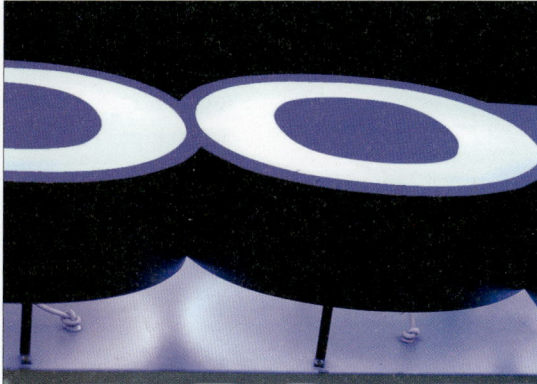
▲ 페인트 버켓 툴()로 보라색 채우기

### [Paint Bucket Tool] 옵션 바 살펴보기

❶ 옵션에 따라 채워지는 색상이 달라집니다.

    ⓐ Foreground : 전경색으로 색을 채웁니다.
    ⓑ Pattern : 패턴으로 색을 채웁니다.

❷ Mode : 블렌드 모드를 적용합니다.

❸ Opacity : 투명도를 설정합니다. 0~100%를 사용하며, 0은 완전 투명, 100은 불투명합니다.

❹ Tolerance : 색상 허용 범위를 뜻하며, 0~255의 색상 범위를 지정할 수 있습니다. 기본 값은 32이고, 수치가 높으면 허용 범위가 넓어집니다.

❺ Anti-alias : 선택 경계선의 테두리를 중간 단계를 생성하여 부드럽게 만들 때 사용하며, 체크를 하지 않으면 경계선이 계단 모양으로 깨져 보입니다.

❻ Contiguous : 클릭한 지점의 색상 중 인접한 영역을 찾아 색상을 변경합니다.

❼ All Layers : 체크를 하면 모든 레이어에 적용합니다.

## 기능 익히기 — 숫자판 색상 바꾸기

> 예제 파일 Chapter10/7.jpg | 결과 파일 Chapter10/7-완성.jpg

**01** [Tool] 패널에서 페인트 버켓 툴(Paint Bucket Tool)을 클릭합니다. 옵션 바에서 Tolerance를 '100'으로 설정하고, Contiguous의 체크를 해제합니다.

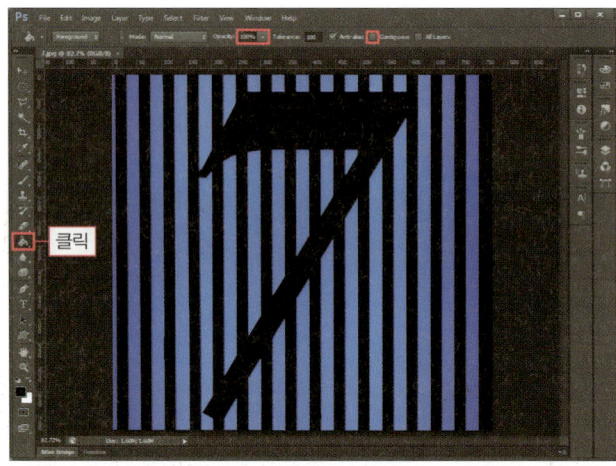

**02** [Swatch] 패널을 클릭한 후 'Pale Cool Brown'을 선택합니다.

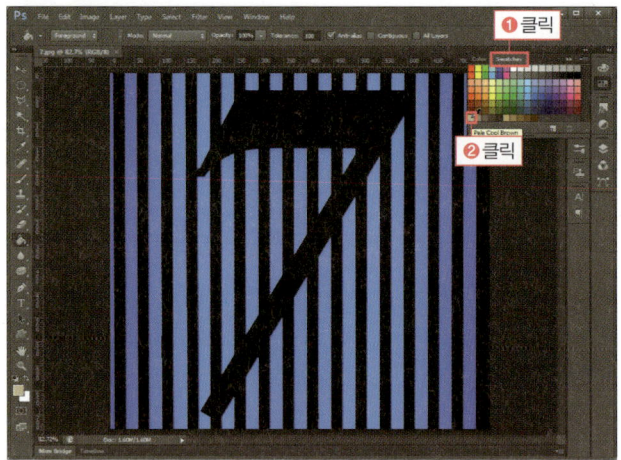

**03** [Tool] 패널에서 페인트 버켓 툴(Paint Bucket Tool)을 클릭합니다. 파란색 영역을 클릭하여 색을 적용합니다.

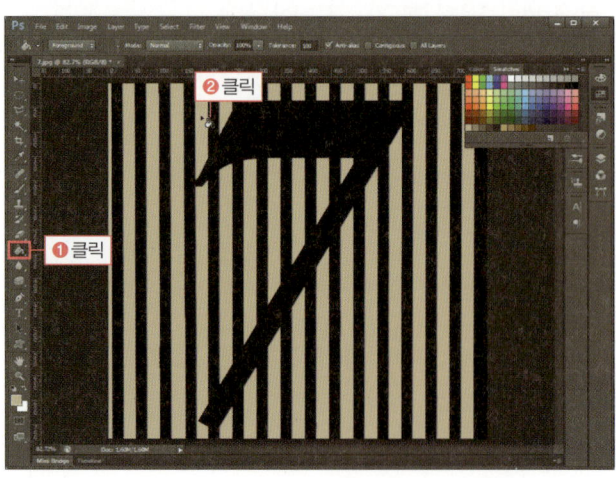

**04** [Swatch] 패널을 클릭합니다. 'Darker Warm Brown'을 선택합니다.

**05** [Tool] 패널에서 페인트 버켓 툴(Paint Bucket Tool )을 클릭합니다. 숫자 7 영역에 클릭하여 색을 적용합니다.

> **TIP** | 선택 영역에 전경색과 배경색 채우기
> `Alt` + `Del` : 전경색 채우기
> `Ctrl` + `Del` : 배경색 채우기

## 03 여러 개의 색상을 한 번에 표현하기 – 그레이디언트 툴(Gradient Tool)

### 사용 방법

그레이디언트를 넣고 싶은 영역을 클릭, 드래그합니다.

▲ 원본

▲ 그레이디언트 채우기

### [Gradient Tool] 옵션 바 살펴보기

Gradient Tool을 선택하면 옵션 바가 바뀝니다. 각 툴마다 고유한 옵션 값을 가지고 있으며, 다양한 형태의 옵션을 사용할 수 있습니다.

❶ **Gradient Preset** : 포토샵에서 제공한 그레이디언트를 선택하거나 사용자가 새롭게 그레이디언트를 만듭니다.

❷ **Gradient Fill**

ⓐ Linear Gradient : 그레이디언트가 칠해지는 결이 직선을 이루면서 칠해집니다.

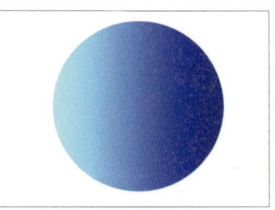

ⓑ Radial Gradient : 원형을 이루면서 색이 칠해집니다.

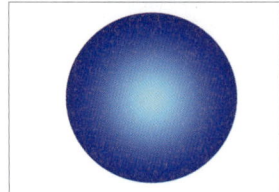

ⓒ Angle Gradient : 시작점에서 시계 방향으로 끝점까지 칠해집니다.

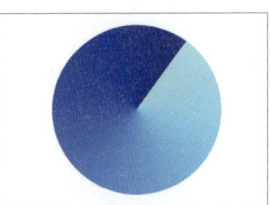

ⓓ Reflected Gradient : 거울에 반사된 효과처럼 대칭을 이루면서 색이 칠해집니다.

ⓔ Diamond Gradient : 다이아몬드 모양으로 색이 칠해집니다.

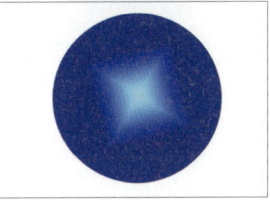

❸ Mode : 블렌드 모드를 적용합니다.

❹ Opacity : 투명도를 설정합니다. 0~100%를 사용하며, 숫자가 높을수록 선명하게, 낮을수록 투명하게 채색됩니다.

❺ Reverse : 설정한 그레이디언트의 시작 색과 끝 색이 반대로 칠해집니다.

❻ Dither : 체크를 하면 좀 더 부드럽게 색이 채워집니다.

❼ Transparency : 체크를 하면 설정한 투명도를 그대로 적용하여 색이 칠해집니다. 체크를 하지 않으면 투명도는 무시되고 불투명하게 색이 칠해집니다.

## 그레이디언트 편집 창 살펴보기

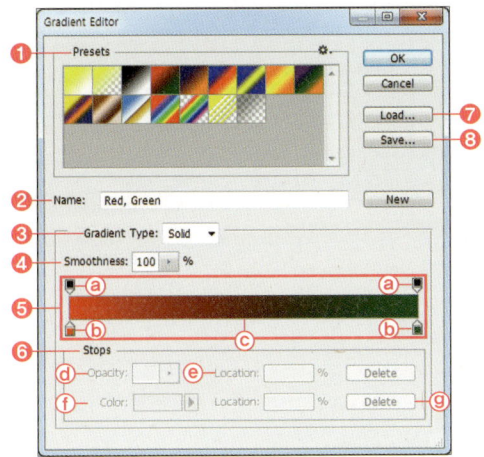

❶ **Presets** : 포토샵에서 기본적으로 제공하는 패턴과 사용자가 등록한 패턴을 나타냅니다.

❷ **Name** : 그레이디언트의 이름이 나타납니다.

❸ **Gradient Type** : 그레이디언트 타입을 선택합니다.

❹ **Smoothness** : 색상과 색상 간의 부드러운 정도를 설정합니다.

❺ 그레이디언트의 색상을 편집합니다.

　ⓐ **Opacity Stop** : 투명도를 설정합니다.

　ⓑ **Color Stop** : 그레이디언트의 색을 추가하거나 변경합니다.

　ⓒ **중간점** : 색상 사이의 변화되는 정도를 드래그하여 설정합니다.

❻ **Stops** : Color Stop 또는 Opacity Stop의 값을 설정합니다.

　ⓓ **Opacity** : 투명도를 설정합니다.

　ⓔ **Locations** : Stop 단추의 위치 값을 설정합니다.

　ⓕ **Color** : Stop 단추의 색상을 설정합니다.

　ⓖ **Delete** : Stop 단추를 삭제합니다.

❼ **Load** : 외부에 저장되어 있는 그레이디언트 프리셋을 불러옵니다.

❽ **Save** : 현재 프리셋의 색상을 외부에 저장합니다. 확장자는 .grd로 저장됩니다.

## 기능 익히기 — 해지는 저녁노을 강조하기

> **예제 파일** Chapter10/노을.jpg | **결과 파일** Chapter10/노을_완성.jpg

**01** [Tool] 패널에서 그레이디언트 툴(Gradient Tool )을 클릭합니다. 옵션 바에서 그레이디언트 색상 편집 단추를 클릭하면 편집 대화상자가 나타납니다.

**02** Color Stop 단추를 더블클릭한 후 칼라 코드를 '#99000'로 입력하고 [OK] 버튼을 클릭합니다. 그런 다음, Color Stop 단추를 더블클릭하여 칼라 코드를 '#ffcc00'으로 입력하고 [OK] 버튼을 클릭합니다.

**03** 오른쪽 위의 Opacity Stop 단추를 클릭한 후 Stops의 Opacity를 '0'으로 입력하고 [OK] 버튼을 클릭합니다. 하늘 위에서 아래 방향으로 드래그합니다.

## 04 ✕ 같은 모양 반복되는 면 – 패턴(Pattern)

특정한 이미지를 반복하여 색칠하는 방법입니다.

## 사용 방법

패턴을 넣는 데에는 화면 전체에 패턴을 넣는 방법과 클릭한 곳의 색상과 유사한 곳에만 패턴을 넣는 방법이 있습니다.

- 메뉴의 [Edit]-[Fill]에서 Contents를 Pattern으로 선택한 후 Custom Pattern에서 원하는 모양을 선택하고 [OK] 버튼을 클릭합니다.

▲ 원본　　　　　　　　　　　　　　　▲ Artistic : Granite 적용

- [Tool] 패널의 페인트 버켓 툴(Paint Bucket Tool 🪣)을 클릭한 후 옵션 바에서 Pattern 방식을 설정합니다. 그런 다음, 원하는 모양을 선택하고 화면을 클릭합니다.

▲ 원본　　　　　　　　　　　　　　　▲ Artistic : Granite 적용

## 포토샵에서 제공하는 패턴들

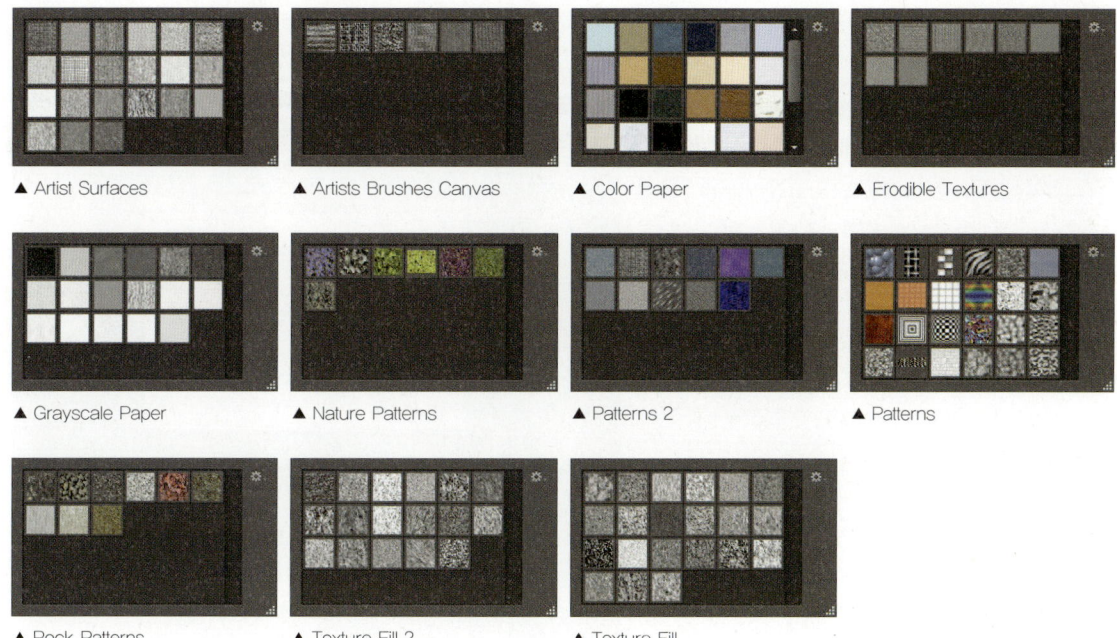

▲ Artist Surfaces
▲ Artists Brushes Canvas
▲ Color Paper
▲ Erodible Textures
▲ Grayscale Paper
▲ Nature Patterns
▲ Patterns 2
▲ Patterns
▲ Rock Patterns
▲ Texture Fill 2
▲ Texture Fill

## 패턴 등록하기

사용자가 만든 모양을 패턴으로 등록하여 사용할 수 있습니다. 메뉴에서 [Edit]-[Define Pattern]을 클릭한 후 이름을 입력합니다.

▲ 원본
▲ 패턴을 적용한 화면

## 기능 익히기 구름을 패턴으로 만들어 배경으로 넣기

◎ 예제 파일 Chapter10/어린천사/.jpg  |  결과 파일 Chapter10/어린천사-완성.jpg

**01** 메뉴에서 [File]-[New]를 클릭합니다. 단위를 'Pixel'로 설정한 후 Width는 '160', Height는 '100', Background contents는 'Transparent'로 선택하고 [OK] 버튼을 클릭합니다.

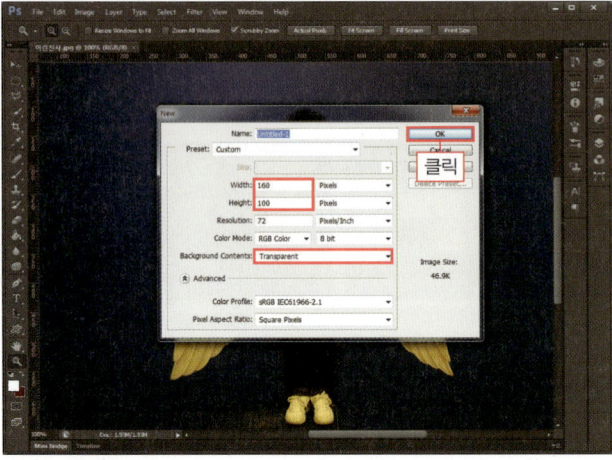

**02** [Tool] 패널에서 사용자 툴(Custom Tool)을 클릭합니다. 옵션 바에서 'Pixel'을 설정한 후 Shape에서 'Thought 2'를 선택하여 화면 전체를 드래그합니다.

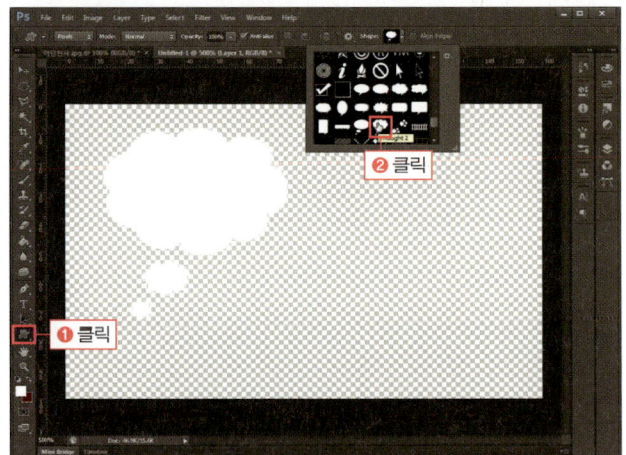

**03** [Tool] 패널에서 마술봉 툴(Magic Wand Lasso Tool)을 클릭합니다. 옵션 바에서 Tolerance를 '50'으로 설정하고, Contiguous에 체크를 한 후 아래에 있는 작은 구름을 클릭합니다.

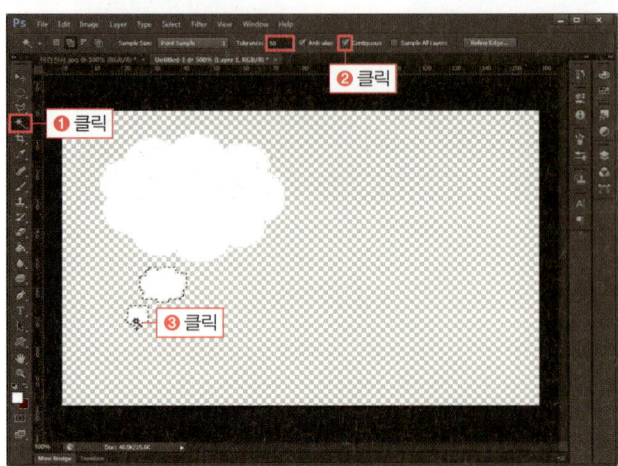

**04** `Del`를 눌러 선택한 구름을 삭제합니다. `Ctrl`+`D`를 눌러 선택을 해제합니다.

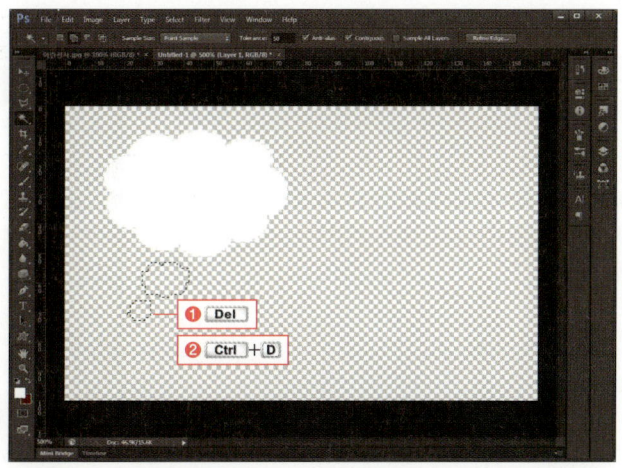

**05** [Tool] 패널에서 이동 툴(Move Tool)을 클릭한 후 `Alt`를 누른 상태에서 구름을 드래그하여 복사합니다.

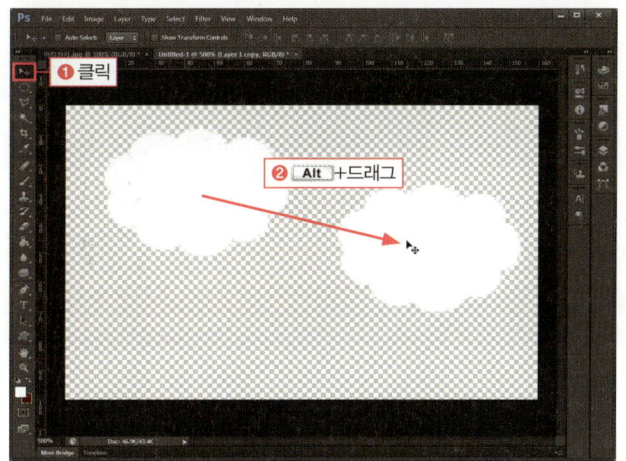

**06** 메뉴에서 [Edit]–[Free Transform](`Ctrl`+`T`)을 클릭합니다. 마우스를 모서리 조절점에 올려놓은 후 안으로 드래그하여 줄이고, 외곽에서 마우스를 회전합니다.

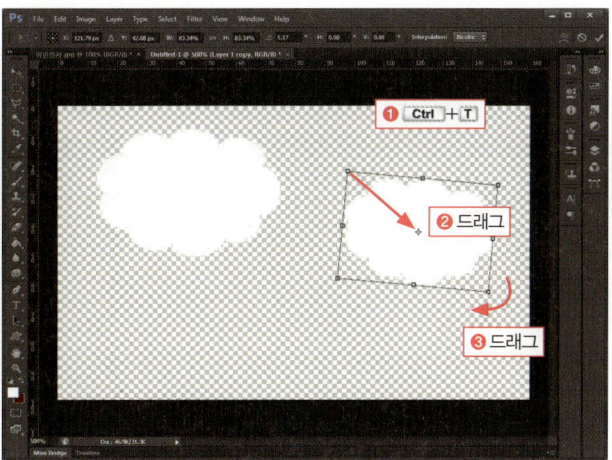

**07** 동일한 방법으로 구름을 아래에 하나 더 복사한 후 크기를 조절합니다.

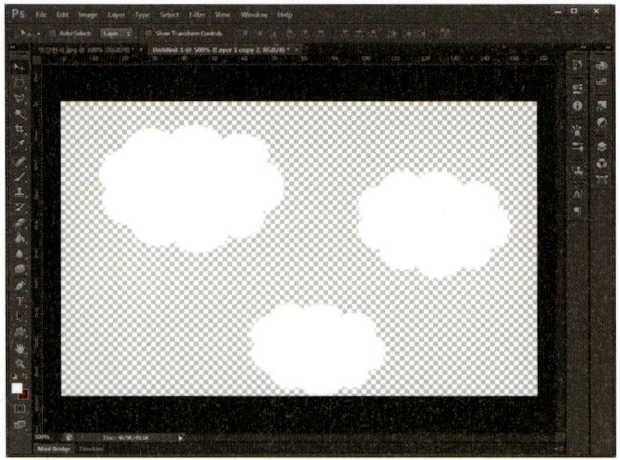

**08** 메뉴에서 [Edit]-[Define Pattern]을 클릭합니다. Name을 '구름'으로 입력한 후 [OK] 버튼을 클릭합니다.

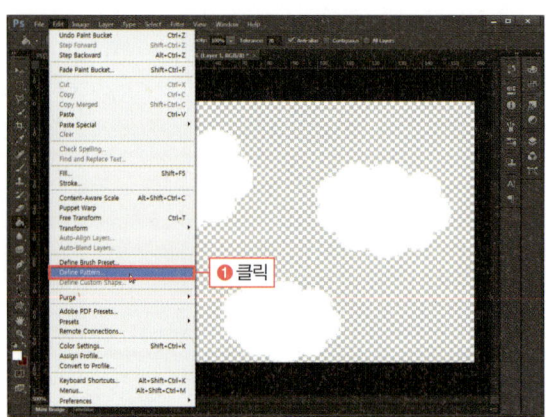

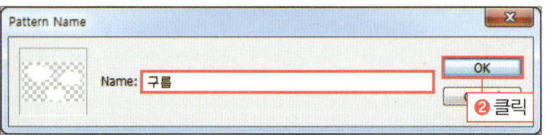

**09** '어린천사.jpg' 파일을 선택합니다. [Tool] 패널에서 빠른 선택 툴(Quick Selection Tool )을 클릭합니다. 브러시 사이즈를 '30'으로 설정한 후 아이를 드래그하여 선택합니다.

**10** 메뉴에서 [Select]-[Inverse]( Shift + Ctrl + D )를 클릭하여 선택 영역을 반전합니다. [Tool] 패널에서 페인트 버켓 툴(Paint Bucket Tool )을 클릭합니다. 옵션 바에서 패턴은 '구름'을 선택합니다.

**11** 배경 화면을 클릭하면 구름 패턴이 배경으로 들어갑니다.

# 포토샵에서도 벡터 드로잉이 가능하다

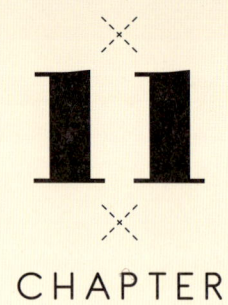

CHAPTER

펜 툴( )은 복잡한 이미지를 정교하게 선택할 때 사용하는 툴입니다. 이번에는 펜 툴( )을 이용하여 이미지를 선택하는 방법에 대해 알아보겠습니다.

× MADAM'S KS PHOTOSHOP CS6 ×

•• 펜 툴( )을 이용하면 복잡한 이미지를 정교하게 선택할 수 있습니다. 펜 툴( )을 사용하는 방법과 수정하는 방법에 대해 알아봅니다.

•• 사용자 정의 툴( )을 이용하면 다양한 모양을 쉽게 그릴 수 있습니다. 사용자 정의 툴( )을 사용하는 방법에 알아봅니다.

# 01 패스 그리기 – 펜 툴(Pen Tool)

펜 툴()을 이용하여 그려진 그림은 패스선으로 구성되어 있습니다.

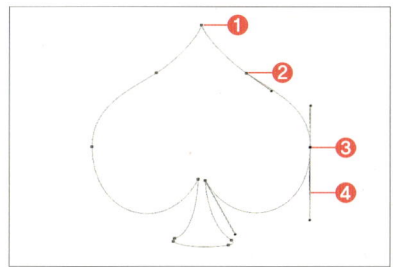

❶ 앵커점(Anchor Point) : 선과 선을 연결하는 점으로, 사용자가 클릭한 점을 의미합니다.

❷ 패스(Path) : 앵커점과 앵커점을 연결하는 직선 또는 곡선을 의미합니다.

❸ 방향점 : 그려진 패스선의 방향, 길이, 각도 등을 수정할 수 있습니다.

❹ 방향선 : 패스선의 모양과 각도를 결정합니다.

### 각진 형태 선택하기

선택하려는 이미지의 외곽을 따라 클릭합니다. 처음 시작한 곳에 마우스를 올려놓으면 마우스 포인터의 모양이 로 바뀌는데, 이 때 클릭하면 패스가 마무리됩니다.

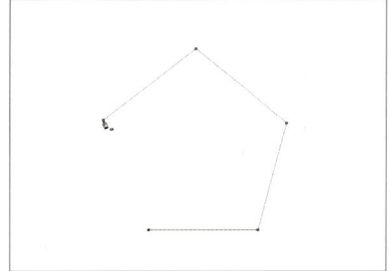

### 같은 방향으로 둥근 모양을 그릴 때

시작 위치에서 클릭하고 그 다음 위치에서는 클릭하면서 아래로 드래그를 하면 패스가 위로 그려집니다. 두 번째 클릭한 앵커점에 마우스를 올려놓고 Alt 를 누르면 마우스 포인터의 모양이 로 바뀝니다. 이때 클릭하면 아래 방향에 있던 방향선이 사라집니다. 다시 세 번째 앵커점을 클릭한 후 아래로 드래그하여 위로 볼록한 패스를 그립니다.

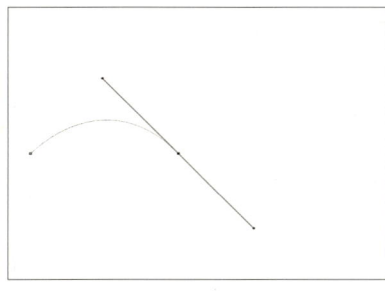 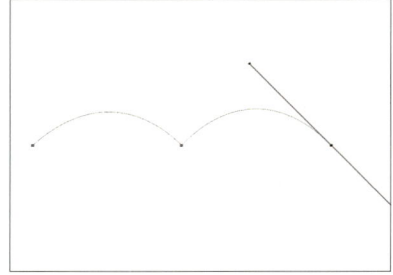

**반대 방향으로 둥근 모양 그릴 때**

시작 위치에서 클릭하고 그 다음 위치에서는 클릭하면서 아래로 드래그를 하면 패스가 위로 그려집니다. 다시 세 번째 앵커점을 클릭하면 자동으로 패스선이 아래로 그려집니다. 패스선은 방향선의 방향에 의해 결정됩니다.

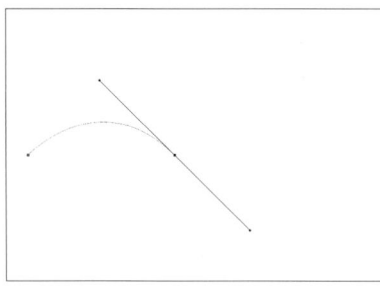 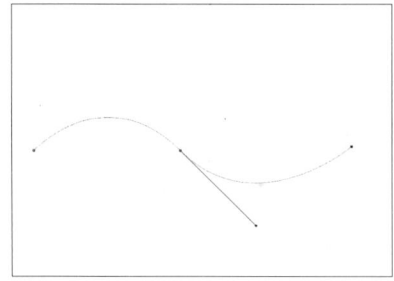

## 펜 툴의 종류

펜 툴에는 펜 툴(), 포인트 추가 툴(), 포인트 삭제 툴(), 포인트 전환 툴()이 있습니다.

- Pen Tool : 패스선으로 이미지를 따라 그릴 때 사용하는 툴입니다.
- Freeform Pen Tool : 자유 곡선의 패스를 그릴때 사용하는 툴입니다.
- Add Anchor Point Tool : 패스선으로 그려진 이미지에 포인트를 추가할 때 사용하는 툴입니다
- Delete Anchor Point Tool : 패스선에 그려진 이미지에 포인트를 삭제할 때 사용하는 툴입니다.
- Convert Anchor Point Tool : 없는 방향 선을 만들거나 곡선 포인트나 또는 각진 포인트로 포인트를 변환할 때 사용하는 툴입니다.

## 펜 툴의 모양

- : 펜 툴을 선택한 후 아트보드에 마우스를 올려놓으면 이 모양이 됩니다. 새롭게 포인트를 시작합니다.
- : 앵커점을 추가하기 위해 패스 위에 마우스를 올려놓으면 나타납니다.
- : 현재 추가되어 있는 앵커점을 삭제할 때 앵커점 위에 마우스를 올려놓으면 나타납니다.
- : 끊어진 패스를 다시 연결할 때는 마지막 점에 마우스를 올려놓으면 나타납니다.
- : 드로잉 중인 패스의 앵커점에 마우스를 올려놓으면 나타납니다. 없어진 방향선을 찾거나 곡선의 방향선을 제거할 수 있습니다.
- : 드로잉을 끝내려고 처음 시작한 앵커점에 마우스를 올려놓으면 나타납니다. 시작한 앵커점을 클릭하면 닫힌 패스로 완성됩니다.

## 패스를 선택하여 수정하는 툴

- 패스 선택 툴(Path Selection Tool) : 크기를 변경하거나 복사, 이동 등을 할 수 있습니다.
- 패스 직접 선택 툴(Direct Select Tool) : 앵커점, 방향선 등을 조절하여 패스선을 수정할 수 있습니다.

## [Pen Tool] 옵션 바 살펴보기

Pen Tool을 선택하면 옵션 바가 바뀝니다. 각 툴마다 고유한 옵션 값을 가지고 있으며, 다양한 형태의 옵션을 사용할 수 있습니다.

❶ Pick tool mode : Shape를 그리는 방식을 설정합니다.

❷ Make : 그려진 패스를 어떤 형태로 변형할 것인지를 결정합니다.
  ⓐ Selection : 그려진 패스를 선택 영역으로 바꿉니다.
  ⓑ Mask : 그려진 패스 영역을 마스크로 만듭니다.
  ⓒ Shape : 그려진 패스를 Shape로 바꿉니다.

❸ Path operations : Shape의 패스 영역을 더하거나 뺄 수 있도록 하는 선택 영역 모드입니다.

❹ Path alignment : 패스의 상하좌우 정렬 위치를 설정합니다.

❺ Path arrangement : 패스의 상하 순서를 설정합니다.

❻ 설정 : Ruber Band 옵션을 가지며, 체크하면 그려질 세그먼트 선을 미리 보여줍니다.

## Paths 패널 살펴보기

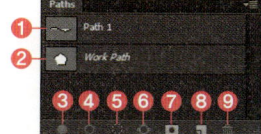

❶ 저장된 패스를 나타냅니다.

❷ 현재 작업 중인 패스 경로를 나타냅니다.

❸ Fill path with foreground color : 패스 내부를 전경색으로 채웁니다.

❹ Stroke path with brush : 패스 테두리를 선택한 브러시로 그립니다.

❺ Load path as a selection : 패스가 선택 영역으로 나타납니다.

❻ make work path from selection : 선택 영역을 패스로 저장합니다.

❼ Add layer mask : 레이어에 마스크 레이어를 추가합니다. 이미지에 레이어가 마스크가 있을 경우에는 이름이 'Add vector mask'로 바뀌며, 클릭하면 벡터 모양 안에서만 이미지가 보입니다.

❽ Create new path : 새로운 패스를 만듭니다.

❾ Delete current path : 선택된 패스를 삭제합니다.

## 기능 익히기 | 펜 툴( )로 전등갓을 선택한 후 벽에 등 모양 합성하기

> **예제 파일** Chapter11/전등갓.jpg, Chapter11/펜 툴 배경.jpg | **결과 파일** Chapter11/펜 툴-완성.jpg

**01** [Tool] 패널에서 펜 툴(Pen Tool )을 클릭합니다. 전등갓 왼쪽 위를 클릭하여 앵커점을 만듭니다.

**02** 아래쪽을 클릭하면서 왼쪽 아래로 드래그하여 전등갓에 패스선이 맞도록 조절합니다.

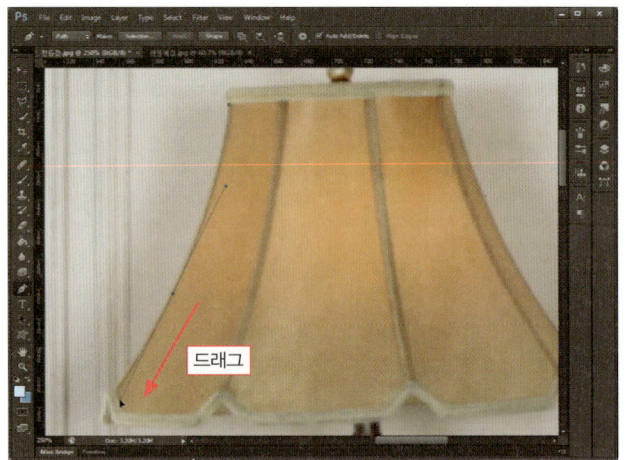

**03** 두 번째 앵커점에 Alt 를 누른 상태에서 마우스를 올려놓으면 마우스 포인터의 모양이 로 변하는데, 이때 클릭하여 아래쪽 방향선을 제거합니다.

**04** 동일한 방향으로 전등갓 전체를 따라 패스선을 그립니다. 처음 시작한 곳으로 마우스 포인트를 올려놓으면 마우스 포인터의 모양이 로 변하는데, 이때 클릭하면 패스선이 마무리됩니다.

**05** [Path]( ) 패널에서 버튼을 클릭합니다.

> **TIP** | 글자 편집 끝내기 또는 패스선을 선택 영역으로 변경
> Ctrl + Enter

**06** 메뉴에서 [Edit]-[Copy]( Ctrl + C )를 클릭합니다.

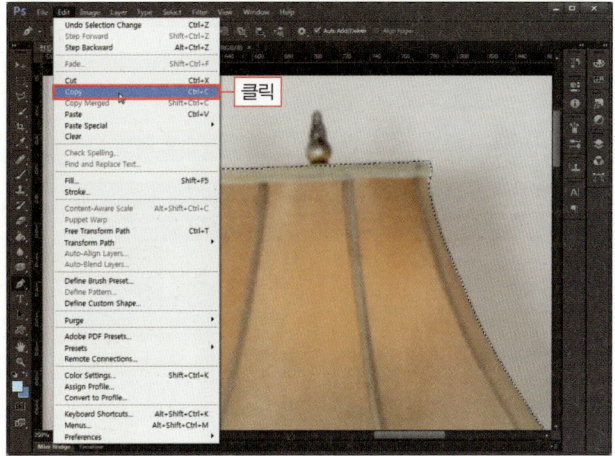

CHAPTER 11 포토샵에서도 벡터 드로잉이 가능하다  203

**07** '패스연습.jpg'를 선택합니다. 메뉴에서 [Edit]-[Paste](`Ctrl`+`V`)를 클릭하여 붙여넣기합니다.

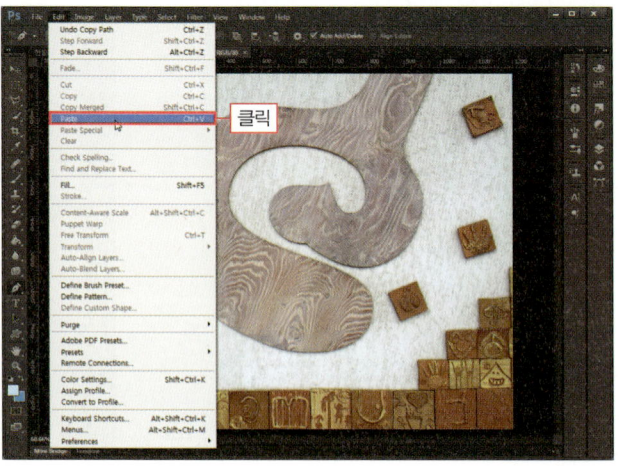

**08** [Tool] 패널에서 이동 툴(Move Tool)을 클릭합니다. 전등갓을 드래그하여 첫 번째 사각 조각 위로 옮깁니다. 메뉴에서 [Edit]-[Free Transform](`Ctrl`+`T`)를 클릭하여 크기를 줄이고, 모서리에 마우스를 올려놓아 회전합니다. 옵션 바에서 ✓를 클릭하여 편집을 끝냅니다.

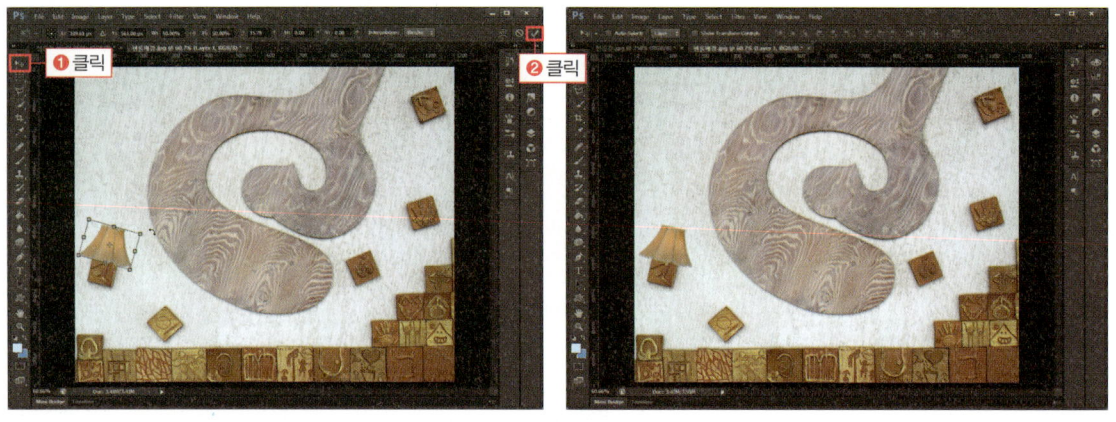

**09** [Layer](□) 패널에서 fx 버튼을 클릭한 후 [Inner Glow]를 클릭합니다. [Elements] 탭에서 Source를 'Center'로 선택한 후, Size를 '60'으로 설정하고 [OK] 버튼을 클릭합니다.

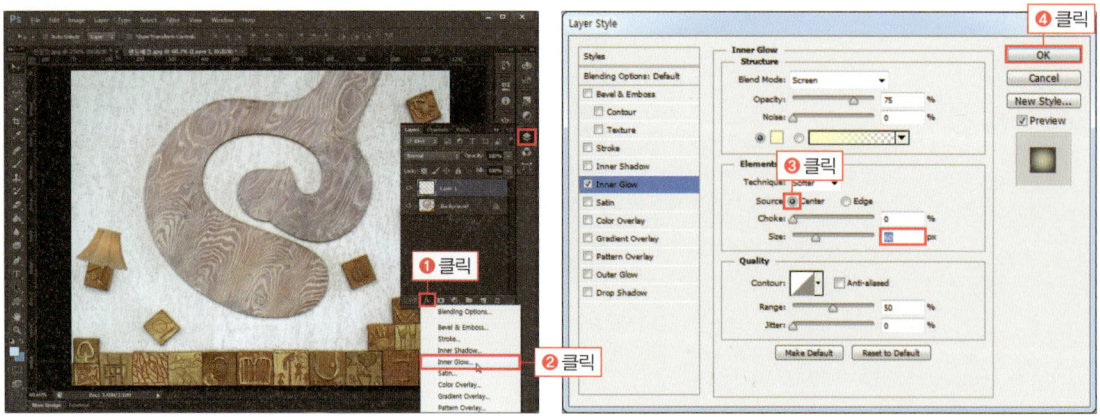

10  [Tool] 패널에서 이동 툴(Move Tool)을 클릭합니다. Alt 를 누른 상태에서 드래그하여 전등갓을 복사합니다. Ctrl + T 를 눌러 복사한 전등갓을 사각 모양에 맞게 회전합니다.

11  동일한 방법으로 복사하여 각각 회전합니다.

## 02 포토샵에서 제공하는 다양한 벡터 – 사용자 툴(Custom Tool )

### Shape 사용하기

원하는 모양을 선택한 후 드래그하여 그립니다.

### Shape로 그리기

도형을 그리고 나면 자동으로 Shape 레이어와 패스 레이어가 추가됩니다.

### Path로 그리기

[Path] 패널에 패스선이 그려집니다.

### Pixel로 그리기

레이어에 바로 전경색이 채워지면서 그려집니다.

## Shape 옵션 바 살펴보기

Shape Tool을 선택하면 옵션 바가 바뀝니다. 각 툴마다 고유한 옵션 값을 가지고 있으며, 다양한 형태의 옵션을 사용할 수 있습니다.

❶ Pick tool mode : Shape를 그리는 방식을 설정합니다.

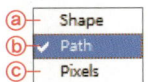

  ⓐ Shape : 새로운 Shape 레이어를 추가하여 그립니다.
  ⓑ Path : 패스선으로 Shape를 그립니다.
  ⓒ Pixels : 비트맵으로 Shape를 그립니다.

❷ Fill : 면의 색상을 선택합니다.

❸ Stroke : Shape의 외곽선의 색상을 설정합니다, 단색, 그레이디언트, 패턴 등으로 채울 수 있습니다.

❹ Shape Stroke width : 테두리 선의 두께를 설정합니다.

❺ Shape stroke type : 테두리선의 종류를 선택합니다. 실선, 점선, 대시선 등을 설정하거나 사용할 수 있습니다.

❻ W/H : Shape의 너비와 높이를 설정합니다.

❼ Path operations : Shape의 패스 영역을 더하거나 뺄 수 있도록 하는 선택 영역 모드입니다.

❽ Path alignment : 패스의 상하좌우 정렬 위치를 설정합니다.

❾ Path arrangement : 패스의 상하 순서를 설정합니다.

❿ Shape option : Shape의 크기와 비율을 설정합니다.

⓫ Shape : 포토샵에서 제공하는 Shape를 선택하거나 사용자가 등록한 Shape를 보여주는 곳입니다.

## 기능 익히기 | 사진과 도형을 이용하여 첫돌 초대장 만들기

▶ **예제 파일** Chapter11/첫돌.jpg, Chapter11/첫돌배경.jpg, Chapter11/글자.psd | **결과 파일** Chapter11/첫돌-완성.jpg

**01** 메뉴에서 [File]-[Open]을 클릭합니다. Chapter 11에서 '첫돌배경.jpg'를 선택한 후, Ctrl 을 누른 상태에서 '첫돌.jpg'를 클릭합니다. [OK] 버튼을 클릭하여 그림을 불러옵니다.

**02** [Tool] 패널에서 사용자 툴(Custom Tool)을 클릭합니다. 옵션 바에서 Shape를, Fill은 그레이디언트를 선택한 후 종류는 'Radial', 색상은 각각 '#c2e6f9', '#4998c3'으로, Stroke는 'None'으로 설정합니다. Shape는 'Heart Card'로 설정합니다.

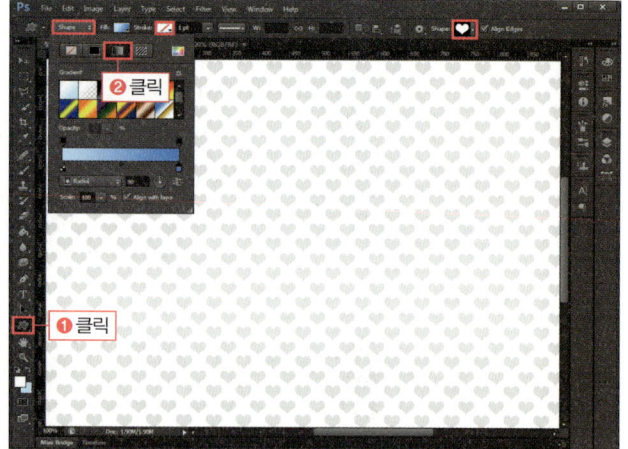

**03** 캔버스에 다음 그림처럼 그린 후 [Tool] 패널에서 이동 툴(Move Tool)을 클릭합니다. Alt 를 누른 상태에서 드래그하여 하나 더 복사합니다.

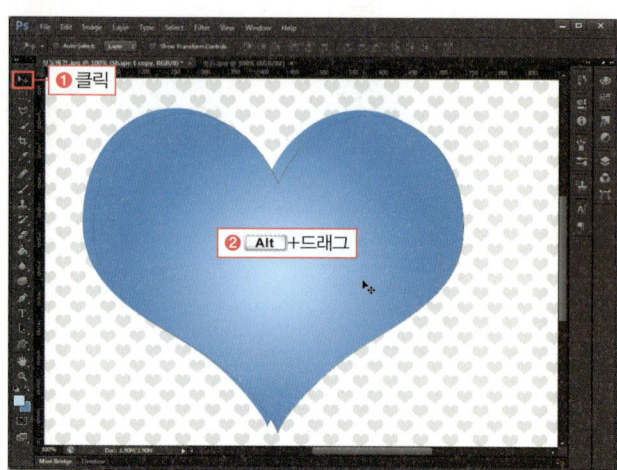

**04** [Tool] 패널에서 사용자 툴(Custom Tool )을 클릭합니다. 옵션 바에서 Fill은 'None', Stroke는 '#52a3d0', '3pt', 'Dashed'로 설정합니다.

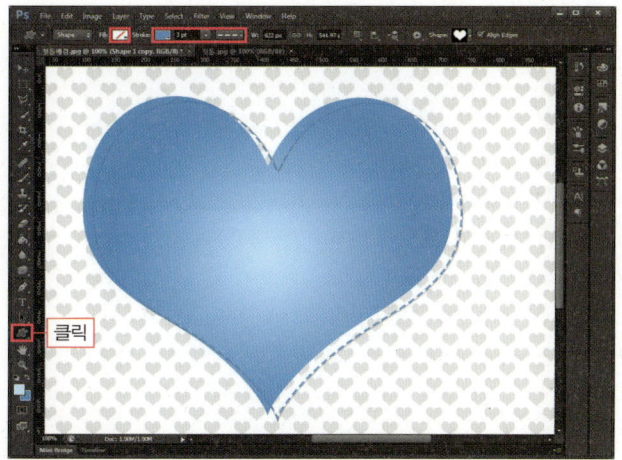

**05** 메뉴에서 [Edit]-[Free Transform](Ctrl+T)을 눌러 크기를 조절하고, 옵션 바에서 를 클릭하여 편집을 끝냅니다.

> **TIP | 변형된 값 적용하기**
> Enter 를 누르면 설정된 옵션 값들이 적용됩니다. 적용되는 곳은 Scale, Rotation, Crop, Perspective Crop 등입니다.

**06** [Tool] 패널에서 사용자 툴(Custom Tool )을 클릭합니다. Shape는 'Talk 3'을 선택하고 하트 아래쪽에 드래그하여 그립니다.

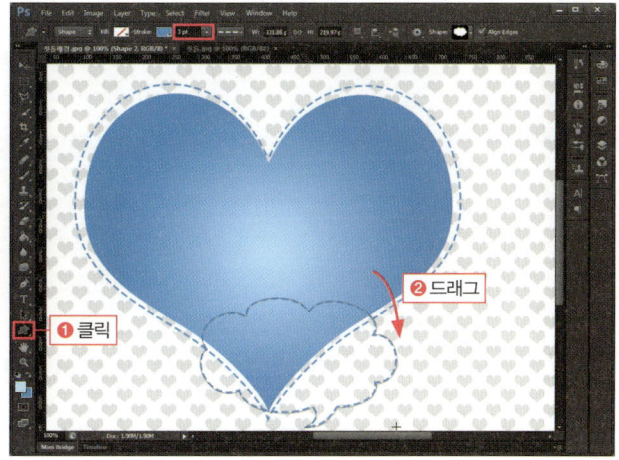

**07** 옵션 바에서 Fill을 흰색, Stroke를 'None'으로 설정합니다.

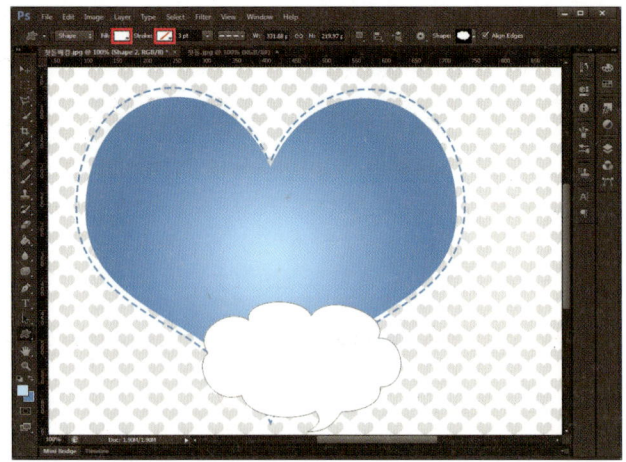

**08** [Layer](🗂) 패널에서 'Shape2'를 'Shape1' 바로 위로 드래그하여 옮깁니다. 'Shape2'와 'Shape1' 사이에 Alt 를 누른 상태에서 마우스를 올려놓으면 마우스 포인터의 모양이 ↙□ 로 변합니다. 이때 클릭하면 구름이 하트 안에서만 보입니다.

**09** '첫돌.jpg' 파일을 선택합니다. [Tool] 패널에서 빠른 선택 툴(Quick Selection Tool ✏)을 클릭한 후 브러시 사이즈를 '13'으로 설정합니다. 아기를 드래그하여 선택합니다.

**10** 옵션 바에서 Refine Edge... 를 클릭하여 [Refine Edge] 대화상자를 엽니다. Smooth는 '1', Feather는 '0.2', Shift Edge 는 '-50'으로 설정한 후 [OK] 버튼을 클릭합니다.

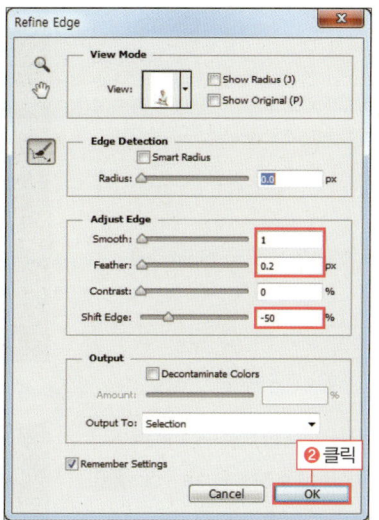

**11** 메뉴에서 [Edit]-[Copy](Ctrl+C)를 클릭합니다. '첫돌배경.jpg' 파일을 선택한 후 메뉴에서 [Edit]-[Paste](Ctrl+V)를 클릭하여 아기를 붙여넣기합니다.

**12** 메뉴에서 [Edit]-[Free Transform](Ctrl+T)을 클릭한 후 아기를 그림처럼 줄입니다.

**13** [Tool] 패널에서 사용자 툴(Custom Tool )을 클릭합니다. Shape는 'Crown 1'을 선택하고 머리 위에 드래그하여 그립니다.

**14** '글자.psd' 파일을 선택합니다. [Tool] 패널에서 사각형 선택 툴(Rectangle Marquee Tool )을 클릭한 후 전체를 드래그합니다.

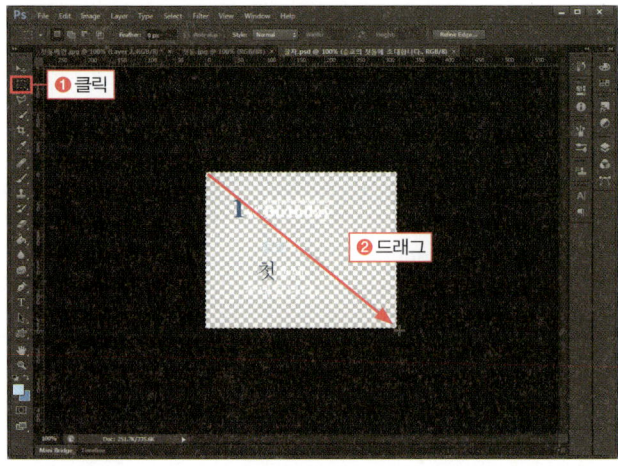

**15** 메뉴에서 [Edit]-[Copy](Ctrl+C)를 클릭합니다.

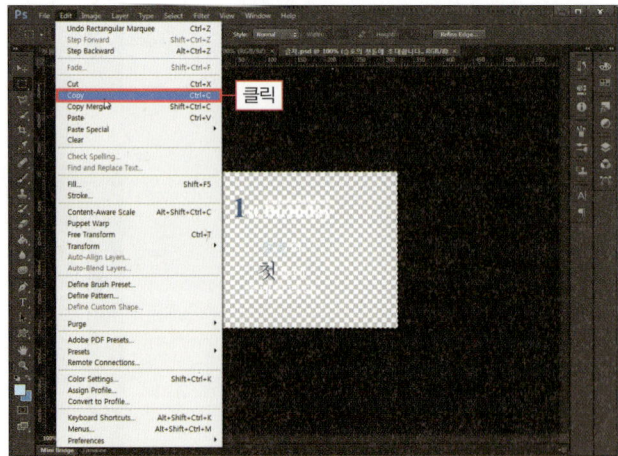

**16** 메뉴에서 [Edit]-[Paste](Ctrl + V)를 클릭하여 붙여넣기합니다.

**17** [Tool] 패널에서 이동 툴(Move Tool )을 클릭합니다. 글자를 하트 왼쪽 상단으로 드래그하여 옮깁니다.

**18** [Layer]( ) 패널에서 아기가 들어 있는 'Layer1'을 맨 상단으로 드래그하여 그림을 완성합니다.

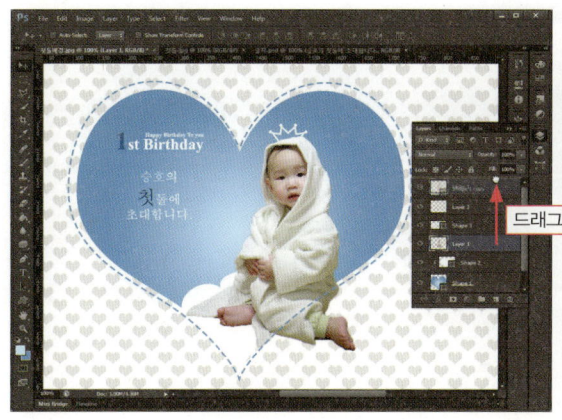 

> 🔖 **TIP | 레이어 순서 변경하기**
> - Ctrl + Shift + [ : 선택한 레이어를 맨 밑으로 내립니다.
> - Ctrl + [ : 선택한 레이어를 한 레이어 아래로 옮깁니다.
> - Ctrl + Shift + ] : 선택한 레이어를 맨 위로 올립니다.
> - Ctrl + ] : 선택한 레이어를 한 레이어 위로 옮깁니다.

# 글자를 활용한 기능

CHAPTER

이번에는 글자를 통해 다양한 느낌의 타이포그래피를 만들거나, 특정 영역 안에만 글자를 입력하거나, 패스선 위에만 글자를 입력하는 등과 같은 글자를 입력하는 방법에 대해 알아보겠습니다.

× MADAM'S KS PHOTOSHOP CS6 ×

•• 글자를 이용하여 간단한 포스터 광고를 만들 수 있습니다. 글자 입력, 색과 폰트 변경 등 다양한 기능에 대해 알아봅니다.

•• 패스를 따라 흘러가는 글자를 입력할 수 있습니다. 패스 위에 글자를 입력하는 방법과 수정하는 방법에 대해 알아봅니다.

## 01 ✕ 필요한 곳에 글자 입력하기 – 가로 문자 툴(Horizontal Type Tool)

글자를 입력하거나 편집할 때 사용합니다. 문자에는 가로 문자, 세로 문자, 가로 마스크 문자, 세로 마스크 문자가 있습니다.

### 글자 입력하기

글자를 입력할 위치를 클릭한 후 글자를 입력합니다. 글자 속성은 마우스를 글자 안으로 올려놓으면 마우스 포인터의 모양이 I로 바뀌는데, 이때 드래그하여 블록을 지정하면 변경할 수 있습니다. 글자는 마우스를 글자 밖으로 가져가 모양으로 변했을 때 드래그하여 이동할 수 있습니다.

- 는 가로로 글자가 입력됩니다.

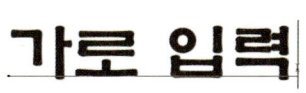

- 는 세로로 글자가 입력됩니다.

- 는 가로 글자가 마스크 영역으로 입력됩니다. 편집을 종료한 후에는 글자의 위치, 크기, 글자체를 변경할 수 없습니다.

- 는 세로 글자가 마스크 영역으로 입력됩니다. 편집을 종료한 후에는 글자의 위치, 크기, 글자체를 변경할 수 없습니다.

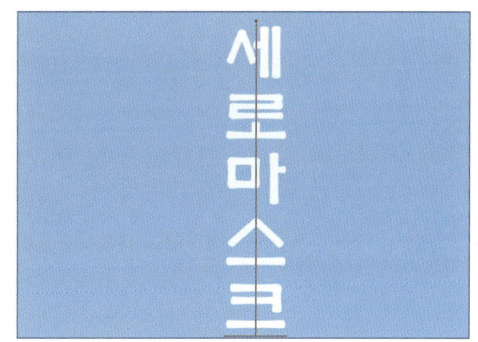

# [Horizontal Type Tool] 옵션 바 살펴보기

Horizontal Tool을 선택하면 옵션 바가 바뀝니다. 각 툴마다 고유한 옵션 값을 가지고 있으며, 다양한 형태의 옵션을 사용할 수 있습니다.

❶ Toggle Text Orientation : 글자를 가로, 세로로 변경합니다.

❷ 폰트를 변경합니다.

❸ 폰트에 따라 기울기와 굵기 속성을 설정합니다.

❹ 글자 크기를 설정합니다. 단위는 포인트(Point)로 지정하며, preset에 없는 값은 직접 입력하면 됩니다.

❺ 글자에 Anti-alias를 적용합니다.

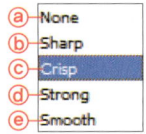

   ⓐ None : Anti-alias를 적용하지 않습니다.
   ⓑ Sharp : 외곽을 선명하게 표현합니다.
   ⓒ Crisp : 약간 선명하게 표현합니다.
   ⓓ Strong : 문자를 강하게 표현합니다.
   ⓔ Smooth : 문자의 외곽을 부드럽게 표현합니다.

❻ 정렬을 설정하는 곳으로 왼쪽, 가운데, 오른쪽 정렬을 나타냅니다.

❼ 글자의 색상을 설정합니다. 클릭하면 칼라 피커 창이 나타납니다.

❽ Create warped text() : 글자를 왜곡합니다.

❾ : [Character] 패널을 엽니다.

❿ : 입력과 편집을 취소합니다.

⓫ : 입력과 편집을 완료합니다.

# [Character] 패널 살펴보기

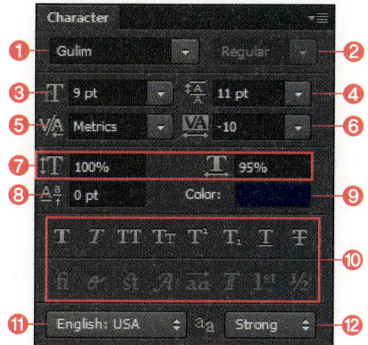

❶ 폰트를 변경합니다.

❷ 폰트에 따라 기울기와 굵기 속성을 설정합니다.

❸ 글자 크기를 설정합니다. 단위는 포인트(Point)로 지정하며, Preset에 없는 값은 직접 입력하면 됩니다.

❹ 줄 간격을 설정합니다.

❺ **커닝(Kerning)** : 음절과 음절 사이의 간격을 설정합니다.

❻ 자간을 설정합니다.

❼ 글자의 높이와 너비를 설정합니다.

❽ 글자를 윗첨자 또는 아랫첨자화할 수 있습니다. 숫자가 양수이면 윗첨자, 음수이면 아랫첨자로 표현합니다.

❾ 글자색을 지정합니다.

❿ 글자의 다양한 속성인, 굵게, 기울임, 대문자, 소문자, 윗첨자, 아랫첨자, 밑줄, 취소선 등을 설정합니다.

⓫ **스펠 체크 언어** : 포토샵에서 한글 프로그램처럼 오타를 체크할 수 있습니다. 한글은 지원하지 않고 영어만 지원합니다.

⓬ 글자에 Anti-alias를 적용합니다.
  ⓐ None : Anti-alias를 적용하지 않습니다.
  ⓑ Sharp : 외곽을 선명하게 표현합니다.
  ⓒ Crisp : 약간 선명하게 표현합니다.
  ⓓ Strong : 문자를 강하게 표현합니다.
  ⓔ Smooth : 문자의 외곽을 부드럽게 표현합니다.

## [Paragraph] 패널 살펴보기

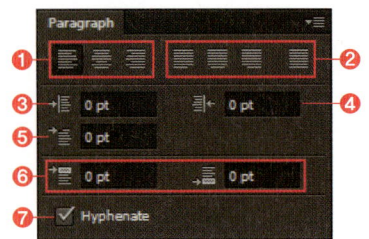

❶ **정렬** : 문단의 정렬을 설정합니다. 왼쪽, 가운데, 오른쪽 정렬 등이 있습니다.

❷ **문단 양쪽 정렬** : 양쪽 정렬을 기본으로 하고, 맨 마지막 문장의 위치를 왼쪽, 가운데, 오른쪽, 양쪽으로 지정합니다.

❸ **왼쪽 여백** : 문자의 왼쪽 여백을 설정합니다.

❹ **오른쪽 여백** : 문자의 오른쪽 여백을 설정합니다.

❺ **첫 줄 들여쓰기** : 문자의 첫 줄을 들여쓰기합니다.

❻ 문단의 앞과 뒤의 간격을 설정합니다.

❼ **Hyphenate** : 체크하면 한 단어가 끝나기 전에 줄이 바뀔 경우 하이픈으로 연결합니다.

## 기능 익히기 | 꽃 배경에 간단한 광고 문구 넣기

◐ **예제 파일** Chapter12/꽃배경.jpg | **결과 파일** Chapter12/꽃배경-완성.psd

**01** [Tool] 패널에서 사각형 선택 툴(Rectangle Marquee Tool ▭)을 클릭합니다. 화면 중앙에 긴 직사각형을 그립니다.

**02** [Layer](🗂) 패널을 클릭합니다. 🗐를 클릭하여 새 레이어를 하나 추가합니다.

**TIP | 새 레이어 추가하기 단축키**
Shift + Ctrl + V

**03** [Tool] 패널에서 전경색을 흰색으로 변경합니다. 페인트 버켓 툴(Paint Bucket Tool 🪣)을 선택하여 선택 영역에 클릭합니다.

CHAPTER 12 글자를 활용한 기능

**04** 메뉴에서 [Select]-[Modify]-[Feather](Shift + F6)를 클릭합니다. Feather Radius를 '10'으로 입력하고 [OK] 버튼을 클릭합니다.

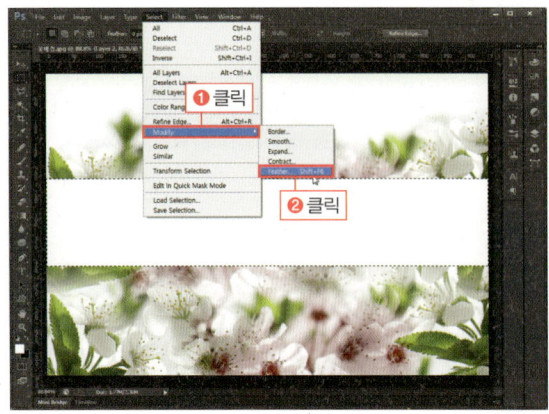
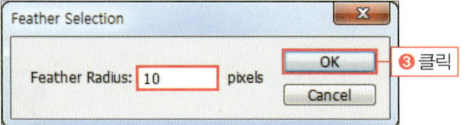

**05** [Layer]( ) 패널을 클릭합니다. 를 클릭하여 새 레이어를 하나 추가합니다. 전경색을 검은색으로 변경합니다. 페인트 버켓 툴(Paint Bucket Tool )을 선택하여 선택 영역에 클릭합니다.

**06** [Layer]( ) 패널에서 'Layer2'를 'Layer1' 아래로 드래그하여 순서를 변경합니다. Opacity를 '40'으로 설정합니다.

**07** [Layer]() 패널에서 'Layer1'을 클릭합니다.

**08** [Tool] 패널에서 가로 문자 툴(Horizontal Type Tool )을 클릭합니다. 옵션 바에서 폰트는 '휴먼아미체', 크기는 '30pt' 글자색은 '#999999'로 설정하고 '제일 먼저 봄의 소리를 들어보세요'를 입력합니다.

**09** '봄'을 블록 지정한 후 크기를 '40pt', 글자색을 '#669900'으로 설정합니다.

CHAPTER 12 글자를 활용한 기능  221

10 '소리'를 블록 지정한 후 크기를 '40pt', 글자색을 '#ff6699'로 설정합니다. 옵션 바의 ✓를 클릭하여 편집을 끝냅니다.

> **TIP** | 글자 편집 끝내기 또는 패스선을 선택 영역으로 변경
> `Ctrl` + `Enter`

11 [Tool] 패널에서 가로 문자 마스크 툴(Horizontal Type Mask Tool)을 클릭합니다. 캔버스를 클릭한 후 옵션 바에서 폰트는 'Times Nes Roman', 속성은 'Bold Italic', 크기는 '80pt'로 설정하고 'Spring Festival'을 입력합니다. 옵션 바의 ✓를 클릭하여 편집을 끝냅니다.

12 [Layer]() 패널을 클릭합니다. 를 클릭하여 새 레이어를 하나 추가합니다.

13 [Tool] 패널에서 그레이디언트 툴(Gradient Tool )을 클릭합니다. 옵션 바에서 그레이디언트 편집 버튼을 클릭하여 Color Stop 버튼의 색상을 각각 '#669900', '#d7e361'로 설정하고 [OK] 버튼을 클릭합니다. 선택 영역 아래에서 위로 드래그하여 색을 넣습니다.

 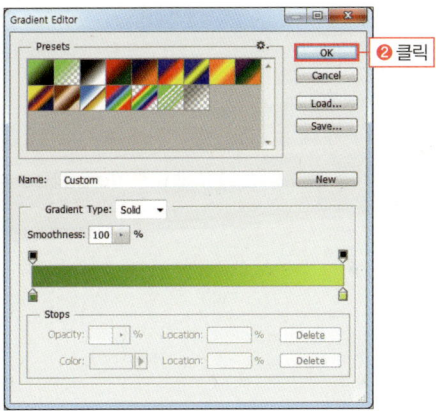

## 02 특정 영역 안에만 글자 입력하기 - 글상자

특정 영역 안에만 글자를 입력할 수 있습니다. 영역 안에 글자를 입력하는 데에는 글상자를 드래그하여 입력하는 방법, Shape를 그려서 영역 안에만 글자를 입력하는 방법이 있습니다.

### 사용 방법

● 글자를 입력할 영역을 드래그합니다.

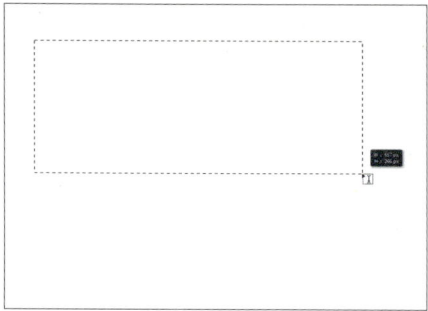 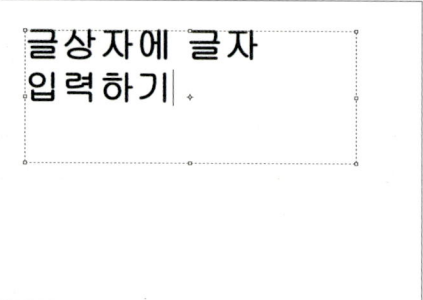

● Path로 구성된 도형을 그린 후 글자를 입력하기 위해 마우스 포인터를 상자 안에 올려놓으면 마우스 포인터의 모양이 ①로 바뀝니다. 이때 클릭하여 글자를 입력하면 도형 안에만 글자가 입력됩니다.

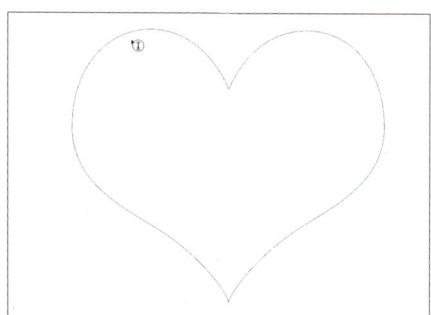 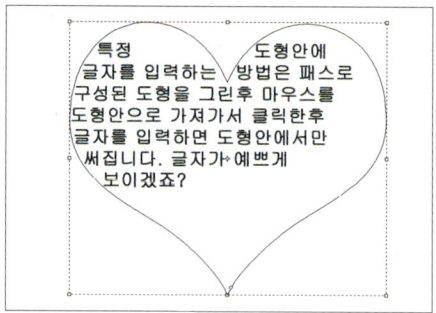

## 기능 익히기 정류장 빈 유리벽에 시 한 편 입력하기

● **예제 파일** Chapter12/정류장.jpg  |  **결과 파일** Chapter12/정류장-완성.jpg

**01** [Tool] 패널에서 가로 문자 툴(Horizontal Type Tool)을 클릭합니다. 글자를 입력할 유리 왼쪽 위에서 오른쪽 아래로 드래그하여 영역을 잡습니다.

**02** 제목인 '별'을 입력한 후 Enter 를 누릅니다. 나머지 글자를 계속 입력하면 자동으로 줄이 바뀌면서 글자가 영역 안에만 나타납니다. 옵션 바의 ✓를 클릭하여 편집을 끝냅니다.

CHAPTER 12 글자를 활용한 기능

**03** [Tool] 패널에서 사용자 툴(Custom Tool)을 클릭합니다. 전경색을 흰색으로 설정한 후 Shape는 '5 Point Star'를 선택합니다. 시 아래에 드래그하여 별을 그립니다.

**04** [Tool] 패널에서 이동 툴(Move Tool)을 클릭합니다. Alt 를 누른 상태에서 별을 드래그하여 복사합니다. 메뉴에서 [Edit]-[Free Transform](Ctrl + T)를 클릭하여 별의 크기와 방향을 회전합니다. 옵션 바의 ✓를 클릭하여 편집을 끝냅니다.

> **TIP** | [Transform] 끝내기 단축키
> Enter

## 03 패스를 따라 흐르는 글자 만들기

특정 영역 안에만 글자를 입력할 수 있습니다.

## 사용 방법

- 패스 선에 마우스를 올려놓으면 마우스 포인터의 모양이 ✐로 바뀌는데, 이때 클릭하여 글자를 입력합니다. 글자를 입력했는데 방향이 반대로 입력될 경우, 패스선 위의 ●에 마우스를 올려놓으면 마우스 포인터의 모양이 ↕로 바뀌는데, 이때 위쪽 방향으로 드래그하면 글자 방향이 바뀝니다.

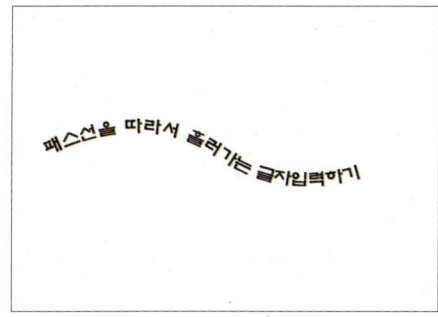
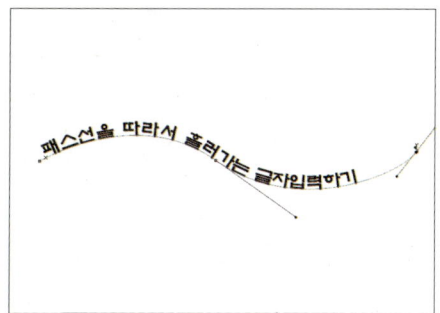

- 벡터

모양에 텍스트를 추가할 수 있으며, 패스 선에 추가하는 방식은 동일합니다. 모양 안에 글자가 입력되면, 위치는 패스 선 위의 ●에 마우스를 올려놓으면 마우스 포인터의 모양이 ↕로 바뀌는데, 이때 바깥 방향으로 드래그하면 글자 위치를 모양 바깥으로 보낼 수 있습니다.

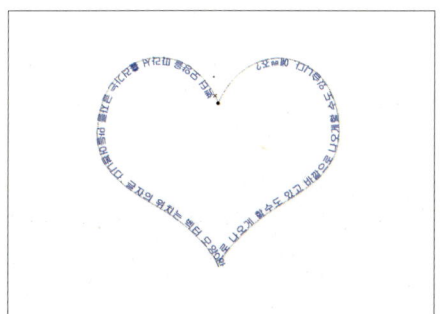
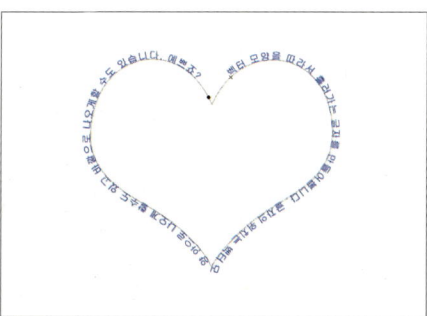

## 기능 익히기 | 벽에 패스를 따라 흐르는 아름다운 문구 넣기

◉ **예제 파일** Chapter12/벽.jpg | **결과 파일** Chapter12/벽-완성.psd

**01** [Tool] 패널에서 펜 툴(Pen Tool )을 클릭합니다. 위쪽에서부터 클릭하여 패스선을 그립니다.

**02** [Tool] 패널에서 가로 문자 툴(Horizontal Type Tool )을 클릭합니다. 패스선 위에 마우스를 올려놓으면 마우스 포인터의 모양이 로 바뀝니다.

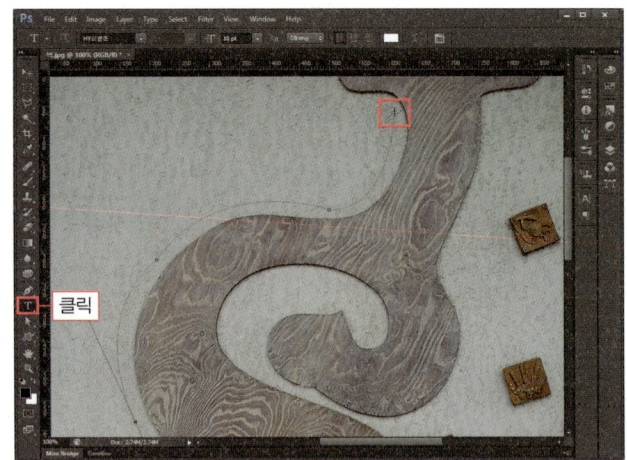

**03** 옵션 바에서 폰트는 'HY견명조', 크기는 '18pt', 색상은 흰색으로 설정하고 '서로서로 질서를 지키면 아름다움 세상이 만들어집니다. 당신은 아름다운 사람입니다.'를 입력합니다.

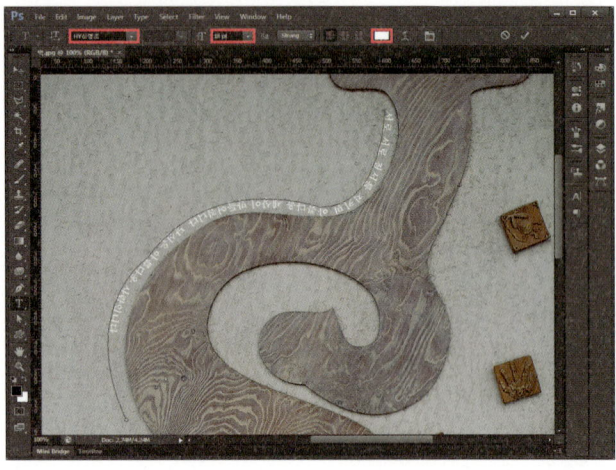

**04** [Tool] 패널에서 패스 직접 선택 툴(Direct Select Tool  )을 클릭합니다. 패스선 위의 ●에 마우스를 올려놓으면 마우스 포인터의 모양이  로 바뀝니다.

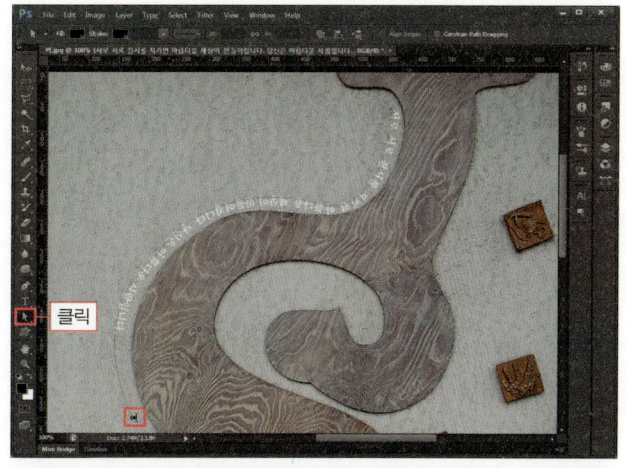

**05** 마우스를 패스선 왼쪽으로 밀어주면 글자의 위치가 바뀝니다.

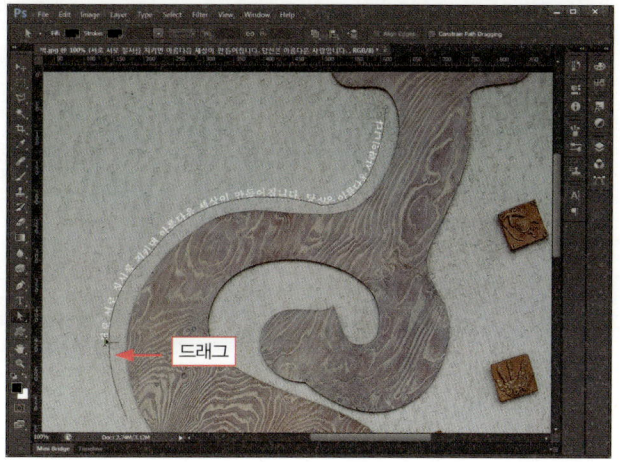

## 04 문자 변형하기

Warp 기능을 이용하면 문자를 다양하게 변형할 수 있습니다.

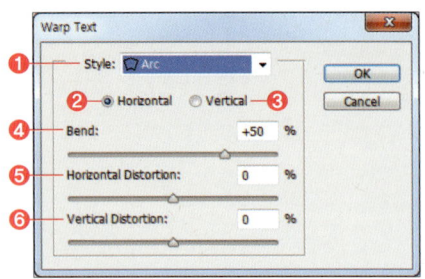

❶ Style : 글자가 왜곡되는 스타일을 설정합니다.

❷ Horizontal : 글자를 가로 방향으로 왜곡합니다.

❸ Vertical : 글자를 세로 방향으로 왜곡합니다.

❹ Bend : 글자가 왜곡되는 정도를 설정합니다. '−100'에서 '100' 사이의 값을 사용합니다.

❺ Horizontal Distortion : 좌우의 왜곡 정도를 설정합니다. 값이 '−100'이면 앞쪽이, '100'이면 뒤쪽이 커집니다.

❻ Vertical Distortion : 상하의 왜곡 정도를 설정합니다. 값이 '−100'이면 위쪽이, '100'이면 아래쪽이 커집니다.

## 기능 익히기 : 밋밋한 시계에 글자 넣어 장식하기

▶ **예제 파일** Chapter12/시계.jpg  |  **결과 파일** Chapter12/시계-완성.psd

**01** [Tool] 패널에서 가로 문자 툴(Horizontal Type Tool)을 클릭합니다. 옵션 바에서 폰트는 '휴먼옛체', 크기는 '48pt', 색상은 흰색으로 설정합니다.

**02** 'Singok grade school'을 입력한 후 옵션 바에서 를 클릭하여 [Wrap Text] 대화상자를 엽니다. Style은 'Arch', Bend는 '-25'로 설정한 후 [OK] 버튼을 클릭합니다.

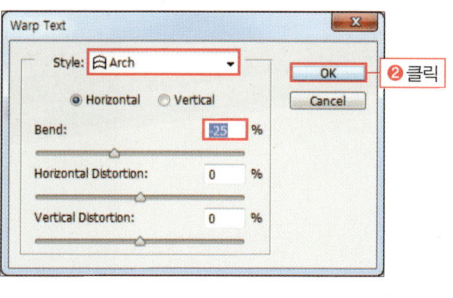

**03** [Layer]( ) 패널을 클릭합니다. Blend Mode를 'Overlay'로 설정하여 그림을 완성합니다.

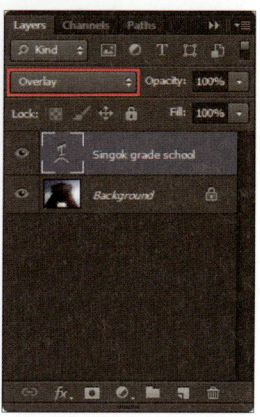

# Adjustments 메뉴를 이용하여 사진 이미지 보정하기

CHAPTER 13

이번에는 이미지의 명암을 조절하는 Levels, 다양한 톤의 색상을 넣어주는 Hue/Saturation 등에 대해 알아보겠습니다.

MADAM'S KS PHOTOSHOP CS6

학습 목표

•• 흐릿한 사진을 선명하게 만들 수 있습니다. 전체적인 명암을 조절할 수 있는 Levels에 대해 알아봅니다.

•• 색상을 반전하는 기능과 색상 반전을 통해 필름을 보는 듯한 Invert 기능에 대해 알아봅니다.

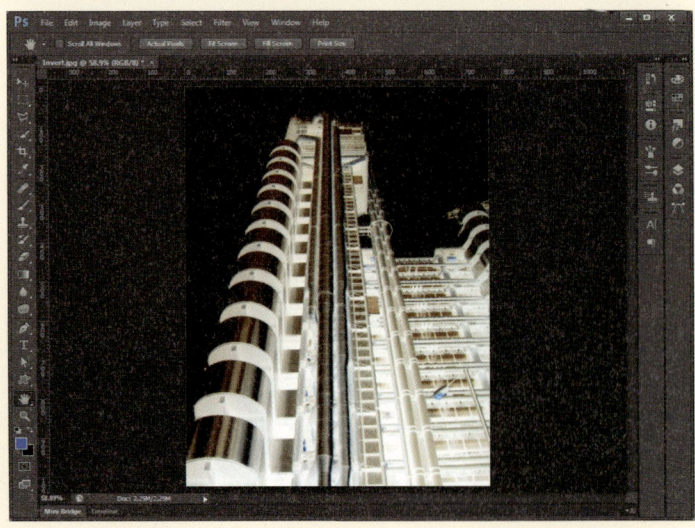

## 01 ✕ 색상 모드의 이해

이미지의 색을 어떻게 표현하느냐에 따라 색상 모드가 결정됩니다. 웹에서 사용하는 이미지는 RGB 모드로, 인쇄용으로 작업하는 이미지는 CMYK 모드로 작업합니다.

### RGB 모드와 CMYK 모드 알아보기

#### RGB 모드

RGB 모드는 빛의 3원색인 Red, Green, Blue를 사용합니다. 모니터는 빛을 통하여 색을 발산하므로 모니터를 통해 보는 웹용 이미지는 RGB 모드로 작업합니다. 이렇게 빛의 3원색으로 이루어진 방식을 '가산 혼합'이라고 하며, 3가지 색을 혼합하면 가장 밝은 흰색이 나타납니다.

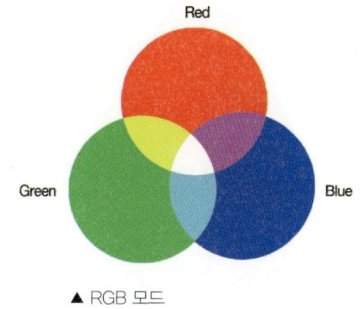
▲ RGB 모드

#### CMYK 모드

CMYK 모드는 색의 3원색인 Cyan, Magenta, Yellow와 Black을 섞어 사용합니다. 인쇄용 이미지는 여러 물감을 혼합하여 색을 표현합니다. 이렇게 색의 3원색으로 이루어진 방식을 '감산 혼합'이라고 하며, 색이 혼합될수록 어두운 색이 나타납니다. 색의 3원색으로 검은색을 만들 수는 있지만, 너무 많은 잉크가 들어가므로 검은색을 따로 넣어 사용합니다.

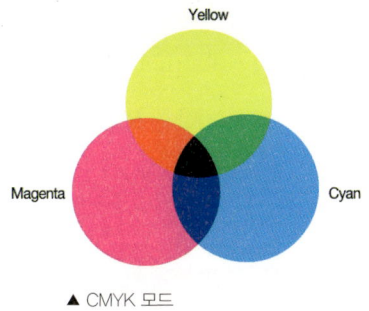
▲ CMYK 모드

### 포토샵의 색상 모드

포토샵은 기본 RGB와 CMYK 이외에도 다양한 모드를 지원합니다. 색상 모드 8개와 기타 모드 3개를 가집니다. [Image]-[Mode] 메뉴를 클릭하여 선택합니다.

▲ 원본 RGB

▲ Bitmap

▲ Grayscale

▲ Duotone

▲ Indexed Color　　　　▲ CMYK Color　　　　▲ Lab Color　　　　▲ Multichannel

- Bitmap : 흰색과 검은색으로 이미지를 나타냅니다.
- Grayscale : 흑백 사진을 만듭니다.
- Duotone : 흑백 사진에 한 가지 이상의 색상을 혼합하여 나타냅니다.
- Indexed Color : 256가지의 색상을 사용하며, Gif 포맷을 의미합니다.
- RGB Color : Red, Green, Blue 색상을 혼합하여 나타냅니다.
- CMYK Color : Cyan, Magenta, Yellow, Black을 혼합하여 나타냅니다.
- Lab Color : 프린터 같은 장치와의 색상차를 줄이기 위해 사용합니다.
- Multichannel : 하나의 이미지를 여러 개의 채널로 분리하여 다양한 효과를 줄 때 사용합니다.
- 기타 색상 : 각 채널의 색상이 차지하는 bit 수를 설정합니다.
    - 8Bits/Channel : RGB 모드는 각 채널당 8bit씩 3개가 합쳐져서 24bit로 저장됩니다.
    - 16Bits/Channel : 각 채널당 비트 수가 높으면 퀄리티는 뛰어나지만, 용량이 무거워집니다.
    - 32Bits/Channel : 각 채널당 32bit를 차지합니다.
- Color Table : 다른 모드에는 해당하지 않으며, Index Color 모드에서 특정 색을 바꿀 때 사용합니다.

## 02 밝게 선명하게 – 밝기와 명도 Brightness/Contrast

이미지의 밝기와 선명도를 조절하는 데에는 메뉴를 이용하여 이미지에 바로 적용하는 방법과 보정 레이어를 추가하는 보정 패널에서 적용하는 방법이 있습니다.

### 사용 방법

- 메뉴에서 [Image]-[Adjustments]-[Brightness/Contrast]를 클릭하면 대화상자가 나타납니다. 메뉴를 이용하면 이미지 자체가 바뀝니다.

▲ 원본

▲ Brightness : 50 , Contrast : -50

- [Adjustments](　) 패널에서 　을 클릭하면 [Properties] 패널이 나타납니다. 보정 패널을 이용하면 이미지를 보호하면서 보정 레이어를 별도로 추가하여 이미지에 효과를 적용할 수 있습니다.

## [Brightness/Contarast Properties] 패널 살펴보기

❶ 마스크된 영역의 경계선 부분을 설정합니다.

　ⓐ Brightness : 밝기를 설정합니다. 숫자가 양수이면 밝아지고, 숫자가 음수이면 어두워집니다.

　ⓑ Contrast : 대비 값을 설정합니다.

❷ Use Legacy : 체크를 하면 이미지의 톤이 강하게 조절됩니다.

❸ Auto : 자동으로 밝기를 조절합니다.

❹ 　 This Adjustments clips to the layers : 모든 레이어에 효과를 적용합니다.

❺ 　 Press to view Previous state : 마우스를 누르면 효과가 적용되고, 마우스를 떼면 효과가 사라집니다.

❻ 　 Reset to Adjustments defaults : 보정 효과를 초기화합니다.

❼ 　 Toggle layer visibility : 선택한 보정 레이어를 미리 보기하거나 감춥니다.

❽ 　 Delete this Adjustments layer : 선택한 보정 레이어를 삭제합니다.

## 기능 익히기 | 이미지를 좀 더 밝고 선명하게 표현하기

◎ **예제 파일** Chapter13/촛불.jpg  |  **결과 파일** Chapter13/촛불-완성.jpg

**01** [Adjustments]( ) 패널을 클릭합니다.

**02** Brightness/Contrast( )를 클릭합니다.

**03** Brightness를 '100', Contrasts를 '-50'으로 설정하여 이미지를 밝게 만듭니다.

> **TIP | 강한 대비 값 주기**
> [Brightness/Contrast] 패널에서 Contrast는 -50~100 사이의 값을 줄 수 있습니다. 'Use Legacy'에 체크하면 Contrast가 -100~100까지 조절할 수 있으며, 대비를 강하게 줄 수도 있습니다.

## 03 빛을 이용하여 선명도 조절하기 – Levels

이미지의 밝기 톤은 밝은 톤, 중간 톤, 어두운 톤으로 나누어져 있으며, 이 영역을 조절하여 선명도를 보정합니다.

### 사용 방법

- 메뉴에서 [Image]-[Adjustments]-[Levels](Ctrl + L)를 클릭하면 대화상자가 나타납니다.

▲ 원본

▲ Input Level : 60, 1.00, 255

- [Adjustments]( ) 패널에서 을 클릭하면 [Properties] 패널이 나타납니다. 보정 패널을 이용하면 이미지를 보호하면서 보정 레이어를 별도로 추가하여 이미지에 효과를 줄 수 있습니다.

### [Levels Properties] 패널 살펴보기

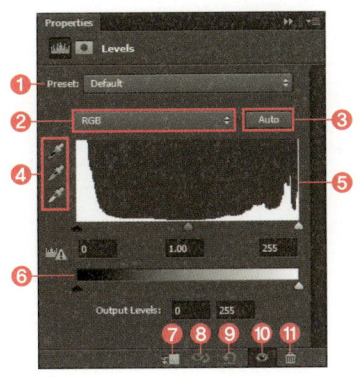

❶ **Preset** : 포토샵에서 제공하는 선명도 조절이 들어 있습니다.

❷ **모드** : 어떤 채널에 효과를 줄 것인지를 선택합니다. 이미지의 모드에 따라 다르게 나타납니다.

❸ Auto : 자동으로 밝기를 조절합니다.

❹ 스포이트
- ![] : 클릭한 부분보다 더 어두운 부분을 검은색으로 만듭니다.
- ![] : 클릭한 지점을 중간색으로 설정하여 클릭한 위치보다 어두우면 더 어둡게, 밝으면 더 밝게 만듭니다.
- ![] : 클릭한 부분보다 더 밝은 부분을 흰색으로 만듭니다.

❺ Input Levels : 이미지의 밝기 분포를 히스토그램으로 나타냅니다. 삼각 슬라이더를 조절하여 밝기와 대비 값을 조절합니다. Shadow, Midtone, Highlights 톤으로 나누어집니다. Shadow 삼각 슬라이더를 오른쪽으로 드래그하면 어두워지고, Highlights 삼각 슬라이더를 왼쪽으로 드래그하면 밝아집니다. 또한 Midtone 삼각 슬라이더를 왼쪽으로 드래그하면 밝아지고, 오른쪽으로 드래그하면 어두워집니다.

❻ Output Levels : 검은색 슬라이더를 오른쪽으로 드래그하면 흰색, 흰색 슬라이더를 왼쪽으로 드래그하면 검은색이 됩니다.

❼ This Adjustments clips to the layers(![]) : 클릭하면 선택한 레이어뿐만 아니라 모든 레이어에 효과를 적용합니다.

❽ Press to view Previous state(![]) : 마우스를 누르면 효과가 적용되고, 마우스를 떼면 효과가 사라집니다.

❾ Reset to Adjustments defaults(![]) : 보정 효과를 초기화합니다.

❿ Toggle layer visibility(![]) : 선택한 보정 레이어를 미리 보기하거나 감춥니다.

⓫ Delete this Adjustments layer(![]) : 선택한 보정 레이어를 삭제합니다.

## 기능 익히기 | 흐릿하게 찍은 카페 사진을 선명하게 만들기

◎ **예제 파일** Chapter13/카페.jpg | **결과 파일** Chapter13/카페-완성.jpg

**01** [Adjustments](◐) 패널을 클릭합니다.

**02** Level(▦)을 클릭합니다.

**03** 검은색 슬라이더를 '57', 회색 슬라이더를 '0.76', 흰색 슬라이더를 '241'로 설정하여 이미지를 선명하게 만듭니다.

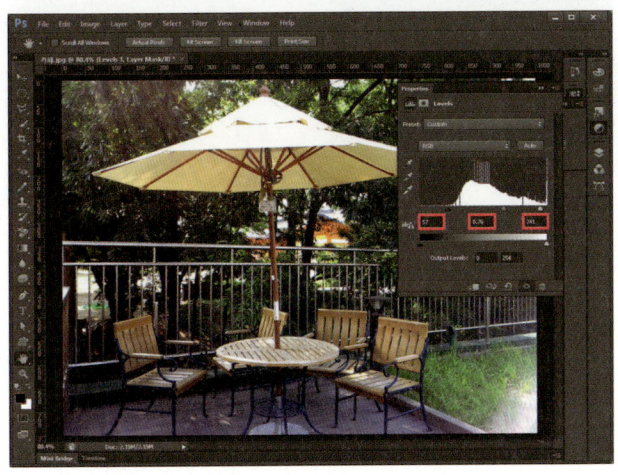

> **TIP** | [Level] 대화상자에서 초기값으로 되돌리기
> Level 수치를 조절하다가 Alt 를 누르면 [Cancel] 버튼이 [Reset] 버튼으로 바뀝니다. 이때 클릭하면 모든 수치가 초기화됩니다.

## 04 ✕ 어두운 이미지를 밝게 만들기 – Curves(📈)

어두운 이미지를 밝게 만들 때 사용합니다.

### 사용 방법

- 메뉴에서 [Image]-[Adjustments]-[Curve](`Ctrl`+`M`)를 클릭하면 대화상자가 나타납니다. 메뉴를 이용하면 이미지 자체가 바뀝니다.

▲ 원본   ▲ Input : 100, Output : 160

- [Adjustments](🎛)패널에서 📈을 클릭하면 [Properties] 패널이 나타납니다. 보정 패널을 이용하면 이미지를 보호하면서 보정 레이어를 별도로 추가하여 이미지에 효과를 적용할 수 있습니다.

### [Levels Properties] 패널 살펴보기

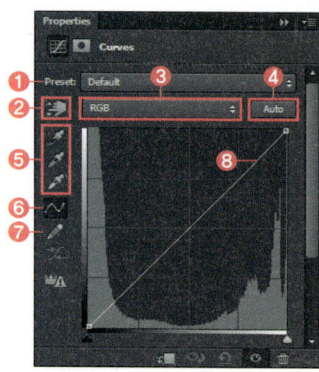

❶ Preset : 포토샵에서 제공하는 선명도 조절이 들어 있습니다.

❷ Click and drag in image to modify the curve(👉) : 클릭한 지점을 그래프선으로 드래그하여 조절할 수 있습니다.

❸ RGB : 어떤 채널에 효과를 줄 것인지를 선택합니다.

❹ Auto : 자동으로 선명도를 조절합니다.

❺ 스포이트
  - 🖊 : 클릭한 부분보다 더 어두운 부분을 검은색으로 만듭니다.
  - 🖊 : 클릭한 지점을 중간색으로 설정하여 클릭한 위치보다 어두우면 더 어둡게, 밝으면 더 밝게 만듭니다.
  - 🖊 : 클릭한 부분보다 더 밝은 부분을 흰색으로 만듭니다.

❻ Edit points to modify the curve(∿) : 커브선을 수정할 수 있습니다.

❼ Draw to modify the curve(✏) : 커브선을 연필로 그려 수정합니다.

❽ 그래프를 선으로 드래그하여 음영을 보정할 수 있습니다.

## 기능 익히기 - 야경 사진을 좀 더 밝고 선명한 사진으로 만들기

◎ **예제 파일** Chapter13/야경.jpg | **결과 파일** Chapter13/야경-완성.jpg

**01** [Adjustments](◎) 패널을 클릭합니다.

**02** Curve(▨)를 클릭합니다.

**03** 커브선을 위로 드래그하여 이미지를 전체적으로 밝고 선명하게 만듭니다.

## 05 초점 강조하기 – Vibrance(▽)

색상이 완전한 순색이 되므로 채도 값을 조절할 때 사용합니다.

### 사용 방법

- 메뉴에서 [Image]-[Adjustments]-[Vibrance]를 클릭하면 대화상자가 나타납니다. 메뉴를 이용하면 이미지 자체가 바뀝니다.

▲ 원본 　　　　　　　　　　　▲ Vibrance : 100, Saturation : 60

- [Adjustments](아이콘) 패널에서 ▽을 클릭하면 [Properties] 패널이 나타납니다. 보정 패널을 이용하면 이미지를 보호하면서 보정 레이어를 별도로 추가하여 이미지에 효과를 적용할 수 있습니다.

### [Vibrance Properties] 패널 살펴보기

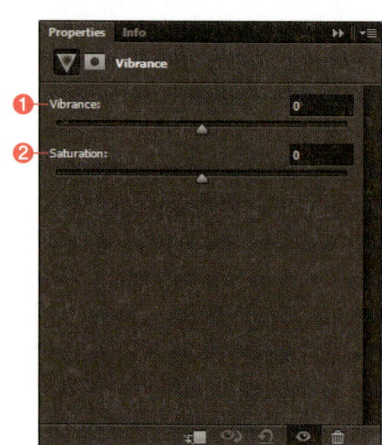

❶ Vibrance : 이미지를 보호하면서 채도를 조절합니다.

❷ Saturation : 채도 값을 조절합니다.

## 기능 익히기 | Vibrance를 이용하여 채도 조절하기

◎ **예제 파일** Chapter13/채도.jpg | **결과 파일** Chapter13/채도-완성.jpg

**01** [Adjustments](◎) 패널을 클릭한 후 Vibrance(▽)를 클릭합니다.

**02** Vibrance는 '100', Saturation은 '25'로 설정합니다.

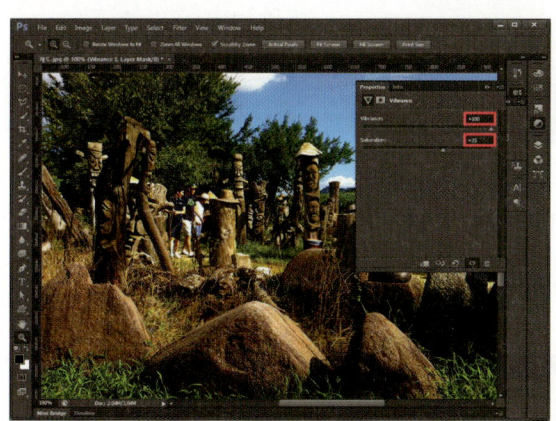

**TIP | Vibrance 조절하기**
마이너스(-) 값을 적용하면 이미지의 채도가 높은 부분의 채도가 낮아지고, 플러스(+) 값을 적용하면 채도가 낮은 부분의 채도가 높아집니다.

## 06 특정 영역 색상 내 마음대로 바꾸기 – Hue/Saturation

Hue/Saturation은 색상, 채도, 명도 값을 조절하여 이미지를 보정합니다.

### 사용 방법

● 메뉴에서 [Image]-[Adjustments]-[Hue/Saturation](Ctrl+U)을 클릭하면 대화상자가 나타납니다. 메뉴를 이용하면 이미지 자체가 바뀝니다.

▲ 원본                                          ▲ 보라색 계열로 보정

● [Adjustments]( ) 패널에서 을 클릭하면 [Properties] 패널이 나타납니다. 보정 패널을 이용하면 이미지를 보호하면서 보정 레이어를 별도로 추가하여 이미지에 효과를 적용할 수 있습니다.

### [Hue/Saturation Properties] 패널 살펴보기

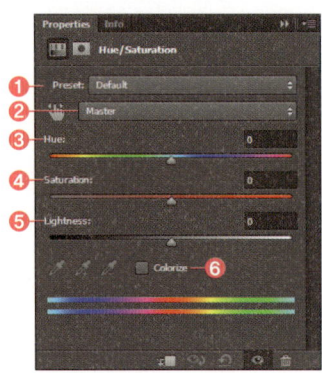

❶ Preset : 포토샵에서 제공하는 기본 색상 조절이 들어 있습니다.

❷ 특정 채널의 색상을 조절할 수 있습니다.

❸ Hue : 슬라이더 바를 조절하여 색상을 변경합니다.

❹ Saturation : 채도를 변경합니다. 값이 양수이면 채도가 높아지고, 음수이면 낮아집니다.

❺ Lightness : 명도를 변경합니다. 값이 양수이면 밝아지고, 음수이면 어두워집니다.

❻ Colorize : 체크를 하면 이미지 전체가 한 가지 톤으로 통일됩니다.

## 기능 익히기 | Hue/Saturation을 이용하여 색상 바꾸기

> **예제 파일** Chapter13/채도.jpg | **결과 파일** Chapter13/hue-완성.psd

**01** [Adjustments](◎) 패널을 클릭합니다.

**02** Hue/Saturation(■)을 클릭합니다.

**03** Saturation은 '60'으로 설정합니다. 채도가 높아진 것을 확인할 수 있습니다.

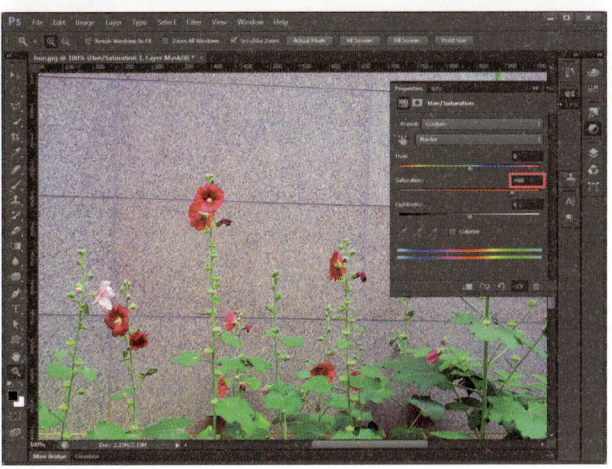

CHAPTER 13 Adjustments 메뉴를 이용하여 사진 이미지 보정하기 245

**04** [Properties] 패널에서 을 클릭하여 초기 값으로 리셋합니다.

**05** Hue를 '133'으로 설정합니다. 색상이 바뀐 것을 확인할 수 있습니다.

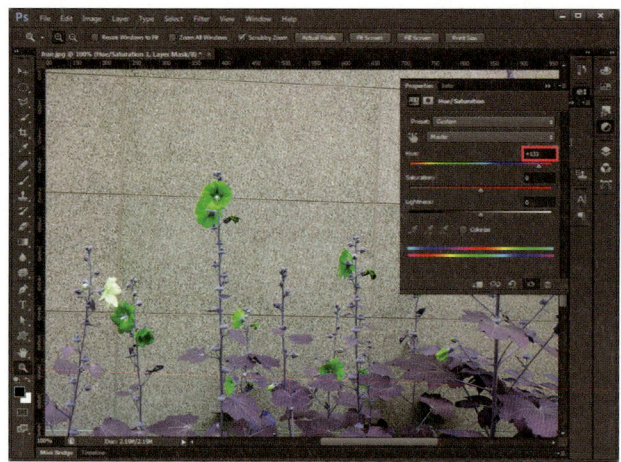

**06** Colorize에 체크를 합니다. Hue는 '296', Saturation은 '50'으로 설정합니다.

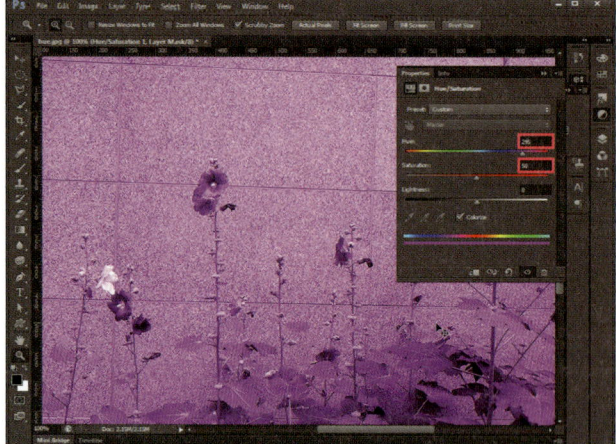

> **TIP | Hue/Saturation 옵션**
> - Colorize : 이미지 전체에 색상을 한 가지 톤으로 넣거나 흑백 모드에 색상을 넣을 때 사용합니다.
> - Hue : 색상을 선택합니다.
> - Saturation : 채도를 높일 때 사용합니다.

## 07 색을 내 마음대로 추가하기 – Variations

이미지의 색상과 밝기를 보정할 때 사용합니다.

### 사용 방법

메뉴에서 [Image]-[Adjustments]-[Variation]을 클릭하면 대화상자가 나타납니다. 메뉴를 이용하면 이미지 자체가 바뀝니다.

▲ 원본

▲ More Red

### [Variations] 대화상자 살펴보기

❶ Original : 원본 이미지를 나타냅니다.

❷ Current Pick : 보정 기능이 적용된 이미지를 나타냅니다.

❸ 톤 선택 : 어떤 톤에 Variation 기능을 적용할 것인지를 선택합니다.

❹ Saturaton : 채도에 Variation 기능을 적용합니다.

❺ Fine & Coarse : Fine에 가까우면 변화폭을 작아지고, Coarse에 가까우면 변화폭이 커집니다.

❻ Show Clipping : 체크를 하면 변화가 없는 부분이 나타납니다.

❼ 색상 조절 : 색상 값을 더합니다.

❽ 밝기 조절 : 밝기를 조절합니다.

## 기능 익히기 | Variation을 이용하여 색상과 밝기 보정하기

◉ 예제 파일 Chapter13/Variation.jpg | 결과 파일 Chapter13/Variation-완성.jpg

**01** 메뉴에서 [Image]-[Adjustments]-[Variations]를 클릭합니다.

**02** More Yellow를 클릭한 후 More Green을 클릭합니다.

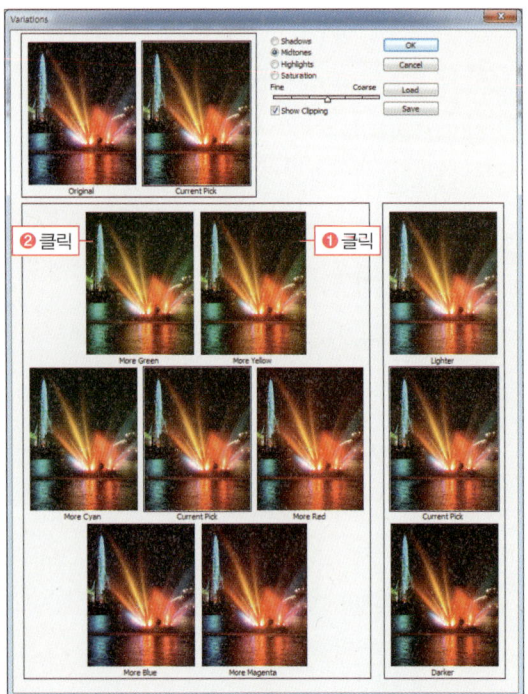

**03** More Cyan을 클릭한 후 Darker를 두 번 클릭합니다. 그런 다음, [OK] 버튼을 클릭합니다.

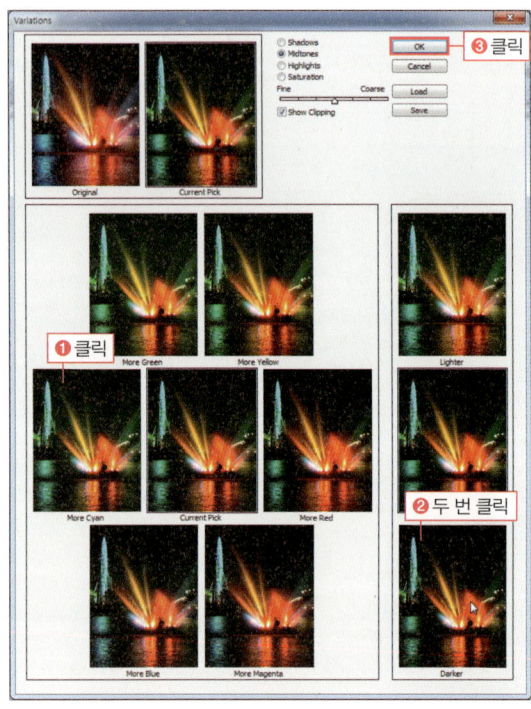

**TIP | Variations 초기화**
Variations 명령을 실행하면 마지막에 사용한 정보가 그대로 남아 있습니다. 초기화하려면 'Original'을 클릭하면 됩니다.

**04** 채도와 밝기가 보정되었습니다.

## 08 사진 색상 보정하기 – Color Balance(⚖)

이미지에 색을 추가하여 전체적인 색을 바꿀 때 사용합니다. RGB 컬러를 추가하거나 CMYK 컬러를 추가할 수 있습니다.

### 사용 방법

- 메뉴에서 [Image]-[Adjustments]-[Color Balance](Ctrl+B)를 클릭하면 대화상자가 나타납니다. 메뉴를 이용하면 이미지 자체가 바뀝니다.

▲ 원본

▲ Color Levels : –10, –10, 15 / Tone Balance : Hightlights
   Color Levels : 100, 0, 0 / Tone Balance : Midtones

- [Adjustments](⚙) 패널에서 ⚖을 클릭하면 [Properties] 패널이 나타납니다. 보정 패널을 이용하면 이미지를 보호하면서 보정 레이어를 별도로 추가하여 이미지에 효과를 적용할 수 있습니다.

### [Color Balance Properties] 패널 살펴보기

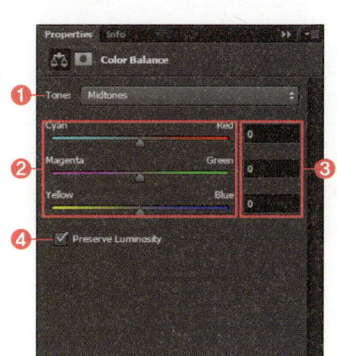

❶ Tone : 보정할 톤을 선택합니다.

❷ 특정 채널의 색상을 조절할 수 있습니다.

❸ 추가할 색상을 조절합니다.

❹ Preserve Luminosity : 체크를 하면 그림자의 명암을 유지하면서 색을 입혀줍니다.

## 기능 익히기 | Color Balance를 이용하여 전체적인 색조 톤 조절하기

◎ 예제 파일 Chapter13/ColorBalance.jpg  |  결과 파일 Chapter13/ColorBalance-완성.jpg

**01** [Adjustments](◎) 패널에서 Color Balance(◎) 버튼을 클릭합니다.

**02** Cyan는 '-60', Green은 '60', Blue는 '80'으로 설정합니다. 그런 다음, Tone을 'Shadows'로 선택하고 Blue를 '20'으로 설정합니다.

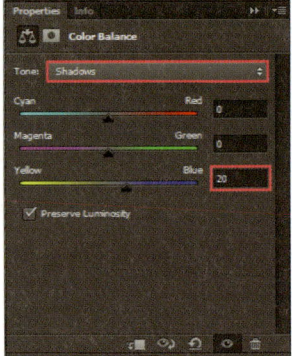

**TIP | Preserve Luminosity 조절하기**
체크를 하면 이미지의 명도는 유지한 상태로 톤을 조절합니다.

**03** 전체 톤이 변형되었습니다.

## 09 Black & White (Alt + Shift + Ctrl + B)

컬러 이미지를 흑백으로 만들거나 모노 톤으로 만들 때 사용합니다. Desaturation에서는 조절할 수 없는 색상별 흑백 명암을 조절할 수 있습니다.

### 사용 방법

- 메뉴에서 [Image]-[Adjustments]-[Black & White](Alt + Shift + Ctrl + B)를 클릭하면 대화상자가 나타납니다. 메뉴를 이용하면 이미지 자체가 바뀝니다.

▲ 원본

▲ Tint : #7e2a2a, Reds : -125, Yellows : 200, Greens : 40, Cyans : 60, Magentas : -200

- [Adjustments]( ) 패널에서 을 클릭하면 [Properties] 패널이 나타납니다. 보정 패널을 이용하면 이미지를 보호하면서 보정 레이어를 별도로 추가하여 이미지에 효과를 적용할 수 있습니다.

### [Black & White Properties] 살펴보기

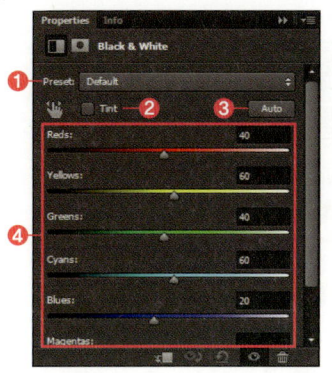

❶ Preset : 포토샵에서 제공하는 설정이 들어 있습니다.

❷ Tint : 체크를 하면 모노 톤의 이미지를 만듭니다.

❸ Auto : 자동으로 설정된 흑백 이미지로 조절됩니다.

❹ 색상 바 : 각 색상별로 명암을 조절합니다.

## 기능 익히기 | Black & White(■)를 이용하여 흑백 사진 세밀하게 조절하기

▶ **예제 파일** Chapter13/Black&White.jpg | **결과 파일** Chapter13/Black&White-완성.jpg

**01** [Adjustments](■) 패널에서 Black&White (■) 버튼을 클릭합니다.

**02** 이미지가 흑백 톤으로 바뀝니다.

**03** Reds를 '250'으로 설정합니다. 빨간색 계열이 밝아집니다.

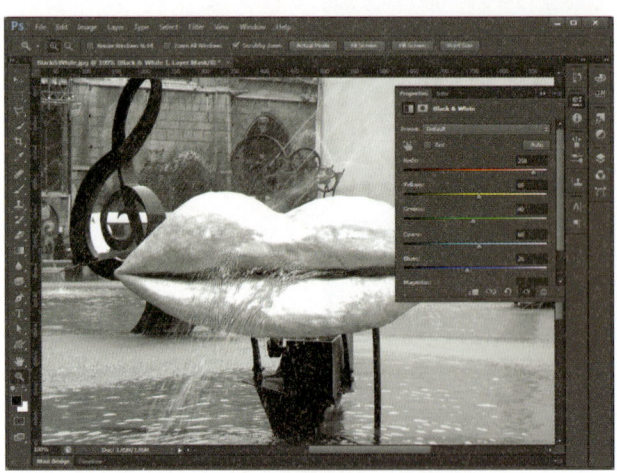

**04** Blue를 '-100'으로 설정합니다. 파란색 계열이 어두워집니다.

**05** Tint에 체크를 합니다. 이미지가 모노 톤으로 바뀝니다.

> **TIP | Tint 옵션**
> Tint에 체크를 하면 [Hue/Saturation]의 'Colorize'에 체크를 한 것과 비슷한 효과를 만들 수 있습니다.

## 10 Photo Filter

카메라의 색감과 색 온도를 보정하는 기본 필터입니다.

### 사용 방법

- 메뉴에서 [Image]-[Adjustments]-[Photo Filter]를 클릭하면 대화상자가 나타납니다. 메뉴를 이용하면 이미지 자체가 바뀝니다.

▲ 원본

▲ Warming Filter(85)적용

- [Adjustments]( ) 패널에서 을 클릭하면 [Properties] 패널이 나타납니다. 보정 패널을 이용하면 이미지를 보호하면서 보정 레이어를 별도로 추가하여 이미지에 효과를 적용할 수 있습니다.

### [Photo Filter Properties] 패널 살펴보기

❶ Filter : 필터의 종류를 선택합니다.

❷ Color : 필터에 넣을 색을 설정합니다.

❸ Density : 색의 농도를 조절합니다.

❹ Preserve Luminosity : 체크를 하면 그림자의 명암을 유지하면서 색을 입힙니다.

## 기능 익히기 : Photo Filter(📷)를 이용하여 바다 풍경을 일몰 사진으로 바꾸기

▶ **예제 파일** Chapter13/바다.jpg | **결과 파일** Chapter13/바다-완성.jpg

**01** [Adjustments](📷) 패널에서 Photo Filter (📷) 버튼을 클릭합니다.

**02** Density를 '100'으로 설정합니다.

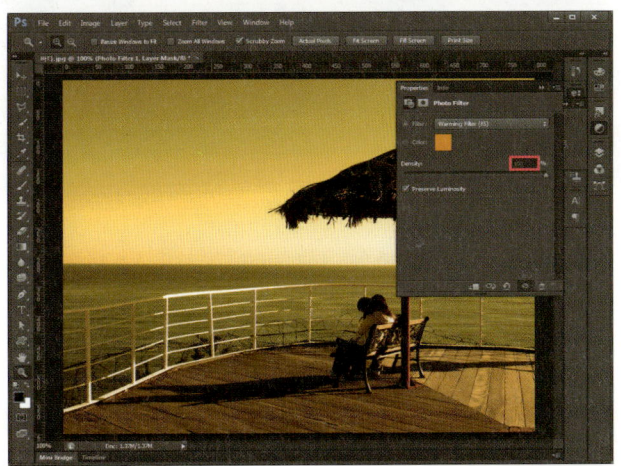

**03** 일몰 사진으로 바뀌었습니다.

CHAPTER 13 Adjustments 메뉴를 이용하여 사진 이미지 보정하기

# 11 ✴ Channel Mixer(🎨)

이미지의 색상 채널을 보정할 때 사용합니다. RGB와 CMYK 모드에서만 사용할 수 있습니다. 채널 각각을 조절하므로 원하는 색을 얻을 수 있습니다.

## 사용 방법

● 메뉴에서 [Image]-[Adjustments]-[Channel Mixer]를 클릭하면 대화상자가 나타납니다. 메뉴를 이용하면 이미지 자체가 바뀝니다.

▲ 원본

▲ Red : -100

● [Adjustments](🎨) 패널에서 🎨을 클릭하면 [Properties] 패널이 나타납니다. 보정 패널을 이용하면 이미지를 보호하면서 보정 레이어를 별도로 추가하여 이미지에 효과를 적용할 수 있습니다.

## [Channel Mixer] 패널 살펴보기

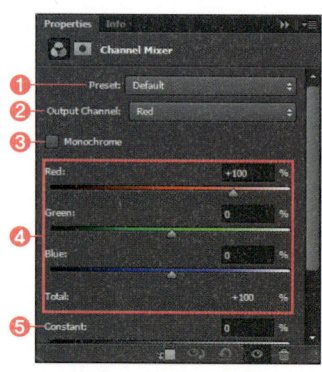

❶ Preset : 포토샵에서 제공하는 설정 값이 들어 있습니다.

❷ Output Channel : 조절할 채널을 선택합니다. RGB, CMYK 채널이 들어 있습니다.

❸ Monochrome : 체크를 하면 흑백 톤으로 조절합니다.

❹ Source Channels : 각각의 채널에 값을 더하거나 빼줍니다. 전체 값은 Total에 표시됩니다.

❺ Constant : 대비 값을 조절합니다.

## 기능 익히기 | Channel Mixer(⬚)를 이용하여 흑백 이미지 세밀하게 설정하기

◆ **예제 파일** Chapter13/ChannelMix.jpg  |  **결과 파일** Chapter13/ChannelMix-완성.jpg

**01** [Adjustments](⬚) 패널에서 Channel Mixer 버튼(⬚)을 클릭합니다.

**02** Monochrome에 체크를 합니다.

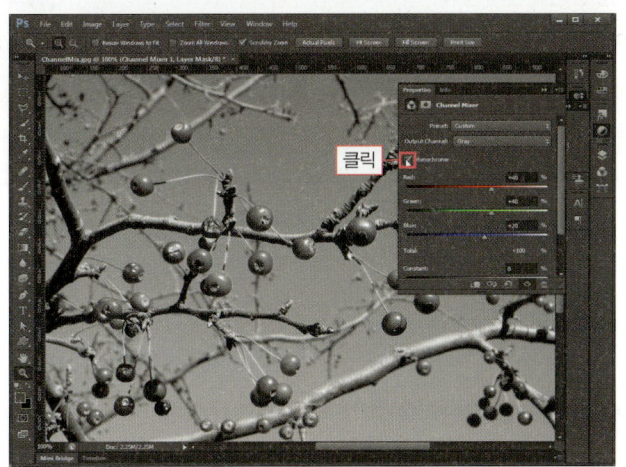

**03** Red는 '-10', Green은 '120', Blue는 '35'로 설정합니다.

## 12 ✕ Color Lookup

사진의 새로운 색감을 불러와 적용하기 위한 옵션들이 있습니다.

### 사용 방법

- 메뉴에서 [Image]–[Adjustments]–[Color Lookup]을 클릭하면 대화상자가 나타납니다. 메뉴를 이용하면 이미지 자체가 바뀝니다.

▲ 원본

▲ Color Lookup

- [Adjustments]( ) 패널에서 을 클릭하면 [Properties] 패널이 나타납니다. 보정 패널을 이용하면 이미지를 보호하면서 보정 레이어를 별도로 추가하여 이미지에 효과를 적용할 수 있습니다.

### [Color Lookup Properties] 패널 살펴보기

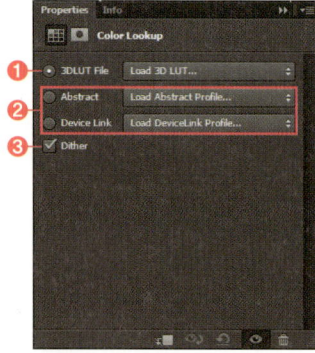

❶ 3DLUT File : 이미지 데이터 변환에 사용되는 ASCII 파일인 LUT(Look Up Table)을 사용하는 것으로, 동일한 컬러를 적용하기 위한 방법으로 사용되고 있습니다.

❷ Abstract, Device Link : 서로 다른 시스템에서 보정 작업을 할 경우 일관되게 보정할 수 있도록 표준 규격인 ICC Profile을 사용하도록 합니다.

❸ Dither : 체크하면 적용 컬러들의 경계선을 부드럽게 만듭니다.

## 기능 익히기 | ColorLookup(▦)을 이용하여 이미지의 새로운 색감 적용하기

▶ 예제 파일 Chapter13/ColorLookup.jpg | 결과 파일 Chapter13/ColorLookup-완성.jpg

**01** [Adjustments](◉) 패널에서 ColorLookup(▦) 버튼을 클릭합니다.

**02** Device Link에서 'ColorNegative'를 선택합니다.

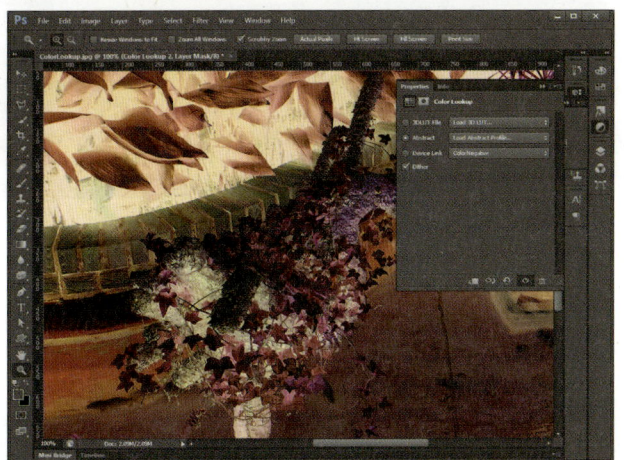

**03** 그림이 완성되었습니다.

## 13 색상 반전하기 – Invert( )

색상을 반전할 때 사용합니다. 반전 효과를 이용하면 극적인 효과나 엑스레이, 필름 효과를 만들 수 있습니다.

### 사용 방법

- 메뉴에서 [Image]-[Adjustments]-[Invert]( Ctrl + I )를 클릭하면 색상이 반전됩니다. 메뉴를 이용하면 이미지 자체가 바뀝니다.

▲ 원본

▲ 반전

- [Adjustments]( ) 패널에서 을 클릭하면 보정 레이어가 추가되면서 이미지가 반전됩니다.

## 기능 익히기 | Invert(◧)를 이용하여 보색 사진 만들기

◎ **예제 파일** Chapter13/Invert.jpg  |  **결과 파일** Chapter13/Invert-완성.jpg

**01** [Adjustments](◯) 패널에서 Invert(◧) 버튼을 클릭합니다.

> **TIP | 색상 반전**
> Ctrl + I 를 클릭하면 좀 더 빠르게 색상을 반전합니다.

**02** 색상이 반전되었습니다.

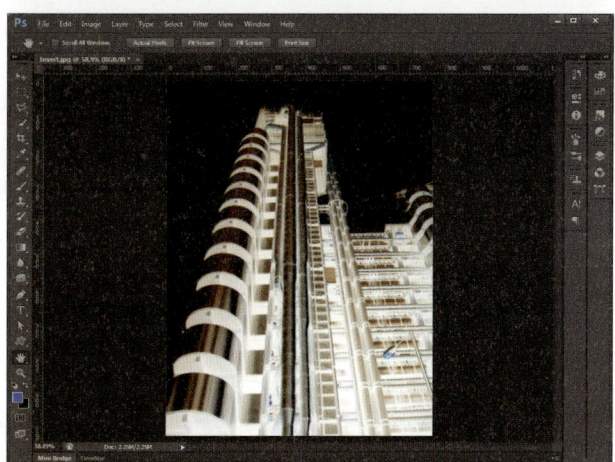

CHAPTER 13 Adjustments 메뉴를 이용하여 사진 이미지 보정하기   261

## 14 ✕ Posterize(▨)

이미지의 색상 수를 단순화하여 표현할 때 사용합니다.

### 사용 방법

● 메뉴에서 [Image]-[Adjustments]-[Posterize]를 클릭하면 대화상자가 나타납니다. 메뉴를 이용하면 이미지 자체가 바뀝니다.

▲ 원본

▲ Levels : 4

● [Adjustments](▨) 패널에서 ▨을 클릭하면 [Properties] 패널이 나타납니다. 보정 패널을 이용하면 이미지를 보호하면서 보정 레이어를 별도로 추가하여 이미지에 효과를 적용할 수 있습니다.

### [Posterize Properties] 패널 살펴보기

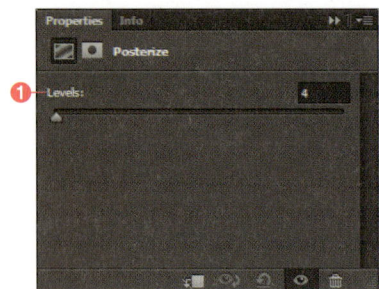

❶ Levels : 색상 수를 설정합니다. 기본 값은 '4'이며, 2~255까지 설정할 수 있습니다.

## 15 × 흰색과 검은색으로만 표현하기 – Threshold

흰색과 검은색만으로 이미지를 표현합니다.

### 사용 방법

- 메뉴에서 [Image]-[Adjustments]-[Threshold]를 클릭하면 대화상자가 나타납니다. 메뉴를 이용하면 이미지 자체가 바뀝니다.

▲ 원본

▲ Levels : 4

- [Adjustments]( ) 패널에서 을 클릭하면 [Properties] 패널이 나타납니다. 보정 패널을 이용하면 이미지를 보호하면서 보정 레이어를 별도로 추가하여 이미지에 효과를 적용할 수 있습니다.

### [Threshold Properties] 패널 살펴보기

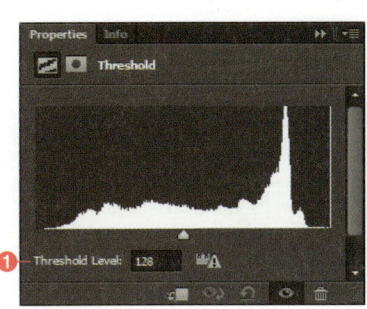

❶ **Threshold Level** : 0~255까지의 수를 가지며, 입력된 수를 기준으로 앞은 흰색, 뒤는 검은색으로 나타납니다.

## 기능 익히기 | Threshold(■)를 이용하여 이미지를 판화 느낌으로 표현하기

◎ **예제 파일** Chapter13/Threshold.jpg  |  **결과 파일** Chapter13/Threshold-완성.jpg

**01** [Adjustments](■) 패널에서 Threshold(■) 버튼을 클릭합니다.

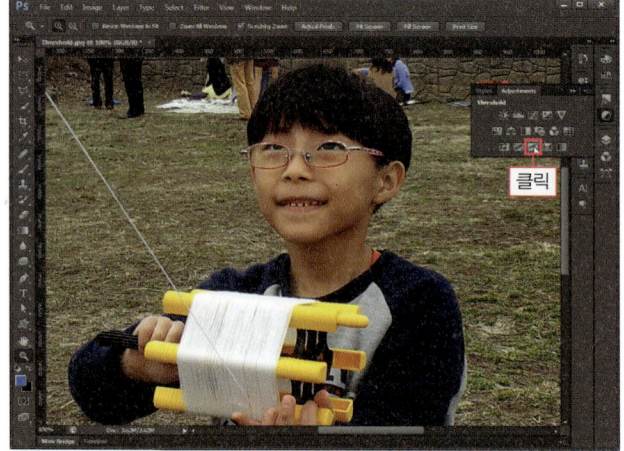

**02** Levels 값을 '80'으로 설정합니다.

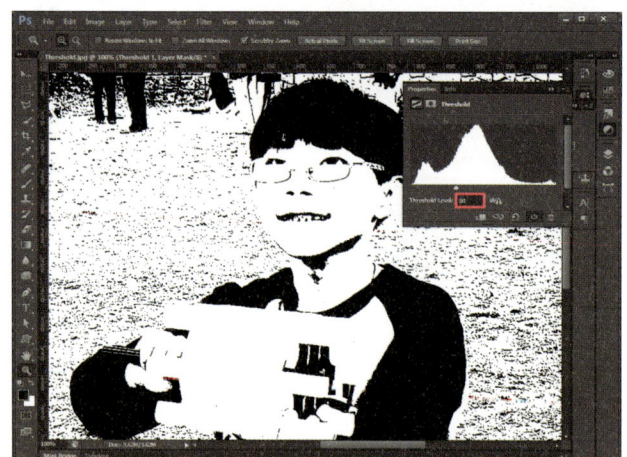

**03** 판화 느낌의 이미지가 완성되었습니다.

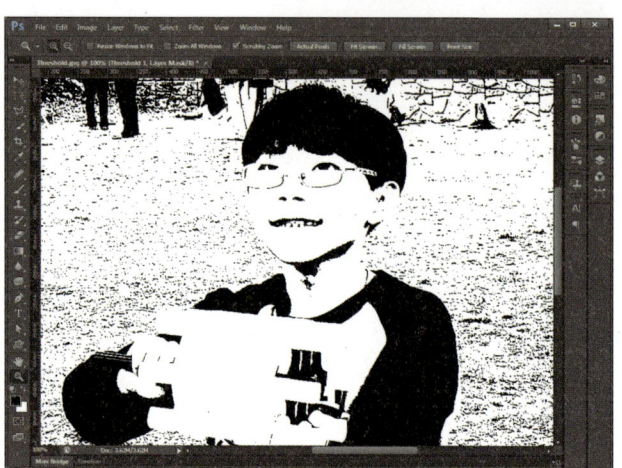

## 16 ╳ Gradient Map(▢)

이미지를 그레이디언트 색상만으로 표현합니다. 그레이디언트 맵의 첫 번째 Color Stop은 가장 어두운 영역, 마지막 Stop은 가장 밝은 영역을 나타냅니다.

### 사용 방법

● 메뉴에서 [Image]-[Adjustments]-[Gradient Map]을 클릭하면 대화상자가 나타납니다. 메뉴를 이용하면 이미지 자체가 바뀝니다.

▲ 원본

▲ 주황과 보라색 그레이디언트 맵 적용

● [Adjustments](◉) 패널에서 ▢을 클릭하면 [Properties] 패널이 나타납니다. 보정 패널을 이용하면 이미지를 보호하면서 보정 레이어를 별도로 추가하여 이미지에 효과를 적용할 수 있습니다.

### [Gradient Map] 패널 살펴보기

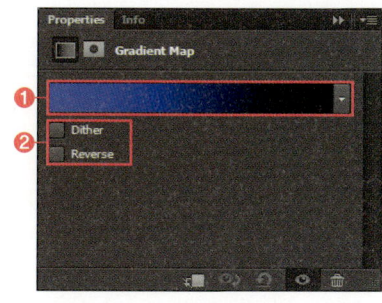

❶ Click to edit the gradient : 이미지에 적용할 그레이디언트 색을 설정합니다.

❷ Gradient Options : 설정한 색상을 적용하는 방법이 있습니다.
  • Dither : 체크를 하면 색상을 부드럽게 만듭니다.
  • Reverse : 체크를 하면 적용 색이 반대가 됩니다.

## 기능 익히기  Gradient Map(▢)을 이용하여 이미지 표현하기

● **예제 파일** Chapter13/Gradient.jpg  |  **결과 파일** Chapter13/Gradient-완성.jpg

**01** [Adjustments](◉) 패널에서 Gradient Map (▢) 버튼을 클릭합니다.

**02** 전경색과 배경색으로 그레이디언트 맵이 들어갑니다.

**03** Gradient Editor 콤보 버튼을 클릭합니다. 'Volet, Green, Orange'로 설정합니다.

## 17 Selective Color

특정 색의 전체적인 색감을 보정할 때 사용합니다.

### 사용 방법

- 메뉴에서 [Image]-[Adjustments]-[Selective Color]를 클릭하면 대화상자가 나타납니다. 메뉴를 이용하면 이미지 자체가 바뀝니다.

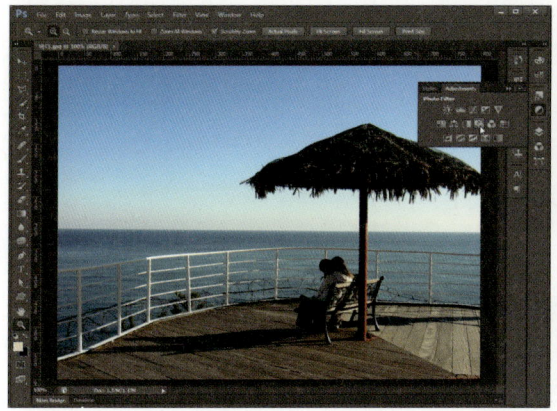

▲ 원본   ▲ Colors : Cyans, Cyan:-100, Magenta:100, Absolute 적용

- [Adjustments]( ) 패널에서 ( )을 클릭하면 [Properties] 패널이 나타납니다. 보정 패널을 이용하면 이미지를 보호하면서 보정 레이어를 별도로 추가하여 이미지에 효과를 적용할 수 있습니다.

### [Selective Color] 패널 살펴보기

❶ Preset : 포토샵에서 제공하는 설정 값이 들어 있습니다.

❷ Colors : 바꾸려는 색을 선택합니다. 총 9개의 색이 있습니다.

❸ 선택한 색을 슬라이더를 이용하여 조절합니다.

❹ Method : 색을 보정하는 방식을 선택합니다.
- Relative : 기존 색상에 색상 값을 더하거나 뺍니다.
- Absolute : 선택한 색상의 값을 추가합니다.

## 기능 익히기 Selective Color(■)를 이용하여 색감 높이기

▶ **예제 파일** Chapter13/Selective.jpg | **결과 파일** Chapter13/Selective-완성.jpg

**01** [Adjustments](◉) 패널에서 Selective Color (■) 버튼을 클릭합니다.

**02** Colors는 'Reds'로 설정하고, Cyan은 '-100', Magenta는 '50', Yellow는 '100'으로 설정합니다.

**03** Colors는 'Cyans'로 설정하고, Cyan은 '100', Magenta는 '100'으로 설정합니다.

**04** Colors는 'Greens'로 설정하고, Cyan은 '100', Magenta는 '60', Yellow는 '100'으로 설정합니다.

**05** 색감 높은 이미지가 완성되었습니다.

## 18 역광 사진 보정하기 – Shadows/Highlights

이미지가 역광으로 찍혀서 너무 어둡거나 밝을 경우에 주로 사용합니다.

### 사용 방법

메뉴에서 [Image]-[Adjustments]-[Shadows/Highlights]를 클릭하면 대화상자가 나타납니다. 메뉴를 이용하면 이미지 자체가 바뀝니다.

▲ 원본

▲ 역광 보정

### [Shadows/Highlights] 대화상자 살펴보기

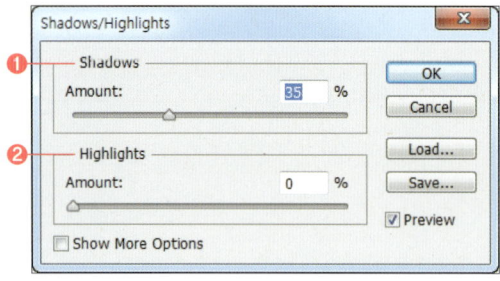

❶ Shadows : 이미지의 어두운 영역을 나타내며, 값이 높으면 어두운 부분을 밝게 만듭니다.

❷ Highlights : 이미지의 밝은 영역을 나타내며, 값이 높으면 밝은 부분을 어둡게 만듭니다.

## 기능 익히기 | Shadows/Highlights 기능을 이용하여 역광 사진 보정하기

▶ **예제 파일** Chapter13/Shadows.jpg | **결과 파일** Chapter13/Shadows-완성.jpg

**01** 메뉴에서 [File]-[Open]을 클릭하여 Chapter13 폴더 안의 Shadows.jpg를 더블클릭합니다.

**02** 메뉴에서 [Image]-[Adjustments]-[Shadows/Hightlights]를 클릭합니다.

**03** [Ok] 버튼을 클릭한 후 이미지의 어두운 부분이 밝아진 것을 확인합니다.

CHAPTER 13 Adjustments 메뉴를 이용하여 사진 이미지 보정하기 **271**

## 19 색상은 사라지고 – Desaturate(Shift + Ctrl + U)

메뉴에서 [Image]-[Adjustments]-[Desaturate](Shift + Ctrl + U)를 클릭하면 색상이 제거됩니다.

### 사용 방법

▲ 원본

▲ 흑백 적용

## 기능 익히기 | Desaturation 기능을 이용하여 오래된 사진 만들기

> 예제 파일 Chapter13/Desaturation.jpg | 결과 파일 Chapter13/Desaturation-완성.jpg

**01** 메뉴에서 [Image]-[Adjustments]-[Desaturate](Shift + Ctrl + U)를 클릭하면 이미지가 흑백으로 변경됩니다.

**02** 메뉴에서 [Filter]-[Filter Gallery]를 클릭합니다.

**03** Texture에서 'Grain'을 클릭합니다. Intensity를 '12', Contrast를 '15'로 설정한 후 [OK] 버튼을 클릭합니다.

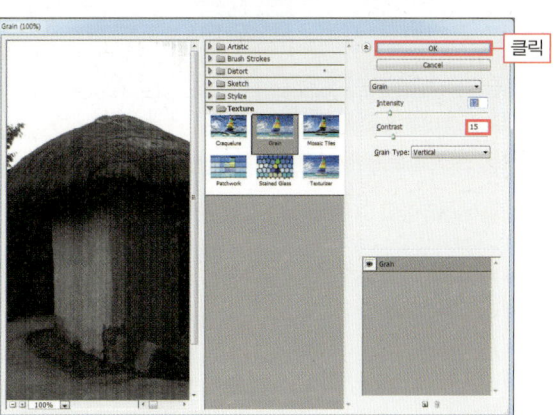

## 20 ✕ Match Color

서로 다른 환경에서 찍은 사진의 강도나 색조를 통일할 때 사용합니다.

## 사용 방법

메뉴에서 [Image]-[Adjustments]-[Match Color]를 클릭하면 대화상자가 나타납니다. 메뉴를 이용하면 이미지 자체가 바뀝니다.

▲ 원본 1

▲ 원본 2

▲ 원본 1을 원본 2의 컬러에 매칭

## [Match Color] 대화상자 살펴보기

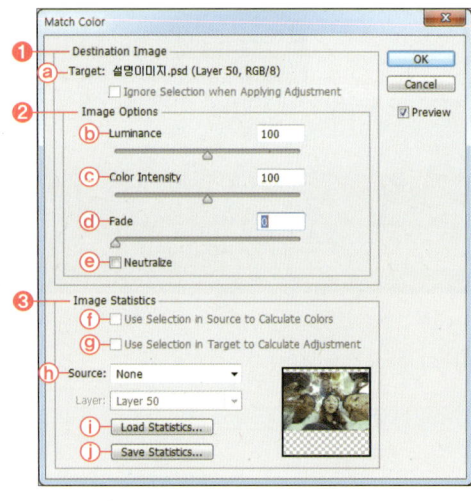

❶ **Destination Images** : 바꿔야할 이미지의 밝기, 채도 등을 조절합니다.

ⓐ **Target** : 바꿔야할 이미지를 나타냅니다.

❷ **Image Options** : 이미지의 명암, 강도 등을 설정합니다.

ⓑ **Luminance** : 명암을 설정합니다.

ⓒ **Color Intensity** : 강도를 설정합니다.

ⓓ **Fade** : 농도를 설정합니다.

ⓔ **Neutralize** : 체크를 하면 채도가 떨어집니다.

❸ **Image Statistics** : 기준이 될 이미지를 선택합니다.

ⓕ **Use Selection in Source to Calculate Colors** : 두 이미지의 선택 영역 색상을 분석합니다.

ⓖ **Use Selection in Target to Calculate Adjustments** : 바꿔야할 이미지의 색상을 분석합니다.

ⓗ **Source** : 기준 이미지를 선택합니다.

ⓘ **Load Statistics** : 저장된 설정 값을 불러옵니다.

ⓙ **Save Statistics** : 현재 설정 값을 저장합니다.

## 기능 익히기 | Match Color 기능을 이용하여 오래된 사진 만들기

◎ **예제 파일** Chapter13/Match1.jpg, Chapter13/Match2.jpg | **결과 파일** Chapter13/Match-완성.jpg

**01** 메뉴에서 [File]-[Open]을 클릭하여 Chapter13 폴더의 Match1.jpg와 Match2.jpg를 선택한 후 [OK] 버튼을 클릭합니다.

**02** [Match2.jpg] 탭을 클릭한 후 메뉴에서 [Image]-[Adjustments]-[Match Color]를 클릭합니다.

**03** Source를 'Match1.jpg'로 설정한 후 [OK] 버튼을 클릭합니다.

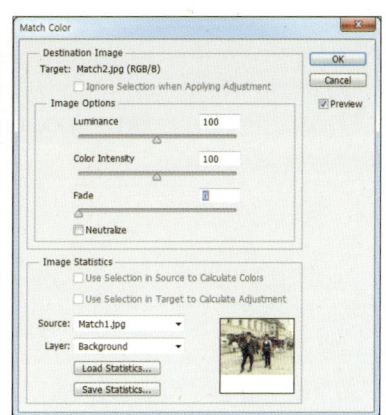

## 21 ✕ Replace Color

선택한 색상을 다른 색상으로 교체할 때 사용합니다.

▲ 원본

▲ Color : #742fod, Fuziness : 200, Result : #66710d

### [Replace Color] 대화상자 살펴보기

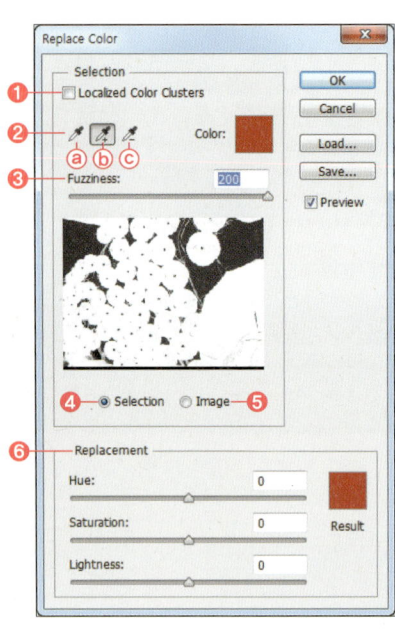

❶ Localized Color Clusters : 체크를 하면 색상들을 그룹화하고, 체크하지 않으면 색상의 허용 범위를 좀 더 넓게 지정합니다.

❷ 스포이트

ⓐ 🖉 : 클릭한 부분보다 더 어두운 부분을 검은색으로 만듭니다.

ⓑ 🖉 : 클릭한 지점을 중간색으로 설정하여 클릭한 위치보다 어두우면 더 어둡게, 밝으면 더 밝게 만듭니다.

ⓒ 🖉 : 클릭한 부분보다 더 밝은 부분을 흰색으로 만듭니다.

❸ Fuzziness : 스포이트로 선택한 색상의 범위를 설정합니다. 0~200 사이를 사용하며, 숫자가 높을수록 색상의 범위가 넓어집니다.

❹ Selection : 스포이트로 선택한 영역을 흰색으로 나타냅니다.

❺ Image : 원본 이미지를 나타냅니다.

❻ Replacement : 선택한 곳에 대체되는 색상을 설정합니다.

## 기능 익히기 | Replace Color 기능을 이용하여 전등색 바꾸기

◉ **예제 파일** Chapter13/Replace.jpg  |  **결과 파일** Chapter13/Replace-완성.jpg

**01** 메뉴에서 [File]-[Open]을 클릭하여 Chapter13 폴더의 Replace.jpg를 불러온 후 메뉴에서 [Image]-[Adjustments]-[Replace Color]를 클릭합니다.

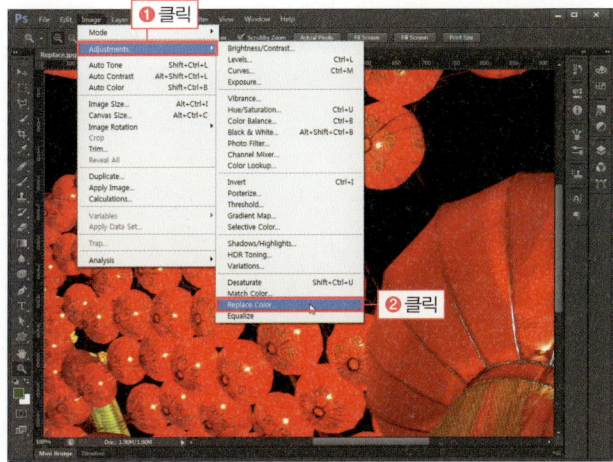

**02** 스포이트 툴( )로 등을 클릭합니다. Replacement에서 변경할 색 버튼을 클릭하여 '#4bdf11'로 설정합니다.

**03** 스포이트 추가 버튼을 선택한 후 전등의 살을 클릭합니다. [OK] 버튼을 클릭합니다.

CHAPTER 13 Adjustments 메뉴를 이용하여 사진 이미지 보정하기 **277**

# 포토샵의 기본, 레이어

## CHAPTER 14

레이어 스타일을 이용하면 그림 원본은 손상하지 않으면서 다양한 입체 효과를 줄 수 있습니다. 그림자 효과, 엠보싱 효과, 광선 효과, 색상 오버레이 등에 대해 알아봅니다.

**MADAM'S KS PHOTOSHOP CS6**

- 레이어 스타일을 이용한 다양한 효과를 적용하는 방법에 대해 알아봅니다. 레이어 스타일을 이용하여 아쿠아 글자를 만들어 봅니다.

- 특정 영역만 보여주는 마스크 기능에 대해 알아봅니다. 마스크 기능을 통해 투명한 그림자 효과를 만들어 봅니다.

## 01 × 레이어란?

투명한 유리판을 여러 개 겹쳐 놓은 것이라고 생각하면 됩니다. 레이어를 이용하여 이미지를 제작하면 이미지를 수정할 경우, 수정할 그림이 들어 있는 레이어만 수정하고 다른 레이어는 편집할 필요가 없습니다.

### [Layer] 패널 살펴보기

❶ 레이어 메뉴를 나타냅니다.

❷ 레이어를 종류별로 구별해서 볼 수 있습니다.

ⓐ Kind : 모든 종류가 나타납니다.

ⓑ Name : 사용자가 입력한 이름을 포함하는 레이어가 나타납니다.

ⓒ Effect : 효과가 들어간 레이어만 나타납니다.

ⓓ Mode : 모드가 적용된 레이어만 나타납니다.

ⓔ Attribute : 지정한 속성에 맞는 레이어만 나타납니다.

ⓕ Color : 채색된 레이어만 나타납니다.

❸ Filter for pixel layers : 그림 레이어만 나타납니다.

❹ Filter for Adjustment layers : 보정 레이어만 나타납니다.

❺ Filter for type layers : 글자 레이어만 나타납니다.

❻ Filter for shape layers : 도형 레이어만 나타납니다.

❼ Filter for smart object : 스마트 오브젝트 레이어만 나타납니다.

❽ Blend Mode : 선택한 레이어를 아래의 레이어와 색상 값을 이용하여 합성되는 방식을 설정합니다.

❾ Opacity : 레이어의 투명도를 설정합니다. 0~100%를 사용하며 0이면 투명, 100이면 불투명합니다. 레이어 스타일도 함께 투명해집니다.

❿ Lock : 레이어를 잠급니다.
   ⓖ Lock transparent pixels : 투명 영역을 편집하지 못하도록 잠급니다.
   ⓗ Lock image pixels : 브러시 기능을 사용하지 못하도록 잠급니다.
   ⓘ Lock position : 이동 기능을 잠급니다.
   ⓙ Lock all : 모든 편집 기능을 잠급니다.

⓫ Fill : 레이어의 투명도를 설정합니다. 0~100%를 사용하며 0이면 투명, 100이면 불투명합니다. 레이어 스타일에는 아무 영향을 끼치지 않습니다.

⓬ Indicate Layer Visibility : 해당 레이어를 캔버스상에서 보이게 하거나 사라지게 합니다.

⓭ 버튼 : 레이어의 기능을 나타냅니다.
   ⓚ Link layers : 링크된 레이어는 이동, 회전 등을 같이 할 수 있습니다.
   ⓛ Add a layer style : 레이어 스타일을 적용합니다.
   ⓜ Add layer mask : 마스크 레이어를 생성합니다.
   ⓝ Create new fill or adjustment layer : 보정 레이어를 생성합니다.
   ⓞ Create a new group : 새 그룹을 만듭니다.
   ⓟ Create a new layer : 새 레이어를 추가합니다.
   ⓠ Delete layer : 선택한 레이어를 삭제합니다.

## [Layer] 종류 살펴보기

❶ 그룹 레이어 : 서로 관련이 있는 레이어는 묶어서 관리할수 있습니다.

❷ 일반 레이어 : 이미지가 들어 있는 가장 기본 레이어입니다.

❸ 텍스트 레이어 : 글자가 들어 있는 레이어입니다.

❹ 클리핑 마스크 레이어 : 아래에 있는 도형 안에서만 그림이 보입니다.

❺ Shape 레이어 : Shape 툴을 이용하여 그림을 그린 레이어입니다.

❻ 레이어 스타일 : 스타링이 적용된 레이어입니다.

❼ 마스크 레이어 : 가려주는 레이어를 추가합니다.

❽ 보정 레이어 : 보정 메뉴가 적용된 레이어입니다.

❾ Background 레이어 : 레이어 가장 아래에 있으며, 배경 레이어입니다.

## 기능 익히기 — 레이어의 다양한 기능을 알아보기

◎ **예제 파일** Chapter14/레이어.psd | **결과 파일** Chapter14/레이어-완성.psd

**01** [Layer] 패널에서 '바다'를 선택합니다. Create a new layer(　)를 클릭하여 새 레이어를 추가합니다.

**02** 추가한 레이어를 드래그하여 맨 아래로 내립니다.

> 🏷️ **TIP** | 레이어 순서 변경하기
> `Ctrl` + `Shift` + `[` : 선택한 레이어를 맨 아래로 내립니다.
> `Ctrl` + `Shift` + `]` : 선택한 레이어를 맨 위로 올립니다.
> `Ctrl` + `[` : 선택한 레이어를 한 레이어 아래로 옮깁니다.
> `Ctrl` + `]` : 선택한 레이어를 한 레이어 위로 옮깁니다.

**03** 'Layer 1' 글자를 더블클릭한 후 '배경 레이어'라는 이름을 입력합니다. [Tool] 패널에서 전경색을 '#75a1ac'을 설정한 후 **Alt**+**Delete**를 눌러 전경색을 채웁니다.

> 🔒 **TIP** | 전경색과 배경색 채우기
> **Alt**+**Delete** : 전경색 채우기
> **Ctrl**+**Delete** : 배경색 채우기

**04** [Layer] 패널에서 '바다'를 선택한 후 **Ctrl**+**J**를 두 번 눌러 레이어를 2개 복사합니다.

> 🔒 **TIP** | 레이어 복사하기 잘라내기
> **Ctrl**+**J** : 선택한 레이어 복사하기
> **Shift**+**Ctrl**+**J** : 선택한 영역 잘라 레이어 분리하기

**05** [Layer] 패널에서 '바다 Copy'를 선택합니다. [Tool] 패널에서 이동 툴(Move Tool)을 클릭합니다. 선택한 레이어를 그림처럼 아래로 드래그합니다.

**06** [Layer] 패널에서 '바다 Copy2'를 선택합니다. [Tool] 패널에서 이동 툴(Move Tool )을 클릭합니다. 선택한 레이어를 그림처럼 아래로 드래그합니다.

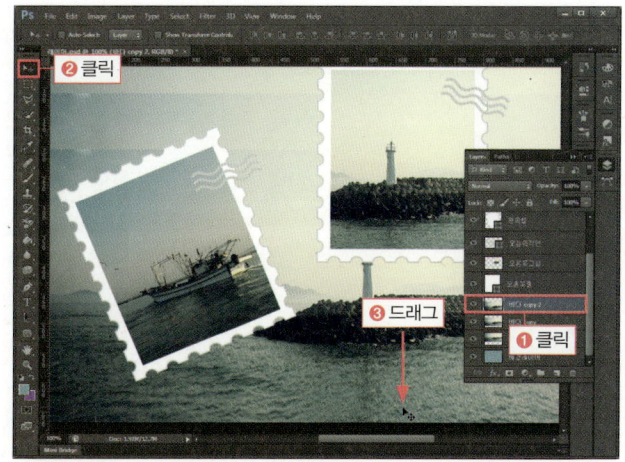

**07** [Tool] 패널에서 지우개 툴(Eraser Tool )을 클릭합니다. 브러시 사이즈를 '100'으로 설정하고, '바다 copy 2'의 등대와 하늘을 지웁니다.

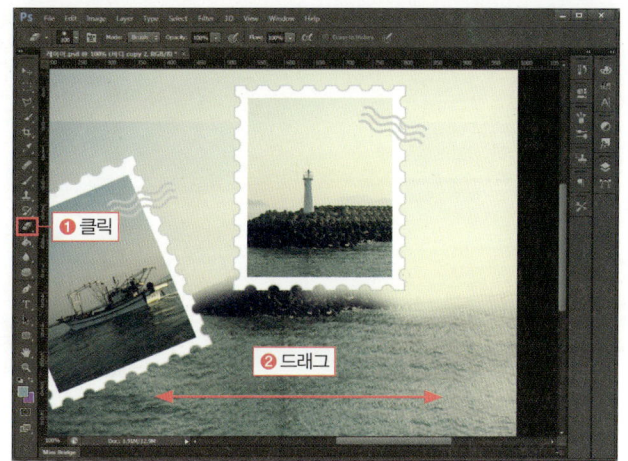

**08** [Layer] 패널에서 '바다 copy'를 선택한 후 하늘과 등대를 지웁니다.

**09** [Layer] 패널에서 '바다'를 클릭합니다. `Shift`를 누른 상태에서 '바다 copy2'를 클릭합니다.

**10** `Ctrl`+`E`를 눌러 레이어를 합칩니다. 레이어를 더블클릭하여 '바다배경'을 입력합니다.

> **TIP | 레이어 합치기**
> `Ctrl`+`E` : 선택한 레이어 합치기
> `Shift`+`Ctrl`+`E` : 보이는 레이어 합치기

**11** 맨위의 레이어 3개를 선택합니다.

12 [Layer] 패널의 ▼ 버튼을 클릭하여 [New Group from Layers]를 클릭합니다. Name은 "왼쪽 우표"를 입력하고 [OK] 버튼을 클릭합니다.

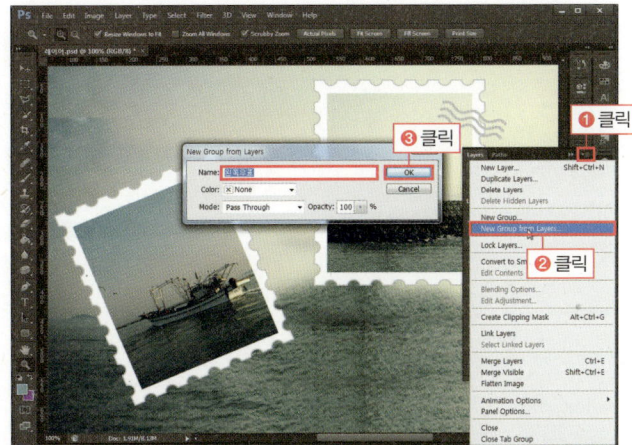

**TIP | 선택한 레이어 그룹만들기**
Ctrl + G

13 위와 동일한 방법으로 "오른쪽 직인" 레이어부터 "오른쪽 틀" 레이어를 그룹으로 만듭니다.

## 02 색상을 이용한 이미지 합성 – 블렌딩 모드

블렌드 모드는 레이어를 색상 값을 이용하여 합성하는 방식을 뜻합니다. 레이어의 블렌드 모드를 이용하면 독특한 합성 효과를 만들 수 있습니다. 블렌드 모드는 총 26가지가 있으며, 레이어뿐만 아니라 브러시에서도 사용됩니다.

### 블렌드 모드의 종류

- **Normal** : 블렌드 모드의 기본 값으로, 블렌드 모드를 적용하지 않은 상태입니다.

▲ 위쪽 레이어

▲ 아래 레이어

- **Dissolve** : 이미지의 반투명한 부분들의 픽셀이 거친 느낌을 줍니다.

- **Darken** : 위쪽 레이어의 색상이 아래 레이어의 색상보다 밝으면 투명해지고, 어두우면 더 어둡게 나타납니다.

- **Multiply** : 위쪽 레이어의 색상이 흰색에 가깝게 밝으면 더 투명해지고, 어두우면 아래 레이어와 그림이 섞여 나타납니다.

- **Color Burn** : 위쪽 레이어의 색상이 흰색에 가까울수록 투명하게 보이고, 위쪽의 어두운 색상은 아래쪽 이미지가 반사되어 색상 대비가 강하게 나타납니다.

- **Linear Burn** : 위쪽 레이어의 흰색은 투명하게 보이고, 흰색을 제외한 모든 이미지의 색상은 명도가 낮아집니다.

- **Darker Color** : 두 레이어 중 어두운 이미지의 색상이 우선적으로 나타납니다.

- **Lighten** : 두 레이어의 어두운 색은 투명해지고, 밝은 색 이미지가 우선적으로 나타납니다.

- **Screen** : Multiply와는 반대로 위쪽 레이어의 색상이 검은색에 가깝게 밝을수록 더 투명해지고, 밝으면 아래 레이어와 그림이 섞여 나타납니다.

- **Color Dodge** : Color Burn과는 반대로 위쪽 레이어의 색상이 검은색에 가까울수록 투명하게 보이고, 위쪽의 밝은 색상은 아래쪽 이미지가 반사되어 색상 대비가 강하게 나타납니다.

- **Overlay** : Multiply과 Screen을 합친 효과가 나타납니다. 밝은 색은 더 밝게, 어두운 색은 더 어둡게 나타납니다.

- **Linear Dodge(Add)** : 어두운 색은 밝아지고, 모든 색상이 밝아집니다.

- **Soft Light** : 색상 전체가 부드러워지며, 회색을 중심으로 회색보다 밝으면 더 밝게, 어두우면 더 어둡게 나타납니다.

- **Lighter Color** : 두 레이어 중 밝은 색의 이미지만 나타납니다.

- **Hard Light** : 두 레이어의 색이 혼합되어 나타나며, 강한 조명을 비추는 것처럼 강하게 나타납니다.

- **Vivid Light** : 두 레이어에서 어두운 부분은 더 어두워지면서 강도가 강하게 합성되고, 밝은 부분은 더 밝아지면서 부드럽게 합성됩니다.

- **Hard Mix** : 강렬한 색상 대비가 나타나면서 전체적으로 강하게 표현됩니다.

- **Linear Light** : 위쪽 레이어의 밝은 부분이 더 밝아지고, 아래쪽 레이어의 어두운 부분은 더 선명해집니다.

- **Difference** : 위쪽 레이어의 밝은 부분은 아래쪽 레이어의 색상에 반전되며, 아래쪽 레이어의 어두운 부분은 위쪽 레이어에 그대로 나타납니다.

- **Pin Light** : 검은색과 흰색에는 아무런 변화를 주지 않습니다.

- **Exclusion** : Difference와 비슷하지만, 부드럽고 좀 더 밝게 나타납니다.

- **Subtract** : 위쪽 레이어의 밝은 부분은 아래쪽 레이어의 색상에 반전되며, 아래쪽 레이어의 어두운 부분은 어둡게 나타납니다.

- **Divide** : 위쪽 레이어의 밝은 부분은 아주 밝게, 아래쪽 레이어의 어두운 부분은 강하게 나타납니다.

- **Hue** : 아래쪽 레이어의 명도와 채도에 위쪽 레이어가 합쳐져서 나타납니다.

- **Saturation** : 아래쪽 레이어의 색상과 채도에 위쪽 레이어가 합쳐져서 나타납니다.

- **Color** : 아래쪽 레이어의 명도와 위쪽 레이어의 색상, 채도가 합쳐져서 나타납니다.

- **Luminosity** : 아래쪽 레이어의 색상, 채도와 위쪽 레이어의 명도가 합쳐져서 나타납니다.

## 기능 익히기 | 블렌드 모드를 이용하여 이미지를 합성하기

▶ 예제 파일 Chapter14/약수물.jpg, Chapter14/물고기.jpg | 결과 파일 Chapter14/약수물-완성.psd

**01** 메뉴에서 [File]-[Open]을 클릭합니다. Chapter 14 폴더에서 물고기.jpg와 약수물.jpg를 Shift 를 누른 상태에서 선택하고 [열기] 버튼을 클릭합니다.

**02** [물고기.jpg] 탭에서 Ctrl + A 를 누른 후 메뉴에서 [Edit]-[Copy](Ctrl + C)를 클릭합니다

**03** [약수물.jpg] 탭을 클릭한 후 메뉴에서 [Edit]-[Paste](Ctrl + V)를 클릭합니다.

**04** 메뉴에서 [Edit]-[Free Transform](Ctrl +T)을 클릭합니다. 조절점을 드래그하여 사이즈를 줄입니다. 옵션 바에서 ✓ 버튼을 클릭하여 편집을 끝냅니다.

> **TIP**
> **Scale과 회전 단축키 이용하기**
> Ctrl + T 를 누릅니다. 이미지의 모서리에서 조절점을 드래그하여 크기를 축소하거나 확대합니다.
>
> **변형된 값 적용하기**
> Enter 를 누르면 설정된 옵션 값들이 적용됩니다. 적용되는 곳은 Transform, Scale, Rotation, Crop, Perspective Crop 등이 있습니다.

**05** [Layer] 패널에서 Blend Mode를 'Hard Light'로 설정합니다.

> **TIP | Hard Light**
> 두 레이어의 색이 혼합되어 나타나면 강한 조명을 비추는 것처럼 강하게 나타납니다.

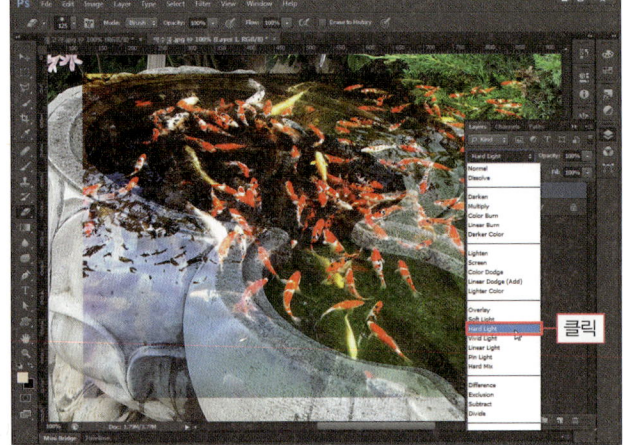

**06** [Tool] 패널에서 지우개 툴(Eraser Tool)을 클릭합니다. 브러시 사이즈를 '125'로 설정하고, 물 밖의 그림을 지웁니다.

## 03 ✕ 다양한 효과로 쉽게 작업하기 – 레이어 스타일

레이어 스타일은 각각의 레이어에 다양한 효과를 적용하는 것을 말합니다. 레이어 스타일의 종류와 사용 방법에 대해 알아보겠습니다.

### 레이어 스타일 적용하는 4가지 방법

- 레이어 섬네일을 더블클릭합니다.
- 메뉴에서 [Layer]-[Layer Style]을 선택합니다.
- 레이어의 Add a layer style 버튼( fx. )을 클릭합니다.
- 레이어에서 ▼ 버튼을 클릭한 후 [Blending Option]을 선택합니다.

### 레이어 스타일의 종류

- **Bevel & Emboss** : 이미지에 엠보싱 효과를 줍니다.

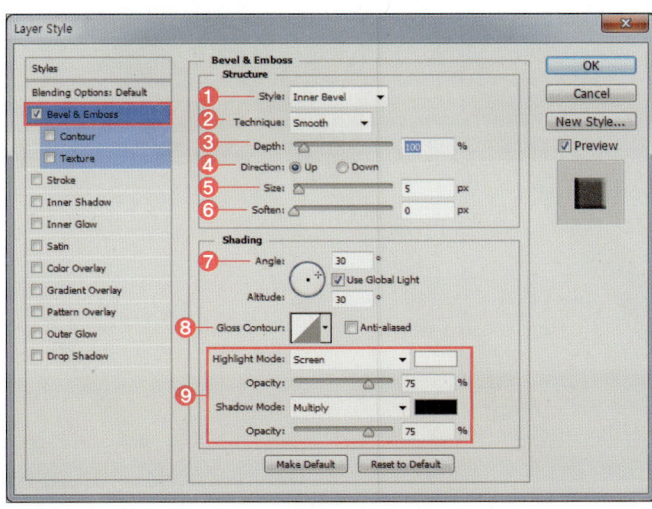

❶ Style : 엠보싱의 스타일을 설정합니다.

- ⓐ Outer Bevel : 이미지의 바깥쪽만 엠보싱됩니다.
- ⓑ Inner Bevel : 이미지의 안쪽만 엠보싱됩니다.
- ⓒ Emboss : 이미지의 안쪽과 바깥쪽 모두 엠보싱됩니다.
- ⓓ Pillow Emboss : 이미지가 움푹 패인 듯한 효과로 엠보싱을 나타냅니다.
- ⓔ Stroke Emboss : 테두리 부분을 엠보싱 처리합니다.

❷ Technique : 베벨 & 엠보싱의 부드러운 정도를 정교하게 설정합니다.

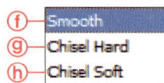
ⓕ Smooth : 부드럽게 처리합니다.

ⓖ Chisel Hard : 하드한 조각칼을 사용한 것처럼 경계선이 각지게 나타납니다.

ⓗ Chisel Soft : 부드러운 조각칼을 사용한 것처럼 경계선이 부드럽게 나타납니다.

❸ Depth : 엠보싱의 깊이 값을 설정합니다.

❹ Directon : 엠보싱을 오목하게 할 것인지 볼록하게 할 것인지를 체크합니다.

❺ Size : 엠보싱되는 면적을 설정합니다.

❻ Soften : 엠보싱되는 경계선을 부드럽게 만듭니다.

❼ Angle : 빛의 방향을 설정합니다.

❽ Gloss Contour : 엠보싱의 모양을 설정합니다.

❾ 엠보싱의 밝은 부분과 어두운 부분의 색을 설정합니다.

● Stroke : 이미지 경계선에 테두리를 넣습니다.

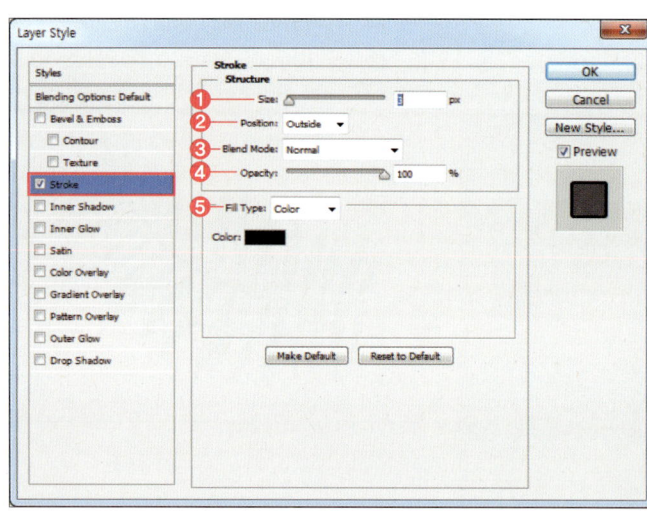

❶ Size : 테두리의 사이즈를 설정합니다.

❷ Position : 이미지의 테두리가 들어가는 위치를 설정합니다.

ⓐ Outside : 이미지 외곽에 테두리 선을 줍니다. 테두리만큼 이미지가 커집니다.

ⓑ Inside : 이미지 자체에 테두리를 넣습니다. 크기는 변하지 않습니다.

ⓒ Center : 테두리가 이미지와 바깥에 반반씩 들어갑니다.

❸ Blend Mode : 블렌드 모드를 설정합니다.

❹ Opacity : 테두리의 투명도를 설정합니다.

❺ Fill Type : 테두리의 색이 칠해지는 방식을 설정합니다.

ⓓ Color : 단색으로 색을 채웁니다.

ⓔ Gradient : 그레이디언트로 테두리를 채웁니다.

ⓕ Pattern : 패턴으로 테두리를 채웁니다.

❻ Make Default : 현재 설정한 값을 기본 값으로 저장합니다.

❼ Reset to Default : 설정을 기본 값으로 바꿉니다.

● Inner Shadow : 이미지 안쪽에 그림자를 넣습니다.

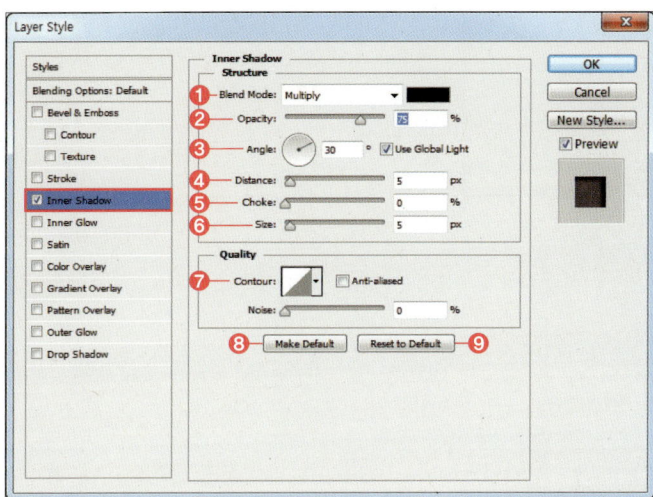

❶ Blend Mode : 블렌드 모드를 설정합니다.

❷ Opacity : 투명도를 설정합니다.

❸ Angle : 그림자의 방향을 설정합니다.

❹ Distance : 그림자의 길이를 설정합니다.

❺ Choke : 그림자의 퍼지는 강도를 조절합니다.

❻ Size : 그림자가 부드럽게 퍼지는 정도를 설정합니다.

❼ Contour : 그림자의 모양을 설정합니다.

❽ Make Default : 현재 설정한 값을 기본 값으로 저장합니다.

❾ Reset to Default : 설정을 기본 값으로 바꿉니다.

● Inner Glow : 이미지 내부에 빛 효과를 넣습니다.

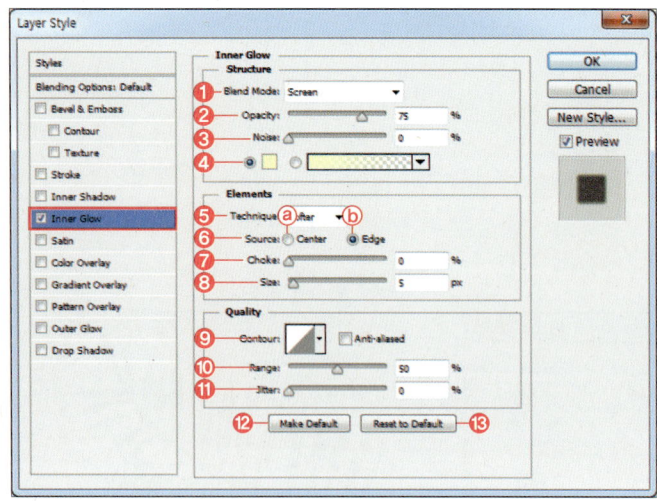

❶ Blend Mode : 블렌드 모드를 설정합니다.

❷ Opacity : 투명도를 설정합니다.

❸ Noise : 빛에 잡티를 추가합니다.

❹ 빛의 색상을 설정합니다.

❺ Technique : 빛의 부드러운 정도를 정교하게 설정합니다.

ⓐ Softer : 부드럽게 빛을 넣습니다.

ⓑ Precise : 정교하게 빛을 넣습니다.

❻ Source : 빛의 위치를 설정합니다.

ⓒ Center : 중앙에서부터 빛이 나옵니다.

ⓓ Edge : 테두리 부분에서 빛이 나옵니다.

❼ Choke : 빛이 퍼지는 강도를 조절합니다.

❽ Size : 빛의 퍼지는 크기를 설정합니다.

❾ Contour : 빛의 모양을 설정합니다.

❿ Range : Contour에서 선택한 윤곽의 범위를 설정합니다.

⓫ Jitter : 빛 효과의 파장 정도를 설정합니다.

⓬ Make Default : 현재 설정한 값을 기본 값으로 저장합니다.

⓭ Reset to Default : 설정을 기본 값으로 바꿉니다.

- Satin : 금속 재질 효과를 넣습니다.

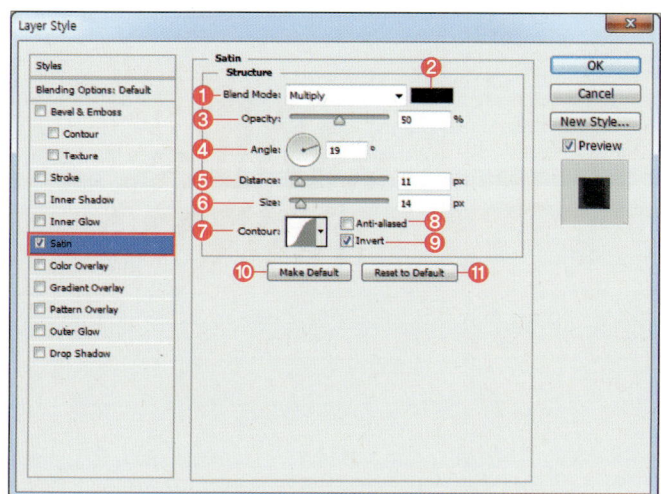 

❶ Blend Mode : 블렌드 모드를 설정합니다.

❷ 금속 재질로 사용할 색을 선택합니다.

❸ Opacity : 투명도를 설정합니다.

❹ Angle : 재질의 각도를 조절합니다.

❺ Distance : 금속 재질의 문양의 거리를 설정합니다.

❻ Size : 재질의 부드러운 정도를 조절합니다.

❼ Contour : 재질의 모양을 설정합니다.

❽ Anti-aliased : 체크를 하면 재질의 경계선이 부드럽게, 체크를 하지 않으면 깨져 보입니다.

❾ Invert : 재질 모양이 반전됩니다.

❿ Make Default : 현재 설정한 값을 기본 값으로 저장합니다.

⓫ Reset to Default : 설정을 기본 값으로 바꿉니다.

● Color Overlay : 이미지에 색상을 오버레이합니다.

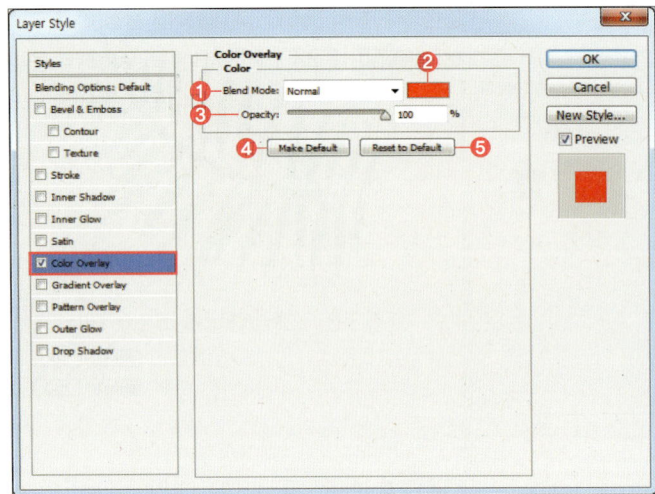

❶ Blend Mode : 블렌드 모드를 설정합니다.

❷ 오버레이해줄 색을 선택합니다.

❸ Opacity : 투명도를 설정합니다.

❹ Make Default : 현재 설정한 값을 기본 값으로 저장합니다.

❺ Reset to Default : 설정을 기본 값으로 바꿉니다.

● Gradient Overlay : 이미지에 그레이디언트 색을 오버레이합니다.

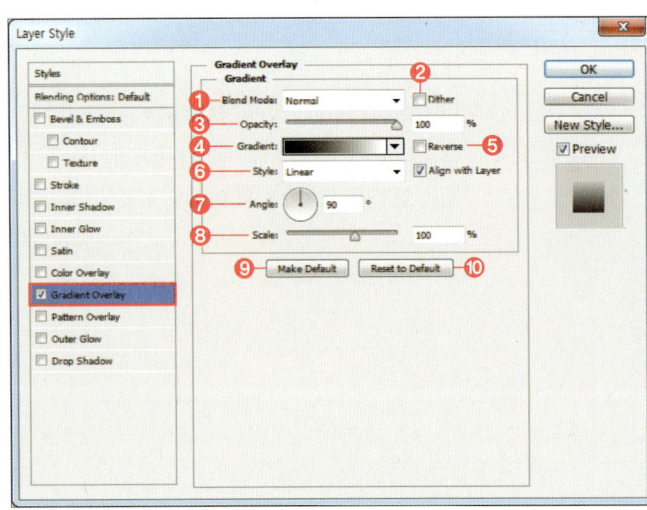

❶ Blend Mode : 블렌드 모드를 설정합니다.

❷ Dither : 체크하면 그레이디언트의 경계선을 좀 더 부드럽게 만들어줍니다.

❸ Opacity : 투명도를 설정합니다.

❹ Gradient : 그레이디언트 색상을 설정합니다.

❺ Reverse : 색상을 반전합니다.

❻ Style : 그레이디언트의 종류를 설정합니다.

           ⓐ Linear : 그레이디언트가 칠해지는 결이 직선을 이루면서 칠해집니다.

           ⓑ Radial : 원형을 이루면서 색이 칠해집니다.

           ⓒ Angle : 시작점에서 시계 방향으로 끝점까지 칠해집니다.

           ⓓ Reflected : 거울에 반사된 효과처럼 대칭을 이루면서 색이 칠해집니다.

   ⓔ Diamond : 다이아몬드 모양으로 색이 칠해집니다.

❼ Angle : 그레이디언트의 각도를 설정합니다.

❽ Scale : 그레이디언트가 칠해지는 범위를 설정합니다.

❾ Make Default : 현재 설정한 값을 기본 값으로 저장합니다.

❿ Reset to Default : 설정을 기본 값으로 바꿉니다.


● Pattern Overlay : 이미지에 패턴을 오버레이합니다.

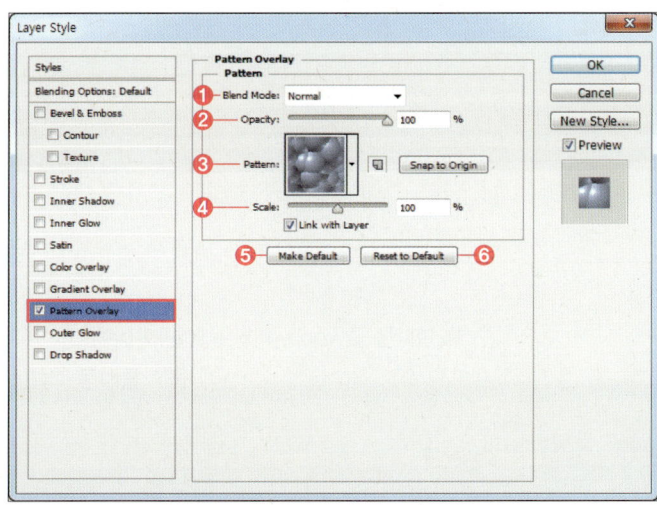

❶ Blend Mode : 블렌드 모드를 설정합니다.

❷ Opacity : 투명도를 설정합니다.

❸ Pattern : 오브레이해줄 패턴의 모양을 선택합니다.

❹ Scale : 패턴의 크기를 설정합니다.

❺ Make Default : 현재 설정한 값을 기본 값으로 저장합니다.

❻ Reset to Default : 설정을 기본 값으로 바꿉니다.

● Outer Glow : 이미지 외곽에 빛 효과를 넣습니다.

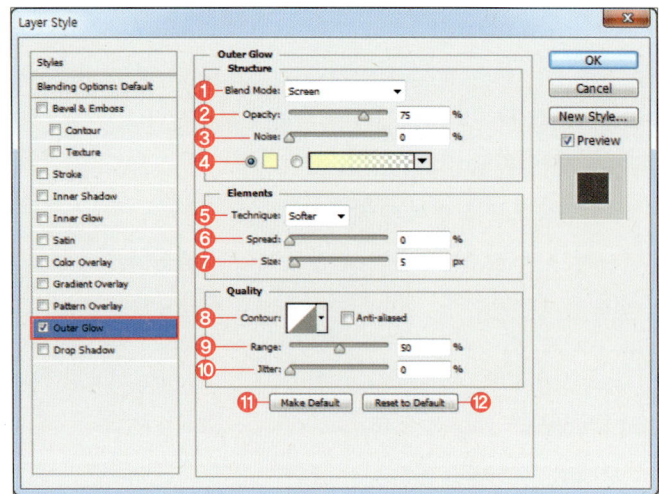

❶ Blend Mode : 블렌드 모드를 설정합니다.

❷ Opacity : 투명도를 설정합니다.

❸ Noise : 빛에 잡티를 추가합니다.

❹ 빛의 색상을 설정합니다.

❺ Technique : 빛의 부드러운 정도를 정교하게 설정합니다.
　　ⓐ Softer : 부드럽게 빛을 넣습니다.
　　ⓑ Precise : 정교하게 빛을 넣습니다.

❻ Spread : 빛의 퍼지는 강도를 조절합니다.

❼ Size : 빛의 피지는 크기를 설정합니다.

❽ Contour : 빛의 모양을 설정합니다.

❾ Range : Contour에서 선택한 윤곽의 범위를 설정합니다.

❿ Jitter : 빛 효과의 파장 정도를 설정합니다.

⓫ Make Default : 현재 설정한 값을 기본 값으로 저장합니다.

⓬ Reset to Default : 설정을 기본 값으로 바꿉니다.

● Drop Shadow : 이미지 바깥에 그림자를 넣습니다.

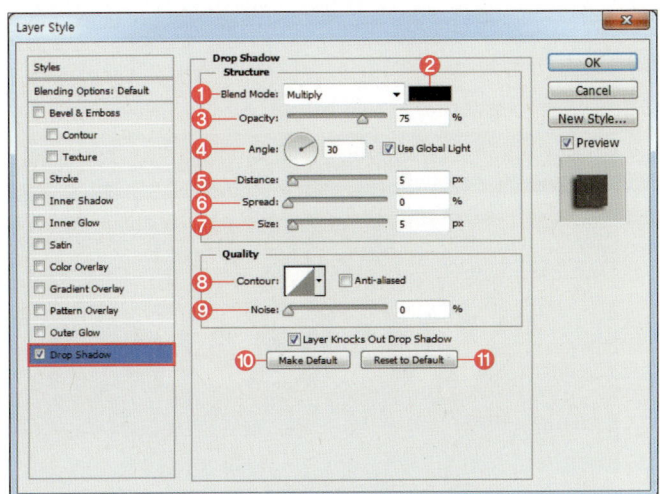 

❶ Blend Mode : 블렌드 모드를 설정합니다.

❷ 그림자의 색상을 설정합니다

❸ Opacity : 투명도를 설정합니다.

❹ Angle : 그림자의 방향을 설정합니다.

❺ Distance : 그림자의 길이를 설정합니다.

❻ Spread : 그림자가 퍼지는 강도를 조절합니다.

❼ Size : 그림자가 부드럽게 퍼지는 정도를 설정합니다.

❽ Contour : 그림자의 모양을 설정합니다.

❾ Noise : 그림자에 노이즈를 추가합니다.

❿ Make Default : 현재 설정한 값을 기본 값으로 저장합니다.

⓫ Reset to Default : 설정을 기본 값으로 바꿉니다.

## 기능 익히기 | 레이어 스타일을 이용하여 아쿠아 글자 만들기

> **예제 파일** Chapter14/바다배경.jpg | **결과 파일** Chapter14/바다배경-아쿠아글자-완성.psd

**01** [Tool] 패널에서 가로 문자 툴(Horizontal Type Tool)을 클릭합니다. 옵션 바에서 글씨체는 '휴먼엣체', 크기는 '230', 색상은 흰색으로 설정하고 'Water'를 입력합니다.

**02** [Layer] 패널에서 Fill을 '0'으로 입력하고, 글자 레이어를 더블클릭합니다. [Layer Style] 대화상자에서 Bevel & Emboss를 선택합니다. Style은 'Inner Bevel', Depth는 '134', Size는 '13', Soften은 '2', Angle은 '146', '69', Shadow Mode는 'Linear Dodge(Add)'에 흰색, Opacity를 '50'으로 설정합니다.

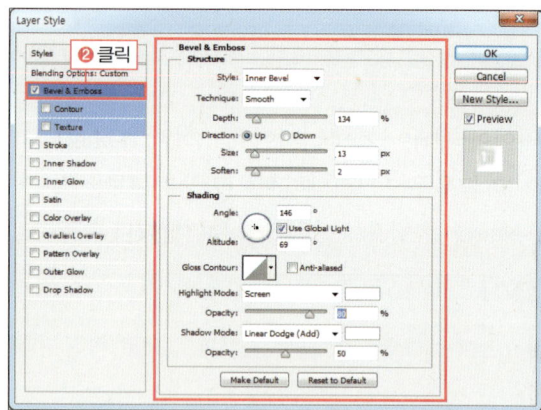

**03** Inner Shadow를 선택합니다. Blend Mode의 색상을 '#3571l8c', Distance를 '8', Size를 '9'로 설정합니다.

 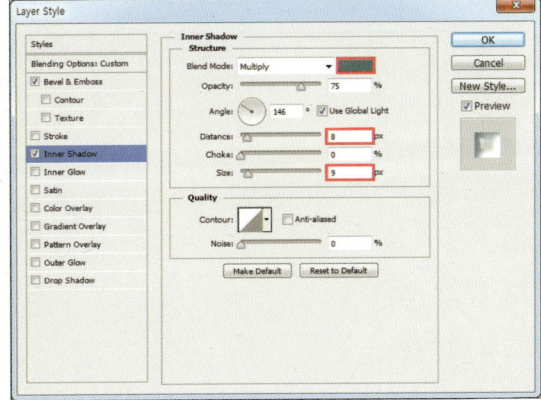

**04** Drop Shadow를 선택합니다. Blend Mode의 색상을 '#4a8a9b', Distance를 '10', Size를 '7', Contour는 'Ring'을 클릭합니다.

 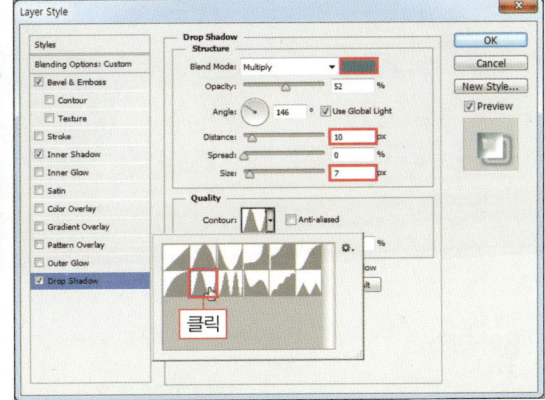

**05** [OK] 버튼을 클릭하여 아쿠아 버튼을 완성합니다.

## 04 특정 영역 보이기 – 마스크

특정 영역만 보여주는 기능을 '마스크'라고 합니다. 포토샵에서는 모양을 이용하여 보여주는 클리핑 마스크와 레이어의 그레이디언트 색상을 이용하여 자연스럽게 아래 이미지와 합성되도록 하는 레이어 마스크로 나누어집니다.

### 마스크의 종류

#### 클리핑 마스크

레이어가 2개 이상 필요하며, 아래 레이어는 이미지를 보여줄 도형을, 위 레이어는 이미지를 넣습니다. Alt 를 누른 상태에서 두 레이어 사이에 마우스를 올려놓으면 마우스 포인터의 모양이 로 바뀌는데, 이때 클릭합니다.

▲ 위쪽 레이어

▲ 아래 레이어

▲ 클리핑 마스크된 상태

#### 레이어 마스크

레이어에서 Add layer mask 를 클릭하여 마스크 레이어를 추가합니다. 그레이디언트 툴(Gradient Tool( ))을 클릭하고, 색상은 흰색과 검은색으로 설정합니다.

마스크 레이어에서 보고 싶은 부분은 흰색이, 아래 레이어에서 보고 싶은 부분은 검은색이 들어가도록 칠합니다.

▲ 위쪽 레이어

▲ 아래 레이어

▲ 레이어 마스크된 상태

## 기능 익히기 — 클리핑 마스크와 레이어 마스크를 이용하여 화장품 광고 페이지 만들기

▶ 예제 파일 Chapter14/화장품.psd, Chapter14/나뭇잎.jpg | 결과 파일 Chapter14/화장품-완성.psd

**01** 메뉴에서 [File]-[Open]을 클릭합니다. Chapter14 폴더에서 나뭇잎.jpg와 화장품.psd를 `Shift`를 누른 상태에서 선택한 후 [열기] 버튼을 클릭합니다.

**02** [화장품.psd] 탭에서 [Layer] 패널의 배경 레이어를 선택합니다. [Tool] 패널에서 그레이디언트 툴(Gradient Tool)을 클릭합니다. 옵션 바에서 그레이디언트의 종류는 'Radial', 색상은 '#dde05b', '#719946'로 설정하여 안에서 바깥으로 드래그합니다.

**03** [Layer] 패널에서 '화장품' 레이어를 클릭합니다. 메뉴에서 [Layer]-[Layer Via Copy](`Ctrl`+`J`)를 클릭합니다.

**04** 메뉴에서 [Edit]-[Transform]-[Flip Vertical]을 클릭합니다.

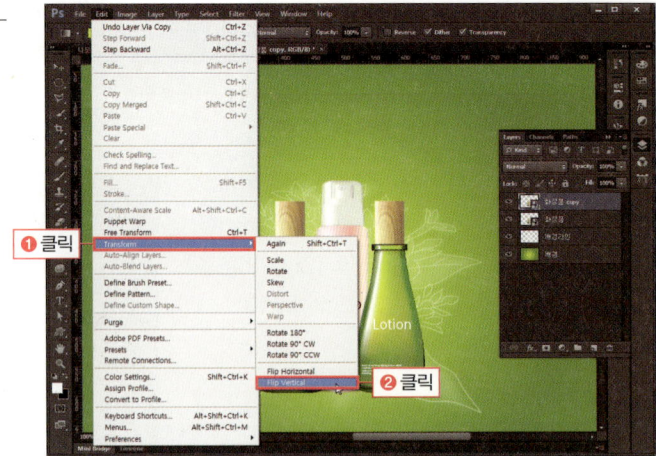

**05** [Layer] 패널에서 '화장품 copy'를 선택합니다. ▭를 클릭하여 마스크 레이어를 추가합니다.

**06** [Tool] 패널에서 그레이디언트 툴(Gradient Tool ▭)을 클릭합니다. 옵션 바에서 그레이디언트의 종류는 'Linear', 색상은 'Black, White'를 선택합니다.

**07** 아래쪽 화장품의 아랫방향에서 위로 드래그 합니다.

**08** [Tool] 패널에서 가로 문자 툴(Horizontal Type Tool T)을 클릭합니다. 옵션 바에서 글씨체는 '휴먼옛체', 크기는 '72'로 설정하고 'NATUAL SKIN'을 입력합니다.

**09** [나뭇잎.jpg] 탭을 선택하여 Ctrl + A 를 누릅니다. 메뉴에서 [Edit]-[Copy](Ctrl + C)를 클릭합니다.

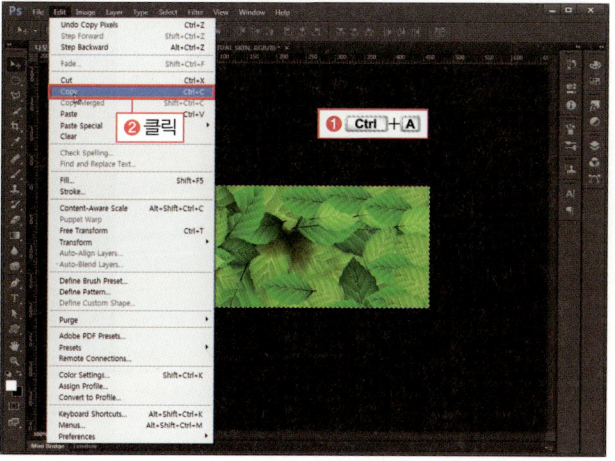

**10** [화장품.psd] 탭을 선택합니다. 메뉴에서 [Edit]–[Paste]( Ctrl + V )를 클릭합니다.

**11** [Tool] 패널에서 이동 툴(Move Tool )을 클릭합니다. 나뭇잎을 글자 위로 드래그하여 옮깁니다.

**12** [Layer] 패널에서 'NATUAL SKIN' 레이어와 'Layer1' 레이어가 있는 두 레이어 사이에 마우스를 올려놓습니다. Alt 를 눌러 마우스 포인터의 모양이 로 바뀔 때 클릭합니다.

**13** 'NATUAL SKIN' 레이어를 더블클릭합니다. [Stroke] 탭을 클릭하고, Color를 흰색으로 설정합니다. [Drop Shadow] 탭을 클릭한 후 Opacity를 '30'으로 설정하고 [OK] 버튼을 클릭합니다.

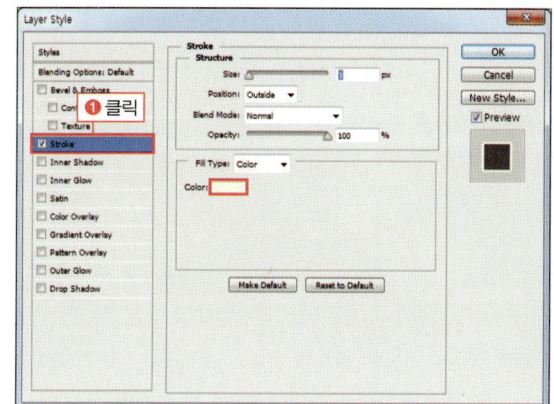 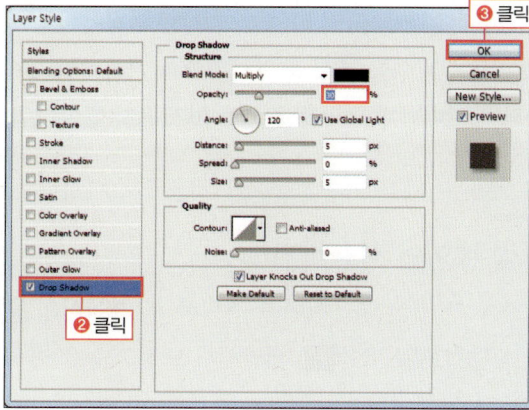

## 05 이미지를 보호하면서 효과주기 – 보정 레이어

[Image]-[Adjustment] 메뉴의 기능에 레이어를 이용하는 것을 말합니다. 메뉴를 이용하는 방법은 이미지 자체에 보정을 주므로 원상복귀가 어렵지만, 보정 레이어는 이미지를 별도로 두고 보정 레이어가 추가되어 이미지에 효과를 주므로 언제든지 원상복귀할 수 있습니다.

### 보정 레이어 사용하기

효과를 주고 싶은 레이어를 선택한 후 레이어의 ▣ 버튼을 클릭하고 원하는 보정 기능을 선택하거나 [ADJUSTMENTS](▣) 패널에서 보정 기능을 클릭합니다.

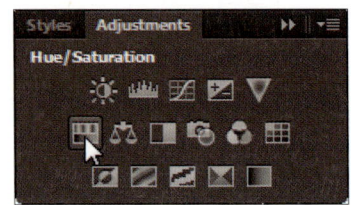

## 기능 익히기 | 보정 레이어를 이용하여 이미지 보정 기능 익히기

> **예제 파일** Chapter14/장미.jpg | **결과 파일** Chapter14/장미-완성.psd

**01** [Tool] 패널에서 빠른 선택 툴(Quick Selection Tool)을 클릭합니다. 옵션 바에서 브러시 사이즈를 '35'로 설정합니다

> **TIP | 브러시 사이즈 조절하기**
> [[]를 누르면 브러시가 5pixel씩 작아지고 10pixel부터는 1pixel씩 작아집니다.
> []]를 누르면 브러시가 5pixel씩 커지고, 50pixel부터는 10pixel씩 커집니다.

**02** 장미꽃을 드래그하여 선택합니다.

**03** [ADJUSTMENTS]()를 클릭하고 Hue/Saturation()을 선택합니다.

CHAPTER 14 포토샵의 기본, 레이어

**04** Properties 패널이 나타나면 Hue를 '-120'으로 설정합니다.

**05** [Layer] 패널을 열어보면 보정 레이어가 추가된 것을 확인할 수 있습니다.

## 06 이미지 정보가 저장되어 있는 곳 – Channel

채널은 여러 가지 유형의 이미지 정보를 저장하는 곳으로, 색상 정보 채널, 알파 채널, 스폿 채널 등 3가지가 있습니다.

### 3가지 채널 비교하기

#### 색상 정보 채널

불러온 이미지는 기본적으로 색상 정보 채널을 가집니다. 채널은 이미지가 가지는 모드에 따라 달라집니다. 우리는 웹용 이미지를 주로 작업하므로 RGB 채널에 대해 살펴보겠습니다.

▲ 원본                                     ▲ Red, Green만 선택한 이미지

#### 알파 채널

사용자가 임의로 저장해둔 채널을 뜻합니다. 선택한 영역은 흰색, 선택이 되지 않은 영역은 검은색으로 저장되며, 저장된 채널은 다시 선택 영역으로 불러올 수 있습니다. 알파 채널은  버튼을 클릭하면 생성됩니다.

#### 스폿 채널

스폿 채널(Spot Channel)은 인쇄의 특수한 목적으로 만들어진 채널입니다. CMYK 모드는 인쇄용 모드입니다. 인쇄를 할 경우, 금색, 은색, 형광색 같은 특수색은 사용할 수 없습니다. 스폿 채널은 이러한 별색을 출력할 때 사용합니다.

## 채널 패널 살펴보기

❶ **색상 채널** : 이미지의 모드에 따라 색상 정보를 표시합니다.

❷ **알파 채널** : 선택 영역을 저장한 채널입니다.

❸ Load channel as selection( ) : 알파 채널을 선택 영역으로 만듭니다.

❹ Save selection as channel( ) : 선택 영역을 알파 채널로 저장합니다.

❺ Create new Channel( ) : 새로운 알파 채널을 만듭니다.

❻ Delete current channel( ) : 선택한 채널을 삭제합니다.

## 기능 익히기 | 보정 레이어를 이용하여 이미지 보정 기능 익히기

**예제 파일** Chapter14/풍경.jpg | **결과 파일** Chapter14/풍경-완성.psd

**01** [Adjustments]( ) 패널에서 [Channel Mixer] 버튼( )을 클릭합니다.

**02** [Properties] 패널이 나타나면 Red는 '-200', Green은 '50', Blue는 '-61'로 설정합니다. 가을 풍경이 완성되었습니다.

CHAPTER 14 포토샵의 기본, 레이어

# 이미지에 다양한 효과를 적용하자 – 필터

## CHAPTER 15

이번에는 필터를 이용하여 회화적인 느낌, 왜곡 효과, 재질 효과 등 다양한 효과를 만드는 방법에 대하여 알아보겠습니다.

× MADAM'S KS PHOTOSHOP CS6 ×

•• 필터를 이용하여 스케치한 효과를 만들 수 있습니다. 다양한 왜곡 효과인 Stylize 기능에 대해 알아봅니다.

•• 필터를 이용하여 물방울 효과를 만들 수 있습니다. 다양한 왜곡 효과인 Sketch 기능에 대해 알아봅니다.

## 01 ✕ 이미지에 특수 효과를 만드는 필터

원래 카메라 렌즈에 특수 기능을 가진 필터를 추가하여 촬영하던 것을 말합니다. 필터를 사용하면 이미지에 특수 효과를 표현할 수 있습니다.

### 필터 갤러리

메뉴에서 [Filter]-[Filter Gallery]를 클릭하면 대화상자가 나타납니다. 여기에서 필요한 필터를 선택하여 필터를 적용합니다. `Alt`를 누르면 [Cancel] 버튼이 [Reset] 버튼으로 바뀌고, `Ctrl`을 누르면 [Cancel] 버튼이 [Default] 버튼으로 바뀝니다.

❶ 미리 보기 창 : 필터가 적용된 모습을 미리 보기로 보여줍니다.

❷ 필터 목록 : 필터 카테고리를 클릭하면 하위 필터 목록이 나타납니다.

❸ 필터 목록 나타내기/감추기 : 클릭하면 필터 목록 화면이 사라지고 미리 보기 창이 확장되어 보입니다.

❹ 세부 옵션 값을 설정합니다.

❺ 필터 레이어 : 레이어의 개념과 같이 레이어를 만들어 적용합니다.

❻ New effect layer(  ) : 필터 레이어를 새로 추가합니다.

❼ Delete effect layer(  ) : 선택한 필터 레이어를 삭제합니다.

## 필터의 종류

포토샵 필터는 크게 예술적인 표현, 이미지의 선명도, 이미지 왜곡, 재질, 외부 필터로 구분할 수 있습니다. 포토샵 CS6에서는 Oil Paint, Adaptive Wide Angle, Lens Collection Filter가 새롭게 추가되었습니다.

▲ 원본

### Oil Paint(유화)

유화 느낌이 나도록 만듭니다. 포토샵 CS6에 새롭게 추가된 기능입니다. 브러시 스타일(Stylization), 선의 깨끗함(Cleanliness), 브러시 세밀함(Bristle Detail), 선의 빛(Shine) 등을 설정합니다.

## Adaptive Wide Angle(광학)

왜곡된 사진을 올바르게 만들 수 있습니다. 포토샵 CS6에 새롭게 추가된 기능입니다.

## Lens Collection(렌즈)

유화 느낌이 나도록 만듭니다. 포토샵 CS6에 새롭게 추가된 기능입니다. 브러시 스타일(Stylization), 선의 깨끗함(Cleanliness), 브러시 세밀함(Bristle Detail), 선의 빛(Shine) 등을 설정합니다.

## Artistic(예술 효과)

직접 손으로 그린 것처럼 회화적인 느낌이 나도록 만듭니다.

❶ **Colored Pencil** : 색연필로 그림을 그린 효과를 줍니다. 연필의 두께(Pencil Width), 압력(Stroke Pressure), 종이의 밝기(Paper Britness)를 설정합니다.

❷ **Cutout** : 비슷한 색상을 하나로 합쳐 이미지를 단순화합니다. 표현되는 색상 범위(Number of Level), 외곽선 단순화(Edge Simplicity), 외곽선 정확도(Edge Fidelity)를 설정합니다.

❸ **Dry Brush** : 마른 브러시를 이용하여 그림을 그린 듯한 효과를 나타냅니다. 브러시의 크기(Brush Size), 브러시의 세밀함(Brush Detail), 질감(Texture)을 설정합니다.

❹ **Film Grain** : 다양한 형태의 노이즈를 추가합니다. 잡티의 정도(Grain), 밝은 영역(Hightlight Area), 명암(Intensity)을 설정합니다.

❺ **Fresco** : 이미지의 경계선을 어둡게 만들어주는 프레스코 기법을 적용합니다. 브러시의 크기(Brush Size), 세밀함(Brush Detail), 질감(Texture)을 설정합니다.

❻ **Neon Glow** : 네온이 퍼지는 효과를 나타냅니다. 네온의 크기(Glow Size), 네온의 밝기(Glow Brightness), 네온 색상(Glow Color)을 설정합니다.

❼ **Paint Daubs** : 붓으로 거칠게 덧칠한 효과를 만듭니다. 브러시의 크기(Brush Size), 색의 선명도 조절(Sharpness), 브러시의 종류(Brush Type)를 설정할 수 있으며, 브러시의 종류는 Simple, Light Rough, Dark Rough, Wide Sharp, Wide Blurry, Sparkle 등이 있습니다.

❽ **Paltte Knife** : 미술용 나이프와 유화 물감을 이용하여 색칠한 효과를 나타냅니다. 선의 굵기(Stroke Size), 세밀함(Strike Detail), 부드러움(Softness) 등을 설정합니다.

❾ **Plastic Wrap** : 플라스틱 랩을 덧씌운 효과를 나타냅니다. 하이라이트 강도(Hight Strength), 세밀함(Detail), 부드러움(Smoothness) 등을 설정합니다.

❿ **Poster Edges** : 이미지의 색상을 단순화하고 테두리를 검은색으로 강조하여 그린 효과를 나타냅니다. 외곽선 두께(Edge Thickness), 외곽선 명암(Edge Intensity), 색상의 표현(Posterization) 등을 설정합니다.

⓫ **Rough Pastels** : 캔버스에 거칠게 파스텔로 칠한 강한 느낌을 나타냅니다. 선의 길이(Stroke Length), 세밀함(Stroke Detail), 재질의 크기(Scaling), 입체감(Relief), 빛의 방향(Light) 등을 설정합니다.

⓬ **Smudge Stick** : 젖은 캔버스에 파스텔, 분필 등으로 문질러 그린 효과를 나타냅니다. 선의 길이(Stroke Length), 밝은 영역(Hightlight Area), 명암(Intensity) 등을 설정합니다.

⑬ Sponge : 스폰지를 이용하여 그린 효과를 나타냅니다. 브러시의 크기(Brush Size), 선명도(Definition), 부드러움(Smoothness) 등을 설정합니다.

⑭ UnderPainting : 재질이 있는 종이 위에 붓으로 그린 효과를 나타냅니다. 선의 길이(Stroke Length), 세밀함(Stroke Deatil), 재질의 크기(Scaling), 입체감(Relief), 빛의 방향(Light) 등을 설정합니다.

⑮ Watercolor : 이미지를 수채화같은 느낌으로 그린 효과를 나타냅니다. 세밀함(Brush Detail), 명암도(Shadow Intensity), 재질(Texture) 등을 설정합니다.

## Blur

이미지의 초점을 흐려 뿌옇게 표현하거나 잡티를 제거하여 선명하게 만듭니다..

❶ Field Blur : 핀으로 기준점을 설정하여 각각의 기준점별로 블러 값을 조절합니다. 흐린 정도(Blur), 블러 밝은 부분(Light Bokeh), 블러 색상(Bokeh Color), 밝기 범위(Light Ranges) 등을 설정합니다.

❷ Iris Blur : 원형 형태로 블러 효과를 주어 마치 카메라 초점을 맞춘 듯한 효과를 나타냅니다. 흐린 정도(Blur), 블러 밝은 부분(Light Bokeh), 블러 색상(Bokeh Color), 밝기 범위(Light Ranges) 등을 설정합니다.

❸ Tilt-Shift : 수평, 수직, 대각선을 기준으로 블러를 지정하여 이미지를 흐릿하게 만듭니다. 흐린 정도(Blur), 블러 밝은 부분(Light Bokeh), 블러 색상(Bokeh Color), 밝기 범위(Light Ranges) 등을 설정합니다.

❹ Average : 이미지의 색상 값을 평균하여 그 색으로 전체를 채웁니다.

❺ **Blur와 Blur More** : Blur는 기본 값으로 이미지에 부드러운 효과를 줍니다. Blur More는 기본보다 좀 더 부드러워집니다.

❻ **Box Blur** : 이미지를 박스 형태로 블러 효과를 줍니다. 반경(Radius)은 1~250까지 설정할 수 있으며 수치가 높을수록 범위가 넓어집니다.

▲ Radius : 14

❼ **Gaussian Blur** : 초점을 흐릿하게 하여 이미지를 흐려 보이도록 만듭니다. 값이 클수록 흐린 정도를 높입니다.

▲ Radius : 6.3

❽ **Lens Blur** : 아웃 포커싱 효과를 줄 때 사용합니다. 블러의 적용 정도(Depth Map), 카메라의 모양(Iris), 밝기(Specular Hightlights), 노이즈(Noise) 값 등을 설정합니다.

❾ **Motion Blur** : 이미지를 좌우나 대각선 방향으로 잡아당겨 속도감을 나타낼 때 사용합니다. 당기는 방향(Angle), 당기는 정도(Distance)를 설정합니다.

▲ Angle : 44, Distance : 93

❿ Radial Blur : 과녁 모양처럼 이미지를 돌리거나 줌된 효과를 나타냅니다. 줌된 정도(Amount), 방향(Blur Method), 이미지의 질(Quality) 등을 설정합니다.

▲ Amount : 10, Blur Method : spin

⓫ Shape Blur : Shape의 모양으로 블러 효과를 줍니다. 블러의 정도(Radius), 블러의 모양(Shape) 등을 설정합니다.

▲ Radius : 10

⓬ Smart Blur : 이미지의 노이즈를 흐릿하게 제거하여 이미지가 더 선명하게 보이도록 합니다.

▲ Radius : 4.5, Threshold : 25

⓭ Surface Blur : 이미지 면에만 블러가 적용됩니다. 블러의 적용 범위(Radius), 색상의 단계(Threshold) 등을 설정합니다.

▲ Radius : 16, Threshold : 41

## Brush Strokes

브러시를 이용하여 회화적인 효과를 나타냅니다.

❶ **Accented Edges** : 경계선은 부드럽게, 색상 대비 값이 큰 부분을 어두운 색으로 그린 효과를 나타냅니다. 외곽선 너비(Edge Width), 외곽선 밝기(Edge Brightness), 부드러움(Smoothness)을 설정합니다.

❷ **Angled Strokes** : 대각선을 이용하여 이미지를 그린 효과를 나타냅니다. Direction Balance 값이 클수록 오른쪽에서 왼쪽 아래로, 값이 작을수록 왼쪽에서 오른쪽 아래로 선이 그려집니다. 선의 길이(Stroke Length), 날카로움(Sharpness)을 설정합니다.

❸ **Crosshatch** : 이미지에 십자 모양의 교차된 브러시를 이용하여 그림을 그린 효과를 나타냅니다. 선의 길이(Stroke Length), 날카로움(Sharpness), 강도(Strength) 등을 설정합니다.

❹ **Dark Strokes** : 명도에 따라 선의 길이가 다르게 표현되며, 전체적으로 어둡게 나타냅니다. 검은색 강도(Black Intensity), 흰색 강도(White Intensity)를 설정하여 검은색과 흰색 영역을 확대합니다.

❺ Ink Outlines : 잉크를 이용하여 외곽선을 덧칠한 효과를 나타냅니다. 선의 길이(Stroke Length), 어두운 부분 강도(Dark Intensity), 밝은 부분 강도(Light Intensity) 등을 설정합니다.

❻ Spatter : 물감을 뿌리거나 찍어서 그린 효과를 나타냅니다. 스프레이 크기(Spray Radius)가 작을수록 세밀하게 뿌려지고, 부드러움(Smoothness) 값이 클수록 부드러워집니다.

❼ Sprayed Strokes : 스프레이를 이용하여 이미지를 그린 효과를 나타냅니다. 선의 길이(Stroke Lenght), 스프레이 크기(Spray Radius), 선의 방향(Stroke Direction)을 설정합니다.

❽ Sumi-e : 화선지에 먹물이 흡수되어 번지는 효과를 이용하여 그림을 나타냅니다. 선의 폭(stroke Width), 선의 압력(Stroke Pressure), 대비(Contrast)를 설정합니다.

## Distort

이미지를 여러 느낌으로 표현해주는 효과입니다.

❶ **Diffuse Glow** : 밝은 부분에 빛이 반사하는 점들을 뿌린 효과를 나타냅니다. 노이즈 정도(Graininess), 빛의 양(Glow Amount), 깨끗한 범위(Clear Amount) 등을 설정합니다.

❷ **Glass** : 여러 형태의 유리를 통해 이미지를 보는 효과를 나타냅니다. 왜곡(Distortion), 부드러움(Smoothness), 재질(Texture), 텍스처 크기(Scaleing) 등을 설정합니다.

❸ **Ocean Ripple** : 바다 물결을 통해 이미지를 보는 효과를 나타냅니다. 물결 크기(Ripple Size), 물결 진폭(Ripple Magnitude) 등을 설정합니다.

## Sketch

전경색과 배경색을 이용하여 다양한 효과를 나타냅니다.

❶ **Bas Relief** : 밝은 곳은 튀어나오게, 어두운 곳은 들어가게 하여 마치 벽화를 조각한 듯이 나타냅니다. 세밀함(Detail), 부드러움(Smothness), 밝기(Light) 등을 설정합니다.

❷ **Chalk & Charcoal** : 분필과 목탄을 이용하여 그림을 회화적인 느낌으로 나타냅니다. 목탄 영역(Charcoal Area), 분필 영역(Chalk Area), 선의 압력(Stroke Pressure) 등을 설정합니다.

❸ **Charcoal** : 목탄으로 거칠게 스케치한 효과를 나타냅니다. 목탄의 농도(Charcoal Thickness), 세밀함(Detail), 밝은 색과 어두운 색의 조화(Light/Dark Balance) 등을 설정합니다.

❹ **Chrome** : 이미지를 금속 질감으로 표현합니다. 세밀함(Detail), 부드러움(Smoothness) 등을 설정합니다.

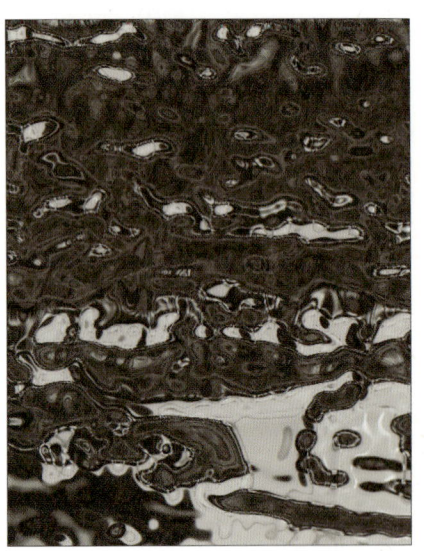

❺ **Conte Crayon** : 재질이 있는 종이에 크레용을 이용하여 그림을 그린 듯한 효과를 나타냅니다. 전경색 단계(Foreground Level), 배경색 단계(Background Level), 재질감(Texture) 등을 설정합니다.

❻ **Graphic Pen** : 가는 펜으로 그림을 그린 듯한 효과를 나타냅니다. 선의 길이(Stroke Length), 밝은 색과 어두운 색의 조화(Light/Dark Balance), 선의 방향(Stroke Diretion) 등을 설정합니다.

❼ **Halftone Pattern** : 망점을 통해 이미지를 보는 듯한 효과를 나타냅니다. 망의 타입에는 Circle, Dot, Line이 있습니다.

❽ **Note Paper** : 질감을 가진 종이에 이미지의 명도를 사용하여 엠보싱 효과를 나타냅니다. 이미지 밸런스(Image Balance), 잡티(Graininess), 입체감(Relief) 등을 설정합니다.

❾ **Photocopy** : 복사기를 이용해 이미지를 복사한 듯 나타냅니다. 세밀함(Detail), 어두운 색(Darkness) 등을 설정합니다.

❿ **Plaster** : 석고로 형태를 만들고, 검은 잉크를 바른 듯한 효과를 나타냅니다. 이미지 밸런스(Image Balance), 부드러움(Smoothness), 빛의 방향(Light Position) 등을 설정합니다.

⓫ **Reticulation** : 점을 찍어 이미지를 표현합니다. 점의 농도(Density), 전경색 단계(Foreground Level), 배경색 단계(Backgrund Level) 등을 설정합니다.

⓬ **Stamp** : 스탬프 도장을 찍은 효과를 나타냅니다. 밝은 색과 어두운 색의 조화(Light/Dark Balance), 부드러움(Smoothness) 등을 설정합니다.

⓭ **Torn Edges** : 색상의 경계선 면을 종이를 찢어 표현한 효과를 나타냅니다. 이미지 균형(Image Balance), 부드러움(Smoothness), 색상 대비(Contrast) 등을 설정합니다.

⓮ **Water Paper** : 젖은 종이에 수채화 물감을 색칠하여 번진 듯하게 표현합니다. 섬유 길이(Fiber Lenght), 밝기(Britness), 색상 대비(Contrast) 등을 설정합니다.

## Noise

이미지를 잡티를 추가하거나 제거합니다.

❶ **Add Noise** : 이미지에 노이즈를 추가합니다. 노이즈의 양(Amount), 노이즈의 종류(Distribution), 흑백 노이즈(Monochromatic) 사용 여부 등을 설정합니다.

▲ Amount : 58.91

❷ **Despeckle** : 노이즈를 제거합니다.

❸ **Dust & Scratches** : 세밀하게 노이즈를 제거합니다. 제거될 범위(Radius), 노이즈의 양(Threshold) 등을 설정합니다.

❹ **Median** : 이미지의 중간 값으로 부드럽게 만듭니다. 부드럽게 적용될 범위(Radius)를 설정합니다.

▲ Radius : 4, Threshold : 58

▲ Radius : 3

❺ **Reduce Noise** : 이미지의 노이즈를 좀 더 정교하게 보정합니다. 명도뿐만 아니라 색상, 경계까지 세밀하게 작업합니다. 노이즈의 감소 정도(Strength), 지킬 세부 범위(Preserve Details), 색상 노이즈 값(Reduce Color Noise), 세부 선명도(Sharpen Details) 등을 설정합니다.

## Pixelate

이미지의 비슷한 색상이나 픽셀의 분포에 따라 모자이크나 크리스털 등의 독특한 효과를 나타냅니다.

❶ Color Halftone : 이미지를 원형 망점을 형태로 그린 효과를 나타냅니다.

❷ Crystallize : 이미지를 다각형 형태로 나타냅니다. 셀의 크기(Cell Size)는 3~300 사이의 값을 설정합니다.

▲ Cell Size : 10

❸ Mezzotint : 동판화로 찍은 효과를 나타냅니다. Type은 10가지가 있습니다.

▲ Type : Medium Lines

❹ Mosaic : 모자이크 형태로 이미지를 만듭니다. 모자이크 사이즈(Cell Size)는 2~200까지 설정합니다.

▲ Cell Size : 8

❺ Pointillize : 점묘화 기법으로 그린 효과를 나타냅니다. 셀의 크기(Cell Size)는 3~300 사이의 값을 설정합니다.

▲ Cell Size : 8

## Render

빛과 관련된 효과가 들어 있습니다.

❶ Clouds : 전경색과 배경색을 구름처럼 나타냅니다.

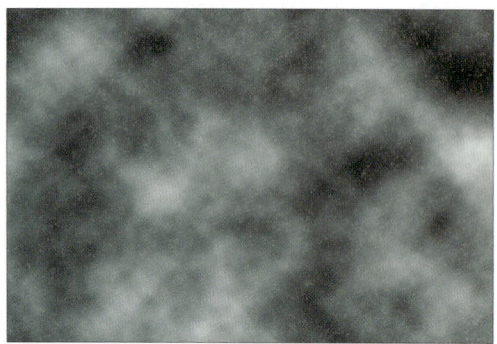

❷ Differance Clouds : 전경색가 배경색을 혼합하여 'Difference' 블렌드 모드로 구름 효과를 나타냅니다.

❸ Fibers : 섬유 조직의 결(Variance), 조직의 강조(Strength) 등을 설정하며, Randomize를 클릭하면 결이 랜덤으로 바뀝니다.

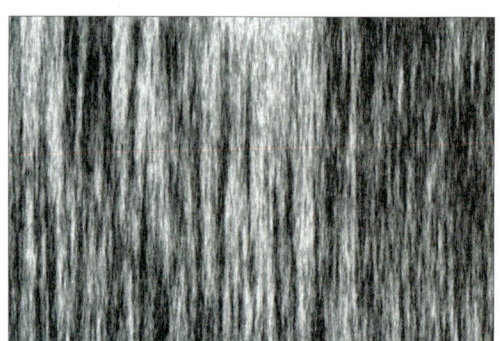

▲ Variance : 16, Strength : 4

❹ Lens Flare : 카메라 렌즈의 빛 효과를 나타냅니다. 빛의 밝기(Brightness), 렌즈의 종류(Lens Type)를 설정합니다.

▲ Brightness : 127

❺ Light Effect : 조명을 비춘 효과를 나타냅니다. 조명의 종류(Spot), 조명색(Color), 조명 강도(Hotspots) 등을 설정합니다.

## Sharpen

채도와 명도를 조절하여 이미지를 선명하게 나타냅니다.

❶ **Sharpen** : 채도로 이미지를 선명하게 나타냅니다.

❷ **Sharpen Edges** : 이미지의 경계선을 선명하게 나타냅니다.

❸ **Sharpen More** : 채도와 이미지의 경계선을 선명하게 나타냅니다.

❹ **Smart Sharpen** : 이미지의 명암을 강조하여 선명하게 나타냅니다.

❺ **Unsharp Mask** : 대화상자를 통해 선명도를 세밀하게 조절합니다. 선명도의 정도(Amount), 적용 범위(Radius), 색상 단계(Threshold) 등을 설정합니다.

▲ Amount : 50, Radius : 1.0

## Stylize

이미지를 새로운 스타일로 변경합니다.

❶ **Glowing Edges** : 이미지 경계선에 빛을 발산하여 표시하고 나머지 부분은 어둡게 나타냅니다. 외곽선 두께(Edge Width), 외곽선 밝기(Edge Brightness), 부드러움(Smoothness) 등을 설정합니다.

❷ **Diffuse** : 픽셀을 흩뿌리듯이 나타내며 Mode에서 흩뿌리는 방식을 설정할 수 있습니다. 랜덤하게(Nomal), 어두운 부분(Darkern Only), 밝은 부분(Lighten Only), 확산되는 방식(Anisotropic) 등이 있습니다.

❸ **Emboss** : 입체적인 효과로 나타냅니다. 빛의 각도(Angle), 돌출 높이(Height), 강도(Amout) 등을 설정합니다.

▲ Angle : 135°, Height : 3, Amount : 100

❹ **Extrude** : 돌출 효과를 나타냅니다. 모양(Type)은 블록과 피라미드형이 있으며, 크기(Size), 깊이(Depth), 조각면의 색상(Solid Front Faces), 가장자리 효과(Mask Incomplete Blocks) 등을 설정합니다.

▲ Size : 30 Depth : 30

❺ **Find Edge** : 이미지의 경계선 부분을 선명하게 만들며, 전체적으로 흰색 톤으로 바뀝니다.

❼ **Tiles** : 흩어진 타일처럼 나타납니다. 타일의 수(Number Of Tiles), 확장 범위(Maximum Offset), 빈 공간에 채워지는 방식(Fill Empty Area With) 등을 설정합니다.

▲ Number Of Tiles : 10, Maximum Offset : 10

❾ **Wind** : 바람이 부는 듯한 효과를 나타냅니다. 바람의 강도(Method), 바람의 방향(Direction) 등을 설정합니다.

▲ Method : Wind, Direction : From the Right

❻ **Solarize** : 사진기의 필름처럼 네거티브와 포지티브를 혼합한 형태로 나타납니다.

❽ **Trace Contour** : 채널에 얇은 테두리선을 만듭니다. 명도 단계(Level)에서 선을 생성할 것인지, 명도보다 낮은 곳에 선을 생성(Lower) 할 것인지, 명도보다 높은 곳에 선을 생성(Upper) 할 것인지를 설정합니다.

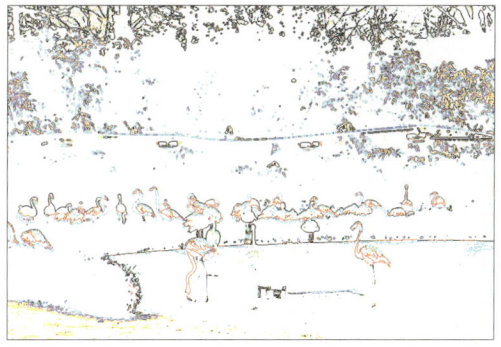

▲ Level : 128, Edge : Upper

## Texture

단순하게 반복되는 재질을 만드는 기능뿐만 아니라 캠퍼스나 벽돌, 모래 등과 같은 독특한 재질을 표현합니다.

❶ **Craquelure** : 갈라진 벽면에 이미지를 그린 효과를 나타냅니다. 갈라진 벽면 간격(Crack Spacing), 벽면의 깊이(Crack Depth), 벽면의 밝기(Crack Brightness) 등을 설정합니다.

❷ **Grain** : 여러 가지 노이즈를 이용하여 이미지를 그린 효과를 나타냅니다. 농도(Intensity), 대비(Contrast) 등을 설정합니다.

❸ **Mosaic Tiles** : 불규칙한 타일 위에 모자이크 효과를 나타냅니다. 타일의 크기(Tile Size), 돌출 부위의 너비(Grout Width)와 밝기(Lighten Grout)를 설정합니다.

❹ **Patchwork** : 사각 타일로 보이도록 합니다. 사각형 크기(Square Size), 선명도(Relief)를 설정합니다.

❺ Stained Glass : 성당의 창문에 표현된 스테인드글라스로 나타냅니다. 셀 크기(Cell Size), 선의 두께(Border Thickness), 밝기(Light Intensity)를 설정합니다.

❻ Texturizer : 다양한 재질을 나타냅니다. 재질의 종류(Texture), 크기(Scaling), 빛의 방향(Light Direction) 등을 설정합니다.

## Video

동영상과 관련된 이미지를 설정합니다.

❶ De-Interlace : 동영상에서 캡처한 이미지를 적당한 형태로 조절합니다.

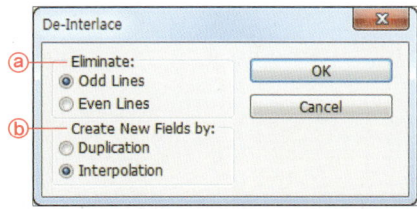

ⓐ Eliminate : 가로의 홀수 줄 또는 짝수 줄의 픽셀을 제거합니다.

ⓑ Create New Fields by : 제거된 픽셀을 채우는 방식을 지정합니다.

❷ Ntsc Colors : NTSC 방송용 색상 모드로 변환합니다.

## 기능 익히기 — 스케치한 느낌의 흑백 성 만들기

◎ **예제 파일** Chapter15/성.jpg  |  **결과 파일** Chapter15/오래된성-완성.jpg

**01** `Ctrl`+`J`를 눌러 레이어를 복사합니다.

**02** 메뉴에서 [Filter]-[Stylize]-[Find Edges]를 클릭합니다.

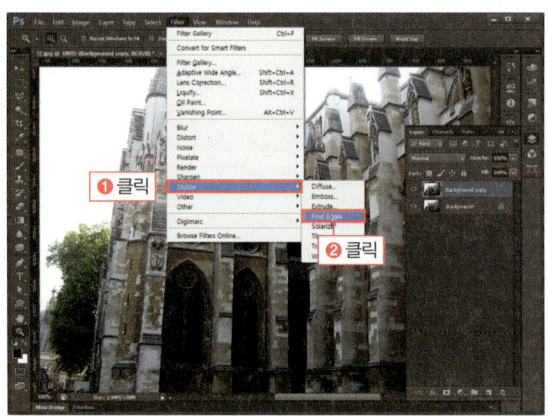
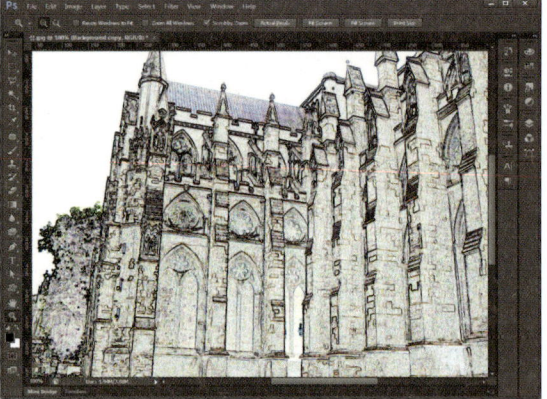

**03** 메뉴에서 [Filter]-[Filter Gallery]를 클릭합니다.

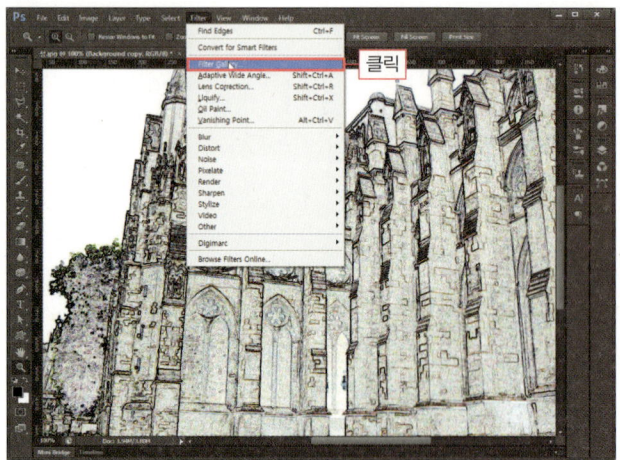

**04** [OK] 버튼을 클릭합니다.

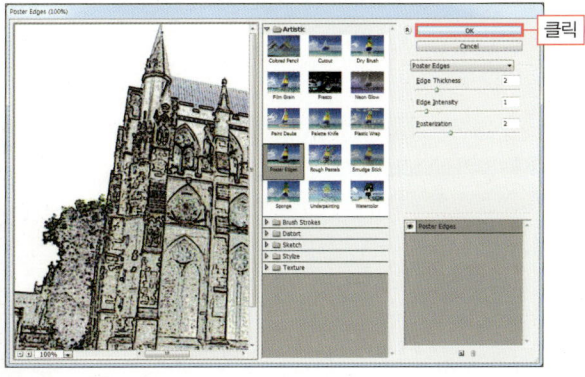

**05** [Layer](  ) 패널에서 Blending Mode를 'Color Dodge'로 설정합니다.

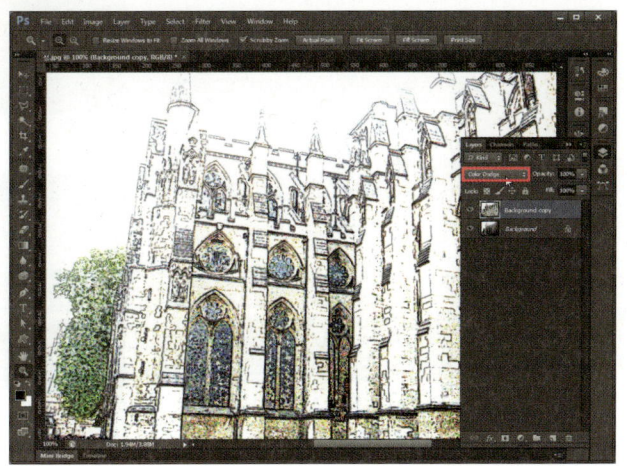

**06** [Adjustments](  ) 패널에서 Hue/Saturation 버튼(  )을 클릭한 후 Saturation 값을 '-100'으로 설정하여 그림을 완성합니다.

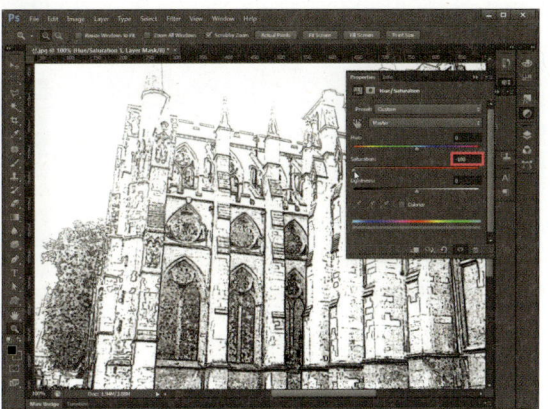

CHAPTER 15 이미지에 다양한 효과를 적용하자 – 필터

## 기능 익히기 물방울 만들기

● **예제 파일** Chapter15/꽃.jpg  |  **결과 파일** Chapter15/꽃-완성.jpg

**01** [Layer](  ) 패널에서   를 클릭하여 레이어를 추가합니다.

**02** [Tool] 패널에서 [Default] 버튼을 클릭한 후 메뉴에서 [Filter]-[Render]-[Clouds]를 클릭합니다.

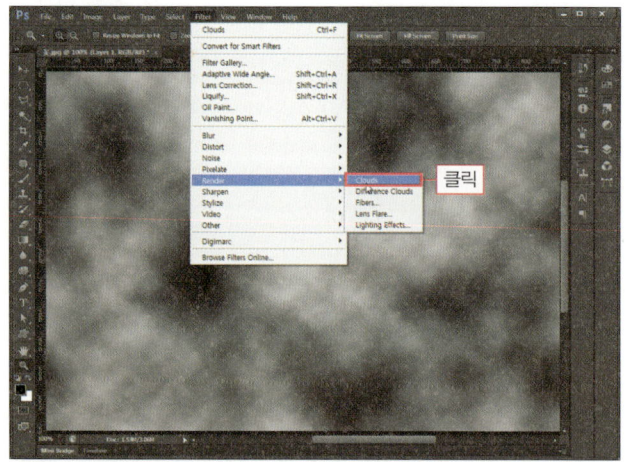

**03** 메뉴에서 [Filter]-[Stylize]-[Find Edges]를 클릭합니다.

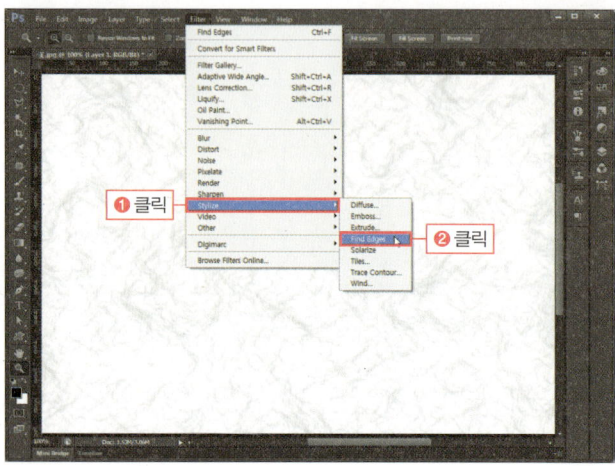

**04** 메뉴에서 [Image]-[Adjustments]-[Threshold]를 클릭합니다. Threshold Level을 '250'으로 설정하고 [OK] 버튼을 클릭합니다.

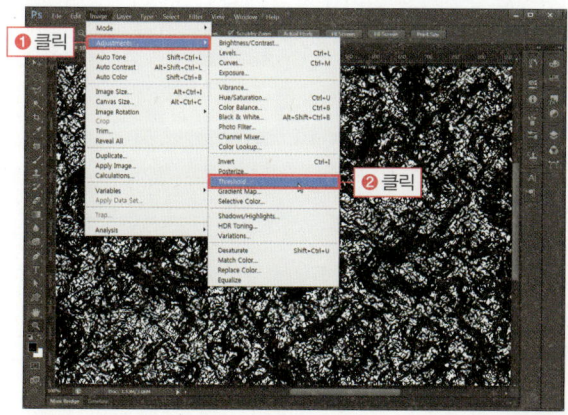
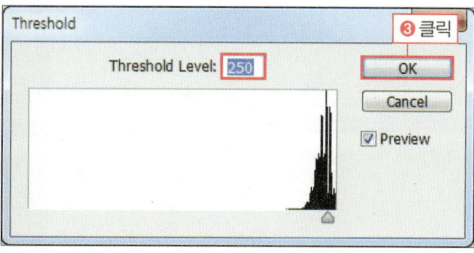

**05** 메뉴에서 [Filter]-[Filter Gallery]를 클릭합니다.

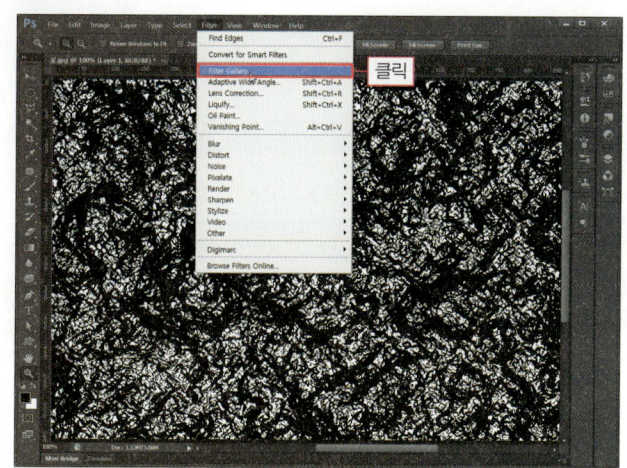

**06** Image Balance를 '27', Smoothness를 '13'으로 설정한 후 [OK] 버튼을 클릭합니다.

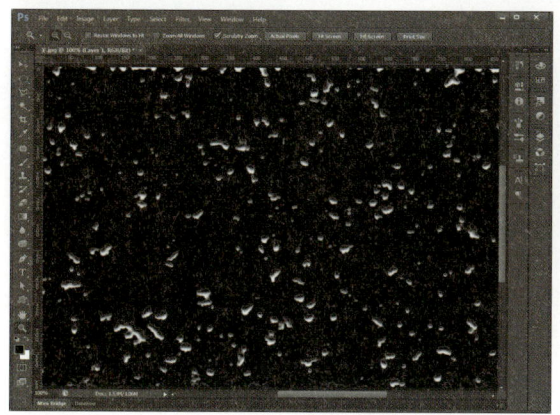
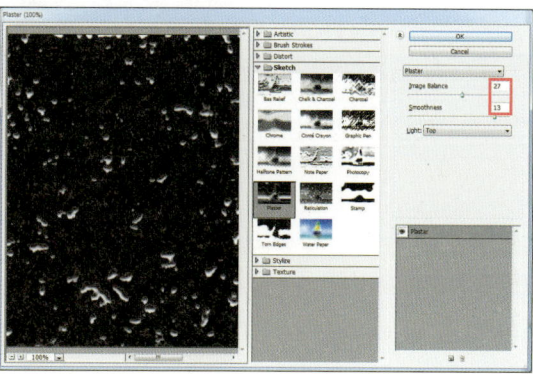

**07** [Tool] 패널에서 마술 봉 툴(Magic Wand Lasso Tool(     ))을 선택하여 검은색 배경을 클릭합니다. `Delete`를 눌러 배경을 삭제하고 `Ctrl`+`D`를 눌러 선택을 해제합니다.

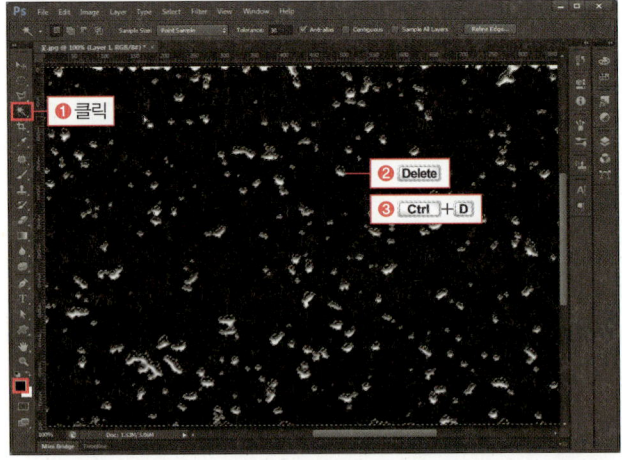

**08** [Layer](     ) 패널에서 Blending Mode를 'Overlay'로 변경합니다.

**09** 메뉴에서 [Filter]-[Blur] [Iris Blur]를 클릭합니다.

**10** 그림과 같이 조절점을 밖으로 드래그하고 [OK] 버튼을 클릭합니다.

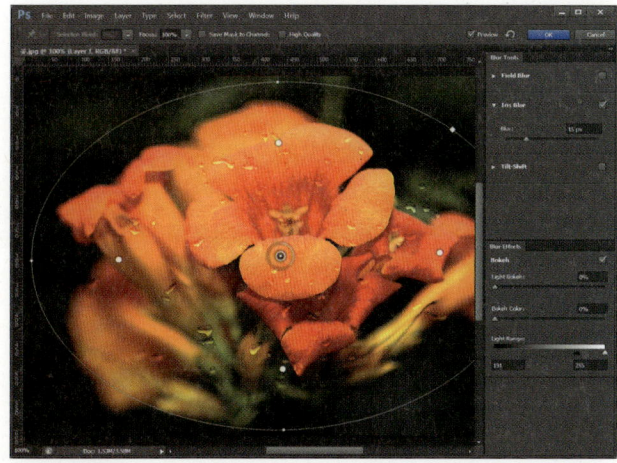

**11** 그림이 완성되었습니다.

## 기능 익히기 — 모래사장 이벤트 배경 만들기

> **예제 파일** Chapter15/바다.jpg, Chapter15/조개.png | **결과 파일** Chapter15/바다-완성.jpg

**01** 메뉴에서 [File]–[New]를 클릭합니다. Width는 '800', Height는 '600'으로 설정하고 [OK] 버튼을 클릭합니다.

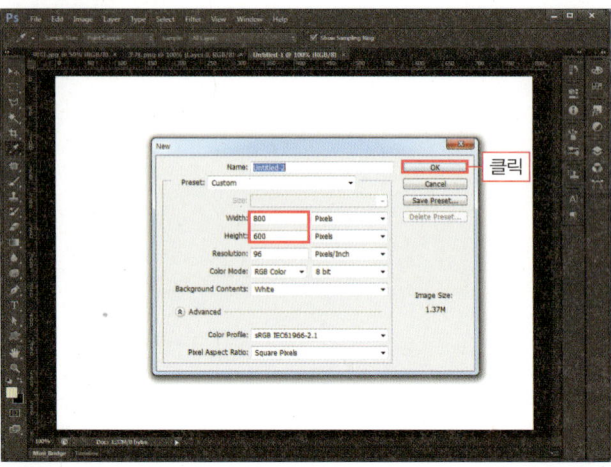

**02** [Tool] 패널에서 전경색을 '#ece1c5'로 설정합니다. 페인트 버켓 툴(Paint Bucket Tool)을 선택하여 캔버스에 클릭합니다.

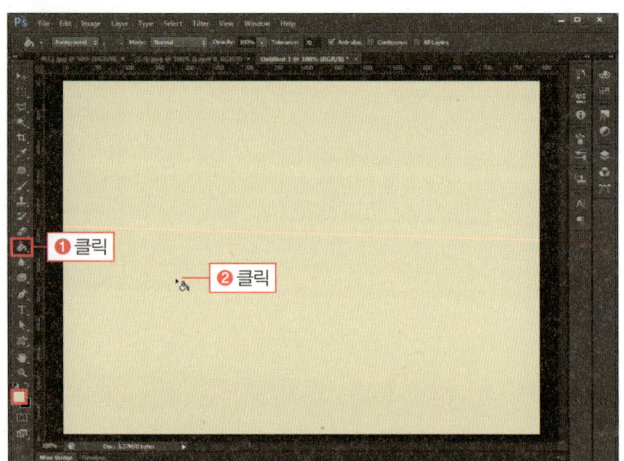

**03** 메뉴에서 [Filter]–[Noise]–[Add Noise]를 클릭합니다.

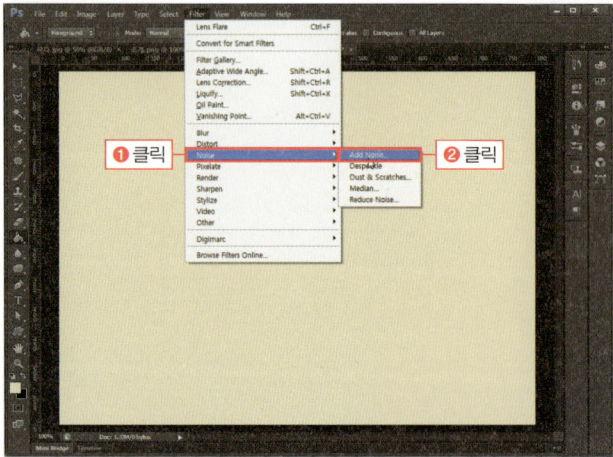

**04** Amount를 '6'으로 설정하고 [OK] 버튼을 클릭합니다.

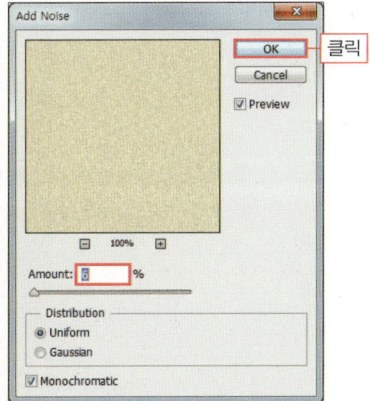

> 🔖 **TIP** | 필터 값 초기화
> [Alt]를 누르면 [Cancel] 버튼이 [Reset] 버튼으로 바뀌고, [Ctrl]을 누르면 [Cancel] 버튼이 [Default] 버튼으로 바뀝니다.

**05** [바다.jpg] 탭을 클릭합니다. 메뉴에서 [Edit]-[Copy]([Ctrl]+[C])를 클릭합니다.

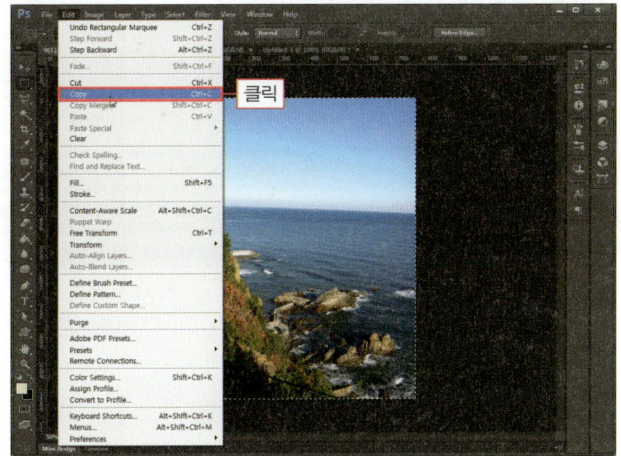

**06** [Untitled-1.jpg] 탭을 클릭합니다. 메뉴에서 [Edit]-[Paste]([Ctrl]+[V])를 클릭합니다.

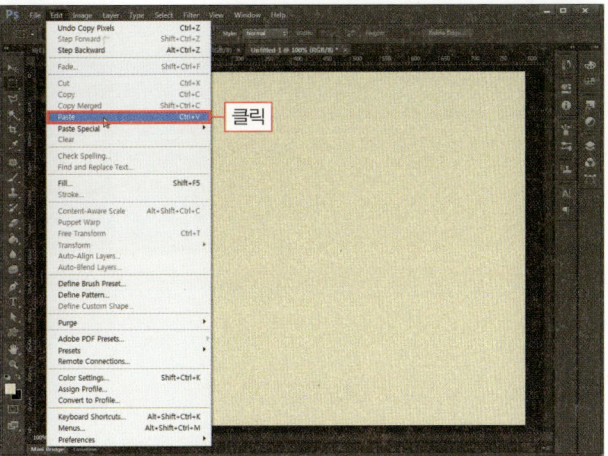

**07** 메뉴에서 [Edit]-[Free Transform](Ctrl+T)을 클릭합니다. 조절점을 밖으로 늘립니다. 옵션 바에서 ✓ 버튼을 클릭합니다.

> **TIP | 이미지 크기 조절하기**
> Ctrl+T를 누르면 사방으로 조절점이 생깁니다. 조절점을 클릭한 후 원하는 사이즈로 드래그하여 크기를 조절합니다.

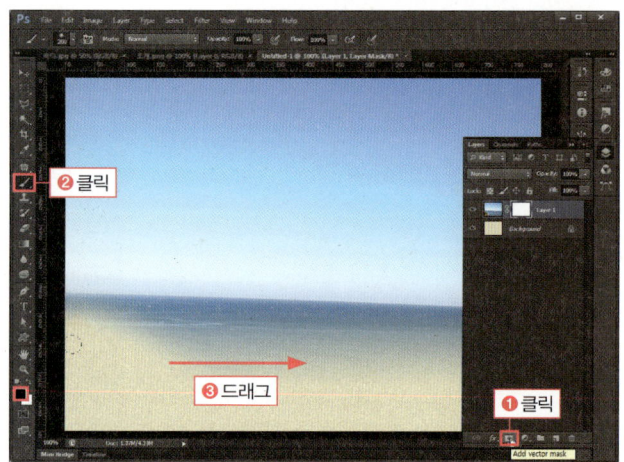

**08** [Layer](◆) 패널에서 ▢ 버튼을 클릭합니다. [Tool] 패널에서 브러시 툴(Brush Tool ✎)을 클릭합니다. 전경색을 검은색으로 설정하고 바다 아래를 드래그하여 지웁니다.

**09** [Tool] 패널에서 이동 툴(Move Tool ▸)을 클릭합니다. 바다를 위로 드래그하여 옮깁니다.

**10** [Layer](는 잠시 생략) 패널에서 바다 섬네일을 클릭합니다.

**11** 메뉴에서 [Filter]-[Render]-[Les Flare]를 클릭합니다.

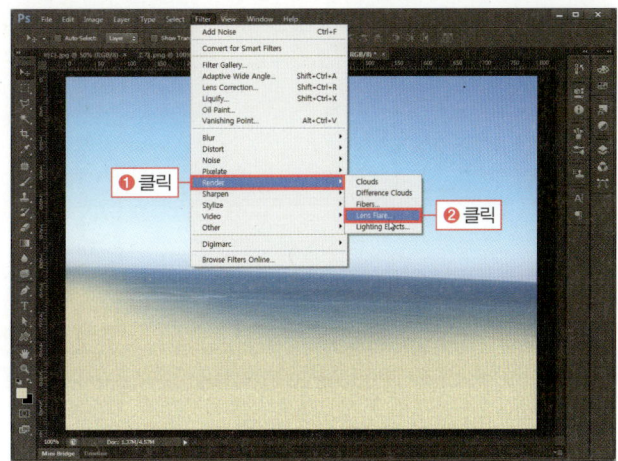

**12** Brightness를 '110', 빛의 위치를 그림과 같이 드래그하고 [OK] 버튼을 클릭합니다.

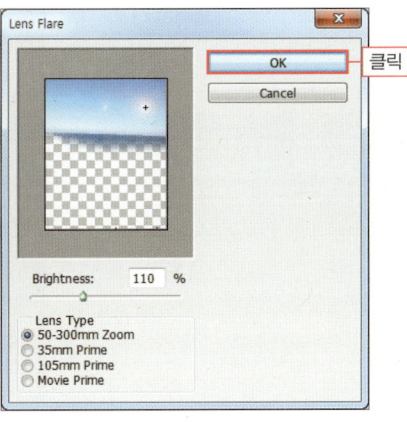

**13** [조개.png] 탭을 선택한 후 `Ctrl`+`A`를 누릅니다. 메뉴에서 [Edit]-[Copy](`Ctrl`+`C`)를 클릭합니다.

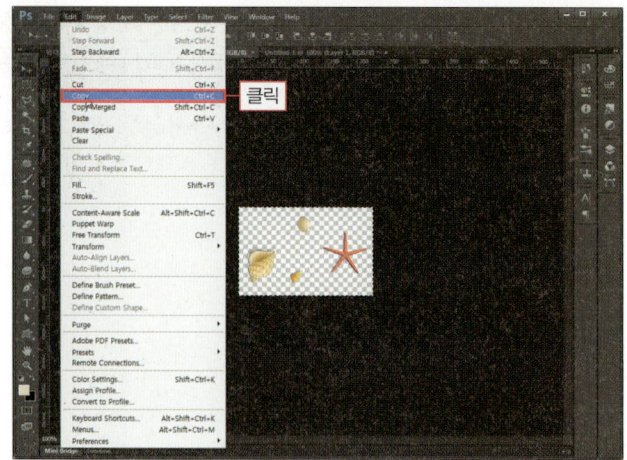

**14** [Untitled-1.psd] 탭을 클릭합니다. 메뉴에서 [Edit]-[Paste](`Ctrl`+`V`)를 클릭합니다.

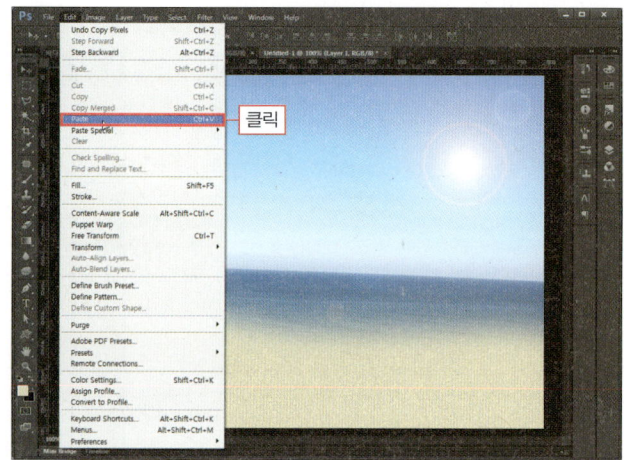

**15** [Tool] 패널에서 이동 툴(Move Tool)을 클릭하여 아랫방향으로 드래그합니다.

**16** [Tool] 패널에서 가로 문자 툴(Horizontal Type Tool )을 클릭합니다. 글씨체는 '안상수2006굵은', 크기는 '72', 글자색은 '#ff6600', 'SUMMER'를 '#ffcc00'으로 설정한 후 'SALE'을 입력하고 옵션 바에서  버튼을 클릭합니다.

**17** [Layer]() 패널에서 글자 레이어의 빈 영역을 더블클릭합니다. [Stroke] 탭을 클릭한 후 Color를 '흰색'으로 설정합니다. [Drop Shadow] 탭을 클릭한 후 Distance는 '0', Size는 '8'로 설정하고 [OK] 버튼을 클릭합니다.

 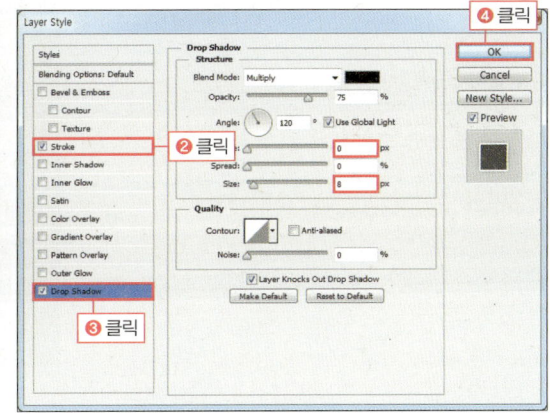

**18** [Layer]() 패널에서 Ctrl 을 누른 상태에서 글자 섬네일을 클릭합니다.

CHAPTER 15 이미지에 다양한 효과를 적용하자 – 필터 353

**19** [Layer](⬖) 패널에서 ￼를 클릭하여 레이어를 추가합니다.

> 🖉 **TIP** | 새 레이어 추가하기 단축키
> Shift + Ctrl + N

**20** 메뉴에서 [Select]-[Modify]-[Contract]를 클릭합니다.

**21** Contract By에 '2'를 입력하고 [OK] 버튼을 클릭합니다.

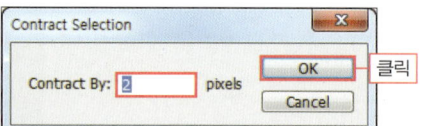

**22** [Tool] 패널에서 전경색을 '흰색'으로 설정합니다. 페인트 버켓 툴(Paint Bucket Tool)을 선택하여 선택 영역을 클릭합니다.

**23** [Layer]( ) 패널에서 를 클릭합니다.

**24** [Tool] 패널에서 그레이디언트 툴(Gradient Tool)을 클릭합니다. 옵션 바에서 Preset에서 'Black, White'를 선택하고 글자 아래에서 위로 드래그하여 그림을 완성합니다.

## 02 이미지를 왜곡하는 - Liquify

이미지의 영역을 부풀리거나 밀어서 이미지를 왜곡할 때 사용합니다. 메뉴에서 [Filter]-[Liquify]를 클릭하면 대화상자가 나타납니다.

▲ 원본

▲ 왜곡

### [Liquify] 패널 살펴보기

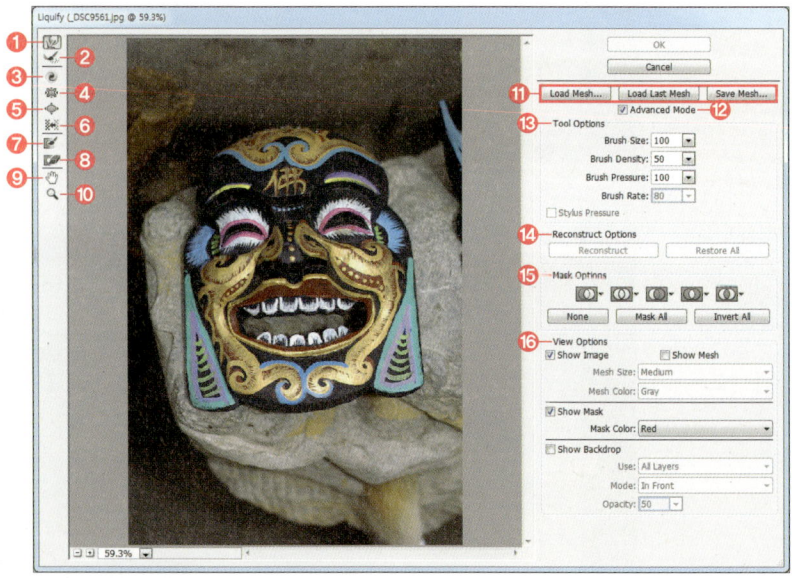

❶ **Forward Warp Tool**( ) : 드래그하는 방향으로 이미지가 밀려납니다.

❷ **Reconstruct Tool**( ) : 왜곡된 이미지를 복구하는 툴입니다.

❸ **Twirl Clockwise Tool**( ) : 클릭하거나 드래그하여 이미지를 시계 방향으로 회전합니다. 반시계 방향으로 회전하려면 Alt 를 누른 상태에서 드래그합니다.

❹ Pucker Tool(🌀) : 브러시의 가운데 부분으로 이미지가 줄어듭니다.

❺ Bloat Tool(🔘) : 브러시의 가운데에서부터 바깥 방향으로 이미지가 부풀려집니다.

❻ Push Left Tool(▨) : 이미지 픽셀을 왼쪽 방향으로 밀어줍니다.

❼ Freeze Mask Tool(✏️) : 이미지의 왜곡을 막기 위해 마스크를 넣어 이미지를 보호합니다.

❽ Thaw Mask Tool(✏️) : 왜곡을 막는 보호 마스크를 지울 때 사용합니다.

❾ Hand Tool(✋) : 이미지의 위치를 이동할 때 사용합니다.

❿ Zoom Tool(🔍) : 이미지를 확대하거나 축소합니다.

⓫ 메시를 이용하여 이미지를 왜곡합니다.
- Load Mesh : 저장된 메시를 불러옵니다.
- Load Last Mesh : 마지막에 작업한 메시를 불러옵니다.
- Save Mesh : 현재 작업한 메시를 저장합니다.

⓬ Advanced Mode : 체크하면 세부 옵션 사항을 설정할 수 있습니다.

⓭ Tool Options : 왜곡 기능 브러시의 사이즈, 농도, 압력 값 등을 설정합니다.

⓮ Reconstruct Options : 왜곡된 이미지를 복구할 옵션을 설정합니다.

⓯ Mask Options : 이미지가 변형을 막아주는 마스크 영역을 설정합니다.

⓰ View Options : 작업하는 화면의 보기를 설정합니다.

# 포토샵의 고급 기능

CHAPTER 16

이번에는 포토샵에서 고급 기능에 대해 알아봅니다. 자주 사용되는 명령을 기억해 한꺼번에 여러 이미지에 적용하는 Action과 Batch, 2D 이미지를 3D로 표현하는 3D, 정지된 이미지를 움직이게 만들어주는 애니메이션에 대해 알아보겠습니다.

× M A D A M ' S   K S   P H O T O S H O P   C S 6 ×

•• 정지된 이미지를 움직일 수 있습니다. 애니메이션을 만들어주는 Timeline에 대해 알아봅니다.

•• 2D 이미지를 3D로 표현할 수 있습니다. 2D 글자를 3D로 표현해봅니다.

## 01 ✕ 반복 작업을 편리하게 – Action(▶)

액션은 반복되는 작업의 순서를 기록해두었다가 Batch 기능을 이용하여 다른 이미지에 적용하는 것을 뜻합니다.

## Action 만들기

[Window]-[Action]( Alt + F9 ) 메뉴를 실행하면 액션 패널이 나타납니다.

## Action 패널 살펴보기

❶ Toggle item On/Off : 체크된 액션만 실행됩니다.

❷ Dialog On/Off(▣) : 그림이 있는 액션은 대화상자가 나타나기 때문에 값을 변경할 수 있습니다.

❸ 액션 세트 : 액션을 종류별로 그룹을 만들 수 있습니다.

❹ 액션들 : 포토샵의 다양한 명령들이 있습니다.

❺ Stop playing/recording(▣) : 실행 중인 액션을 멈추거나 기록 중인 액션을 끝냅니다.

❻ Begin recording(●) : 액션을 기록할 때 사용하며, 기록 중일 때는 빨간색으로 바뀝니다.

❼ Play selection(▶) : 선택한 액션을 실행합니다.

❽ Create new set(▣) : 액션 폴더를 만듭니다.

❾ Create new action(▣) : 새로운 액션을 만듭니다.

❿ Delete(🗑) : 선택한 액션을 삭제합니다.

## 포토샵의 자동화 기능

메뉴에서 [File]-[Automate]를 클릭하면 나타나는 메뉴를 말합니다.

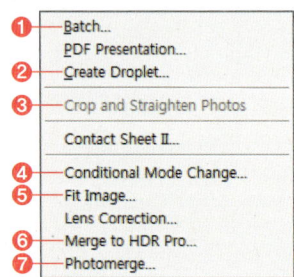

❶ Batch : 액션을 여러 이미지에 한꺼번에 적용할 때 사용합니다.

❷ Create Droplet : 액션을 애플리케이션으로 만듭니다.

❸ Crop and Straighten Photos : 한 장의 이미지를 여러 개로 자동으로 나누어줄 때 사용합니다.

❹ Conditional Mode Change : 모드가 각각 다른 이미지를 하나의 모드로 통일합니다.

❺ Fit Image : 설정한 사이즈로 이미지 크기를 변경합니다.

❻ Merge to HDR Pro : 노출이 다른 이미지를 HDR 이미지 하나로 합칩니다.

❼ Photomerge : 여러 장의 이미지를 하나의 파노라마 사진으로 만듭니다.

## [Batch] 대화상자 살펴보기

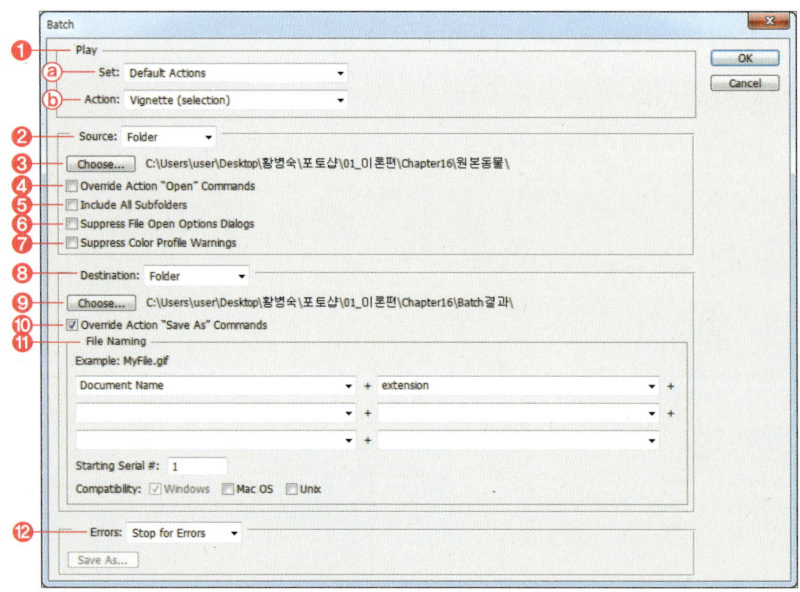

❶ Play : 실행할 액션을 선택합니다.
　ⓐ Set : 액션 폴더를 선택합니다.
　ⓑ Action : 실행할 액션을 선택합니다.

❷ Source : 액션을 적용할 이미지의 종류를 선택합니다.

❸ Choose : 액션을 적용할 이미지를 선택합니다.

❹ Override Action 'Open' Commands : 액션 명령 안에 open 명령이 포함되어 있을 경우 체크합니다.

❺ Include All Subfolders : 하위 폴더도 액션을 적용합니다.

❻ Suppress File Open Options Dialogs : 파일을 여는 것을 무시합니다.

❼ Suppress Color Profile Warnings : 색상 정보 에러 창을 무시합니다.

❽ Destinaton : 액션을 적용한 폴더를 저장할 위치를 지정합니다.

❾ Choose : 액션이 적용된 이미지를 저장할 위치를 선택합니다.

❿ Override Action 'Save As' Commands : Save As 명령을 무시하고 액션을 실행합니다.

⓫ File Naming : 저장할 파일 이름 규칙을 설정합니다.

⓬ Errors : 에러가 발생했을 때 처리할 방법을 설정합니다.

## 기능 익히기 | '동물 농장' 글자를 여러 이미지에 한꺼번에 넣기

▶ **예제 파일** : Chapter16/원본동물 | **결과 파일** : Chapter16/Batch결과

**01** 메뉴에서 [File]-[Open](Ctrl+O)을 클릭합니다. Chapter16 폴더에서 동물1.jpg를 선택한 후 [OK] 버튼을 클릭합니다.

**02** 메뉴에서 [Window]-[Action](Alt+F9)을 클릭한 후 📁 버튼을 클릭합니다. Name에 '나의 액션'을 입력하고 [OK] 버튼을 클릭합니다.

**03** 🔘 버튼을 클릭합니다. Name에 '이니셜넣기'를 입력하고 [Record] 버튼을 클릭합니다.

**04** 메뉴에서 [Image]–[Image Size](Alt + Ctrl + F9)를 클릭합니다.

**05** Width를 '800', Height를 '600'으로 입력하고 [OK] 버튼을 클릭합니다.

**TIP | 가로 세로 비율 유지하면서 사이즈 조절하기**
Constrain Proportions를 체크하면 Pixel Dimensions에 🔗가 생기면서 가로, 세로 비율을 유지한 상태로 사이즈가 조절됩니다. 체크를 해제하면 가로 세로 값을 따로 입력해줄 수 있습니다.

**06** 메뉴에서 [Image]–[Adjustments]–[Desaturation](Shift + Ctrl + U)을 클릭합니다.

**TIP | 이미지 흑백 만들기 단축키**
Shift + Ctrl + U 를 이용하면 더 빠르게 작업할 수 있습니다.

CHAPTER 16 포토샵의 고급 기능   363

**07** [Tool] 패널에서 가로 문자 툴(Horizontal Type Tool T.)을 클릭합니다. 옵션 바에서 글씨체는 '휴먼매직체', 크기는 '60', 색상은 '흰색'으로 설정하고 '동물 농장'을 입력합니다.

**08** 메뉴에서 [File]–[Save as](Shift + Ctrl + S)를 클릭합니다.

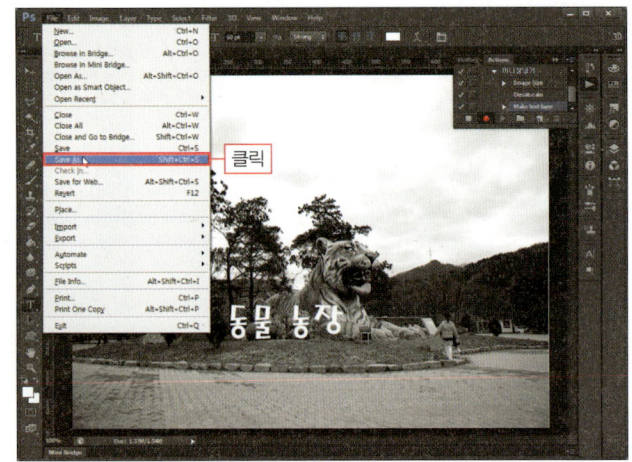

**09** Chapter16/Bath 결과 폴더를 선택한 후 [저장] 버튼을 클릭합니다.

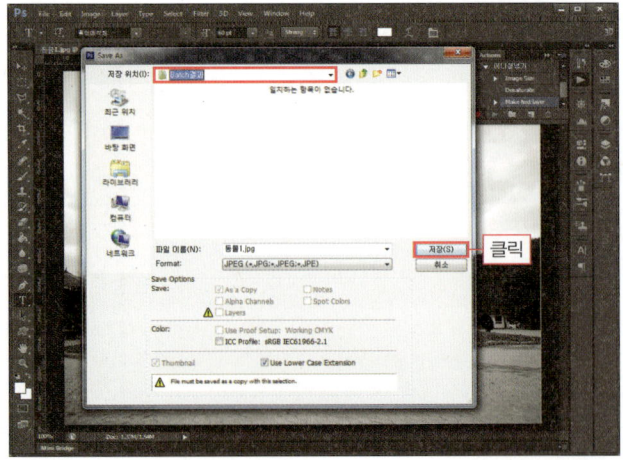

10 [Action](▶) 패널에서 Stop(■) 버튼을 눌러 기록을 중지합니다.

11 메뉴에서 [File]-[Automate]-[Batch]를 클릭합니다.

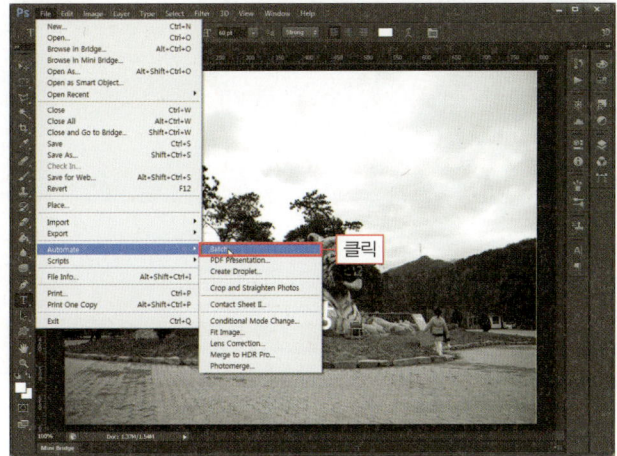

12 Play의 Action은 '이니셜 넣기', Source는 'Folder', Choose 버튼을 클릭하여 Chapter16/원본동물 폴더를 선택합니다. Destination은 'Folder', Choose 버튼을 클릭하여 Chapter16/Batch 결과 폴더를 선택합니다. Override Action 'Save As' Commands에 체크하고 [OK] 버튼을 클릭합니다.

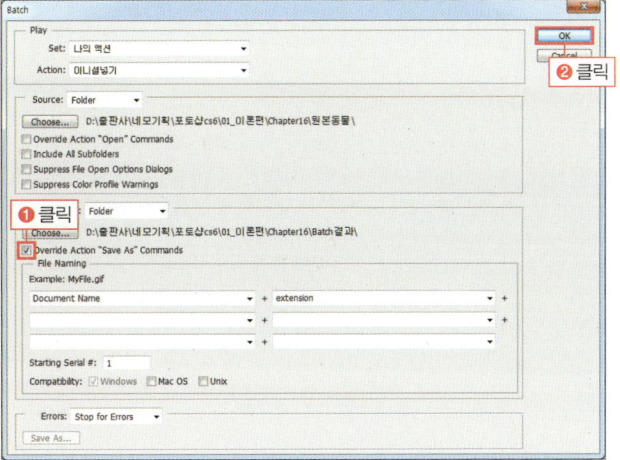

CHAPTER 16 포토샵의 고급 기능 365

**13** 화면에 이미지가 순서대로 나타났다 사라집니다. Chapter16/Batch 결과 폴더를 열어보면 완성된 이미지가 들어 있는 것을 알 수 있습니다.

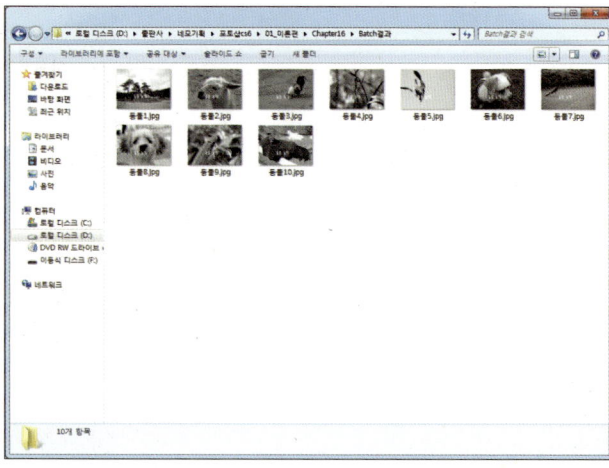

## 02 ✕ Timeline

애니메이션이 Timeline으로 바뀌었습니다. Timeline을 이용하면 Gif 애니메이션을 만들 수 있습니다.

### 타임라인 애니메이션

포토샵에서는 Gif 애니메이션을 만들 수 있습니다. Gif 애니메이션은 이미지가 들어 있는 각각의 장면 (프레임)을 연속적으로 빨리 재생하여 보여주는 것을 말합니다.

### 타임라인 패널 살펴보기

❶ 프레임 애니메이션을 만드는 각각의 장면을 뜻합니다.

❷ Selects frame delay time : 해당 프레임을 보는 데 걸리는 시간을 말하며, 각각 지정할 수 있습니다.

❸ Looping Options : 반복 옵션으로, 한 번만 실행하는 Once와 반복 실행되는 Forever가 있습니다.

❹ Selects First Frame(◀◀) : 맨 처음 프레임을 선택합니다.

❺ Selects Previous Frame(◀) : 선택한 프레임 앞에 있는 프레임을 선택합니다.

❻ Plays Animation(▶) : 재생 버튼입니다.

❼ Selects Next Frame(▶▶) : 선택한 프레임 뒤에 있는 프레임을 선택합니다.

❽ Tween Animation Frame(◥) : 프레임과 프레임 사이에 중간 단계 프레임을 삽입합니다.

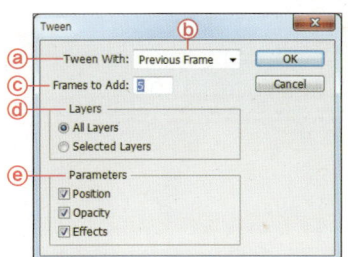

ⓐ Tween Width : 어떤 프레임과 연결하여 중간 단계를 만들 것인 지를 지정합니다.

ⓑ Previeous Frame은 이전 프레임, Next Frame은 이후 프레임 과 연결합니다.

ⓒ Frames to Add : 중간 단계 프레임 수를 설정합니다.

ⓓ Layers : 애니메이션할 레이어를 선택합니다.

ⓔ Parameters : 애니메이션의 속성을 설정합니다.

❾ Duplicates Selected Frames(▣) : 선택한 프레임을 복사합니다.

❿ 🗑 : 선택한 프레임을 삭제합니다.

## 기능 익히기 | 아프리카 어린이에게 희망을 – 캠페인 광고 만들기

▶ **예제 파일** : Chapter16/광고1.jpg | **결과 파일** : Chapter16/광고1-완성.gif

**01** [Tool] 패널에서 가로 문자 툴(Horizontal Type Tool)을 클릭합니다. 글씨체는 '산돌고딕M', 크기는 '60', 색상은 흰색으로 설정하고 'uni-cef'를 입력합니다. 옵션 바의 ✓ 버튼을 클릭하여 편집을 끝냅니다.

**02** '아프리카 어린이에게'를 입력합니다. 전체를 블록으로 지정한 후 크기를 '30', 색상을 '#333333'으로 설정합니다. '어린이'를 블록으로 지정하고, 크기를 '36', 색상을 '#990000'으로 설정합니다.

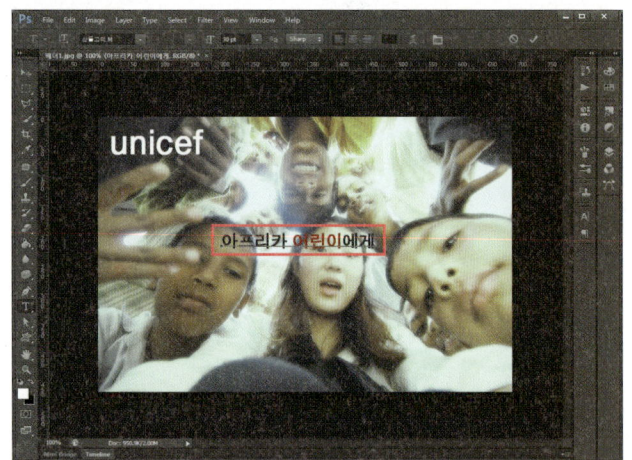

**03** 동일한 방법으로 '깨끗한 물을 선물하세요'와 '당신의 관심으로 놀라운 변화를 선물하세요'를 입력합니다.

**04** [Tool] 패널에서 이동 툴(Move Tool )을 클릭하여 그림과 같이 글자를 겹쳐 놓습니다.

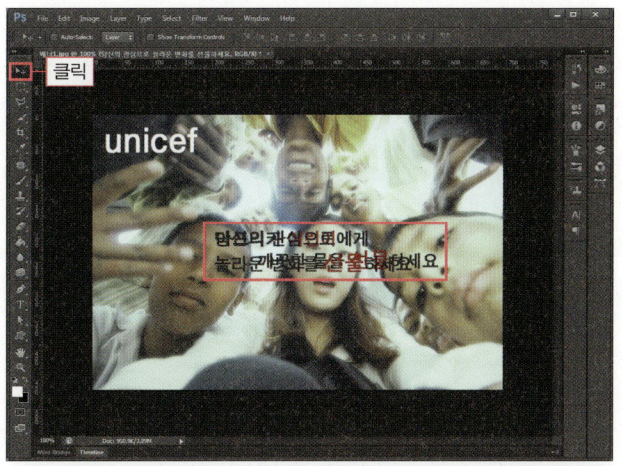

**05** [Layer]( ) 패널에서 Background 레이어를 버튼으로 드래그하여 복사합니다.

**06** 메뉴에서 [Image]-[Adjustments]-[Hue/Saturation]( Ctrl + U )을 클릭합니다.

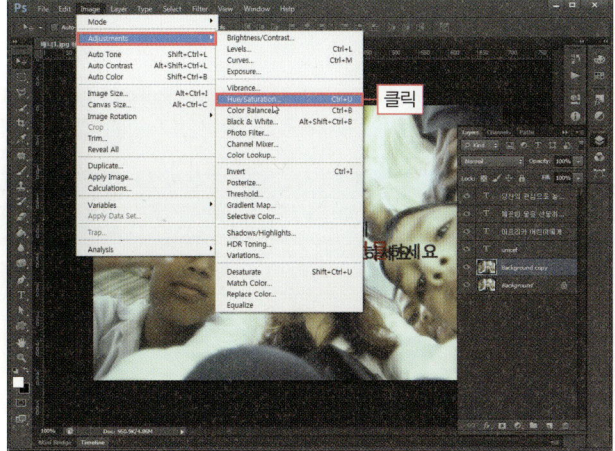

**07** Colorize에 체크한 후 Hue는 '44', Saturation은 '25'로 설정하고 [OK] 버튼을 클릭합니다.

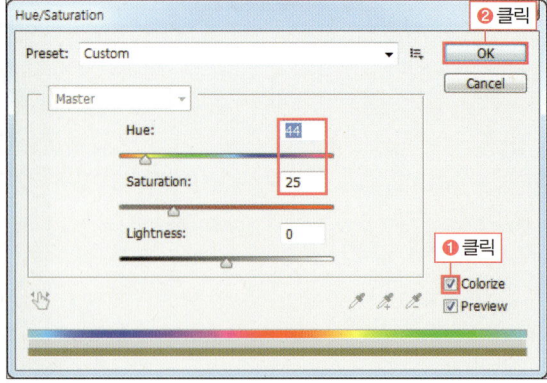

> **TIP | Tolerance**
> Tolerance : 색상 허용 범위를 뜻하며, 0~255의 색상 범위를 지정할 수 있습니다. 기본값은 '32'이고, 숫치가 높으면 허용 범위가 넓어집니다.

**08** [Layer](▶) 패널에서 Background 레이어와 Background Copy 레이어를 제외한 모든 레이어의 눈을 꺼줍니다.

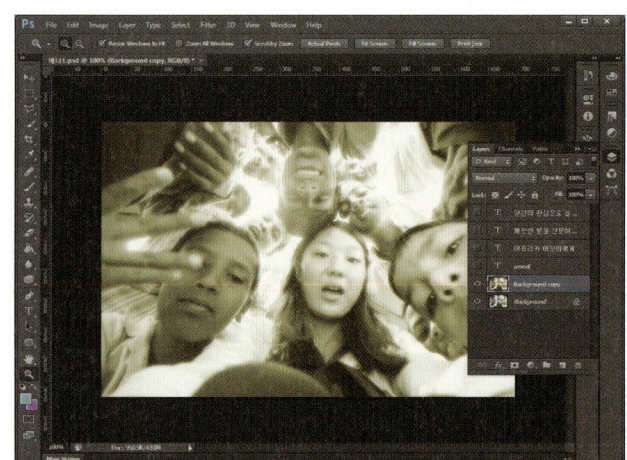

**09** 메뉴에서 [Window]-[Timeline]을 클릭합니다. [Timeline] 패널에서 버튼을 클릭하여 프레임을 복사합니다.

10 '아프리카 어린이에게..' 레이어의 눈을 켜줍니다.

11 [Timeline] 패널에서 ■ 버튼을 클릭하여 프레임을 복사합니다. '깨끗한 물을 선물..' 레이어의 눈을 켜줍니다.

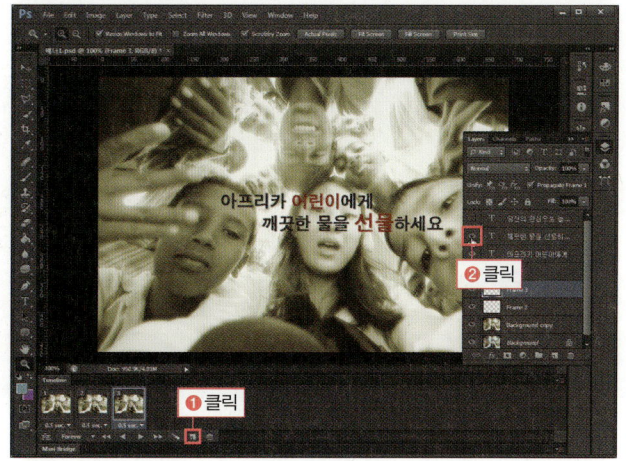

12 [Timeline] 패널에서 ■ 버튼을 클릭하여 프레임을 복사합니다. 모든 글자 레이어의 눈을 끄고, '당신의 관심으로 놀라운..' 레이어의 눈을 켜줍니다.

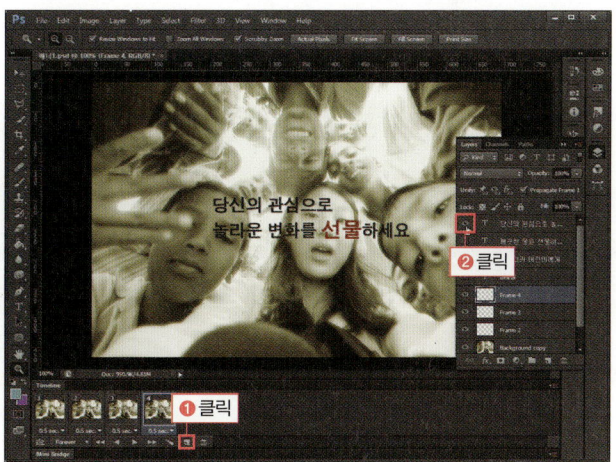

**13** [Timeline] 패널에서 ![] 버튼을 4번 클릭하여 프레임을 복사합니다. 5번 7번 프레임에서는 'unicef' 레이어에 눈을 켜줍니다. 6번 프레임에서는 'unicef' 레이어에 눈을 꺼줍니다.

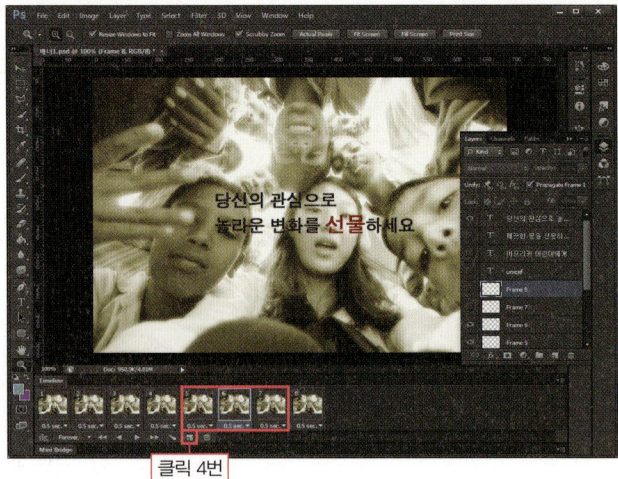

**14** 1번 프레임을 클릭하고 **Shift** 를 누른 상태에서 8번 프레임을 클릭합니다. 시간을 클릭하여 '0.5'로 바꿉니다.

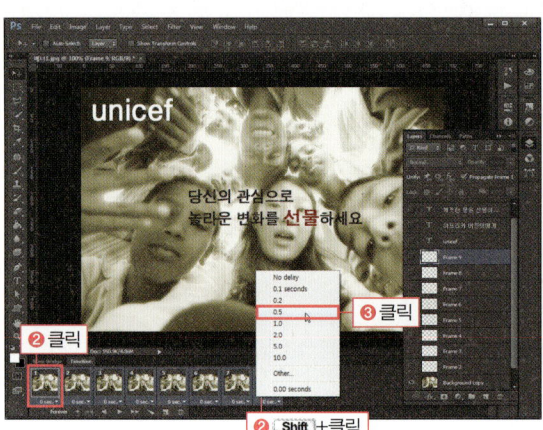

**15** [Timeline] 패널에서 7번, 8번 프레임을 선택한 후 ![] 버튼을 클릭합니다. Frames to Add를 '3'으로 설정하고 [OK] 버튼을 클릭합니다.

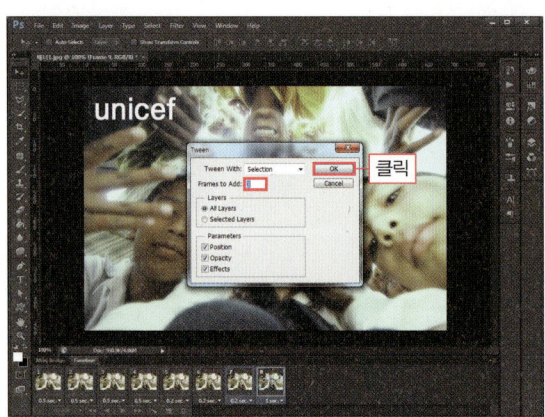

**16** 메뉴에서 [File]–[Save for Web]( Alt + Shift + Ctrl + S )을 클릭합니다.

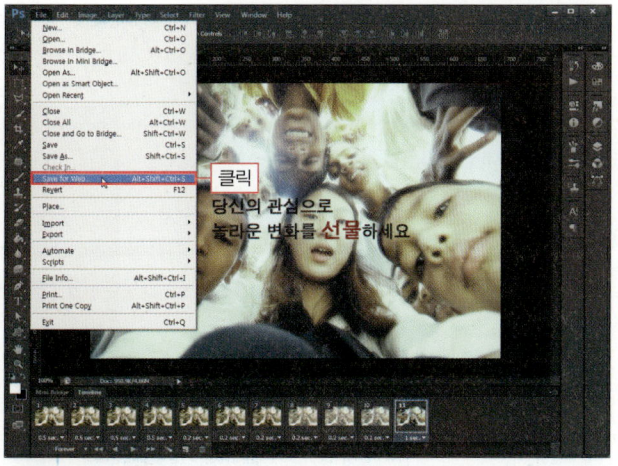

**17** 포맷을 'GIF'로 설정하고 [Save] 버튼을 클릭합니다.

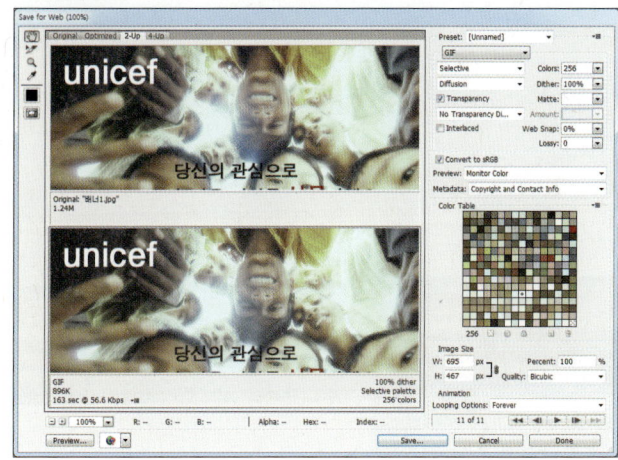

**18** 파일 이름에 '배너-완성'을 입력하고 [저장] 버튼을 클릭합니다.

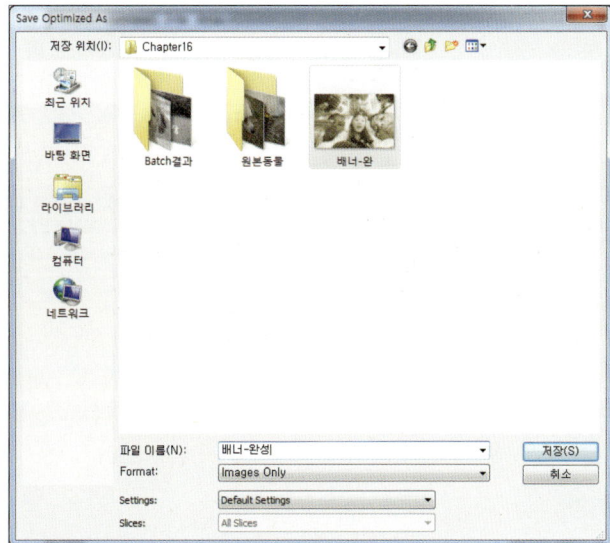

# 03 ✕ 3D

입체적인 효과를 나타내며, Extended 기능입니다. 3D는 메시, 질감, 조명의 특성을 알고 있어야만 만들 수 있습니다. 확장 기능을 설치하고 나면 화면 구성 요소가 바뀌면서 메뉴에 3D 메뉴가 생깁니다.

## 3D의 3요소 알아보기

3D에 필요한 기본적인 요소와 3D 패널에 대해 알아보겠습니다.

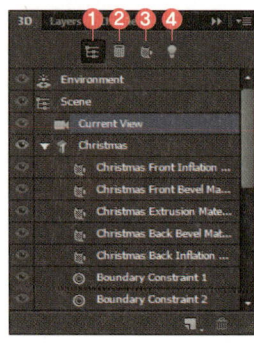

❶ Show All Scene Elements(　) : 장면의 환경, 배경, 조명, 카메라 등을 편집합니다.

❷ Show all 3D Mesh and 3D Extrusions(　) : 배경의 그림자, 돌출 정도 등을 설정합니다.

❸ Show all Metrials(　) : 재질에 대해 설정합니다.

❹ Show all Lights(　) : 조명에 대해 설정합니다.

### 메시
3D를 이루고 있는 그물망 형태의 기본 구조를 말합니다.

### 재질
재질은 오브젝트의 질감을 말합니다. 색상, 광택, 패턴, 범프와 같은 다양한 재질을 만들 수 있으며, 매칭이라는 기능을 통해 재질을 오브젝트에 입힙니다.

### 조명
오브젝트에 빛을 줄 수 있습니다.

## 2D 이미지를 3D 오브젝트로 만들기

포토샵에서는 2D를 3D 오브젝트로 바꿀 수 있습니다. 이번에는 포토샵에서 제공하는 기본 3D 오브젝트에 대해 알아보겠습니다. 메뉴에서 [3D]-[New Shape From Layer]를 이용하면 손쉽게 바꿀 수 있습니다.

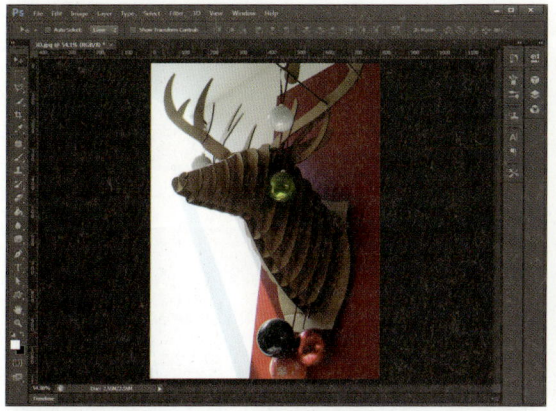

▲ 원본

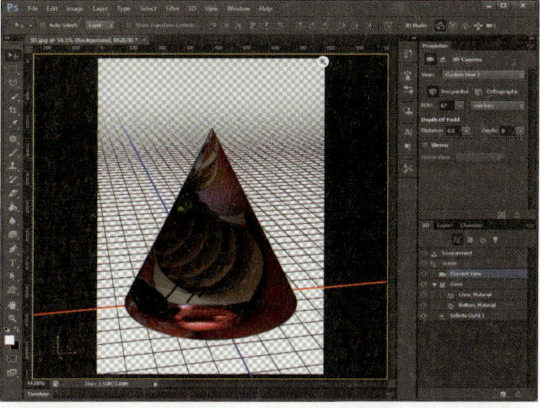

▲ Cone

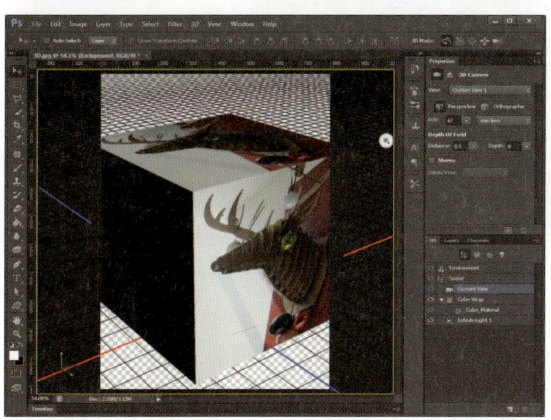

▲ Cube

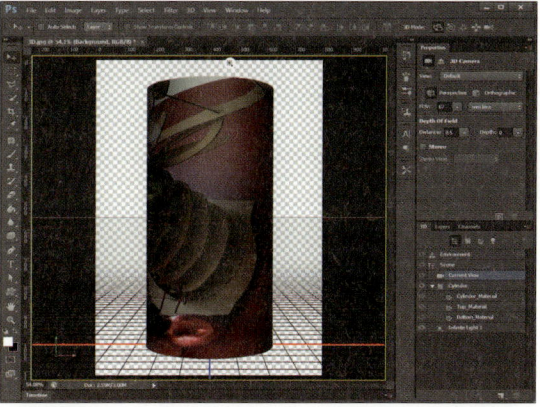

▲ Cylinder

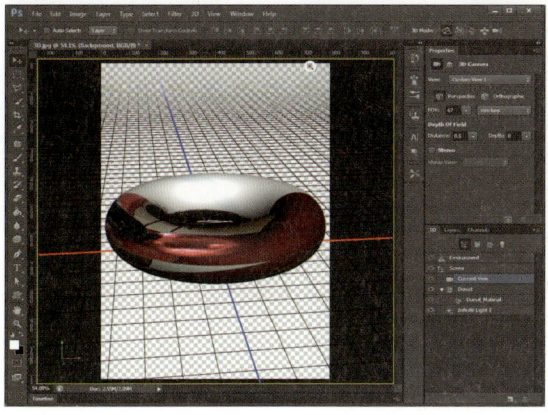

▲ Donut

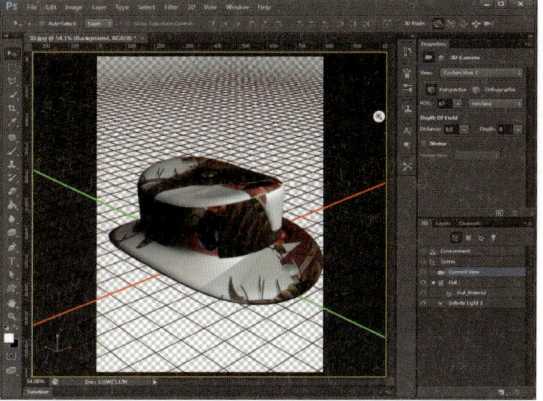

▲ Hat

▲ Pyramid

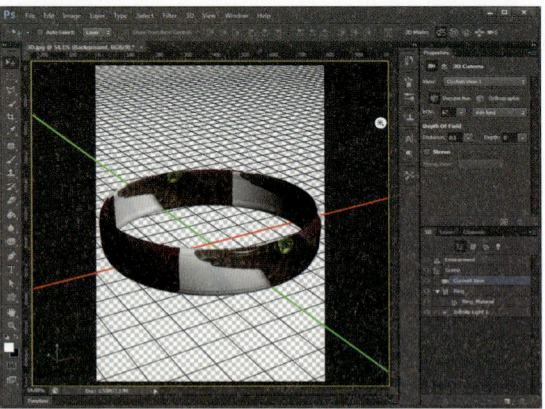
▲ Ring

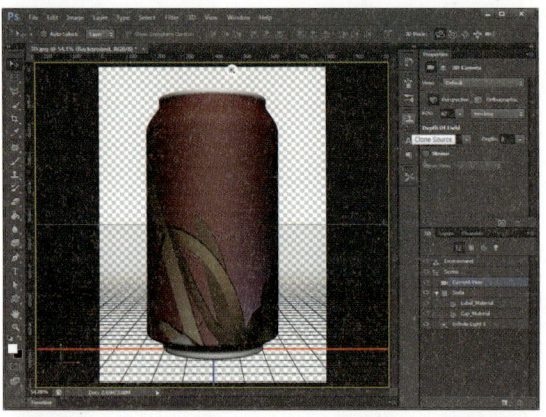
▲ Soda Can

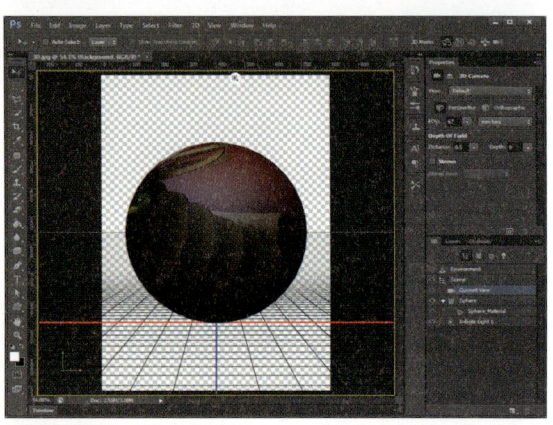
▲ Sphere

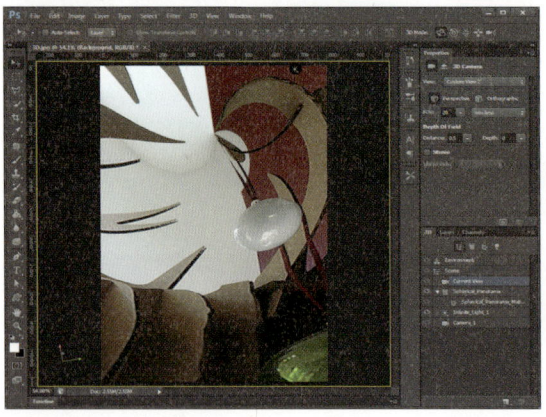
▲ Spherical Panorama

▲ Wine Bottle

## 기능 익히기 2D 글자를 3D로 만들기

◐ 예제 파일 : Chapter16/배경.jpg  |  결과 파일 : Chapter16/3D글자-완성.psd

**01** 메뉴에서 [File]-[New](Ctrl + N)를 클릭한 후 [Type]-[Extrude to 3D] 메뉴를 클릭합니다.

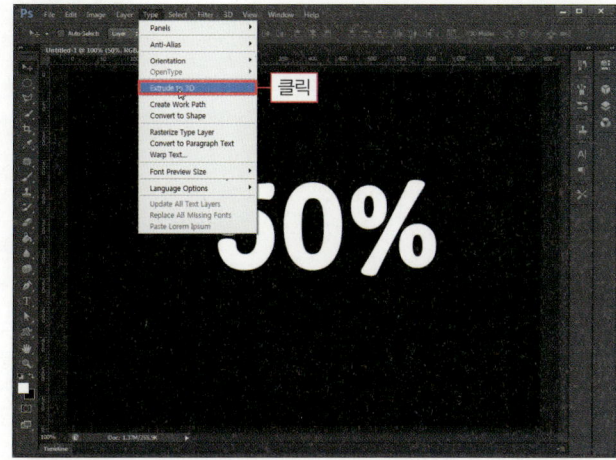

**02** 글자를 클릭하여 오른쪽으로 드래그합니다. [3D] 패널에서 ■ 버튼을 클릭합니다.

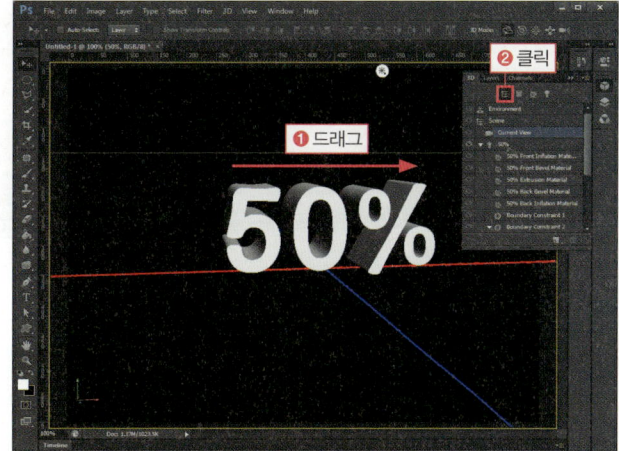

**03** [Properties](■) 패널을 클릭합니다. Shape Preset에서 'Inflate'를 선택합니다.

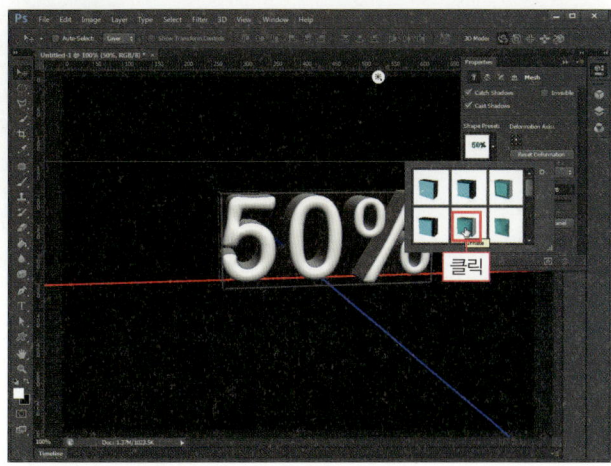

> **TIP** | 그림자와 돌출 모양 바꾸기
> ■ 버튼을 클릭한 후 Properties 패널을 열어야만 속성을 변경할 수 있습니다. 배경의 그림자, 돌출 정도 등을 설정합니다.

**04** [3D] 패널에서 ■ 버튼을 클릭합니다.

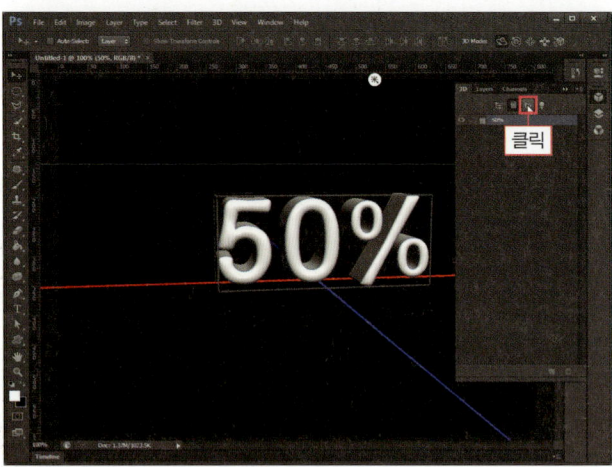

**05** [Properties](■) 패널을 클릭합니다. Shape Preset에서 'Stone Matble'를 선택합니다.

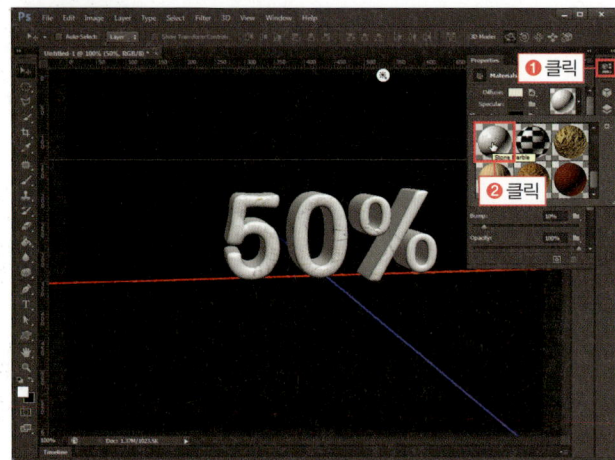

> 🔖 **TIP** | 3D에 재질 입히기
> ■ 버튼을 클릭한 후 Properties 패널을 열어야만 속성을 변경할 수 있습니다. 재질에 대해 설정합니다.

**06** [3D]-[Render](Alt + Shift + Ctrl + R)를 클릭합니다.

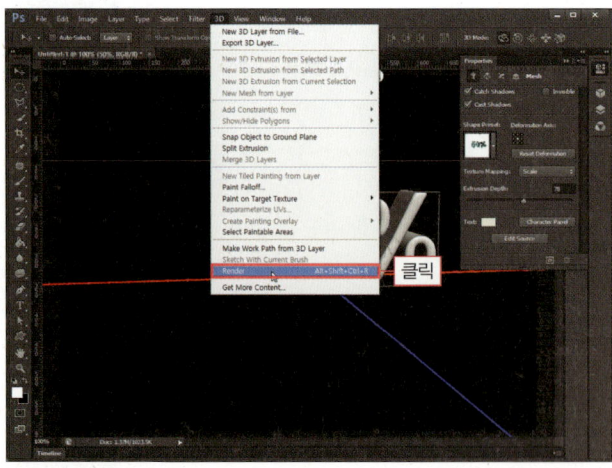

> 🔖 **TIP** | Render
> 렌더링은 지금까지 작업한 디스플레이 정보를 디스플레이 장치에 영상으로 표현하는 작업입니다.

**07** `Ctrl`+`A`를 눌러 전체를 선택한 후 메뉴에서 [Edit]-[Copy](`Ctrl`+`C`)를 클릭합니다.

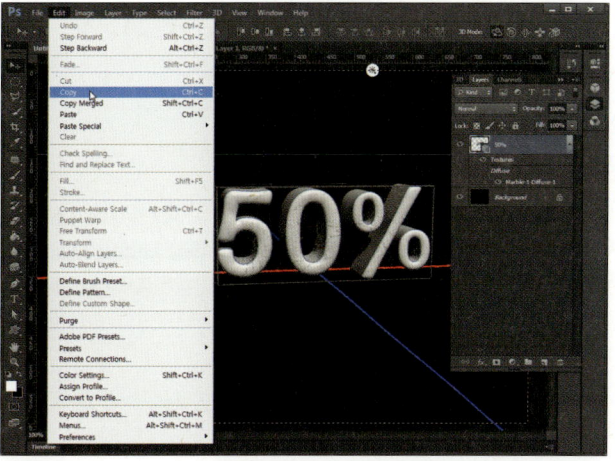

**08** [배경.jpg] 탭을 선택한 후 메뉴에서 [Edit]-[Paste](`Ctrl`+`V`)를 클릭합니다.

> **TIP | 여러 장 열려 있는 이미지 이동하기**
> `Ctrl`+`Tab`을 누르면 이미지를 순차적으로 열어 이동할 수 있습니다.

**09** [Layer](아이콘) 패널에서 Layer1 레이어의 섬네일을 더블클릭합니다. Gradient Overlay를 선택한 후 Blend Mode는 'Hard Light', Gradient는 'Red,Green'으로 설정하고 [OK] 버튼을 클릭합니다.

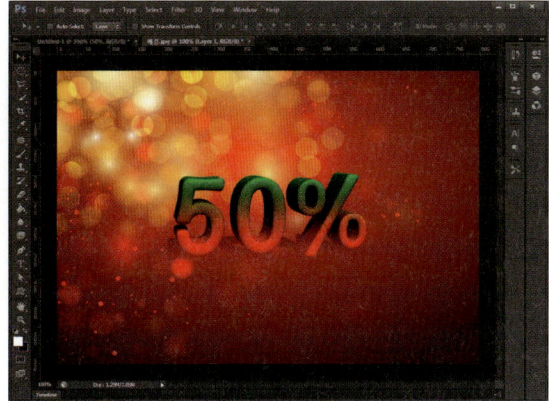
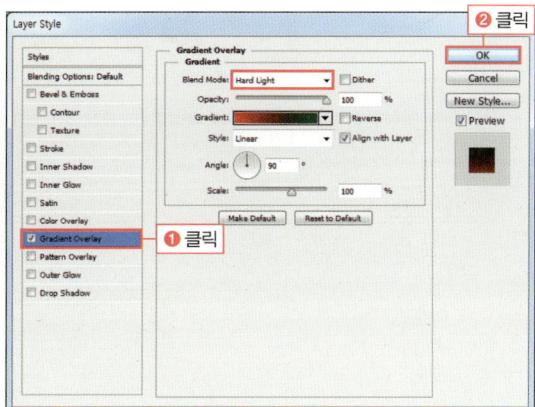

CHAPTER 16 포토샵의 고급 기능   379

# 포토샵과 웹 디자인

CHAPTER 17

이미지 슬라이스 기능을 이용하면 웹 페이지에 필요한 이미지를 분할할 수 있습니다. 이번에는 분할 기능에 대해 알아보겠습니다. 이미지를 웹에 사용하기 위해서는 웹용으로 저장해야 합니다. 웹용으로 저장할 수 있는 포맷에는 GIF, JPEG, PNG 등이 있습니다. 각 포맷의 특징에 대해 알아보겠습니다.

× M A D A M ' S  K S  P H O T O S H O P  C S 6 ×

학습목표

•• 웹 페이지에 이미지를 사용하기 위해서는 이미지가 슬라이스되어 있어야 링크, 롤오버 같은 기능을 사용할 수 있습니다. 슬라이스된 조각을 저장하면 자동으로 images 폴더가 생성되면서 그 폴더 안에 저장됩니다. 웹용 저장 방법에 대해 알아봅니다.

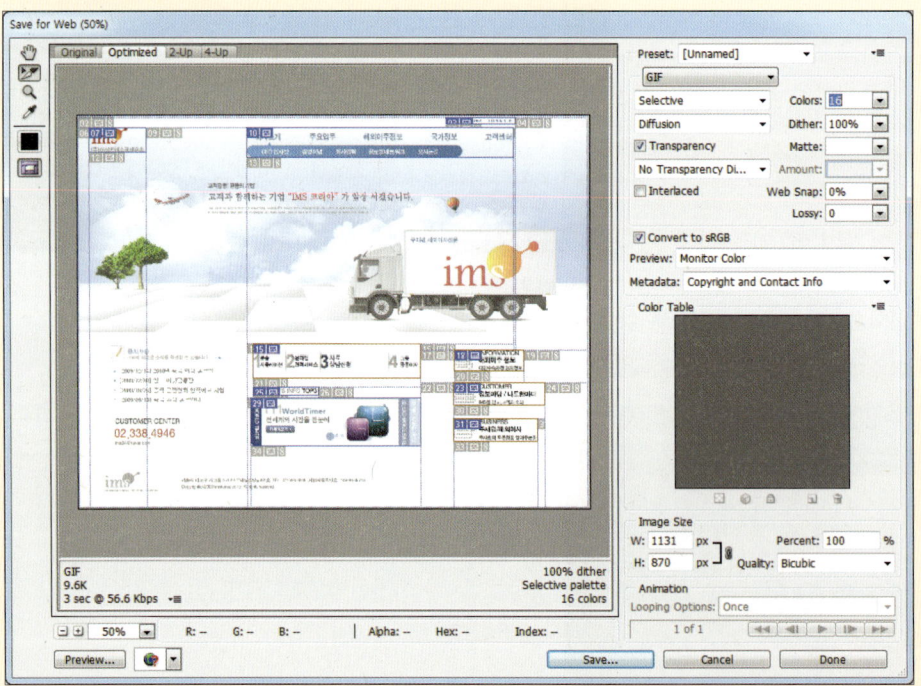

## 01 웹용으로 저장하기 ( Alt + Shift + Ctrl + S )

이미지를 웹에 사용하기 위해서는 웹용으로 저장해야 합니다. 웹용으로 저장할 수 있는 포맷에는 GIF, JPEG, PNG 등이 있습니다. 각 포맷의 특징에 대해 알아보겠습니다.

### GIF(Graphic Interchange Format)

GIF 포맷은 압축률이 높고, 투명한 배경을 함께 저장하거나 움직이는 형식을 저장할 때 사용합니다. 색상이 단색 계열인 일러스트레이터에서 작업한 로고나 단순한 도형을 저장하기에 적합합니다. 색상은 256가지를 지원합니다.

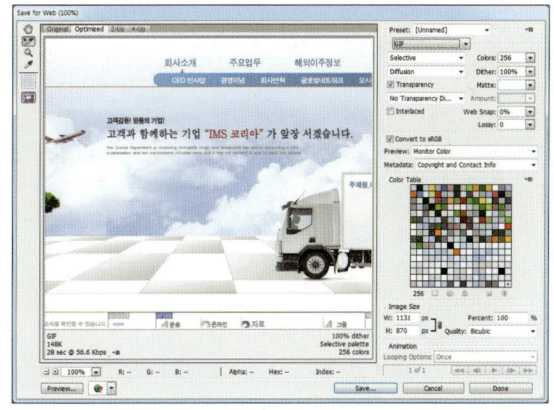
▲ Color : 256, Size : 148kb

### JPEG(Joint Photogrphic Expert Group)

JPEG는 'JPG'라고도 합니다. GIF가 256색으로 제한되는 반면, JPEG는 $2^{24}$까지를 표현할 수 있으며, 표현 방식은 Quality를 0에서 100%로 표현합니다. 표현되는 색상 수가 많기 때문에 사진과 같이 복잡한 색상을 가지는 이미지 저장에 적합합니다.

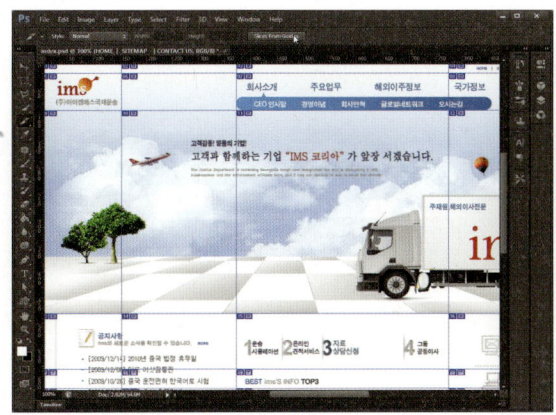
▲ Quality : 10, Size : 21.55kb

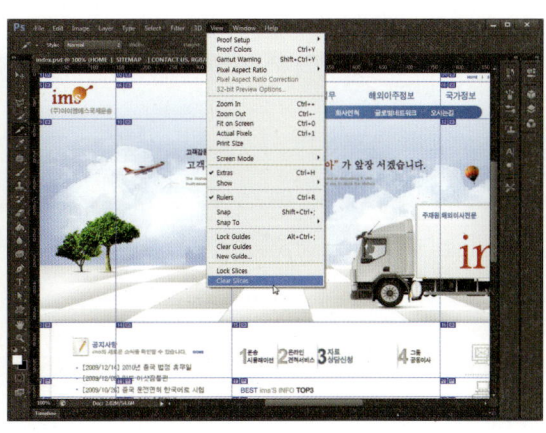
▲ Quality : 60, Size : 56.6kb

# PNG(Portabel Network Graphics)

GIF와 JPEG의 장점만을 취하여 만든 포맷입니다. 무손실 압축을 사용하며, GIF처럼 투명한 부분을 저장할 수도 있습니다. 인터넷 익스플로러 6 이하에서는 호환되지 않습니다.

# 웹용으로 저장하기( Alt + Shift + Ctrl + S )

[File]-[Save for Web]( Alt + Shift + Ctrl + S )을 클릭하면 대화상자가 나타납니다.

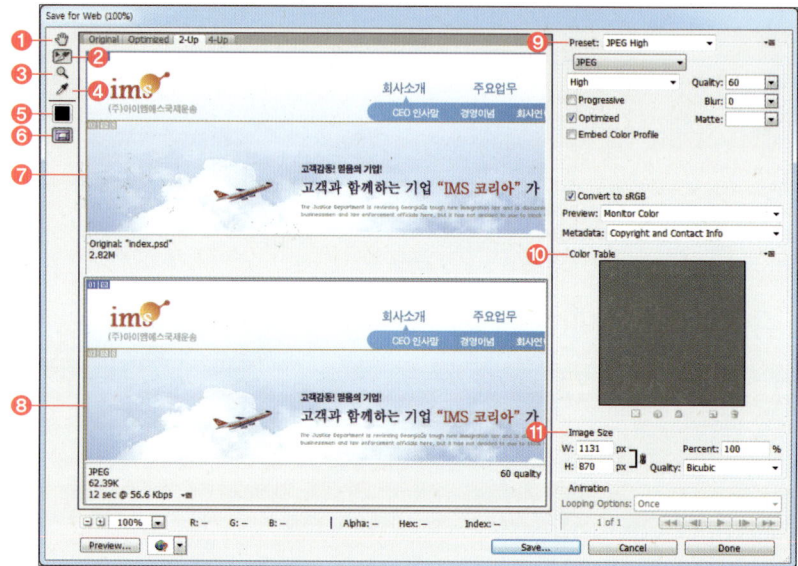

❶ Hand Tool( ) : 화면을 이동합니다.

❷ Slice Select Tool( ) : 슬라이스를 선택합니다.

❸ Zoom Tool( ) : 화면을 확대합니다.

❹ Eyedropper Tool( ) : 색상을 추출합니다. 추출된 색을 고정시켜 색상수를 줄이더라도 우선적으로 표현합니다.

❺ Eyedropper Color : Eyedropper Tool로 클릭한 색상이 나타납니다.

❻ Toggle Slice Visibility( ) : 클릭하면 슬라이스를 감춥니다. 다시 클릭하면 슬라이스를 보여줍니다.

❼ Original : 사용자가 작업한 원본을 보여줍니다.

❽ 용량을 줄여서 최적화한 상태를 보여줍니다.

❾ Preset : 저장 포맷을 설정합니다.

❿ Color Table : gif 포맷에서 사용된 Color를 나타내며, 고정 Color를 지정할 때 사용합니다.

⓫ Image Size : 이미지 사이즈에 대한 정보를 설정합니다.

## 02 ✕ 웹 디자인 – 슬라이스 툴(Slice Tool )

웹 페이지에 이미지를 사용하기 위해서는 이미지가 슬라이스되어 있어야 링크, 롤오버 같은 기능을 사용할 수 있습니다. 슬라이스된 조각을 저장하면 자동으로 images 폴더가 생성되고 그 폴더 안에 저장됩니다.

### Slice Tool 로 작업하기

#### 슬라이스 툴(Slice Tool )
이미지를 슬라이스할 때 사용합니다. 슬라이스할 위치를 클릭하여 드래그를 하면 자동으로 번호가 생성됩니다.

#### 슬라이스 선택 툴(Slice Select Tool )
슬라이스의 크기와 위치를 변경합니다.

### [Slice Selction Tool] 패널 살펴보기

❶ 겹쳐진 슬라이스의 순서를 변경합니다.
  ⓐ Bring front( ) : 선택한 슬라이스를 맨 위로 올립니다.
  ⓑ Bring forward( ) : 선택한 슬라이스를 하나 위로 올립니다.
  ⓒ Send backward( ) : 선택한 슬라이스를 하나 아래로 올립니다.
  ⓔ Send back( ) : 선택한 슬라이스를 맨 아래로 올립니다.

❷ Promote : 클릭하면 슬라이스 안 된 조각을 슬라이스합니다.

❸ Divide : 선택한 슬라이스를 다시 슬라이스합니다.

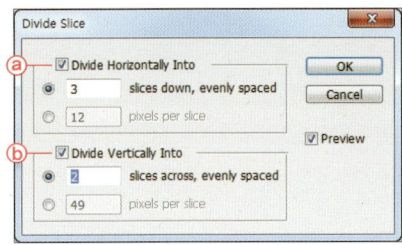

  ⓐ 가로로 나누어지는 슬라이스 조각을 설정합니다.
  ⓑ 세로로 나누어지는 슬라이스 조각을 설정합니다.

❹ 정렬 : 선택한 슬라이스를 정렬합니다.

❺ Hide Auto Slices : 클릭하면 자동으로 만들어진 슬라이스를 감춥니다.

❻ 📄 : 선택한 슬라이스의 옵션 대화상자를 엽니다.

## Slice 대화상자 살펴보기

슬라이스 선택 툴(Slice Select Tool(📷))을 선택하여 슬라이스를 더블클릭하거나 옵션 바의 📄 버튼을 클릭하면 대화상자가 나타납니다.

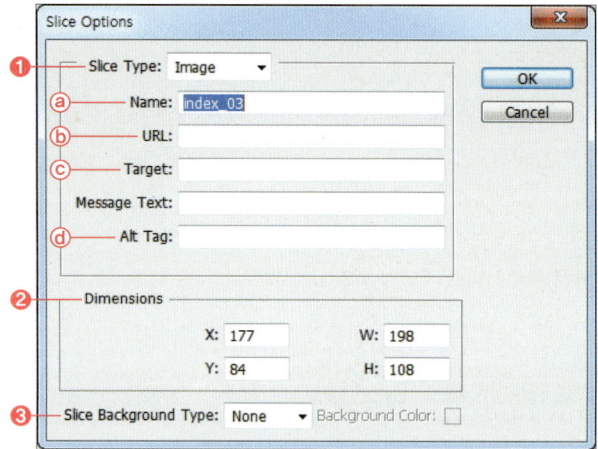

❶ Slice Type : 슬라이스된 대상은 웹 페이지에서 표로 표현됩니다. 각 표 안에 들어갈 내용을 어떤 형태로 넣을 것인지를 설정합니다. 이미지 없음, 이미지, 텍스트 등으로 나타날 수 있습니다.

ⓐ Name : 슬라이스에 사용자 이름을 설정합니다.

ⓑ URL : 링크를 걸어줄 사이트 주소나 파일 이름을 설정합니다.

ⓒ Target : 페이지를 열어주는 방식으로 새 창 열기(_blank), 자신의 창(_self)에 열기 등이 있습니다.

ⓓ Alt Tag : 이미지에 마우스 오버 시 설명글을 보여줍니다.

❷ Dimensions : 슬라이스된 이미지의 크기와 위치 정보를 나타냅니다.

❸ Slice Background Type : 투명한 이미지가 저장될 경우, 배경 처리 방식을 설정합니다.

## 기능 익히기 — 웹 페이지 저장하기

> 예제 파일 : Chapter17/index.psd  |  결과 파일 : Chapter17/index-완성.psd

**01 슬라이스 툴로 슬라이스하기**
[Tool] 패널에서 슬라이스 툴(Slice Tool)을 클릭합니다. 로고 왼쪽 상단에서 오른쪽 아래로 드래그하여 로고를 슬라이스합니다.

**02** 메뉴에서 [View]-[Clear Slice]를 클릭하여 슬라이스를 지웁니다.

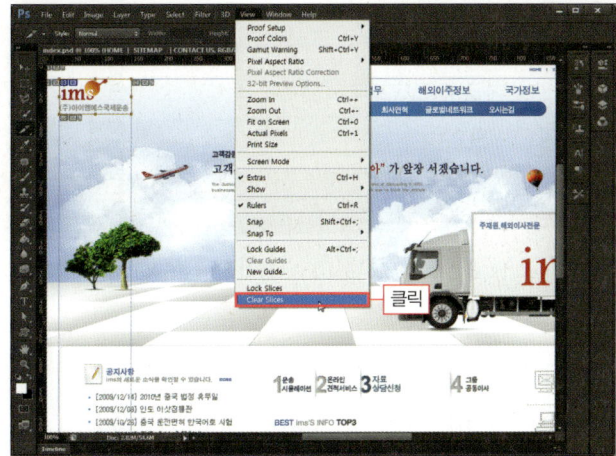

**03 가이드선으로 슬라이스하기**
눈금자에서 마우스를 클릭, 드래그하여 로고 상단의 가이드선을 꺼냅니다.

**04** 동일한 방법으로 그림과 같이 가이드선을 넣습니다.

**05** 옵션 바에서 Slice From Guide 버튼을 클릭하여 가이드선을 기준으로 슬라이스합니다.

**06** 메뉴에서 [View]-[Clear Slice]를 클릭하여 슬라이스를 지웁니다.

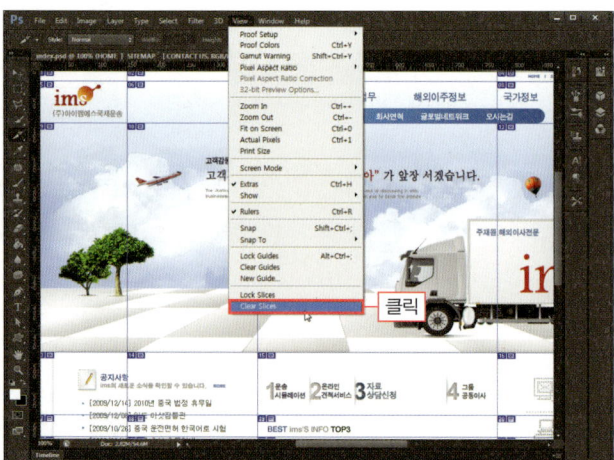

**07** 메뉴에서 [View]-[Clear Guide]를 클릭하여 가이드선을 지웁니다.

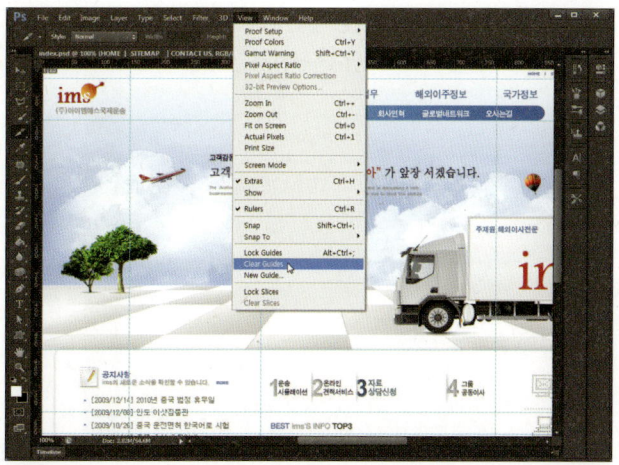

**08** 전체를 3등분하기

[Tool] 패널에서 슬라이스 선택 툴(Slice Select Tool )을 클릭합니다. 옵션 바에서 Divide 버튼을 클릭합니다. Divide Horizontally Into에 '3', Divide Vertically Info에 '3'을 입력하고 [OK] 버튼을 클릭합니다.

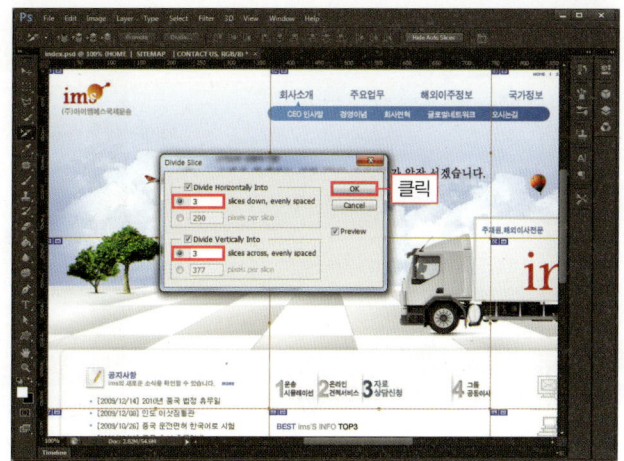

**09** 메뉴에서 [View]-[Clear Slice]를 클릭하여 슬라이스를 지웁니다.

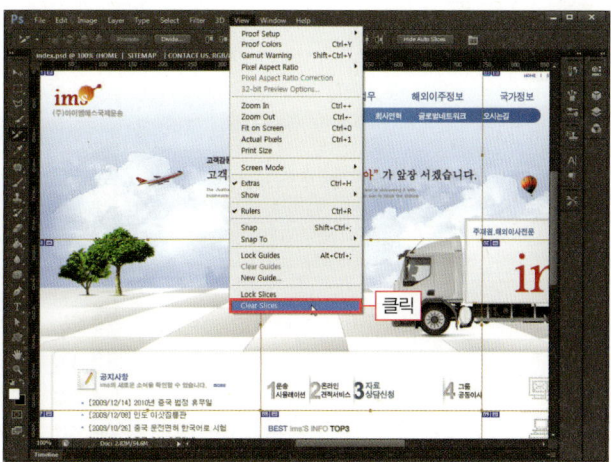

10 [Tool] 패널에서 슬라이스 툴(Slice Tool)을 클릭합니다. 그런 다음, 그림과 같이 슬라이스 합니다.

🔒 **TIP | 슬라이스 사이즈 조절하기**
슬라이스 선택 툴(Slice Select Tool)로 슬라이스를 선택하면 사방으로 조절점이 생깁니다. 조절점을 드래그하여 슬라이스 사이즈를 조절합니다.

11 [Tool] 패널에서 슬라이스 선택 툴(Slice Selection Tool)을 클릭합니다. 로고를 선택한 후 옵션 바의 버튼을 클릭합니다. Name은 'logo', URL은 'http://ims24.co.kr'을 입력하고 [OK] 버튼을 클릭합니다.

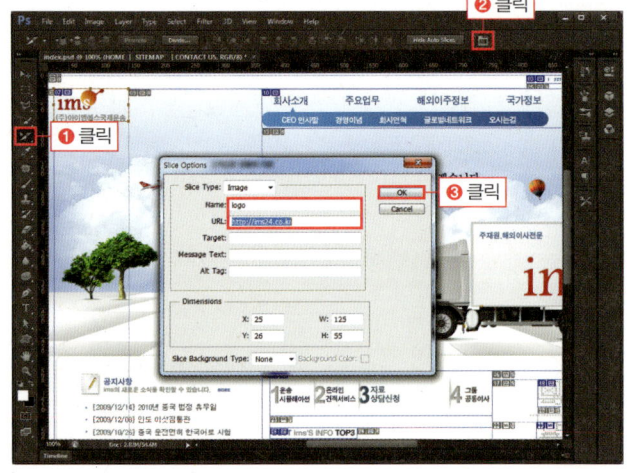

🔒 **TIP | 슬라이스 옵션 바 빠르게 열기**
슬라이스 선택 툴(Slice Select Tool)로 슬라이스를 더블클릭합니다.

🔒 **TIP | 슬라이스 툴(Slice Tool) 사용 중 슬라이스 선택하기**
슬라이스 툴(Slice Tool)을 사용하다가 이미 작성한 슬라이스를 선택하려면 Ctrl 을 누른 상태에서 클릭하면 빠르게 선택할 수 있습니다.

12 메뉴에서 [File]-[Save for Web](Alt + Shift + Ctrl + S)을 클릭합니다.

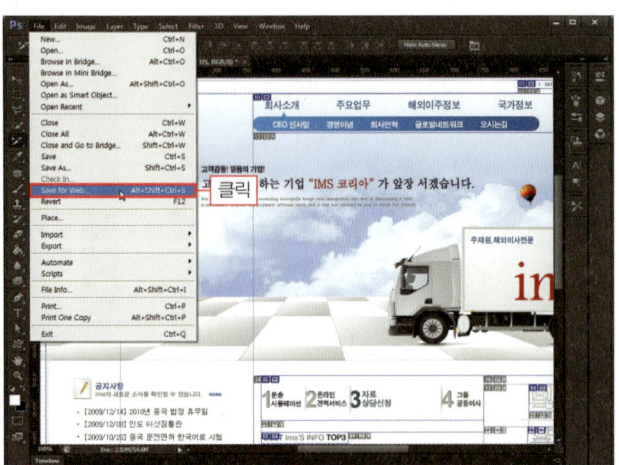

**13** `Ctrl` + `-`를 눌러 화면을 축소합니다. 을 클릭합니다. 왼쪽 밖에서부터 오른쪽 아래로 드래그하여 전체 조각을 선택합니다. JPEG, Qulity는 '60'으로 설정합니다.

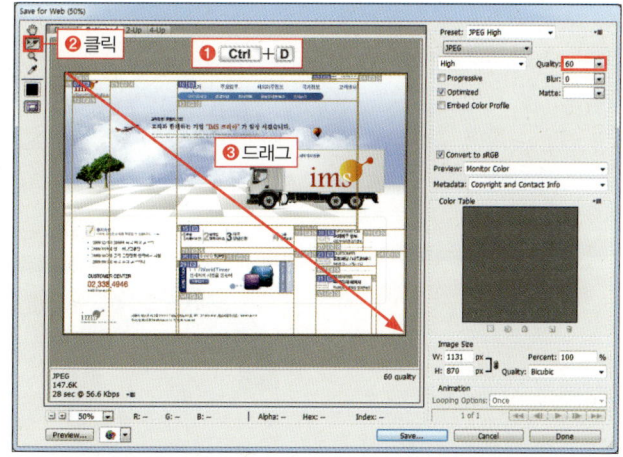

**14** 15번 조각을 클릭합니다. `Shift`를 누른 상태에서 18, 23, 31을 클릭합니다. 포맷은 GIF, Colors는 '16'으로 설정합니다. [Save] 버튼을 클릭합니다.

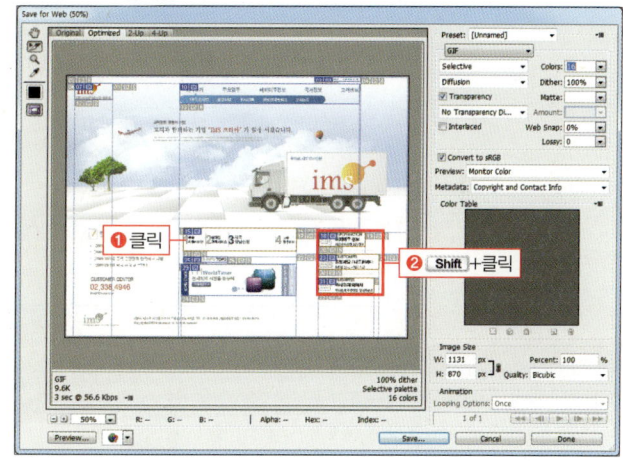

**15** 저장 위치를 지정한 후 파일 이름은 'index'로 입력하고 [저장] 버튼을 클릭합니다. 저장 위치에 자동으로 'images' 폴더가 생성된 것을 알 수 있습니다. 폴더 안에 슬라이스된 모든 조각이 저장되었습니다.

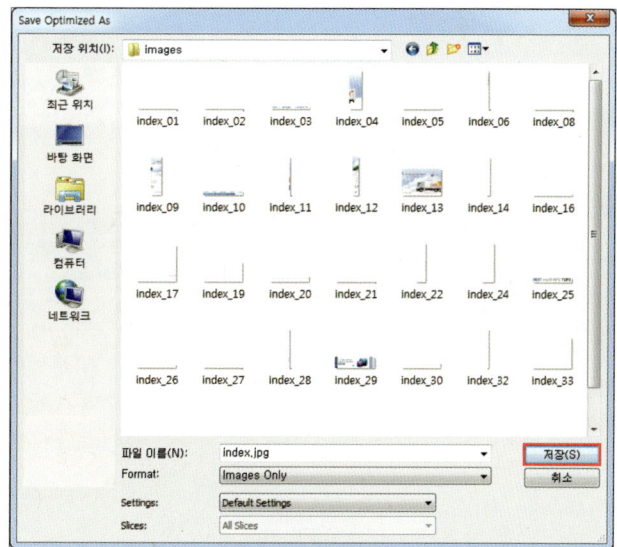

# PART 2

## 활용편

| **CHAPTER 01** | 이벤트 페이지 _ 이벤트 페이지 디자인
| **CHAPTER 02** | 화장품 광고 페이지 _ 광고 페이지 디자인
| **CHAPTER 03** | 봄꽃 축제 포스터 _ 포스터 디자인
| **CHAPTER 04** | 앱 디자인 _ 모바일 페이지 디자인
| **CHAPTER 05** | 웹 디자인 _ 웹 페이지 디자인

●● 활용편에서는 기초편에서 익힌 툴의 쓰임, 레이어의 개념과 응용 방법, 보정 기능, 필터의 응용 방법 등을 활용하여 다양한 예제를 만들어 보겠습니다. 소비자들의 구매 욕구를 불러일으키기 위한 이벤트 페이지 디자인, 상품 판매를 극대화하기 위한 광고 페이지 디자인, 이벤트 또는 축제 정보를 알려주는 포스터 디자인, 핸드폰을 통해 나타나는 다양한 광고인 앱 디자인, 회사나 학교, 개인 등을 컴퓨터를 통해 홍보할 수 있는 웹 페이지 디자인에 대해 알아봅니다.

# 이벤트 페이지
_이벤트 페이지 디자인

무엇을 주제로 설정할 것인지, 어떤 느낌의 콘셉트로 정할 것인지, 어떤 용도의 이벤트 페이지를 만들 것인지를 정하는 것은 매우 중요합니다. 이번에는 이벤트 페이지를 직접 만들어 보겠습니다.

× MADAM'S KS PHOTOSHOP CS6 ×

 학습 목표

•• 이번에는 홈페이지에 자주 사용되는 이벤트 페이지를 만들어 보겠습니다. 이 경우에는 주제나 용도에 따라 레이아웃을 결정하는 것이 중요합니다.

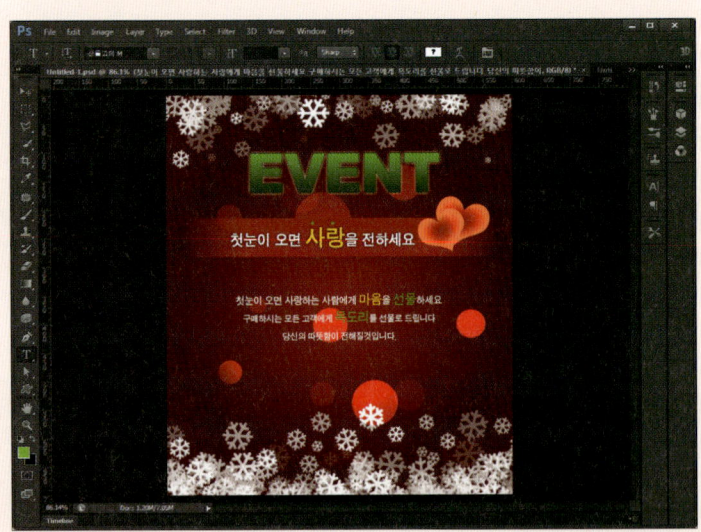

 작업 순서

**1단계** 콘셉트 정하기
어떤 주제의 이벤트인지를 정합니다.

**2단계** 레이아웃 설정하기
주제에 맞는 레이아웃 디자인을 스케치합니다.

**3단계** 포토샵 작업하기
스케치를 바탕으로 포토샵 작업을 합니다.

## 이벤트 페이지 | 첫눈 이벤트 페이지 만들기

첫눈이 오면 많은 사람들이 사랑하는 이에게 줄 선물을 구입합니다. 선물을 구입할 때 방문하게 되는 이벤트 페이지를 만들어 보겠습니다.

> 결과 파일 : 실전1/이벤트.psd

**01** [File]-[New](Ctrl+N)를 클릭합니다. Width는 '600', Height는 '700', Resolution은 '96'으로 설정한 후 [OK] 버튼을 클릭합니다.

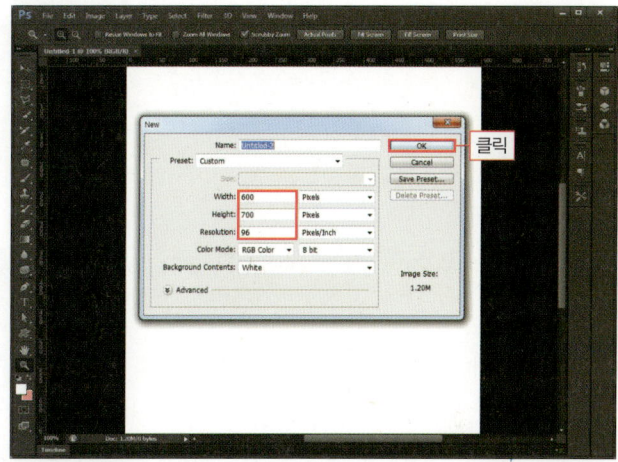

**02** [Tool] 패널에서 그레이디언트 툴(Gradient Tool)을 클릭한 후 옵션 바에서 그레이디언트 색상 편집 창을 클릭합니다.
앞의 Color Stop은 '#961117', 뒤의 Color Stop은 '#550a0e'으로 설정한 후 [OK] 버튼을 클릭합니다.
옵션 바에서 'Radial' 그레이디언트를 선택합니다.

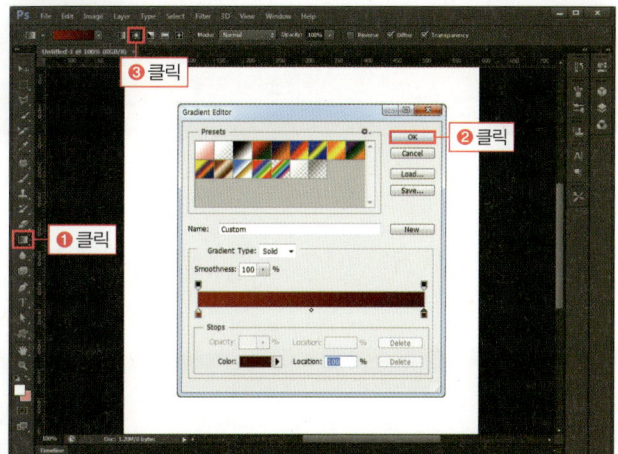

**03** 캔버스 정중앙에서 바깥으로 드래그합니다.

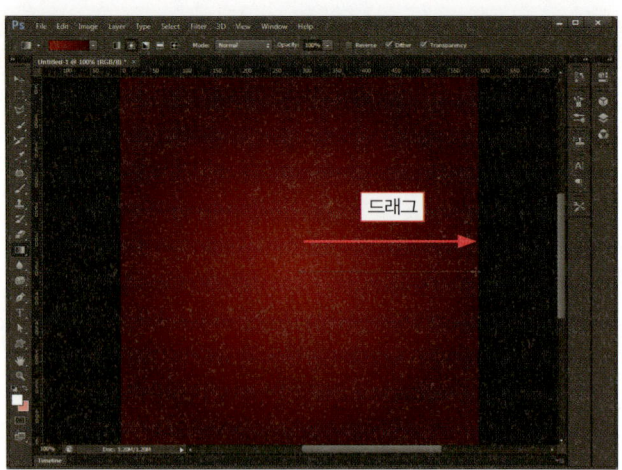

**04** [File]-[New]( Ctrl + N )를 클릭한 후 Width와 Height를 각각 '60'으로 설정하고 [OK] 버튼을 클릭합니다.

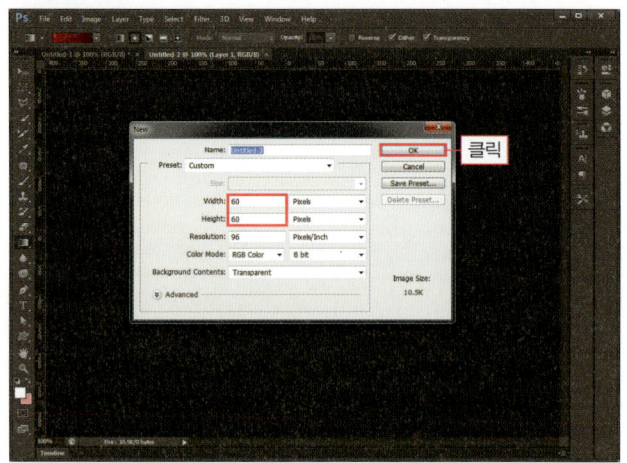

**05** [Tool] 패널에서 돋보기 툴(Zoom Tool 🔍)을 클릭한 후 캔버스를 클릭합니다.

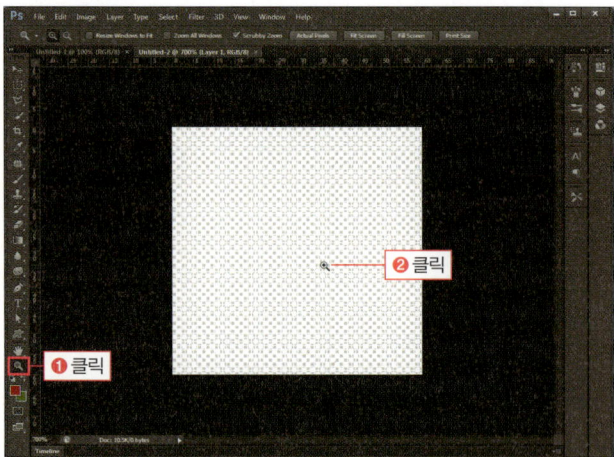

**06** [Tool] 패널에서 사용자 툴(Custom Tool )을 클릭합니다. 옵션 바의 방식은 'Pixel' Shape에서 'Snowflake 3'을 선택합니다. 전경색을 검은색으로 설정한 후 드래그하여 그립니다.

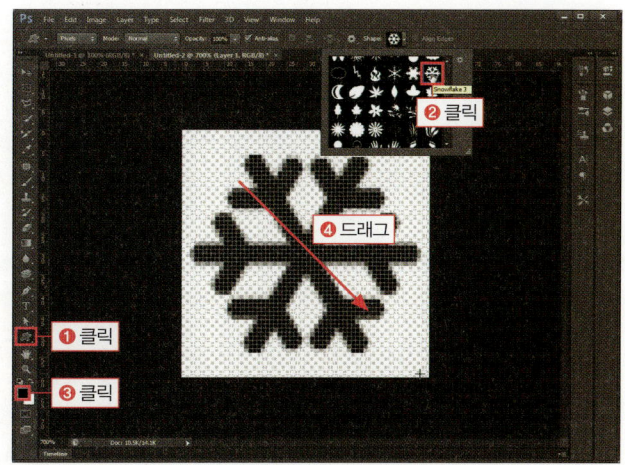

**07** [Edit]-[Define Brush Preset]를 클릭합니다.

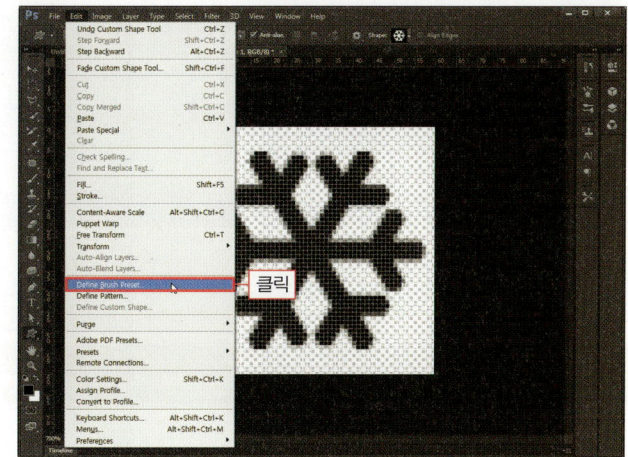

**08** Name에 '눈'을 입력한 후 [OK] 버튼을 클릭합니다.

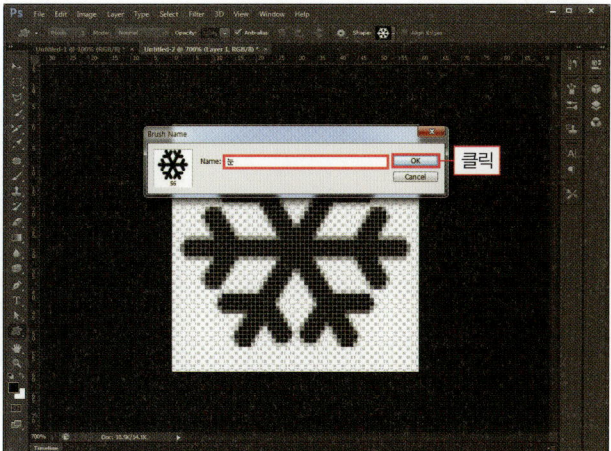

**09** [Layer](	) 패널을 클릭합니다.  버튼을 클릭하여 레이어를 추가합니다. Layer1 글자를 더블클릭하여 '눈'을 입력합니다.

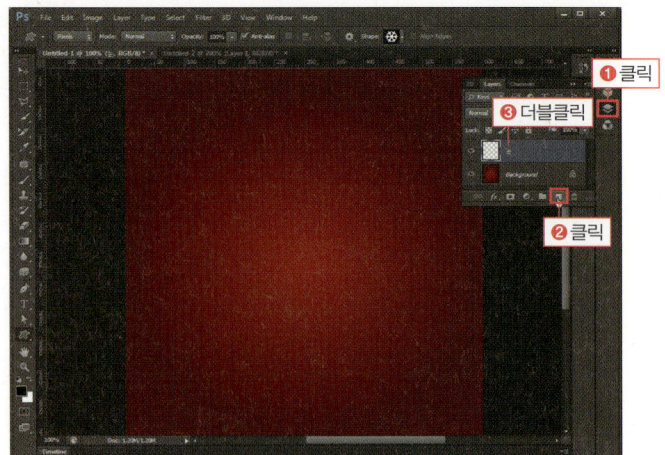

**10** [Tool] 패널에서 전경색을 흰색으로 설정합니다. 브러시 툴(Brush Tool )을 클릭하고 옵션 바에서 '눈' 브러시를 선택합니다.

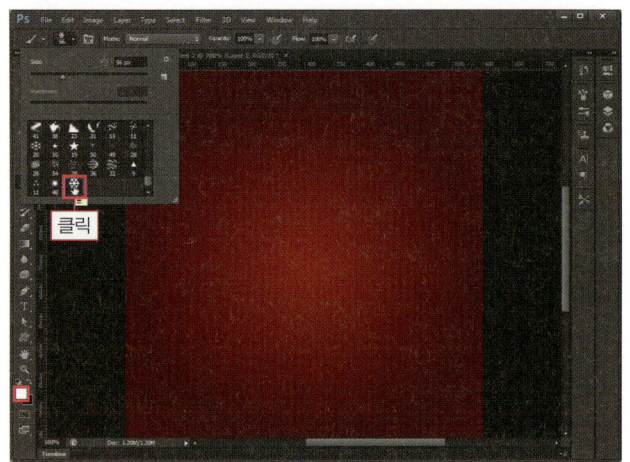

**11**  버튼을 클릭합니다. [Brush Tip Shape] 탭의 Spacing을 '350'으로 실정합니다.

**12** [Shape Dynamics] 탭에서 Size Jitter는 '100', Minimum Diameter는 '30', Angle Jitter는 '100%'으로 설정합니다. [Transfer] 탭에서 Opacity는 '80%'으로 설정합니다.

**13** 화면과 같이 클릭과 드래그를 반복하여 칠합니다.

**14** [Layer](🗇) 패널을 클릭합니다. 🗀 버튼을 클릭하여 group을 추가합니다. group 글자를 더블클릭하여 '빛'을 입력합니다.

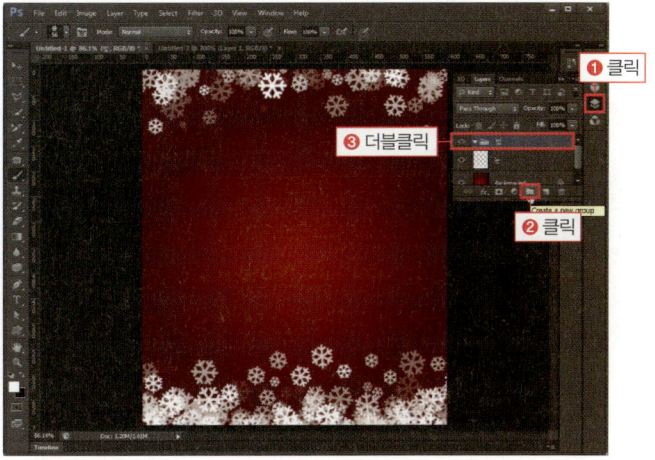

**15** 버튼을 클릭하여 레이어를 추가합니다. Layer2 글자를 더블클릭하여 '원'을 입력합니다.

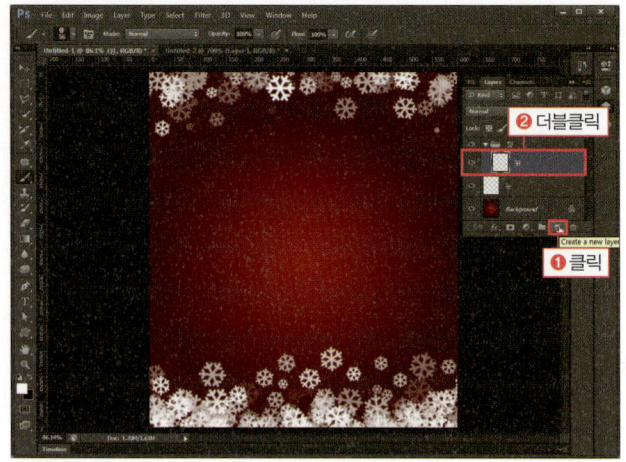

**16** [Tool] 패널에서 브러시 툴(Brush Tool)을 클릭합니다. 옵션 바에서 'Soft Round' 브러시를 선택한 후 Size를 '80'으로 설정합니다. 그런 다음, 버튼을 클릭하고 Shape Dynamics 탭에서 Size Jitter를 '100', Transfer 탭에서 Opacity Jitter를 '81'로 설정합니다.

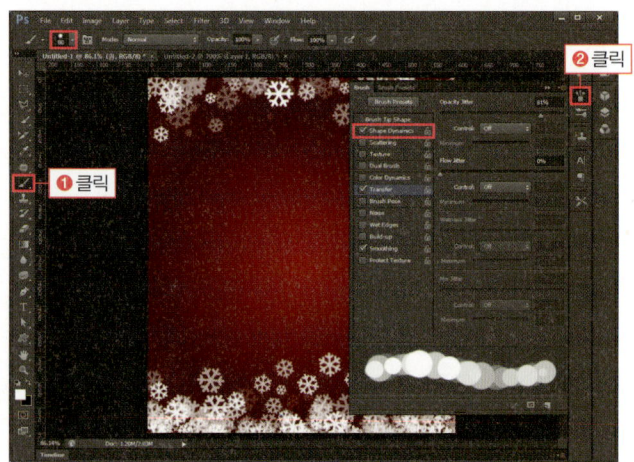

**17** 캔버스에 랜덤하게 클릭합니다.

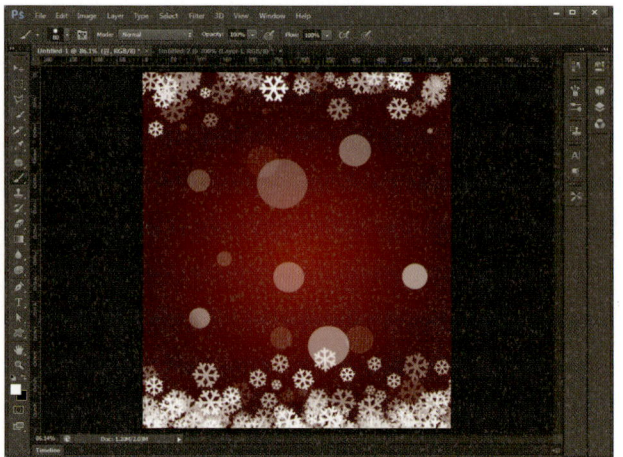

**18** [Layer](  ) 패널을 클릭합니다. 빛 그룹을 선택한 후 mode를 'Color Dodge'로 설정합니다.

**19** 빛 그룹 삼각 버튼을 클릭하여 닫습니다.  버튼을 클릭하여 레이어를 추가합니다. 추가된 레이어를 더블클릭한 후 '배경사각'을 입력합니다.

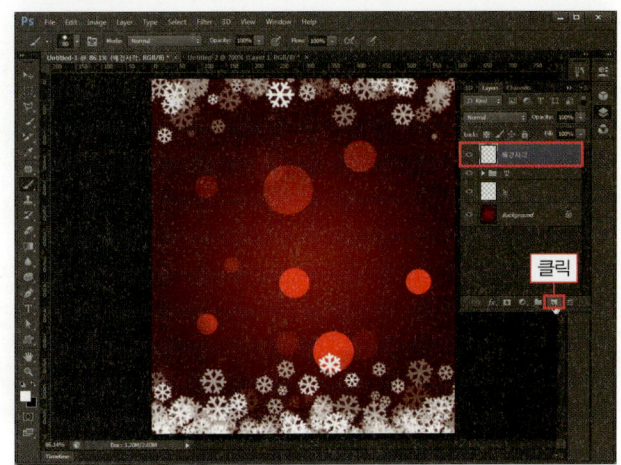

**20** [Tool] 패널에서 사각형 선택 툴(Rectangle Marquee Tool  )을 클릭한 후 직사각형을 그립니다.

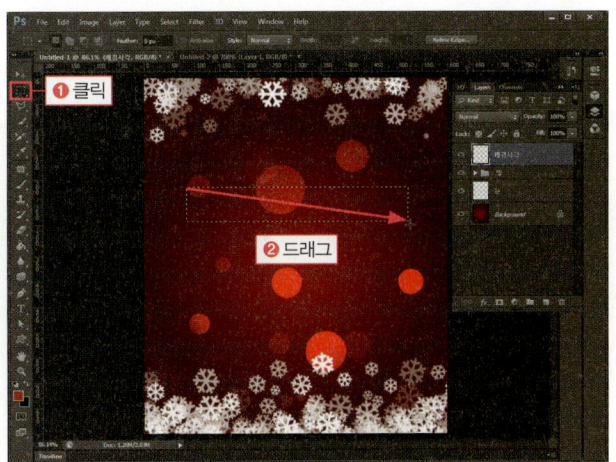

**21** [Tool] 패널에서 페인트 버켓 툴(Paint Bucket Tool )을 클릭합니다. 전경색을 '#b0151c'으로 설정한 후 캔버스에 클릭합니다.

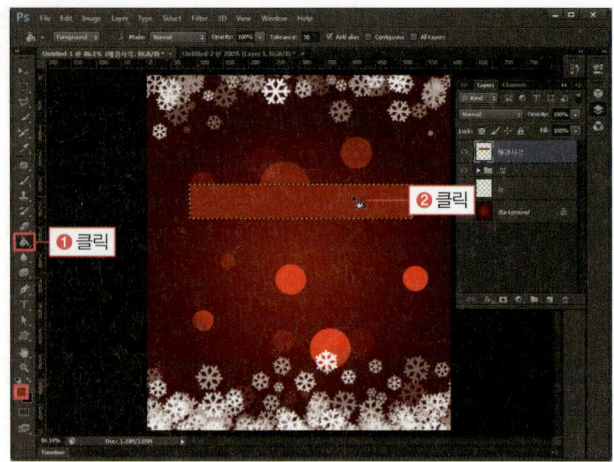

**22** Ctrl + D 를 눌러 선택 영역을 해제한 후 [Filter]-[Blur]-[Motion Blur] 메뉴를 클릭합니다.

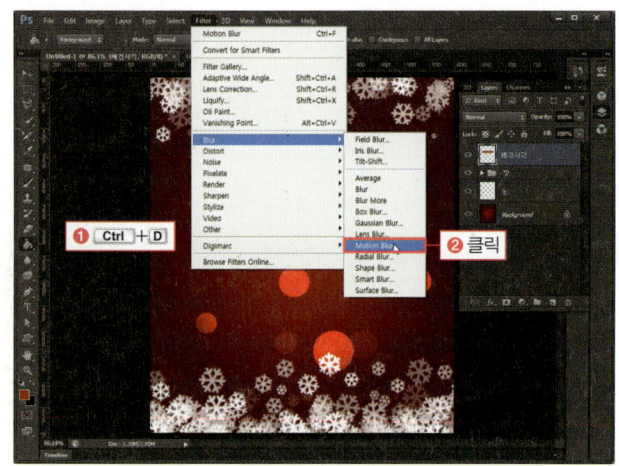

**23** Distance를 '100'으로 설정한 후 [OK] 버튼을 클릭합니다.

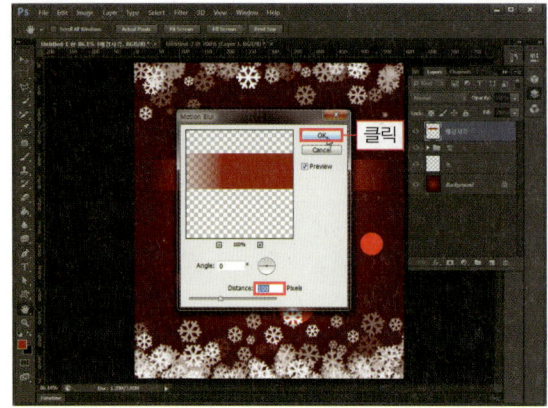 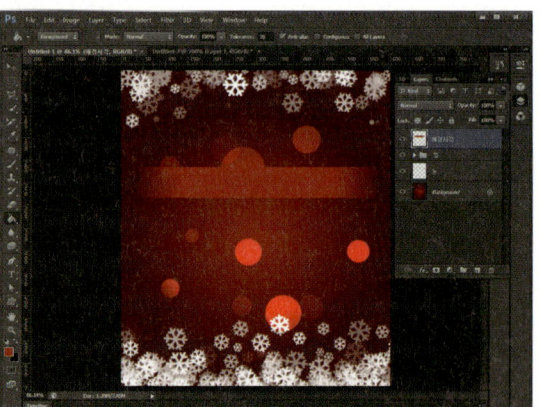

**24** [Tool] 패널에서 사용자 툴(Custom Tool )을 클릭합니다. 모양은 'Shape', Shape는 'Heart', Stroke는 '없음', Fill은 그레이디언트를 선택하고 앞의 Color Stop은 '#af0000', 뒤의 Color Stop은 '#ff0000', Radial로 설정합니다.

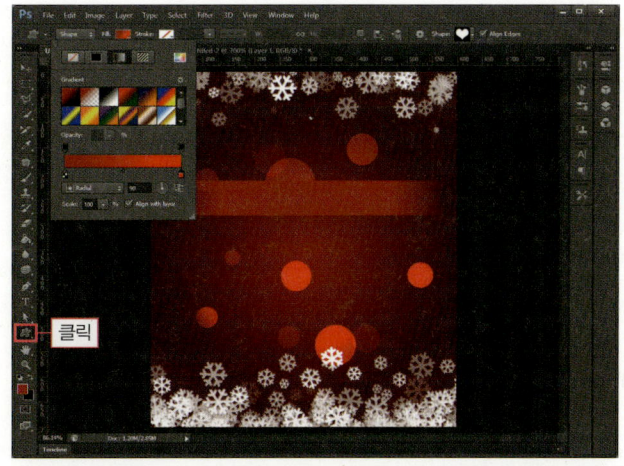

**25** 드래그하여 하트를 그립니다.

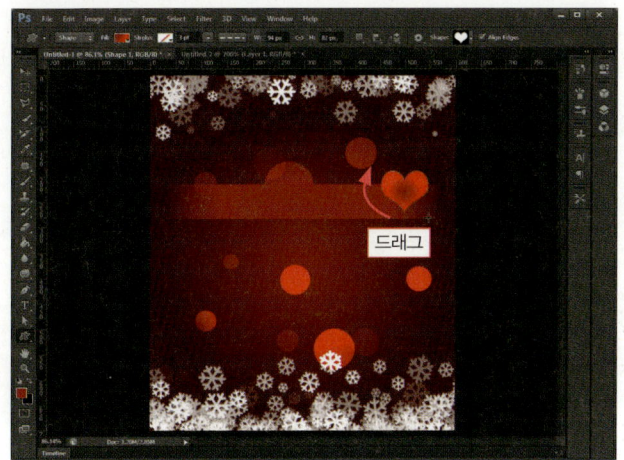

**26** [Layer]( ) 패널을 클릭합니다. Shape1 레이어 섬네일을 더블클릭합니다. [Inner Glow] 탭에서 Opacity는 '50', Choke는 '7', Size는 '35'로 설정하고 [OK] 버튼을 클릭합니다.

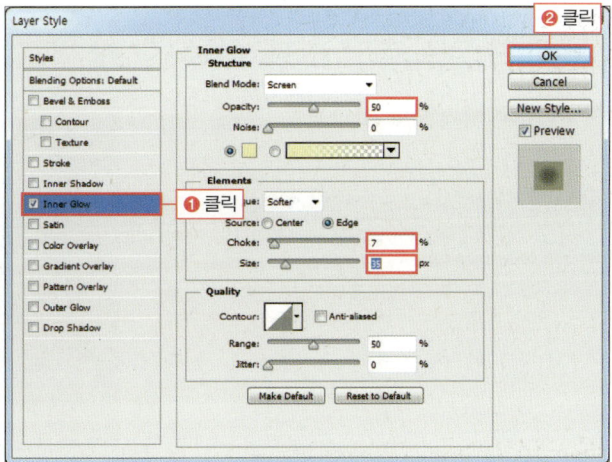

CHAPTER 01 이벤트 페이지 401

**27** [Edit]-[Free Transform Path](Ctrl + T)를 클릭합니다. 조절점을 드래그하여 회전하고, 옵션 바에서 ✓ 버튼을 클릭합니다.

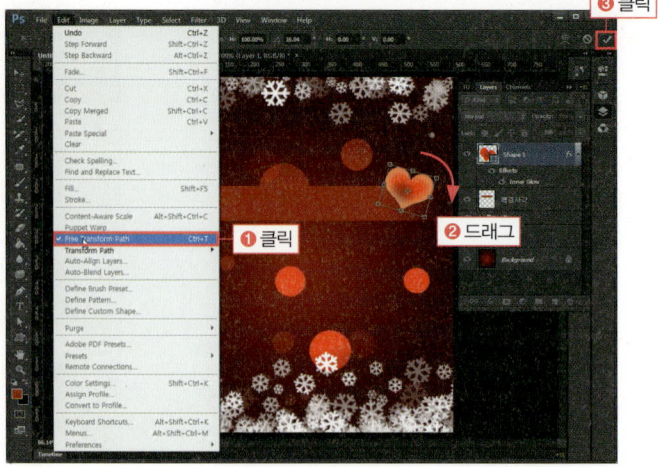

**28** [Tool] 패널에서 이동 툴(Move Tool)을 클릭합니다. Alt 를 누른 상태에서 드래그합니다.

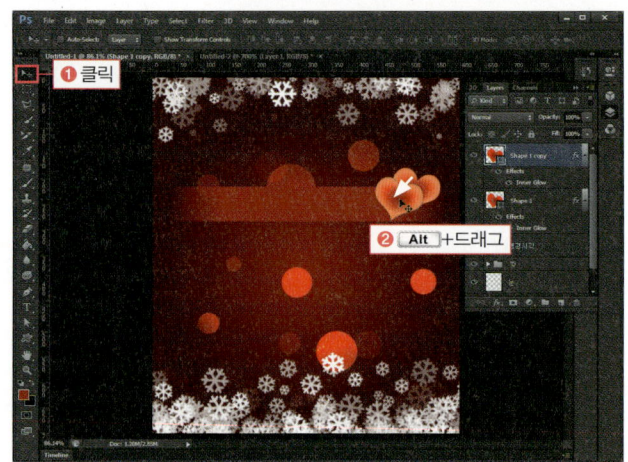

**29** [Edit]-[Free Transform Path](Ctrl + T)를 클릭합니다. 조절점을 드래그하여 회전하고, 크기를 줄입니다. 옵션 바에서 ✓ 버튼을 클릭합니다.

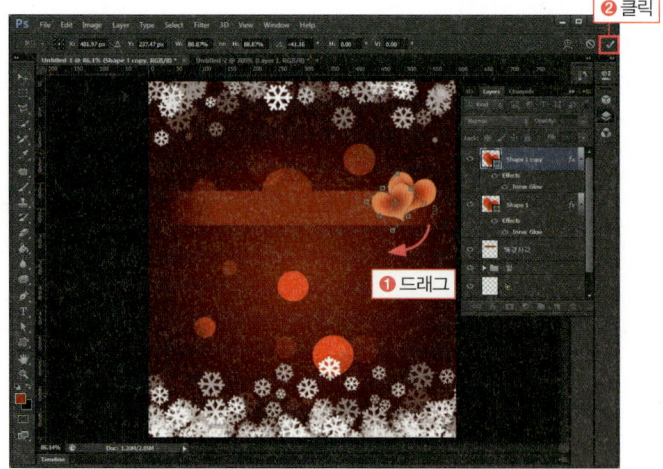

30 [Tool] 패널에서 가로 문자 툴(Horizontal Type Tool)을 클릭합니다. 옵션 바에서 글씨체는 'Arial', 'Black', 크기는 '72'로 설정하고 'EVENT'를 입력합니다.

31 [Layer] 패널을 클릭합니다. EVENT 레이어 섬네일을 더블클릭합니다. [Gradient Overlay] 탭에서 Gradient 색상을 '#41500b', '#92b40d'로 설정합니다.

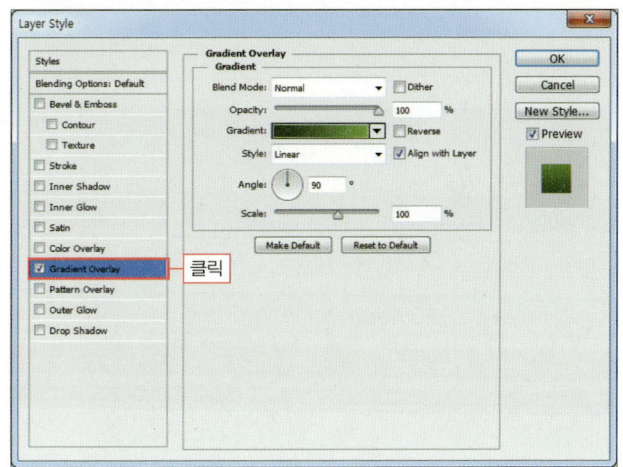

32 [Stroke] 탭에서 Size를 '1', Color를 '#543e17'로 설정합니다. [Outer Glow] 탭에서 Spread를 '0', Size를 '7'로 설정하고 [OK] 버튼을 클릭합니다.

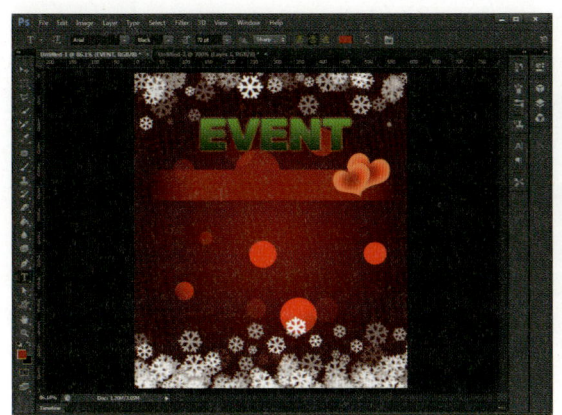
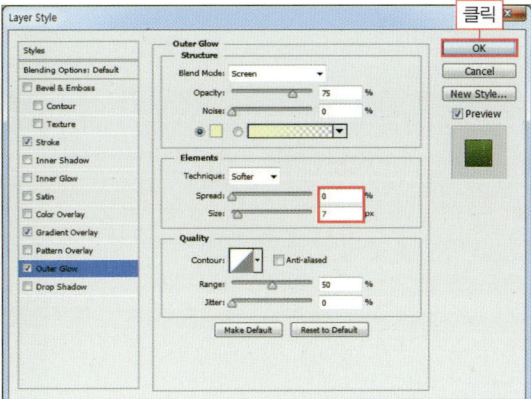

**33** [Tool] 패널에서 가로 문자 툴(Horizontal Type Tool)을 클릭합니다. 옵션 바에서 글씨체는 '산돌고딕M', 크기는 '20pt', 색상은 흰색으로 설정하고 '첫눈이 오면 사랑을 전하세요'를 입력합니다. '사랑'을 블록으로 지정한 후 크기는 '30pt', 색상은 '#ed100'으로 설정합니다.

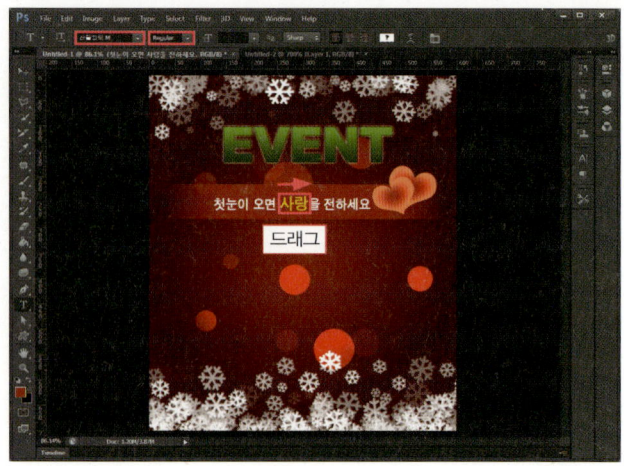

**34** [Layer] 패널을 클릭한 후 글자 레이어 섬네일을 더블클릭합니다. [Drop Shadow] 탭에서 Distance를 '0'으로 설정하고 [OK] 버튼을 클릭합니다.

 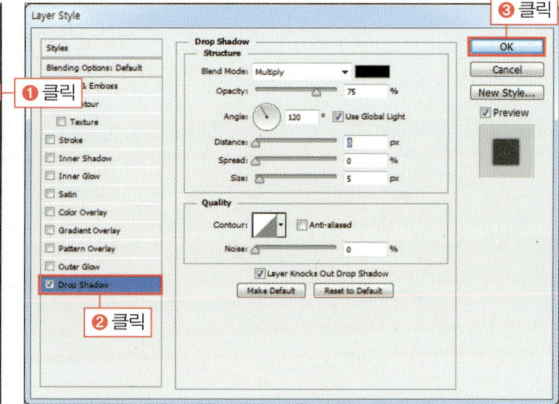

**35** 버튼을 클릭하여 레이어를 추가합니다. 추가된 레이어를 더블클릭한 후 '별'을 입력합니다. [Tool] 패널에서 브러시 툴(Brush Tool)을 클릭합니다. 전경색은 '#9dbf12', 옵션 바에서 'Star-Small'을 선택합니다. '사랑' 위를 클릭합니다.

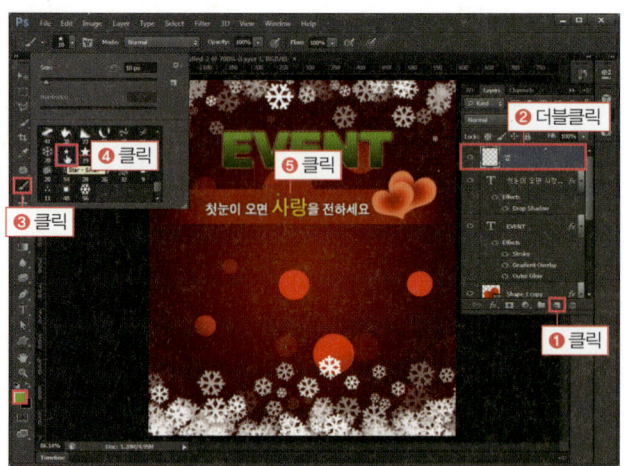

36 [Tool] 패널에서 이동 툴(Move Tool )을 클릭합니다. Alt 를 누른 상태에서 별을 드래그하여 복사합니다.

37 [Tool] 패널에서 가로 문자 툴(Horizontal Type Tool )을 클릭합니다. 옵션 바에서 글씨체는 '산돌고딕M', 크기는 '14pt', 색상은 흰색으로 설정하고 '첫눈이 오면 사랑하는 사람에게 마음을 선물하세요/구매하시는 모든 고객에게 목도리를 선물로 드립니다/당신의 따뜻함이 전해질 것입니다.'를 입력합니다. '선물'과 '목도리'의 글자 크기는 '20pt', 색상은 '#92b40d'으로, '마음을'의 글자 크기는 '20pt', 색상은 '#fed100'으로 설정합니다.

# 화장품 광고 페이지
_광고 페이지 디자인

CHAPTER

상품의 주요 콘셉트가 빈티지, 내츄럴, 심플 중에서 어떤 콘셉트로 만들어졌는지를 파악하여 그 콘셉트에 맞는 주제로 광고를 작업해봅니다.

× MADAM'S KS PHOTOSHOP CS6 ×

학습
목표

•• 이번에는 메일링으로 자주 오는 광고 페이지를 만들어 보겠습니다. 주제는 화장품으로 설정하고, 내추럴이 화장품 콘셉트이므로 주제에 내추럴한 레이아웃을 설정하여 화장품 광고 페이지를 만들어 봅니다.

작업
순서

**1단계 콘셉트 정하기**
어떤 주제의 광고 페이지인지를 정합니다.

**2단계 레이아웃 설정하기**
주제에 맞는 레이아웃 디자인을 스케치합니다.

**3단계 포토샵 작업하기**
스케치를 바탕으로 포토샵 작업을 합니다.

| 이벤트 페이지 | 화장품 광고 페이지 만들기 |

자연, 내추럴이 콘셉트인 화장품을 타깃으로 광고 페이지를 만들어 보겠습니다.
▶ **원본 파일** : 실전2/화장품.psd, 실전2/나뭇잎.psd  |  **결과 파일** : 실전2/화장품 광고 페이지.psd

**01** [File]-[New](Ctrl+N)를 클릭합니다. Width는 '900', Height는 '630', Resolution은 '96'으로 설정한 후 [OK] 버튼을 클릭합니다.

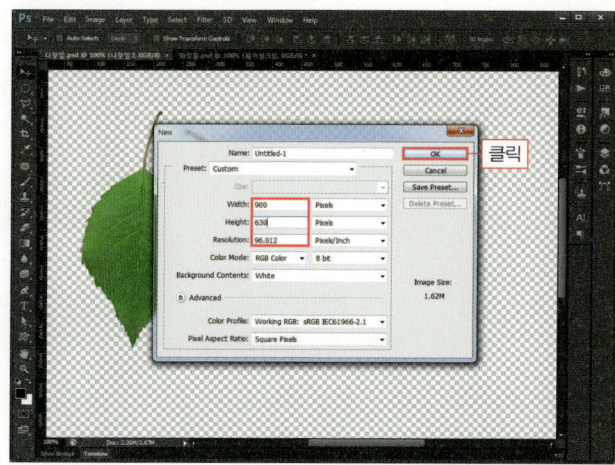

**02** [Tool] 패널에서 전경색을 '#d3dd90'으로 설정합니다. 페인트 버켓 툴(Paint Bucket Tool)을 클릭한 후 캔버스를 클릭합니다.

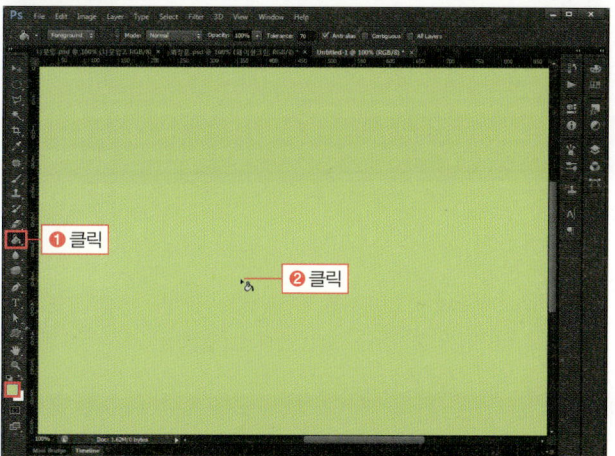

**03** [Tool] 패널에서 원형 선택 툴(Elliptical Marquee Tool )을 클릭합니다. Feather를 '50'으로 설정한 후 타원을 그립니다.

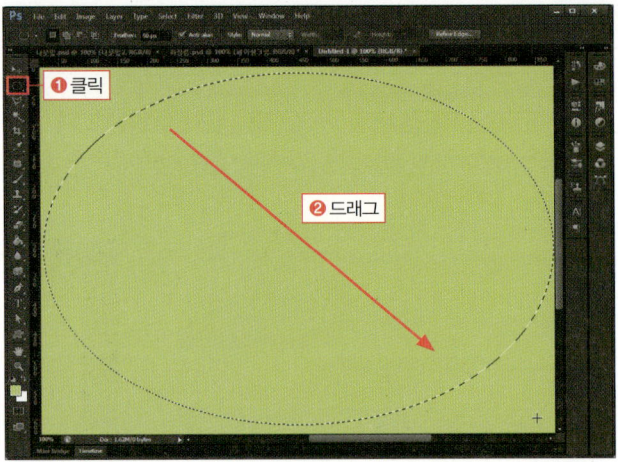

**04** [Layer]( ) 패널에서 버튼을 클릭합니다. Layer1을 더블클릭한 후 '흰배경'을 입력합니다.

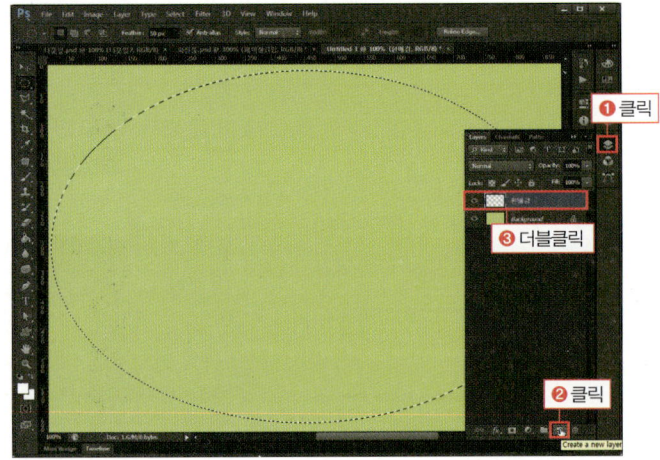

**05** [Tool] 패널에서 전경색을 '#ffffff'으로 설정합니다. 페인트 버켓 툴(Paint Bucket Tool )을 선택한 후 캔버스를 클릭합니다.

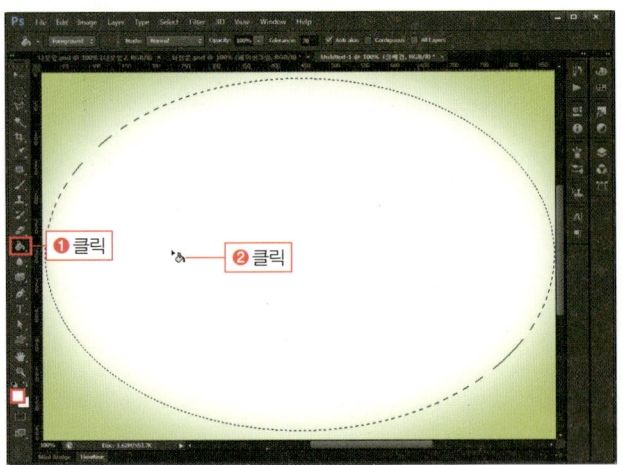

**06** [나뭇잎.psd] 탭을 선택한 후 Ctrl + A 를 누릅니다. [Edit]-[Copy](Ctrl + C)를 클릭합니다.

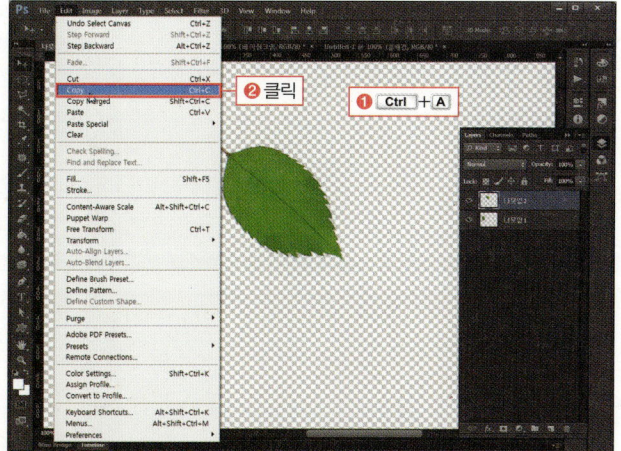

> **TIP** | 여러 장 열려 있는 이미지 이동하기
> Ctrl + Tab 을 누르면 이미지를 순차적으로 열어 이동할수 있습니다.

**07** [Untitled-1.psd] 탭을 클릭한 후 [Edit]-[Paste](Ctrl + V)를 클릭합니다.

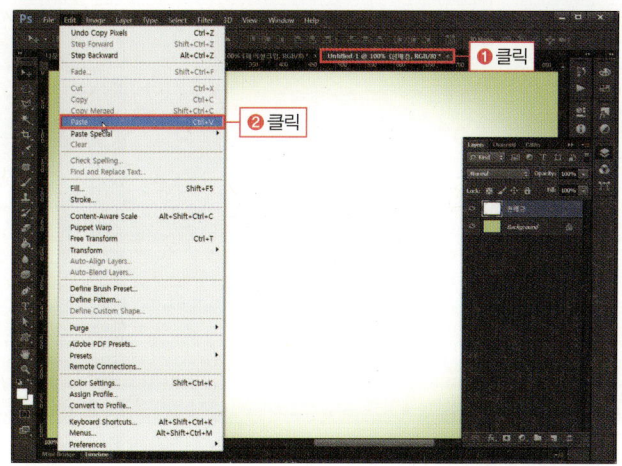

**08** [Tool] 패널에서 이동 툴(Move Tool)을 클릭합니다. 나뭇잎을 그림과 같이 이동합니다.

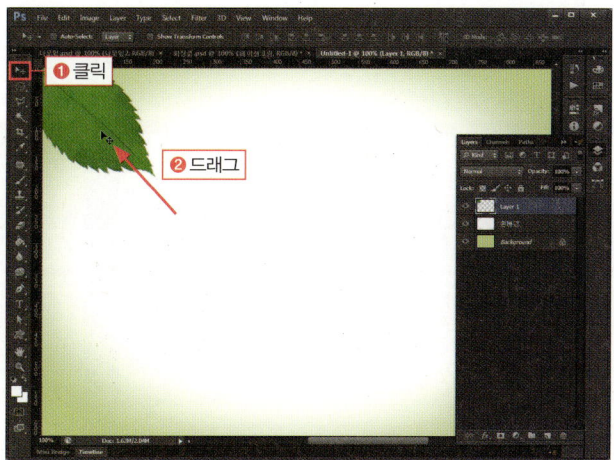

CHAPTER 02 화장품 광고 페이지    **409**

**09** [Image]-[Adjustments]-[Color Balance]( Ctrl + B )를 클릭합니다.

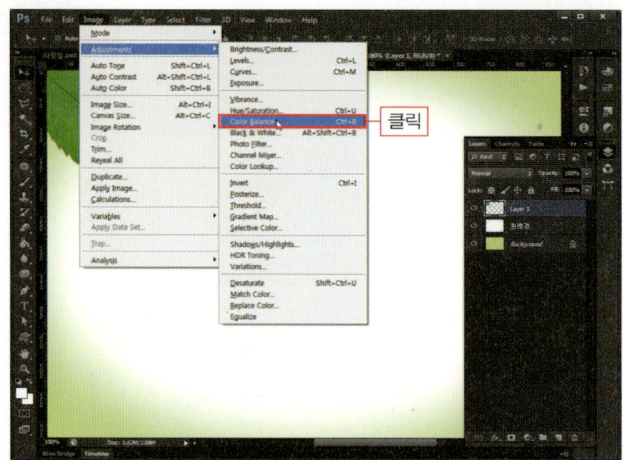

**10** Color Levels을 '40, 0, -40'으로 설정한 후 [OK] 버튼을 클릭합니다.

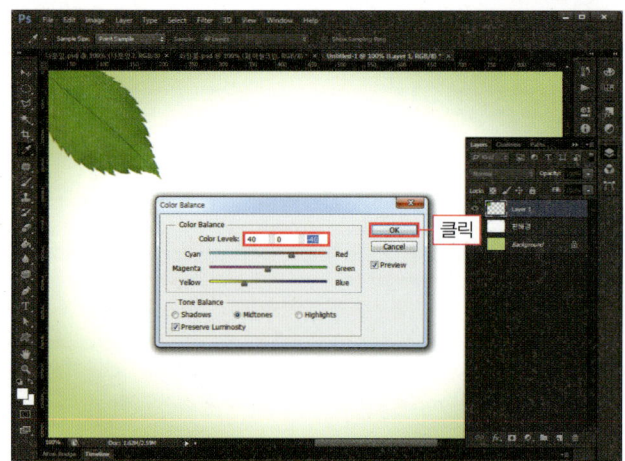

**11** [Tool] 패널에서 이동 툴(Move Tool )을 클릭합니다. Alt 를 누른 상태에서 드래그하여 나뭇잎을 하나 복사합니다.

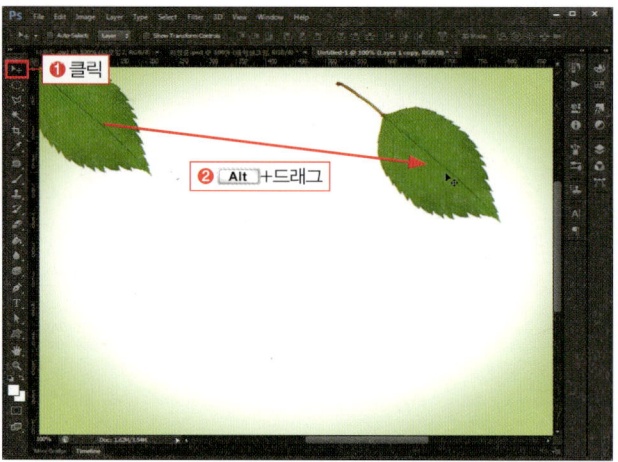

**12** [Edit]-[Free Transform](Ctrl+T)를 클릭합니다.

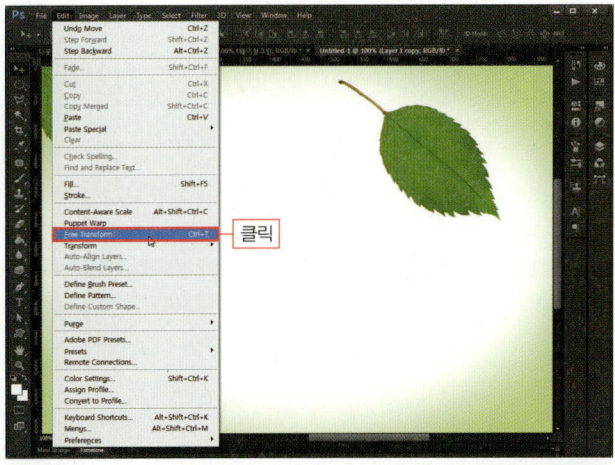

**13** 그림과 같이 조절점을 드래그하여 크기를 줄이고 회전합니다.

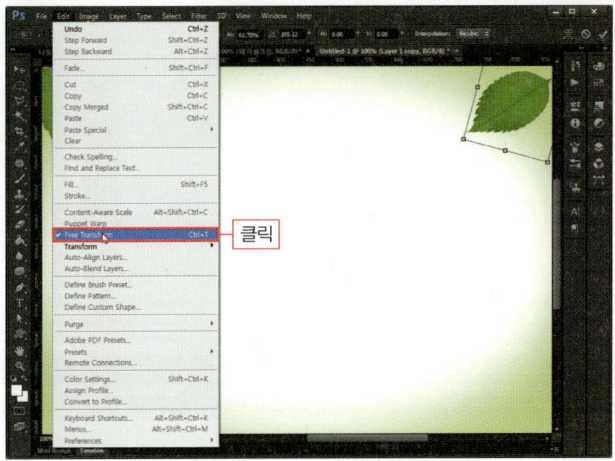

**14** [Tool] 패널에서 이동 툴(Move Tool)을 클릭합니다. Alt 를 누른 상태에서 드래그하여 나뭇잎을 하나 복사합니다.

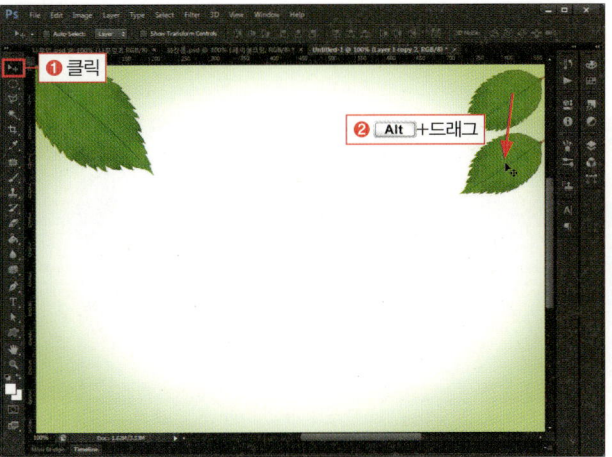

**15** `Ctrl`+`T`를 클릭하여 그림과 같이 회전합니다.

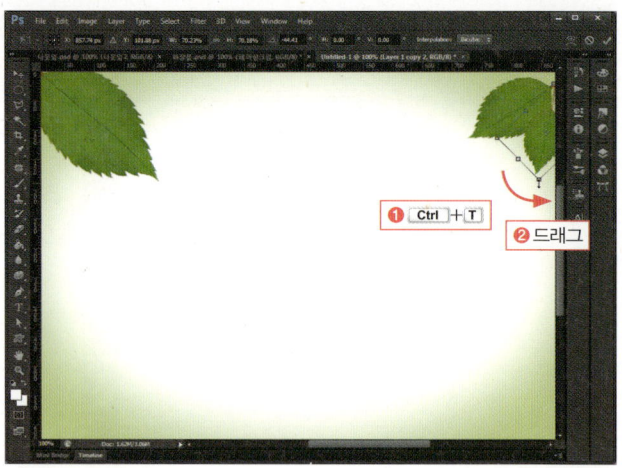

**16** [Layer](아이콘) 패널에서 Layer1을 클릭한 후 `Shift`를 누른 상태에서 Layer1 Copy 2를 클릭합니다.

**17** `Ctrl`+`G`를 눌러 그룹으로 만든 후 그룹 이름에 '나뭇잎'을 입력합니다.

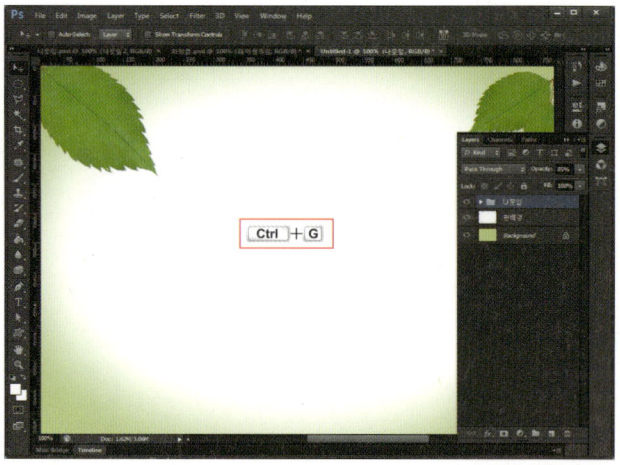

**18** [Window]-[Arrange]-[2-up Vertical]을 클릭합니다.

**19** [Tool] 패널에서 이동 툴(Move Tool)을 클릭합니다. 화장품을 'Untitled-1.psd'로 드래그 합니다.

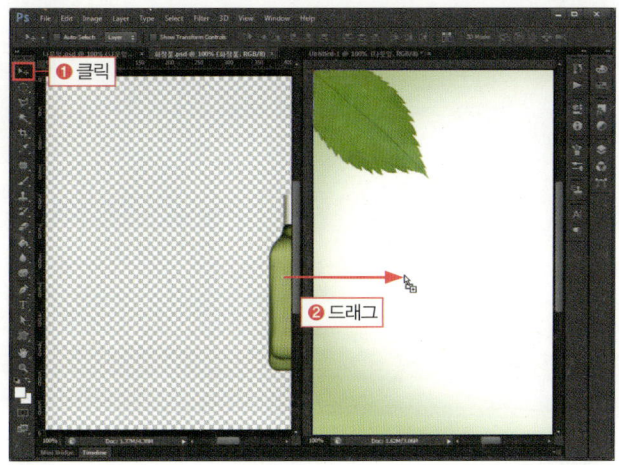

**20** [Window]-[Arrange]-[Consolidate All to Tabs]를 클릭합니다.

**21** [Layer](📄) 패널에서 화장품 폴더를 열고 '페이셜 크림' 레이어를 선택한 후 그림과 같이 위치를 옮깁니다.

> **TIP | 이미지가 들어 있는 레이어 찾기**
> 이동 툴 상태에서 [Ctrl]을 누른 채로 이미지를 클릭하면 이미지가 들어 있는 레이어를 바로 찾을 수 있습니다.

**22** 화장품 폴더를 🗐 버튼으로 드래그합니다.

**23** 화장품 폴더를 클릭한 후 [Edit]-[Transform]-[Flip Vertical]을 클릭합니다.

**24** [Tool] 패널에서 이동 툴(Move Tool )을 클릭합니다. 그림과 같이 화장품을 아래로 드래그하여 배치합니다.

**25** [Layer]( ) 패널에서 화장품 폴더를 클릭합니다. 버튼을 클릭합니다.

**26** [Tool] 패널에서 그레이디언트 툴(Gradient Tool )을 클릭합니다. 옵션 바에서 색상은 'Black, White', Type은 'Linear'을 클릭합니다.

**27** 크림 위에서부터 아래로 드래그합니다. 그런 다음, [Layer](📑) 패널에서 화장품 폴더를 닫습니다. 🔲 버튼을 클릭하여 '물방울'을 입력합니다.

**28** [Tool] 패널에서 페인트 버켓 툴(Paint Bucket Tool 🪣) 클릭합니다. 전경색을 '흰색'으로 설정한 후 캔버스를 클릭합니다.

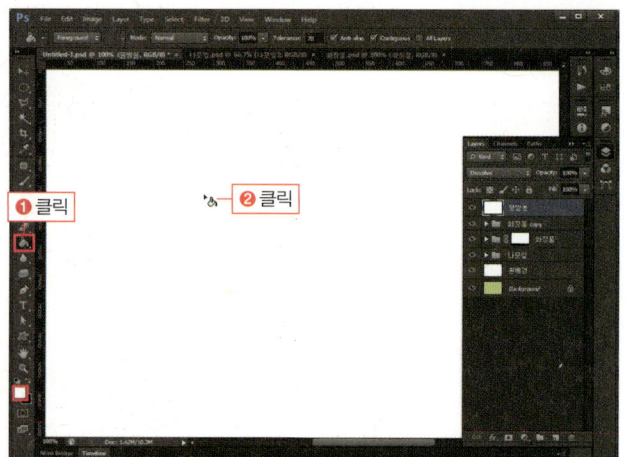

**29** [Filter]-[Noise]-[Add Noise]를 클릭합니다.

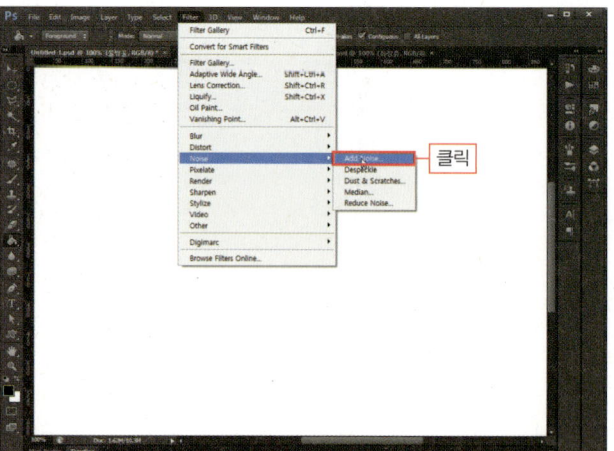

**30** Amount를 '150'으로 설정한 후 [OK] 버튼을 클릭합니다.

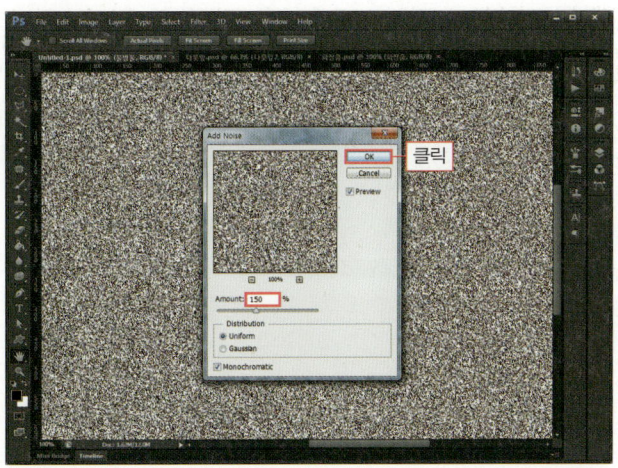

**31** [Filter]–[Filter Gallery]를 클릭합니다. Image Balance는 '36', Smoothness는 '15'로 설정하고 [OK] 버튼을 클릭합니다.

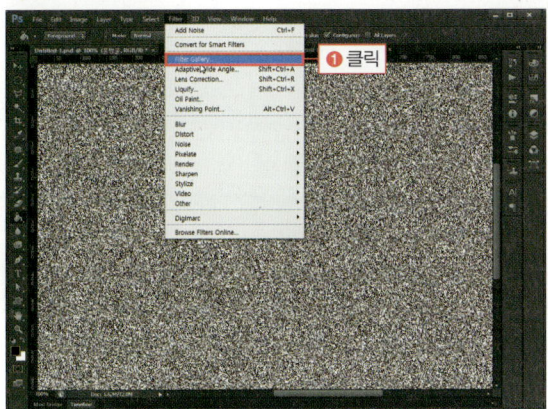 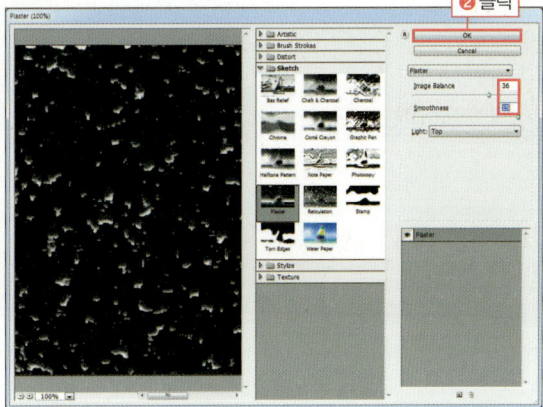

**32** [Tool] 패널에서 마술봉 툴(Magic Wand Lasso Tool)을 클릭합니다. 검은색을 클릭하고 Delete 를 누릅니다.

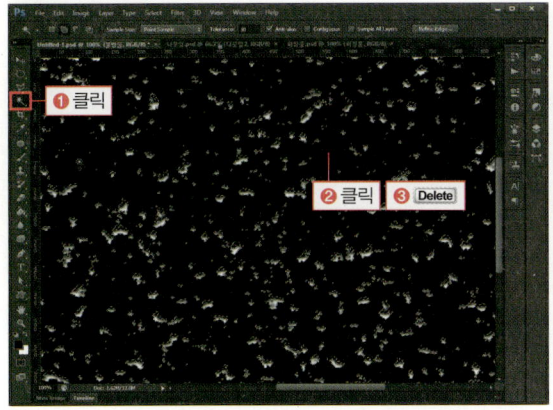 

CHAPTER 02 화장품 광고 페이지 **417**

33 Ctrl + D 를 눌러 선택 영역을 해제합니다. [Layer]( ) 패널에서 Blend Mode를 'Overlay'로 변경합니다.

34 [Tool] 패널에서 지우개 툴(Eraser Tool )을 클릭합니다. 옵션 바에서 브러시의 사이즈를 '100'으로 설정한 후 화장품과 나뭇잎을 제외한 나머지 영역을 지웁니다.

35 [Tool] 패널에서 가로 문자 툴(Horizontal Type Tool )을 클릭합니다. 글씨체는 '휴먼편지체', 크기는 '80', 색상은 '#627a23'으로 설정하고 '자연을'을 입력합니다. 크기는 '60'으로 설정한 후 '바르자'를 입력하고 버튼을 클릭합니다.

**36** ' . . '을 입력하고 크기를 '80'으로 설정합니다.

**37** [Layer](  ) 패널에서 '자연을 바르자', ' . . ' 레이어를 선택합니다.

**38** **Ctrl**+**E**를 눌러 레이어를 합칩니다.

CHAPTER 02 화장품 광고 페이지   **419**

**39** [Filter]-[Noise]-[Add Noise]를 클릭합니다. Amount를 '50'으로 설정한 후 [OK] 버튼을 클릭합니다.

 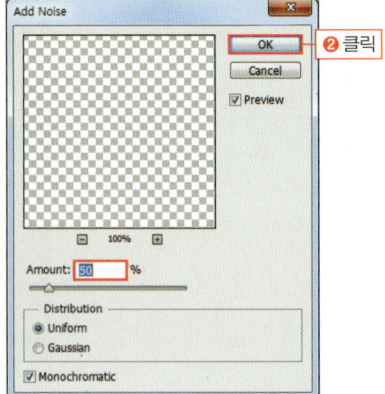

**40** [Filter]-[Stylize]-[Diffuse]를 클릭합니다. Mode는 'Normal'을 선택하고 [OK] 버튼을 클릭합니다.

 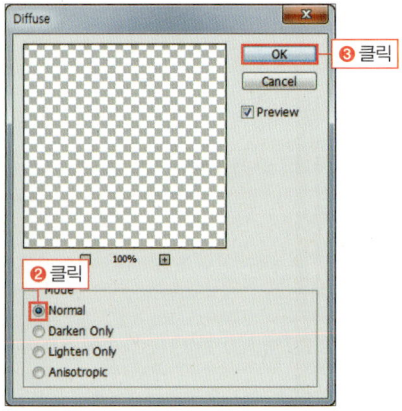

**41** 상품 광고 페이지가 완성되었습니다.

✕ 쉬어가는 페이지 ✕

# 봄꽃 축제 포스터
_포스터 디자인

## 03
### CHAPTER

전단지를 작업할 때는 일러스트레이터를, 메일링 광고 전단지를 만들 때는 포토샵을 이용하여 만드는 것이 편리합니다. 이번에는 여러 이미지를 편집하여 봄꽃 축제 포스터를 제작해보겠습니다.

× M A D A M ' S   K S   P H O T O S H O P   C S 6 ×

학습 목표

•• 인쇄용 포스터는 주로 일러스트레이터를 이용하여 작업합니다. 포토샵으로 작업했을 때보다 선명하고 작업 영역을 이용하기가 편리합니다. 그러나 메일링을 통한 전단지 작업은 포토샵이 더 편리할 때가 많습니다. 이번 장에서는 포토샵을 이용하여 포스터를 제작해 보겠습니다.

작업 순서

| 1단계 콘셉트 정하기 | 2단계 레이아웃 설정하기 | 3단계 포토샵 작업하기 |
|---|---|---|
| 어떤 주제의 포스터를 제작할 것인지 콘셉트를 결정합니다. | 주제에 맞는 레이아웃 디자인을 스케치할 자료를 수집합니다. | 스케치를 바탕으로 포토샵 작업을 합니다. |

## 이벤트 페이지 축제 포스터 만들기

봄꽃 축제를 주제로 정하였으며, 봄의 내음이 향긋하게 나는 따뜻하고 여성스러운 느낌이 나도록 콘셉트를 설정하였습니다.

▶ **원본 파일** : 실전3/나무잎.psd, 실전3/들꽃.jpg, 실전3/꽃1.jpg, 실전3/나비.jpg | **결과 파일** : 실전3/봄꽃축제.psd

**01** [File]-[New](Ctrl+N)를 클릭합니다. Width는 '500', Height는 '700'으로 설정하고 [OK] 버튼을 클릭합니다.

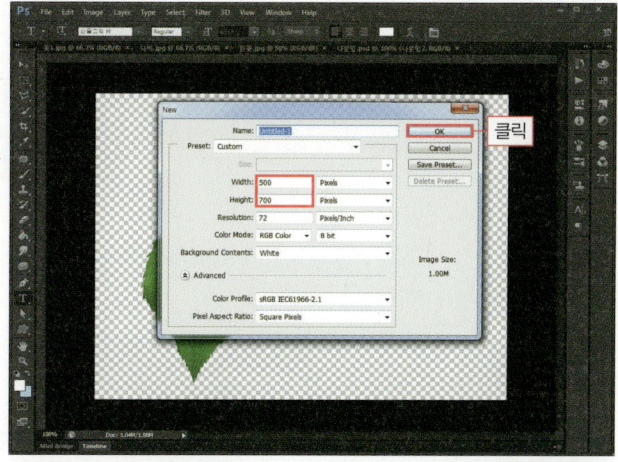

**02** [Tool] 패널에서 전경색은 '#e9fefd', 배경색은 '#78c6e8'로 설정합니다. [Filter]-[Render]-[Clouds] 메뉴를 클릭합니다.

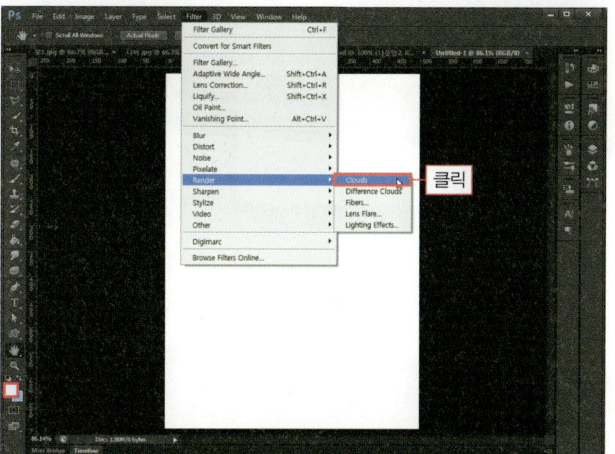

**03** [Tool] 패널에서 브러시 툴(Brush Tool )을 클릭합니다. 옵션 바에서 브러시의 종류는 'Soft Round', 사이즈를 '100', 전경색을 '흰색'으로 설정한 후 그림과 같이 칠합니다.

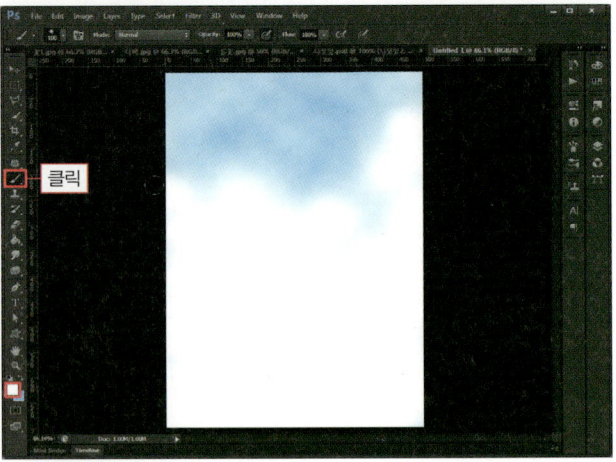

**04** [Filter]-[Filter Gallery]를 클릭합니다. Artistic의 Dry Brush를 선택하고 Brush size를 '2', Brush Detail을 '8', Texture를 '1'로 설정합니다.

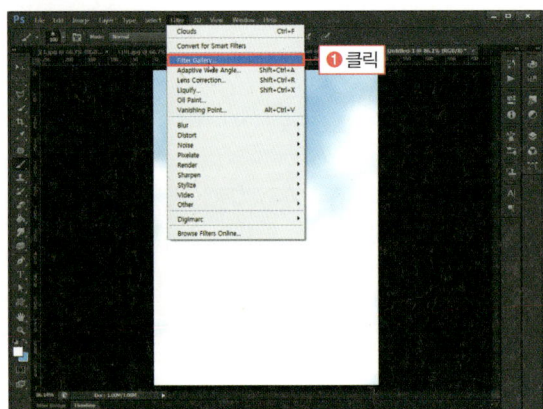 

**05** 를 클릭합니다. Artistic의 Paint Daubs를 선택한 후 Brush size를 '4', Sharpness을 '7'로 설정하고 [OK] 버튼을 클릭합니다.

 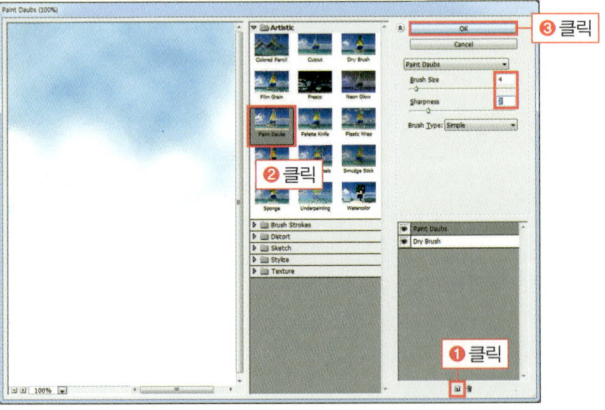

**06** [들꽃.jpg] 탭을 선택합니다. Ctrl + A 를 누른 후 [Edit]-[Copy](Ctrl + C)를 클릭합니다.

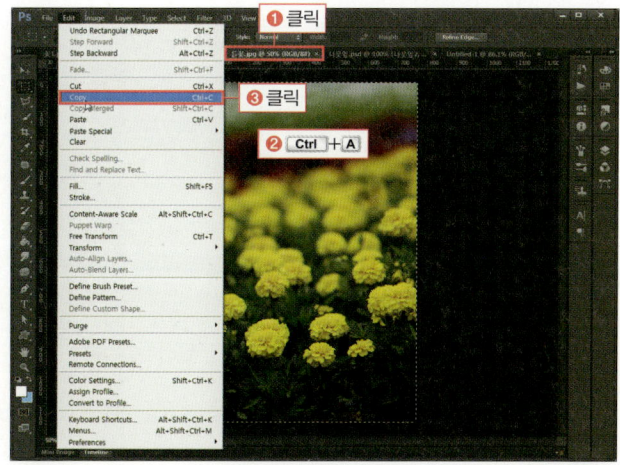

**07** [Untitled-1.psd] 탭을 선택합니다. [Edit]-[Paste](Ctrl + V)를 클릭합니다.

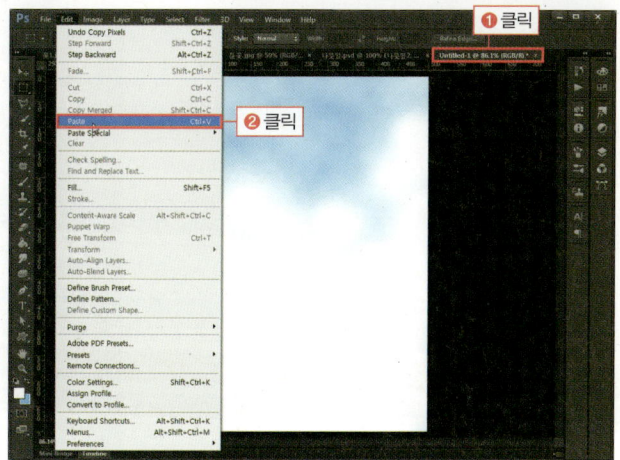

**08** [Tool] 패널에서 이동 툴(Move Tool)을 클릭합니다. 이미지를 그림과 같이 드래그하여 옮깁니다.

CHAPTER 03 봄꽃 축제 포스터 425

**09** [Layer](⬧) 패널에서 ▣을 클릭합니다.

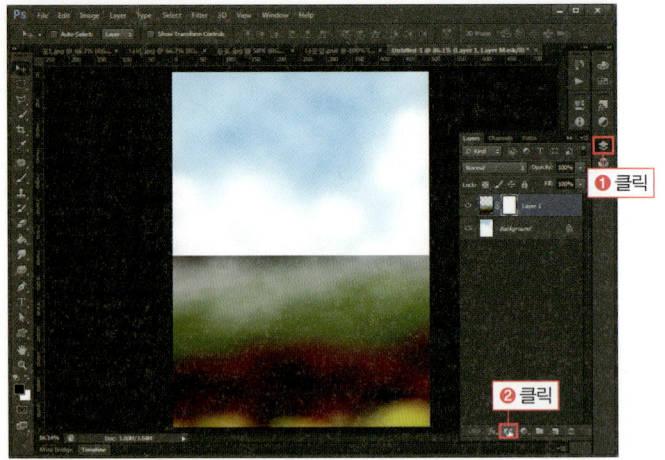

**10** [Tool] 패널에서 그레이디언트 툴(Gradient Tool ▣)을 클릭합니다. 옵션 바에서 그레이디언트의 색상은 'Black, White'를 선택합니다.

**11** 들꽃 위에서 아래로 드래그합니다.

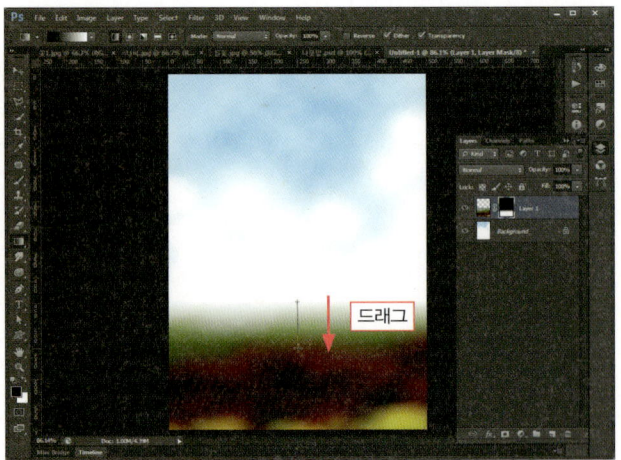

**12** [꽃1.jpg] 탭을 선택합니다. 빠른 선택 툴 (Quick Selection Tool )을 클릭합니다. 브러시 사이즈를 '30'으로 설정한 후 꽃을 드래그합니다.

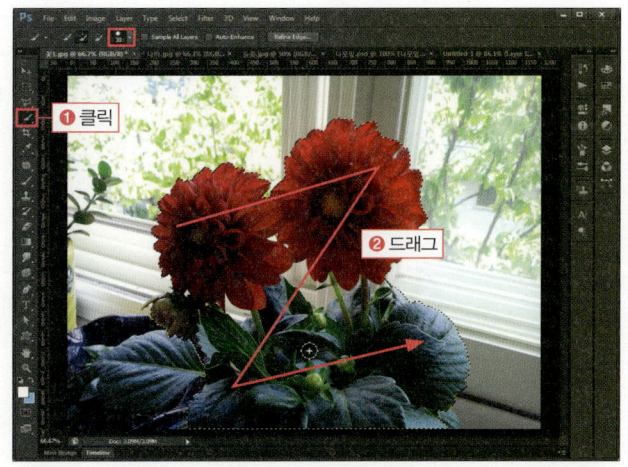

**13** [Edit]-[Copy](Ctrl + C)를 클릭합니다.

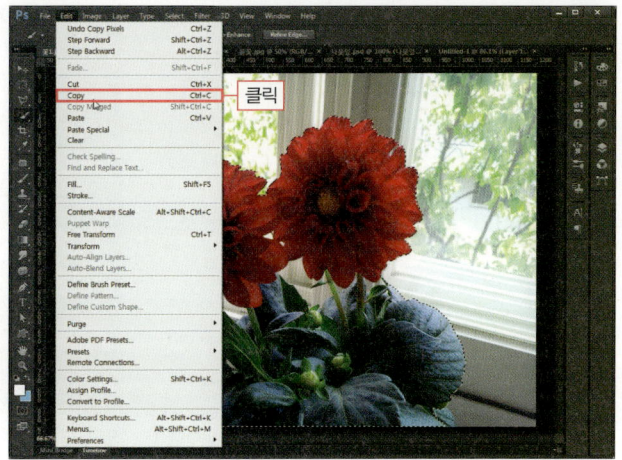

**14** [Untitled-1.psd] 탭을 선택합니다. [Edit]-[Paste](Ctrl + V)를 클릭합니다.

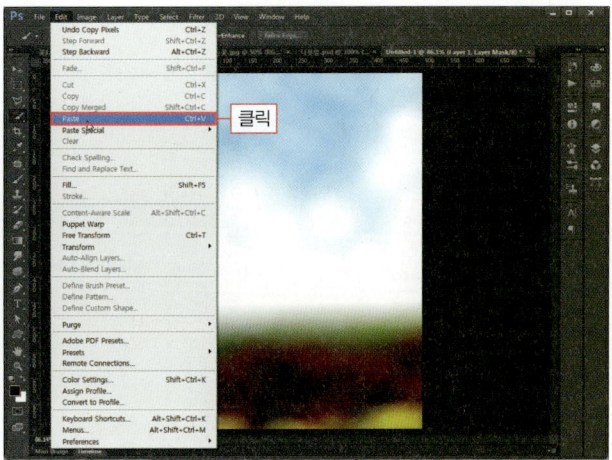

**15** `Ctrl`+`T`를 눌러 그림과 같이 사이즈를 줄인 후 `Enter`를 누릅니다.

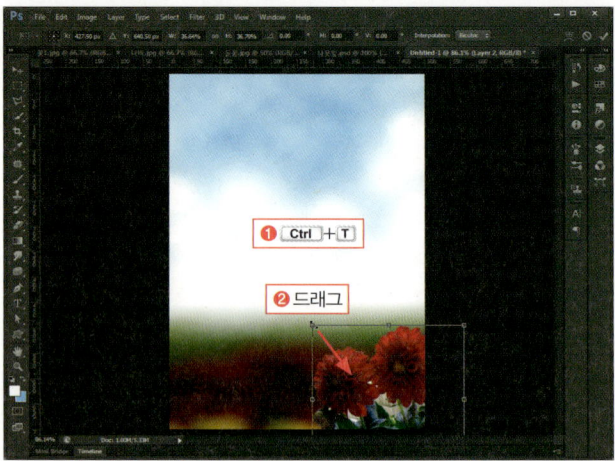

**16** [Image]-[Adjustments]-[Color Balance] (`Ctrl`+`B`)를 클릭합니다.

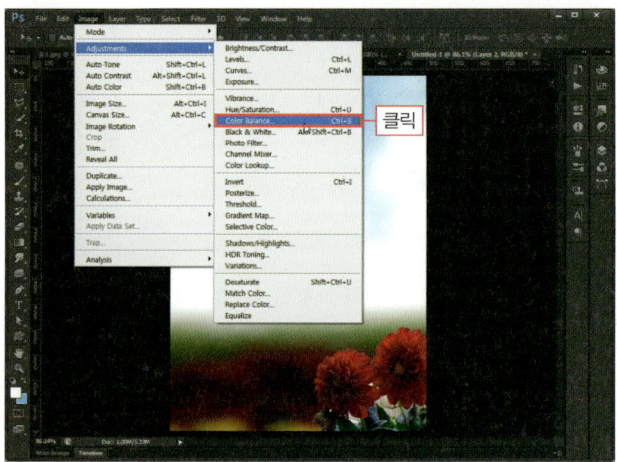

**17** Color Levels을 '100, 75, -50'으로 설정한 후 [OK] 버튼을 클릭합니다.

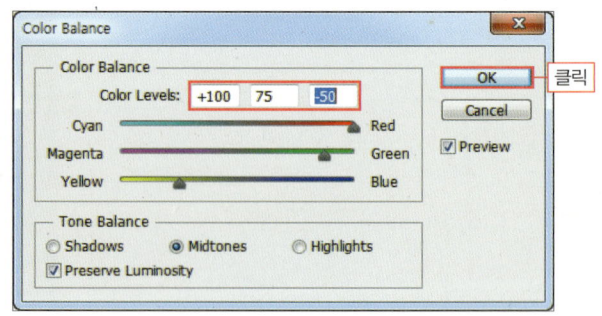

**18** 메뉴에서 [Filter]–[Filter Gallery]를 클릭합니다. `Alt`을 누른 상태에서 [Cancel] 버튼이 [Reset] 버튼으로 바뀔 때 클릭합니다. Paint Daubs를 선택한 후 Brush Size는 '4', Sharpness는 '6'으로 설정하고 [OK] 버튼을 클릭합니다.

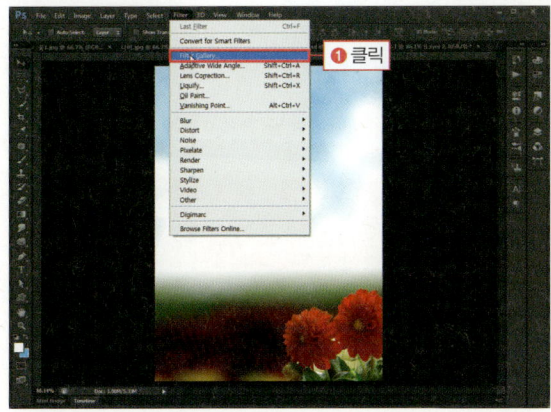
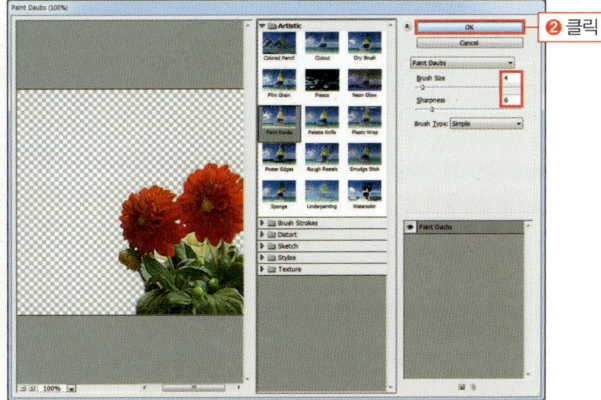

> **TIP | 필터 값 초기화**
> `Alt`를 누르면 [Cancel] 버튼이 [Reset] 버튼으로 바뀌고, `Ctrl`을 누르면 [Cancel] 버튼이 [Default] 버튼으로 바뀝니다.

**19** [Image]–[Adjustments]–[Brightness/Contrast]를 클릭합니다.

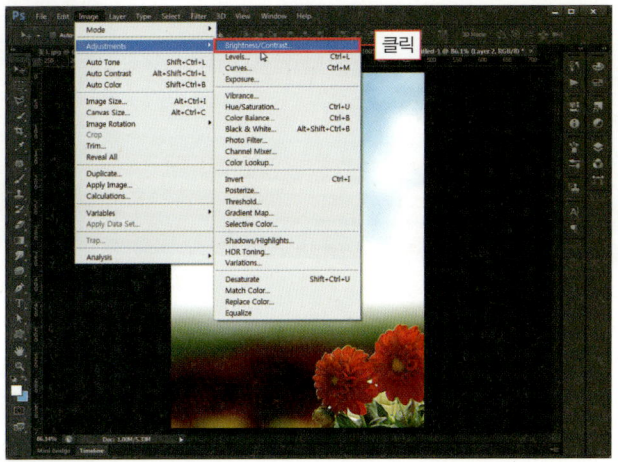

**20** Brightness는 '52', Contrast는 '–10'으로 입력한 후 [OK] 버튼을 클릭합니다.

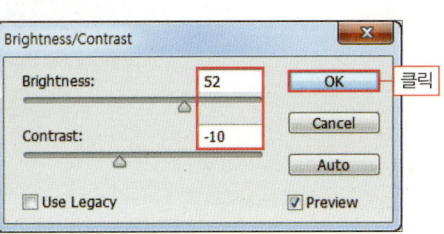

CHAPTER 03 봄꽃 축제 포스터  **429**

**21** [Tool] 패널에서 이동 툴(Move Tool)을 클릭합니다. Alt 를 누른 상태에서 드래그하여 복사합니다.

**22** Ctrl + T 를 눌러 그림과 같이 회전합니다.

**23** 동일한 방법으로 여러 개를 복사하고 회전합니다.

24 [Layer](🔲) 패널에서 Layer2를 클릭합니다. Shift 를 누른 상태에서 Layer2 copy 5 레이어를 클릭합니다.

25 🔲 버튼을 누른 후 [New Group from Layers]을 클릭합니다. Group 글자를 더블클릭하여 '하단꽃'을 입력합니다.

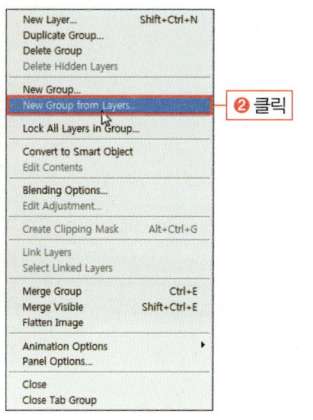

> **TIP** | Tip 선택한 레이어 그룹 만들기
> 단축키 Ctrl + G 를 눌러 그룹으로 만듭니다.

26 [나뭇잎.psd] 탭을 선택한 후 Ctrl + A 를 누릅니다. 그런 다음 [Edit]-[Copy]( Ctrl + C )를 클릭합니다.

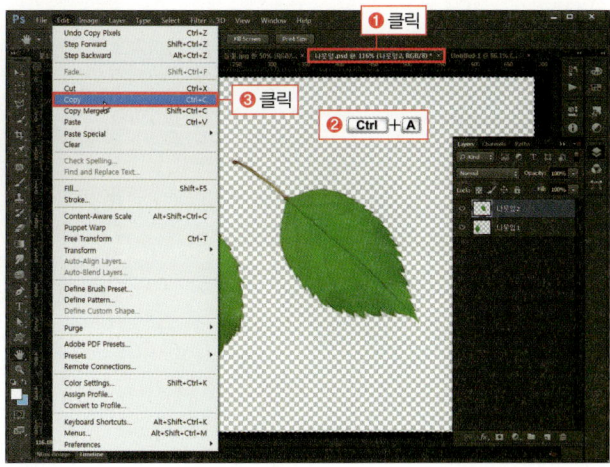

CHAPTER 03 봄꽃 축제 포스터 **431**

**27** [Untitled-1.psd] 탭을 선택한 후 [Edit]-[Paste]( Ctrl + V )를 클릭합니다.

**28** [Edit]-[Free Transform]( Ctrl + T )를 클릭한 후 그림과 같이 크기를 줄입니다.

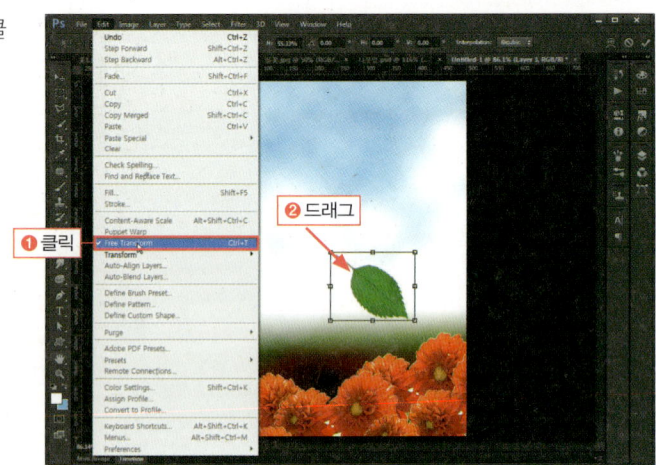

**29** [Image]-[Adjustments]-[Color Balance]( Ctrl + B )를 클릭합니다.

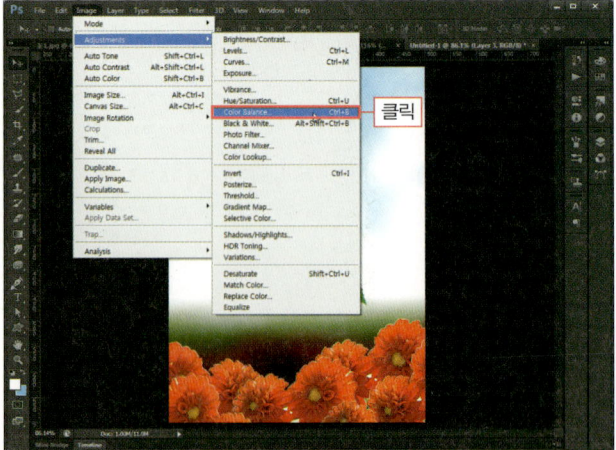

**30** Color Levels을 '40, 50, -70'으로 입력한 후 [OK] 버튼을 클릭합니다.

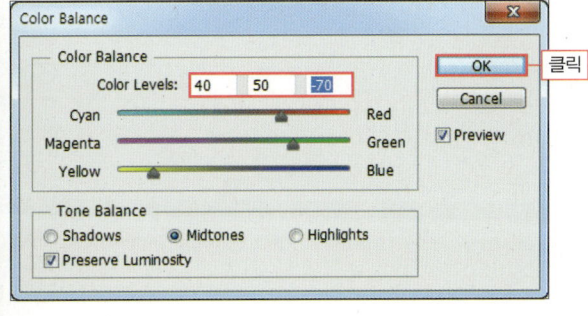

**31** 그림과 같이 나뭇잎을 상단으로 드래그합니다. `Ctrl`+`T`를 눌러 회전합니다.

**32** `Alt`를 누른 상태에서 2개를 드래그하여 복사합니다.

**33** `Ctrl`+`T`를 눌러 그림과 같이 회전한 후 사이즈를 줄입니다.

**34** [Layer](아이콘) 패널에서 Layer3을 맨 위로 드래그합니다.

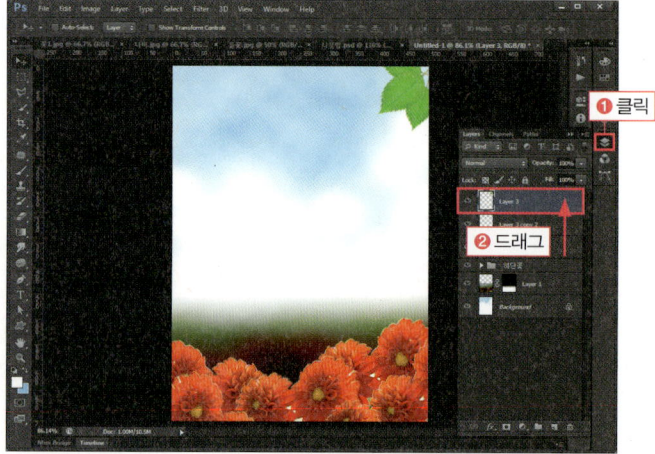

> **TIP | 레이어 순서 변경하기**
> `Ctrl`+`Shift`+`[` : 선택한 레이어를 맨 밑으로 내립니다.
> `Ctrl`+`Shift`+`]` : 선택한 레이어를 맨 위로 올립니다.
> `Ctrl`+`[` : 선택한 레이어를 한 레이어 아래로 옮깁니다.
> `Ctrl`+`]` : 선택한 레이어를 한 레이어 위로 옮깁니다.

**35** Layer3을 클릭합니다. `Shift`를 누른 상태에서 Layer 3 copy를 클릭합니다.

**36**  버튼을 누른 후 [New Group from Layers]를 클릭합니다. 그런 다음, Group 글자를 더블클릭하여 '나뭇잎'을 입력합니다.

**37** [나비.jpg] 탭을 선택한 후 [Tool] 패널에서 펜 툴(Pen Tool )을 클릭합니다. 나비를 따라 패스를 그립니다.

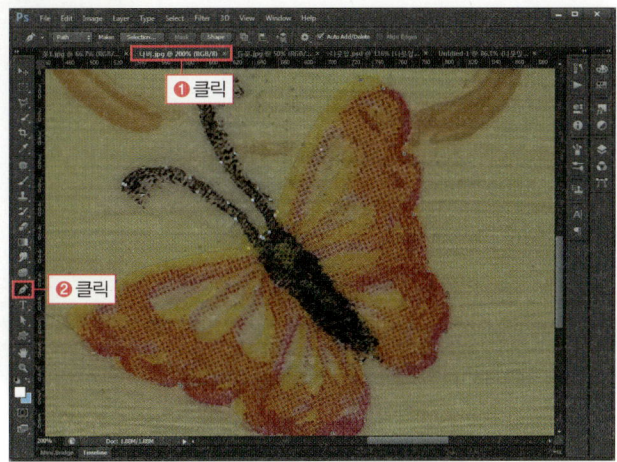

**38** `Ctrl`을 누른 상태에서 `Enter`를 누릅니다. 그런 다음 [Edit]-[Copy](`Ctrl`+`C`)를 클릭합니다.

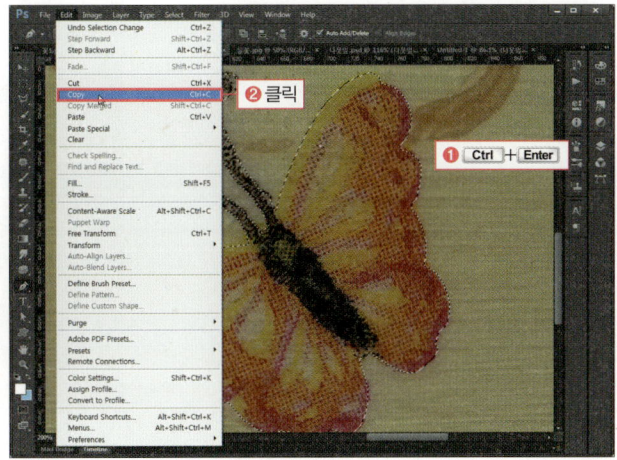

> **TIP** | 글자 편집 끝내기 또는 패스선을 선택 영역으로 변경
> `Ctrl`+`Enter`

CHAPTER 03 봄꽃 축제 포스터  **435**

**39** [Untitled-1.psd] 탭을 선택합니다. [Edit]-[Paste](Ctrl+V)를 클릭합니다.

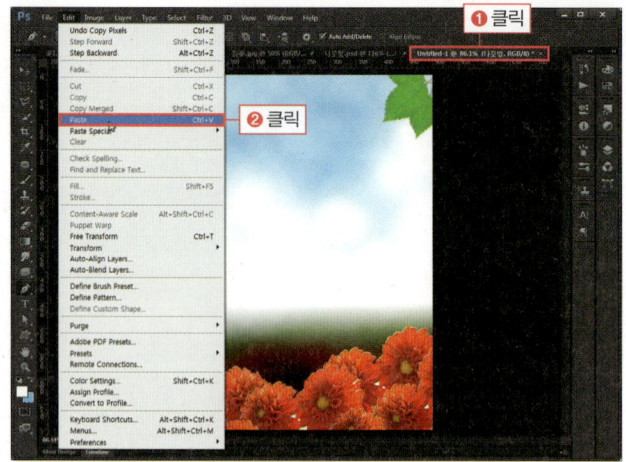

**40** Ctrl+T를 누르고 그림과 같이 크기를 줄입니다.

**41** [Image]-[Adjustments]-[Brightness/Contrast] 메뉴를 클릭합니다.

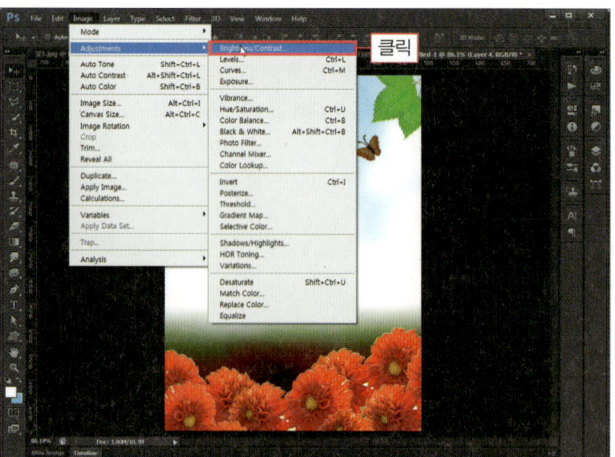

**42** Brightness는 '90', Contrast는 '80'으로 입력하고 [OK] 버튼을 클릭합니다.

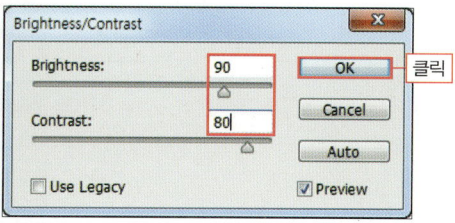

**43** [Tool] 패널에서 가로 문자 툴(Horizontal Type Tool )을 클릭합니다. 글씨체는 'Navi러 브플라워', 크기는 '48'로 설정하고 '2013'의 색상은 '#ffb400', '봄꽃'은 '#84bc23', '축제'는 '#cf3179'으로 설정합니다.

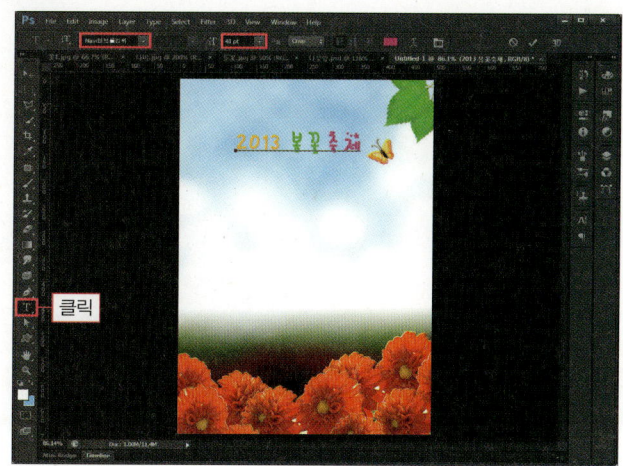

**44** [Layer]( ) 패널에서 글자 레이어를 더블 클릭합니다. [Stroke] 탭에서 테두리 Size는 '3', 색상은 '흰색'으로 설정합니다. [Drop Shadow] 탭에서 Distance를 '3'으로 설정하고 [OK] 버튼을 클릭합니다.

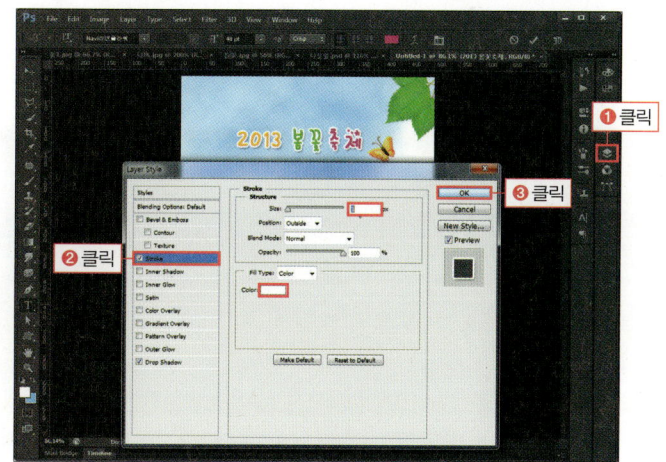

**45** '1'을 입력한 후 글씨체는 '산돌고딕M', 크기는 '60', 색상은 '#84b821'으로 설정합니다.

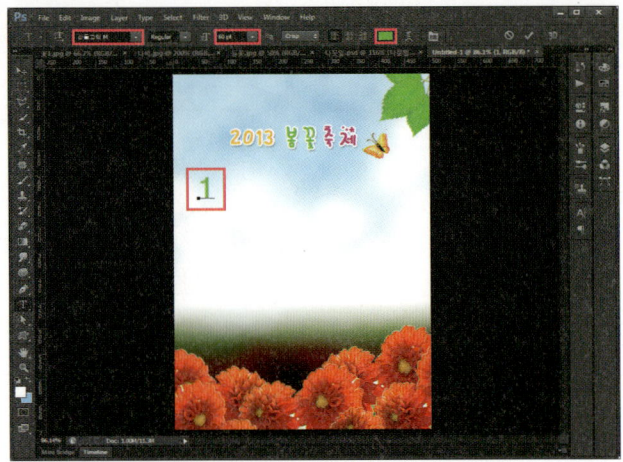

> **TIP | 글자 속성 바꾸기**
> 글자를 입력하기 전에 변경하면 이전에 입력된 글자가 변경되므로 입력한 후에 변경해야 합니다.

**46** [Layer](　) 패널에서 글자 레이어를 더블클릭합니다. [Inner Shadow] 탭에서 Color는 '#476c09', Distance는 '1', Size는 '2'로 설정하고 [OK] 버튼을 클릭합니다.

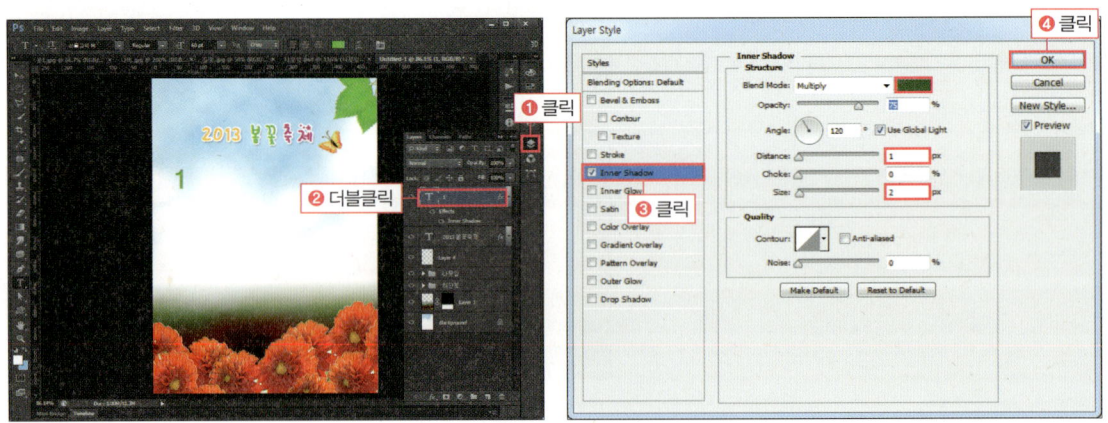

**47** '전시안내/하늘정원'을 입력합니다. 글씨체는 '산돌고딕M', 크기는 '24', '14', 색상은 '#84b821'으로 설정합니다.

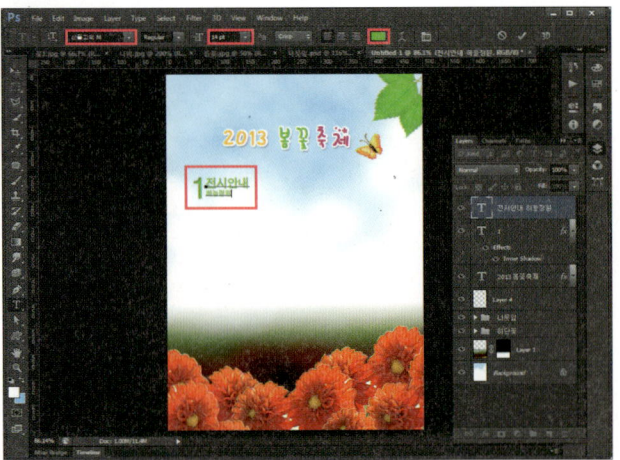

**48** 그림과 같이 글자를 입력합니다. 글씨체는 '산돌고딕M', 크기는 '13', 색상은 '#ff3300', '#333333' 으로 설정합니다.

> **TIP** | 화면 확대/축소하기
> `Ctrl` + `+` : 화면을 확대합니다.
> `Ctrl` + `-` : 화면을 축소합니다.
> `Alt` 를 누른 상태에서 마우스 휠을 위로 올리면 확대, 아래로 내리면 축소됩니다.

**49** [Layer]( ) 패널에서 글자 레이어를 모두 선택합니다.

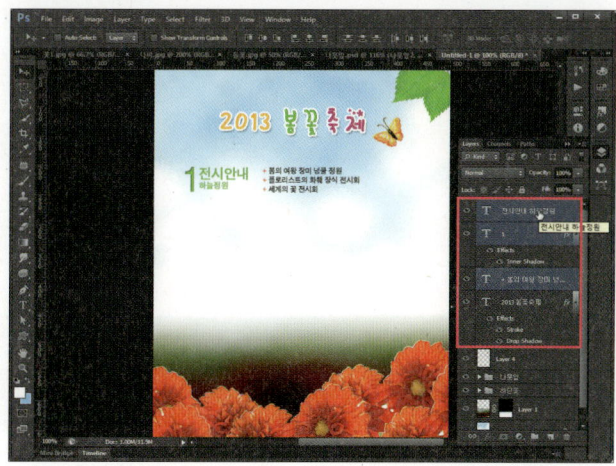

**50** 버튼을 누른 후 [New Group from Layers]을 클릭합니다. Group 글자를 더블클릭하여 '글자'을 입력합니다.

> **TIP** | 레이어 그룹 만들기
> `Ctrl` + `G`

CHAPTER 03 봄꽃 축제 포스터  439

**51** 동일한 방법으로 '2행사안내'와 '3축제문의'를 입력합니다.

**52** [Layer]( ) 패널에서 버튼을 클릭한 후 '날짜배경'을 입력합니다.

**53** [Tool] 패널에서 사각형 선택 툴(Rectangle Marquee Tool )을 클릭합니다. 그런 다음, 직사각형을 그립니다.

**54** [Tool] 패널에서 페인트 버켓 툴(Paint Bucket Tool )을 클릭합니다. 그런 다음, 전경색을 '#cc0000'로 설정하고 선택 영역에 클릭합니다.

**55** [Tool] 패널에서 가로 문자 툴(Horizontal Type Tool )을 클릭합니다. 글씨체는 '산돌고딕M', 크기는 '18', 색상은 '흰색'으로 설정하고 '서울 세계 꽃 박람회 2013. 5. 1.~5. 30.'을 입력합니다.

**56** 포스터가 완성되었습니다.

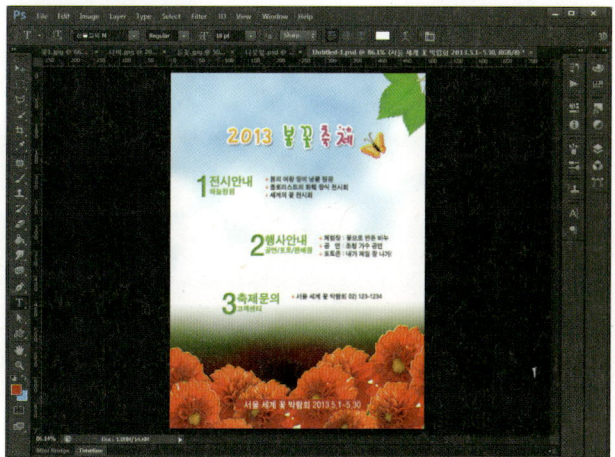

# 앱 디자인
## _ 모바일 페이지 디자인

CHAPTER

모바일이라는 좁은 공간을 통해 대중에게 무엇을, 어떻게 전달할 것인지를 정하는 것은 매우 중요합니다. 이번에는 모바일 페이지를 디자인해보겠습니다.

× MADAM'S KS PHOTOSHOP CS6 ×

학습 목표

- 이번에는 UI의 개념과 UX를 바탕으로 한 디자인과 앱 디자인에 대해 알아보겠습니다.

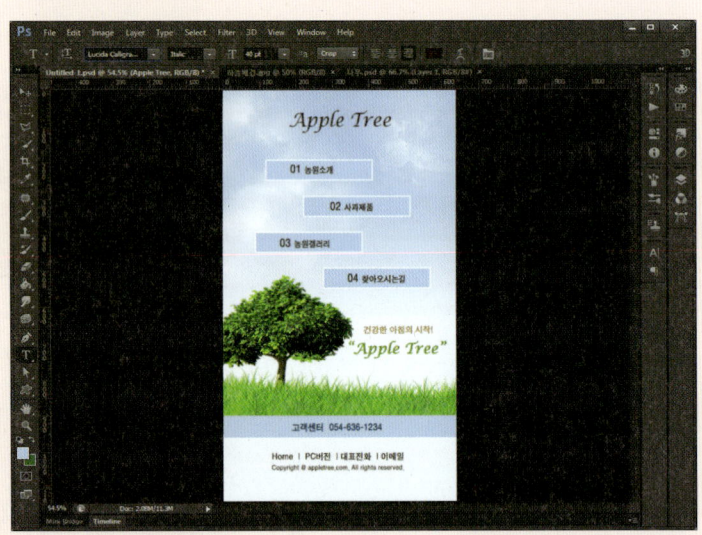

작업 순서

**1단계 콘셉트 정하기**
어떤 주제의 모바일 페이지인지를 정합니다.

**2단계 레이아웃 설정하기**
주제에 맞는 레이아웃 디자인을 스케치합니다.

**3단계 포토샵 작업하기**
스케치를 바탕으로 포토샵 작업을 합니다.

## 이벤트 페이지 | 애플트리 모바일 페이지 만들기

사과를 판매하는 농원이므로 자연의 느낌을 줄 수 있는 레이아웃을 콘셉트로 설정하여 만들어 보겠습니다.

● **원본 파일** : 실전4/나무.psd, 실전4/하늘배경.jpg | **결과 파일** : 실전4/애플트리모바일홈.psd

**01** [File]-[New](Ctrl+N)를 클릭합니다. Width는 '640', Height는 '1136'으로 설정한 후 [OK] 버튼을 클릭합니다.

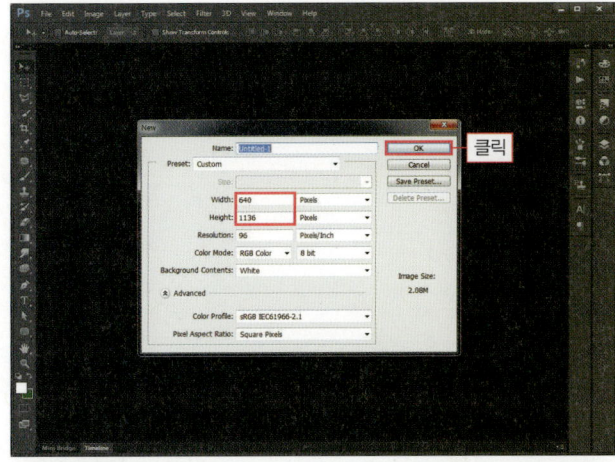

**02** [File]-[Open](Ctrl+O)을 클릭합니다. 실전4 폴더에서 '하늘배경.jpg'와 '나무.psd' 파일을 불러옵니다.

CHAPTER 04 앱 디자인   443

**03** [하늘배경.jpg] 탭을 클릭한 후 `Ctrl`+`A`를 누릅니다. [Edit]-[Copy](`Ctrl`+`C`)를 클릭합니다.

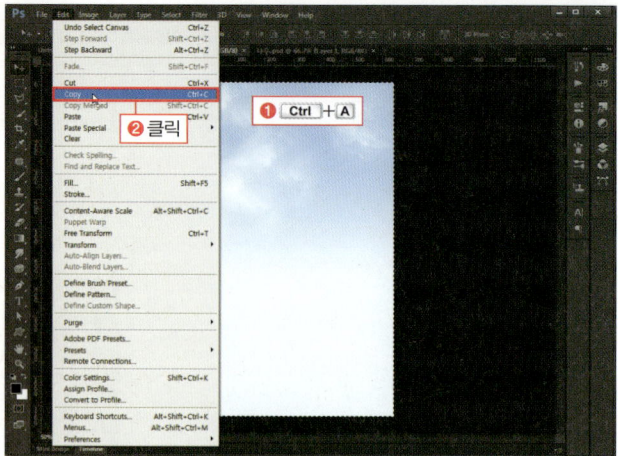

**04** [Untitle-1.psd] 탭을 클릭한 후 [Edit]-[Paste](`Ctrl`+`V`)를 클릭합니다.

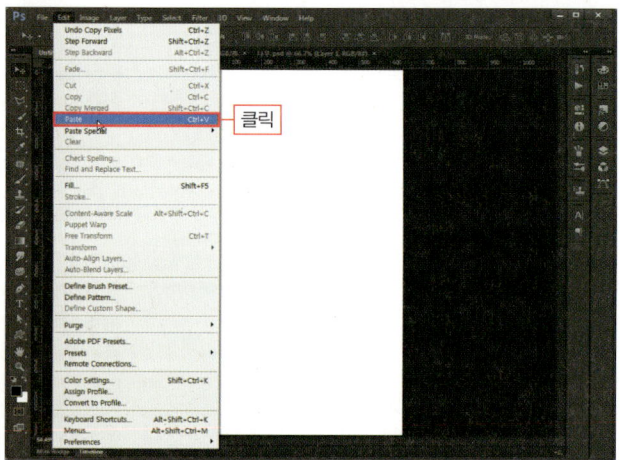

**05** 동일한 방법으로 나무를 붙여넣기합니다. [Layer] 패널에서 버튼을 클릭한 후 '나무'를 입력합니다.

**06** [Layer](　) 패널에서 　 버튼을 클릭한 후 '풀밭'을 입력합니다.

**07** [Tool] 패널에서 브러시 툴(Brush Tool 　)을 클릭합니다. 옵션 바에서 브러시의 종류는 'Grass'를 선택합니다. 전경색은 '#bbfa59', 배경색은 '#40f0c'로 설정합니다.

**08** 옵션 바에서 　 버튼을 클릭합니다. [Color Dynamics] 탭에서 Hue Jitter를 '0'으로 설정합니다. 나무 아랫부분을 드래그하여 풀을 그립니다.

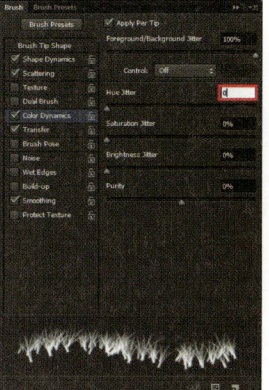

CHAPTER 04 앱 디자인　445

**09** [Layer](  ) 패널에서   버튼을 클릭한 후 '하단배경'을 입력합니다.

**10** [Tool] 패널에서 사각형 선택 툴(Rectangle Marquee Tool  )을 클릭하여 직사각형을 만듭니다. 페인트 버켓 툴(Paint Bucket Tool  )을 클릭합니다. 전경색을 '#b8d6f0'으로 설정한 후 사각 영역을 클릭합니다.

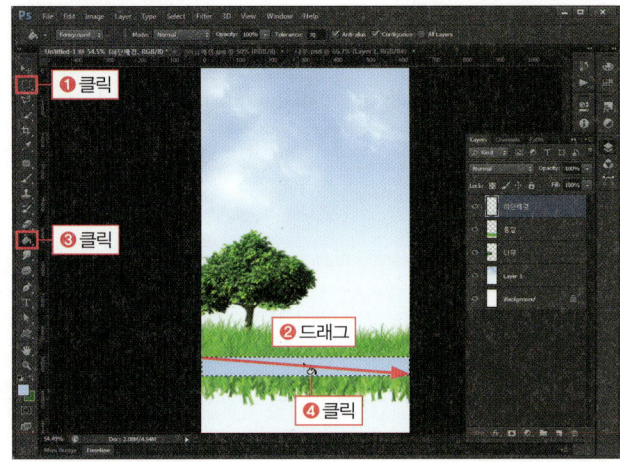

**11** [Layer](  ) 패널에서 '풀밭' 레이어를 선택합니다. [Tool] 패널에서 사각형 선택 툴(Rectangle Marquee Tool  )을 클릭하여 하단 배경 아래에 있는 풀을 선택합니다.

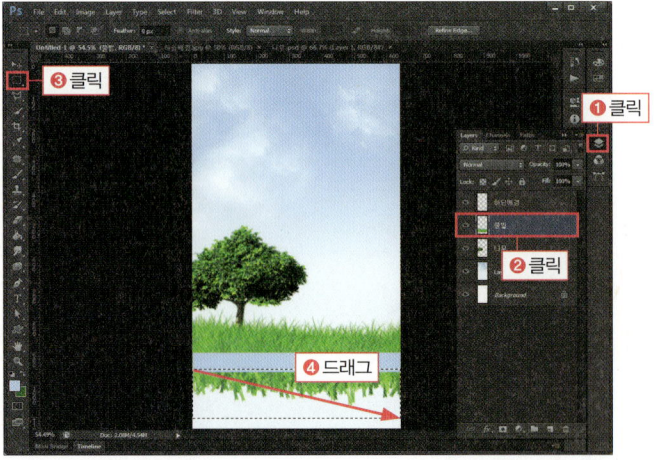

**12** Delete 를 눌러 풀을 지웁니다.

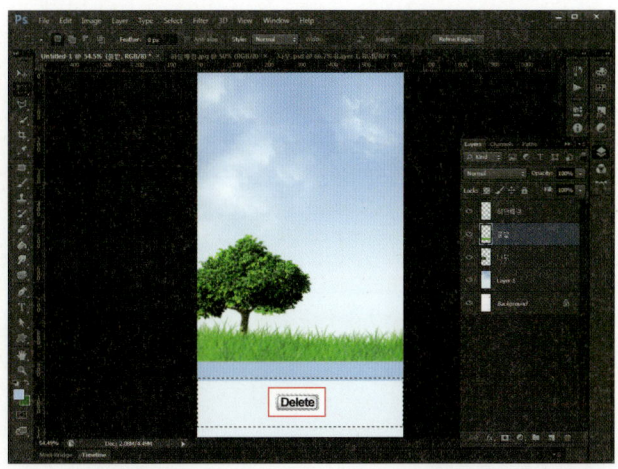

**13** [Layer](■) 패널에서 '하단배경' 레이어를 선택합니다. ■ 버튼을 클릭한 후 '메뉴 배경'을 입력합니다.

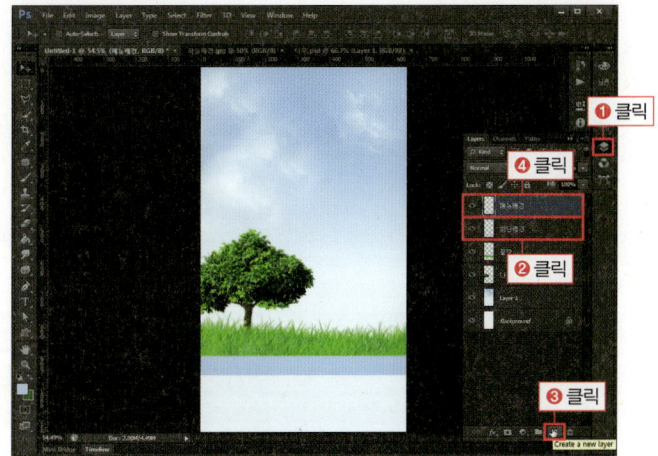

> **TIP | 새 레이어 추가하기 단축키**
> Shift + Ctrl + R

**14** [Tool] 패널에서 사각형 선택 툴(Rectangle Marquee Tool ■)을 클릭하여 직사각형을 드래그합니다.

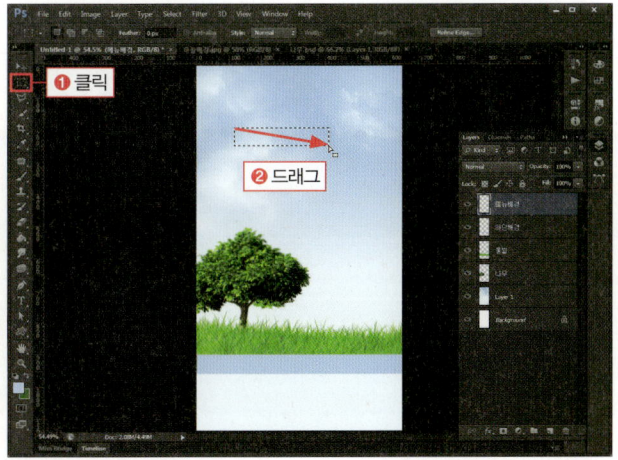

15 페인트 버켓 툴(Paint Bucket Tool ![])을 클릭합니다. 전경색을 '#b8d6f0'으로 설정한 후 사각 영역을 클릭합니다.

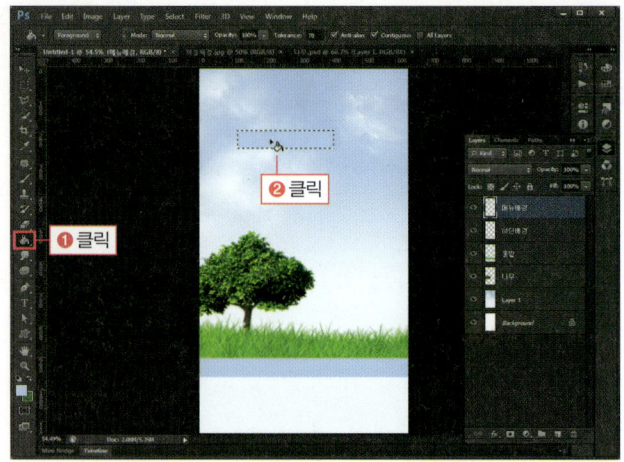

16 [Layer](![]) 패널에서 메뉴 배경 레이어를 더블클릭합니다. [Stroke] 탭에서 Size는 '3', Position은 'Inside', Color는 흰색으로 설정한 후 [OK] 버튼을 클릭합니다.

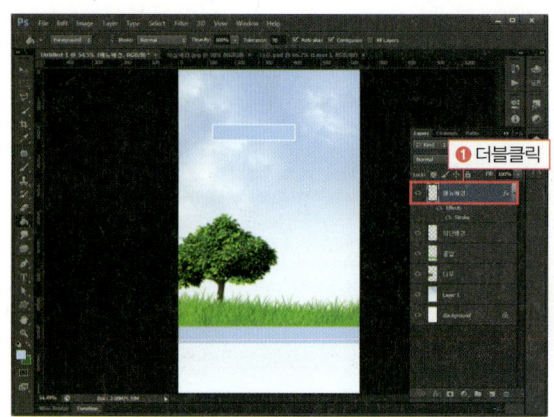
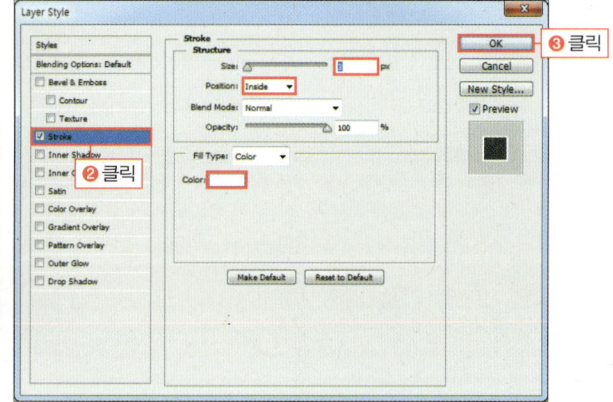

17 [Tool] 패널에서 이동 툴(Move Tool ![])을 클릭합니다. Alt 를 누른 상태에서 그림과 같이 3개를 드래그합니다.

**18** 메뉴 배경 레이어를 클릭합니다. Shift 를 누른 상태에서 메뉴 배경 Copy3 레이어를 클릭합니다. 옵션 바에서 버튼을 클릭하여 정렬합니다.

**19** [Tool] 패널에서 가로 문자 툴(Horizontal Type Tool T.)을 클릭합니다. 글씨체는 '산돌고딕M', 크기는 '18'로 설정하고 '01 농원소개'를 입력합니다.

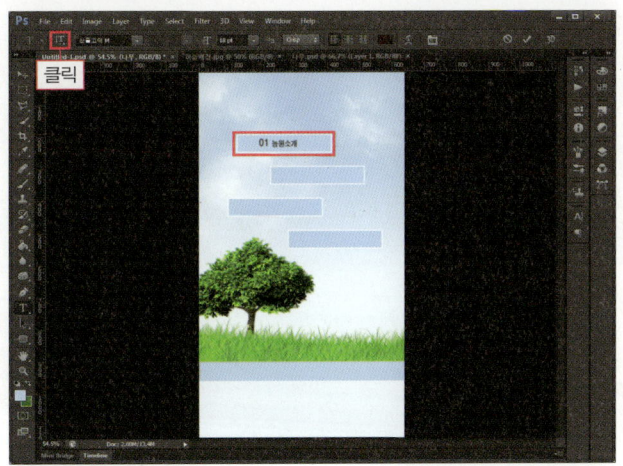

**20** 같은 방법으로 나머지 글자도 입력합니다.

**21** 'Home | PC버전 | 대표전화 | 이메일'의 크기는 '18'로 'Copyright@appletree.com. All rights reserved.'는 '14'로 설정합니다.

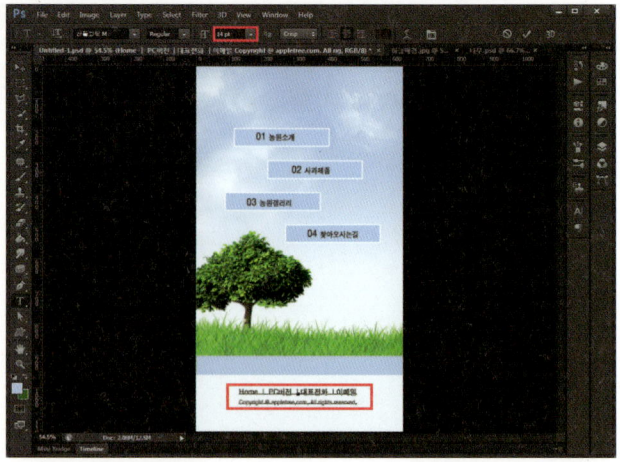

**22** '고객센터 054-636-1234'를 입력합니다. 크기는 '20', 색상은 '#0c416e'로 설정합니다.

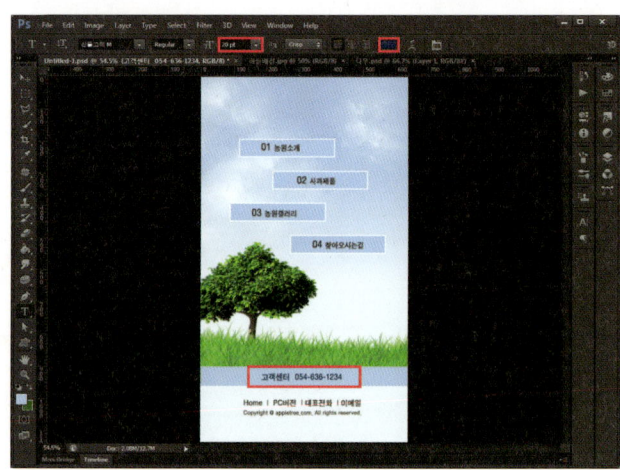

**23** '건강한 아침의 시작'을 입력합니다. 크기는 '18', 색상은 '#b48f4e'로 설정합니다.

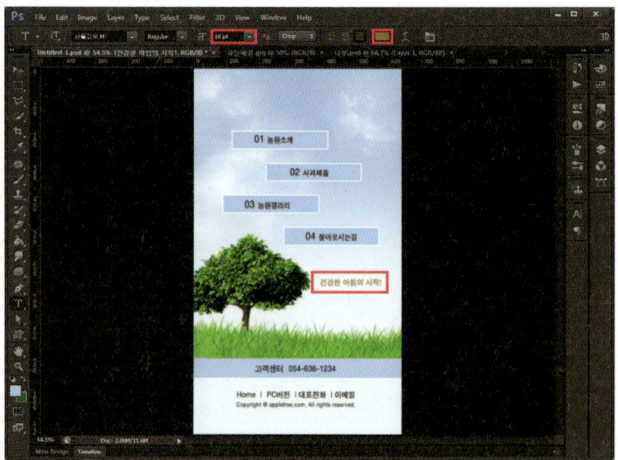

**24** 'Apple Tree'를 입력합니다. 글씨체는 'Lu-cida Dalligraph', 크기는 '30', 색상은 '#779c14'로 설정합니다.

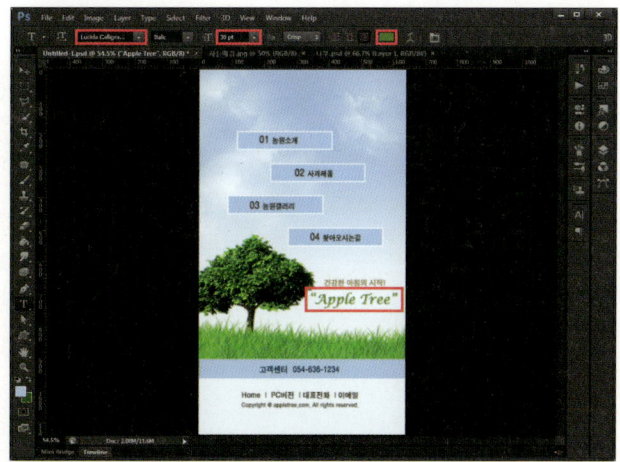

**25** 'Apple Tree'를 입력합니다. 크기는 '40', 색상은 '#3f291f'로 설정하여 앱을 완성합니다.

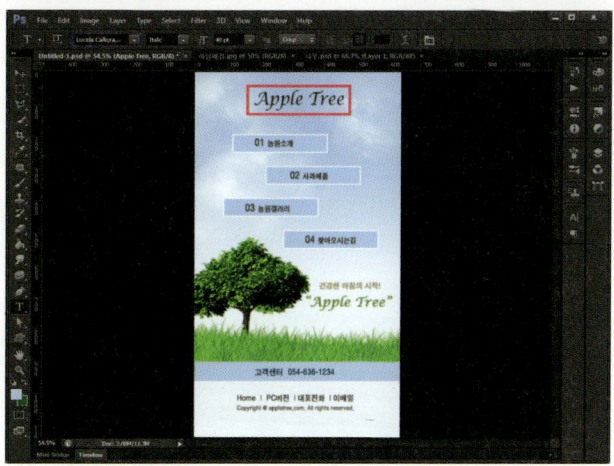

# 웹 디자인
_ 웹 페이지 디자인

CHAPTER

웹은 오프라인으로 하던 작업을 온라인으로 할 수 있도록 만들어진 대표적인 페이지입니다. 이번에는 온라인 페이지를 통해 학교 홍보용 홈페이지를 제작해보겠습니다.

× M A D A M ' S  K S  P H O T O S H O P  C S 6 ×

학습목표

•• 포토샵을 이용하면 다양한 작업이 가능하며, 웹 페이지를 디자인할 때도 유용합니다. 이번에는 포토샵을 이용하여 웹 페이지를 디자인하는 방법에 대해 알아보겠습니다.

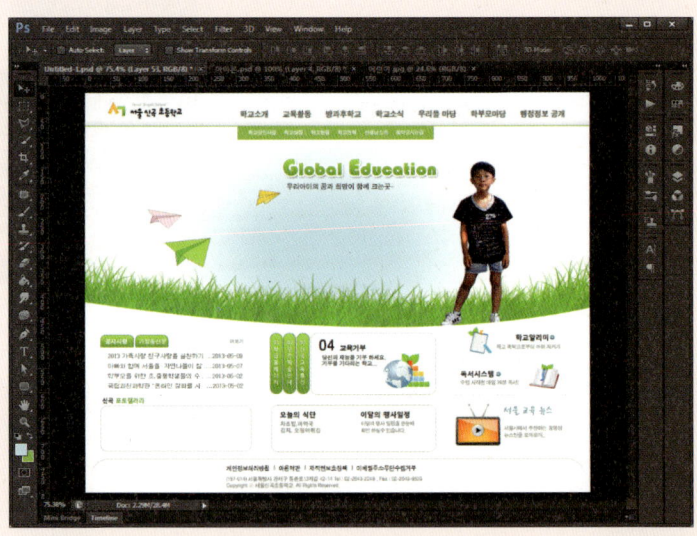

작업순서

| 1단계 콘셉트 정하기 | 2단계 레이아웃 설정하기 | 3단계 포토샵 작업하기 |
|---|---|---|
| 어떤 주제의 웹 페이지인지를 정합니다. | 주제에 맞는 레이아웃 디자인을 스케치합니다. | 스케치를 바탕으로 포토샵 작업을 합니다. |

### 이벤트 페이지 | 신곡초등학교 홈페이지 제작하기

초등학교라는 콘셉트를 통해 좀 더 아이들과 친근하게 다가갈 수 있도록 색을 은은하게 사용하였으며, 아기자기한 아이콘을 사용하였습니다.

▶ **원본 파일** : 실전5/아이콘.psd | **결과 파일** : 실전5/신곡초등 홈페이지.psd

**01** [File]-[New](Ctrl+N)를 클릭합니다. Width는 '1000', Height는 '800'으로 설정한 후 [OK] 버튼을 클릭합니다.

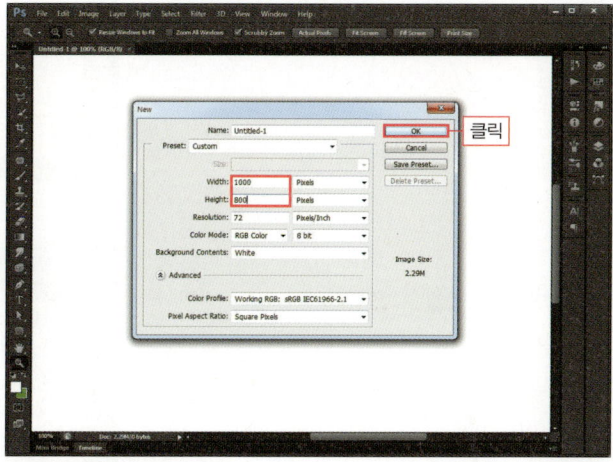

**02** [View]-[Rulers](Ctrl+R)를 클릭하여 눈금자를 엽니다.

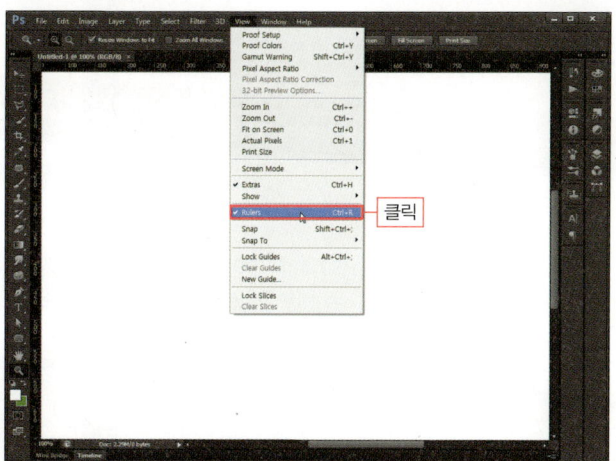

**03** [Layer]( ) 패널에서 ![](버튼을 클릭한 후 '하늘배경'을 입력합니다.

**04** [Tool] 패널에서 원형 선택 툴(Elliptical Marquee Tool ![](  )을 클릭합니다. 옵션 바에서 Feather를 '50'으로 설정한 후 타원을 그립니다.

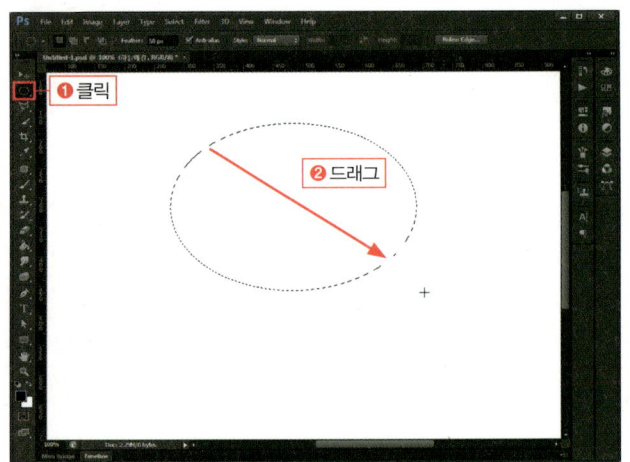

**05** 페인트 버켓 툴(Paint Bucket Tool ![](  )을 클릭합니다. 전경색을 '#c3e1ec'으로 설정한 후 선택 영역을 클릭합니다.

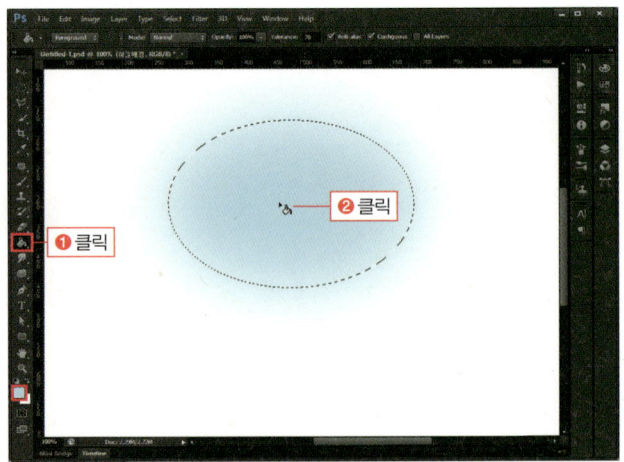

**06** [Layer](🔲) 패널에서 🔲 버튼을 클릭한 후 '잔디'를 입력합니다.

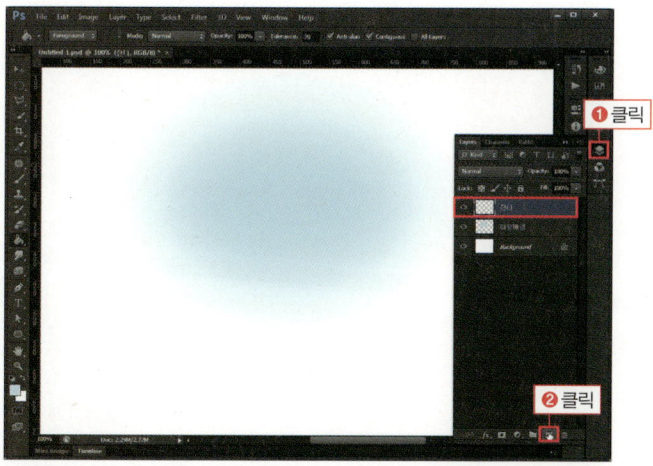

**07** [Tool] 패널에서 브러시 툴(Brush Tool 🖌️)을 클릭합니다. 전경색을 '#97ce43', 배경색을 '#71980b'로 설정합니다. 옵션 바에서 🔲 버튼을 클릭한 후 Color Dynamic에서 Hue Jitter를 '0'으로 설정하고 그림처럼 드래그합니다.

**08** [Layer](🔲) 패널에서 🔲 버튼을 클릭한 후 '하단배경'을 입력합니다.

CHAPTER 05 웹 디자인 455

**09** [Tool] 패널에서 펜 툴(Pen Tool )을 클릭한 후 그림처럼 패스선을 그립니다.

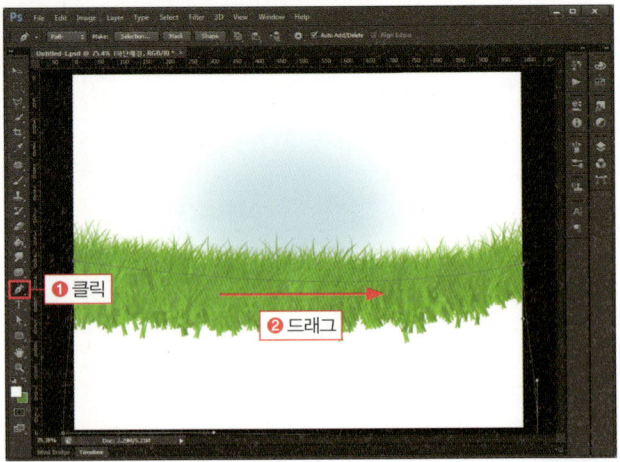

**10** Ctrl + Enter 를 누릅니다. [Tool] 패널에서 페인트 버켓 툴(Paint Bucket Tool )을 클릭합니다. 전경색을 흰색으로 설정한 후 선택 영역을 클릭합니다.

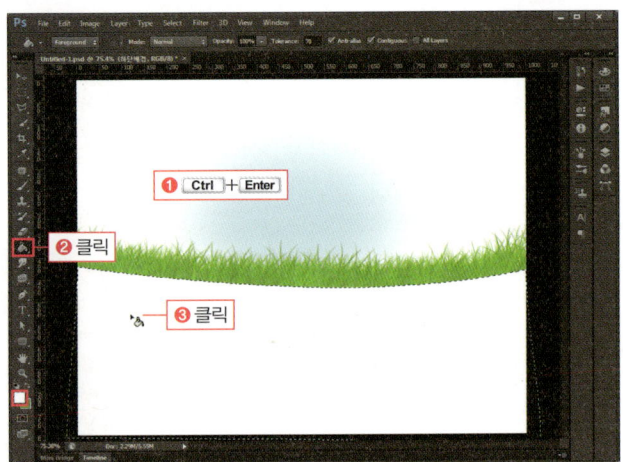

**11** [Layer]( ) 패널에서 버튼을 클릭한 후 '메뉴'를 입력합니다.

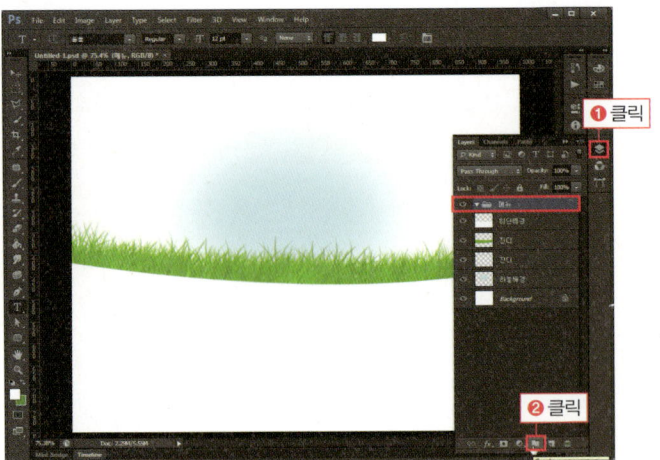

**12** [Tool] 패널에서 사각형 선택 툴(Rectangle Marquee Tool )을 클릭한 후 화면 상단에 직사각형을 그립니다.

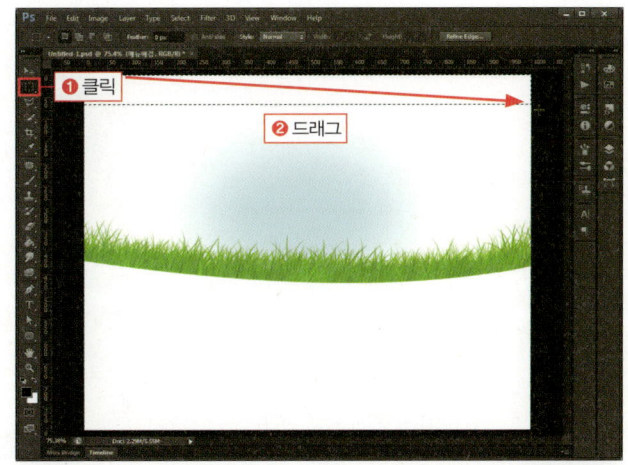

**13** [Tool] 패널에서 페인트 버켓 툴(Paint Bucket Tool )을 클릭한 후 선택 영역을 클릭합니다.

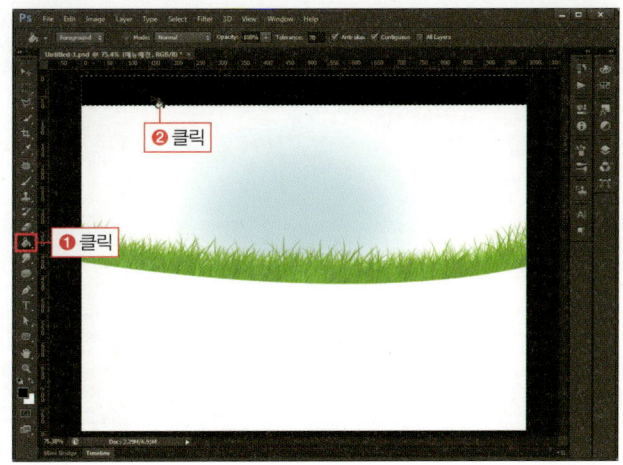

**14** [Layer]( ) 패널에서 메뉴 배경 레이어를 더블클릭합니다. Gradient Overlay에 체크한 후 Gradient는 '#efeded', '#ffffff', Angle을 '90'으로 설정하고 [OK] 버튼을 클릭합니다.

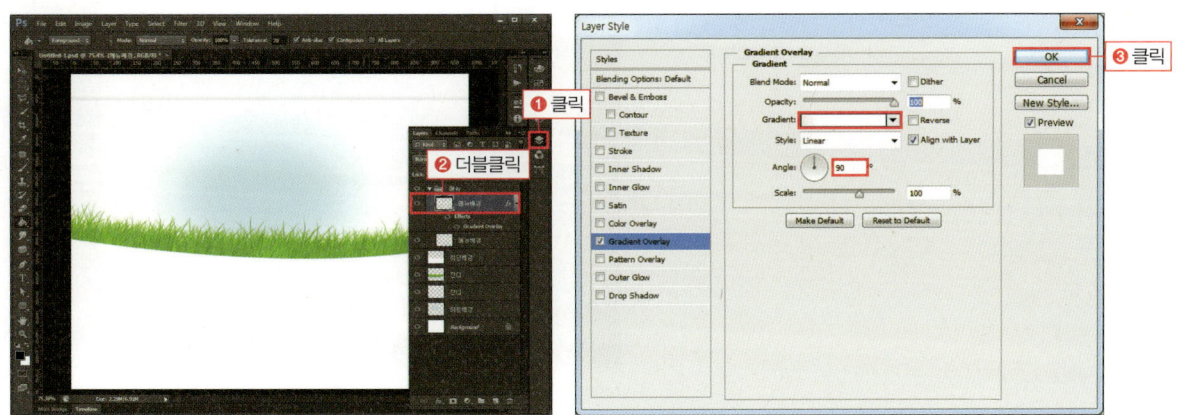

CHAPTER 05 웹 디자인　457

**15** [Layer](  ) 패널에서   버튼을 클릭한 후 '초록띠'를 입력합니다.

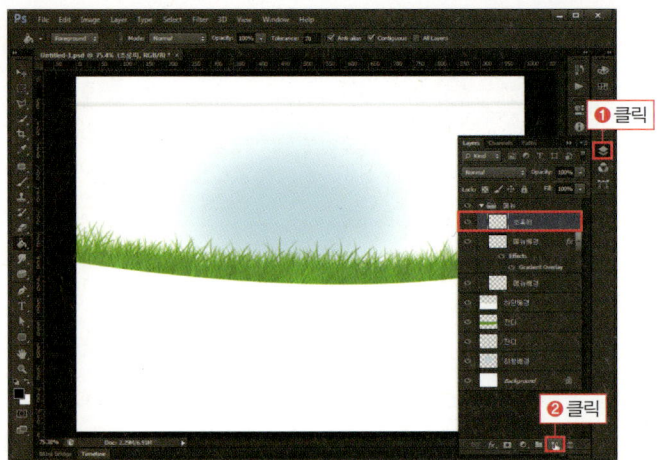

**16** [Tool] 패널에서 브러시 툴(Brush Tool   )을 클릭합니다. 전경색을 '#a3be56'으로 설정한 후 옵션 바에서 'Hard Brush'의 Size를 '2'로 설정하고 Shift 를 누른 상태에서 왼쪽에서 오른쪽으로 드래그합니다.

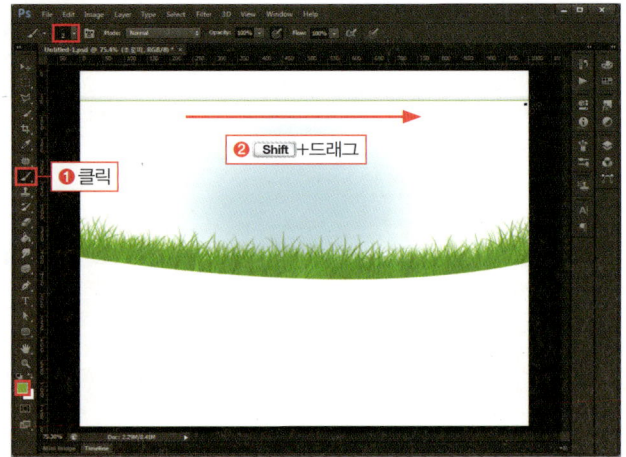

**17** [Tool] 패널에서 사각형 선택 툴(Rectangle Marquee Tool   )을 클릭하여 직사각형을 드래그합니다. 그런 다음, 페인트 버켓 툴(Paint Bucket Tool   )을 클릭하고 선택 영역을 클릭합니다.

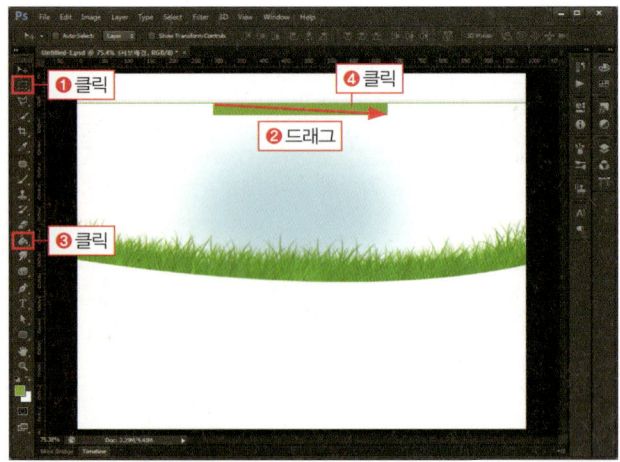

**18** [Tool] 패널에서 가로 문자 툴(Horizontal Type Tool T.)을 클릭합니다. 옵션 바에서 글씨체는 '산돌고딕M', 크기는 '16' 색상은 '#666666'으로 설정하고 '학교소개/교육활동/방과후학교/학교소식/우리들마당/학부모마당/행정정보공개'를 입력합니다.

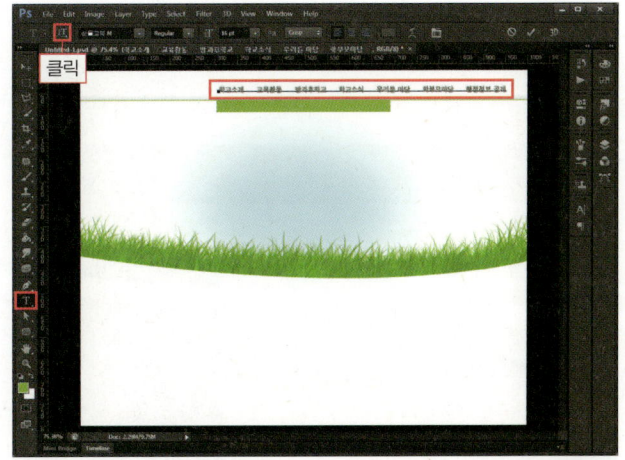

**19** 캔버스를 클릭합니다. 옵션 바에서 크기는 '11', 색상은 흰색으로 설정하고 '학교장인사말/학교상징/학교현황/선생님소개/찾아오시는길'을 입력합니다.

**20** [Tool] 패널에서 손 툴(Hand Tool )을 더블클릭합니다. 가로 문자 툴(Horizontal Type Tool T.)을 클릭합니다. 캔버스를 클릭하고 옵션 바에서 글씨체를 'Bauhaus93', 크기는 '36'으로 설정하고 'Global Education'을 입력합니다.

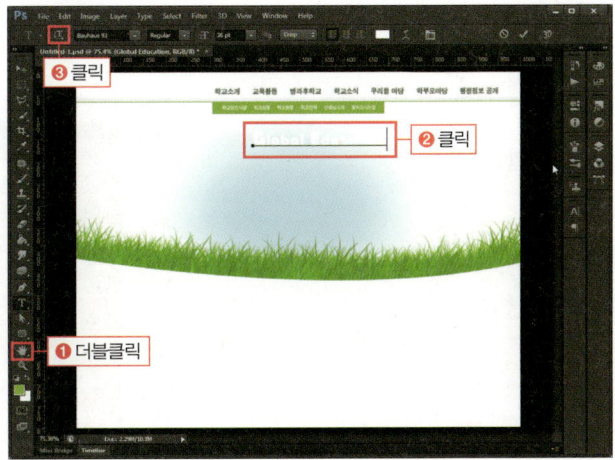

21 [Layer](🔲) 패널에서 Global Edcation 레이어를 더블클릭합니다. [Stroke] 탭에서 색상을 흰색으로 설정하고, [Drop Shadow] 탭에서는 Distance를 '3'으로 설정합니다. 그리고 [Gradient Overlay] 탭에서는 Gradient를 '#83a614', '#bbd85e', Angle을 '90'으로 설정한 후 [OK] 버튼을 클릭합니다.

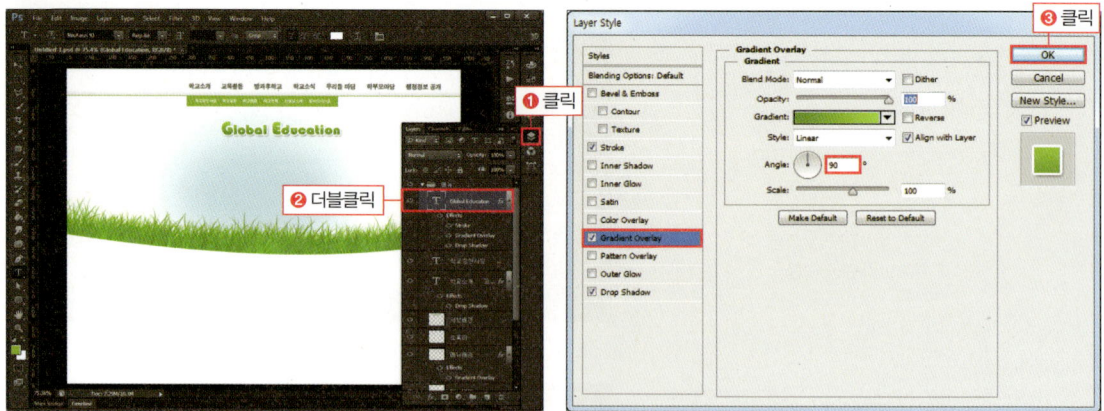

22 [Tool] 패널에서 가로 문자 툴(Horizontal Type Tool 🔲)을 클릭합니다. 캔버스를 클릭한 후 옵션 바에서 글씨체를 '산돌고딕M', 크기는 '14', 색상은 '#666666'으로 설정하고 '우리 아이의 꿈과 희망이 함께 크는 곳~'을 입력합니다.

23 [Layer](🔲) 패널에서 🗀 버튼을 클릭한 후 '로고'를 입력합니다. 그림처럼 글자를 입력해 로고를 만듭니다.

**24** [Layer](🗂) 패널에서 📁 버튼을 클릭한 후 '왼쪽배너'를 입력합니다.

> 🔒 **TIP** | 그룹 추가하기
> 레이어에서 그룹이 펼쳐진 상태에서 그룹을 추가하면 펼쳐진 그룹 안에 그룹이 만들어집니다. 그룹 앞의 역삼각형을 클릭하여 그룹을 닫고 새로운 그룹을 추가해야 위에 생깁니다.

**25** [Tool] 패널에서 모서리가 둥근 사각형 툴(Rounded Rectangel Tool 🔲)을 클릭합니다. 옵션 바에서 'pixels', Radius는 '12'로 설정하고 캔버스에서 드래그합니다.

**26** [Tool] 패널에서 사각형 선택 툴(Rectangle Marquee Tool 🔲)을 클릭한 후 모서리 둥근 사각형 아래를 드래그합니다. 그런 다음 Delete 를 누릅니다.

**27** [Layer](🔲) 패널에서 Layer 13 레이어를 더블클릭합니다. [Stroke] 탭에서 Size는 '1', Color는 '#6d9427'로 설정합니다. [Gradient Overlay] 탭에서 Gradient를 '#83a614', '#bbd85e', Angle을 '90'으로 설정하고 [OK] 버튼을 클릭합니다.

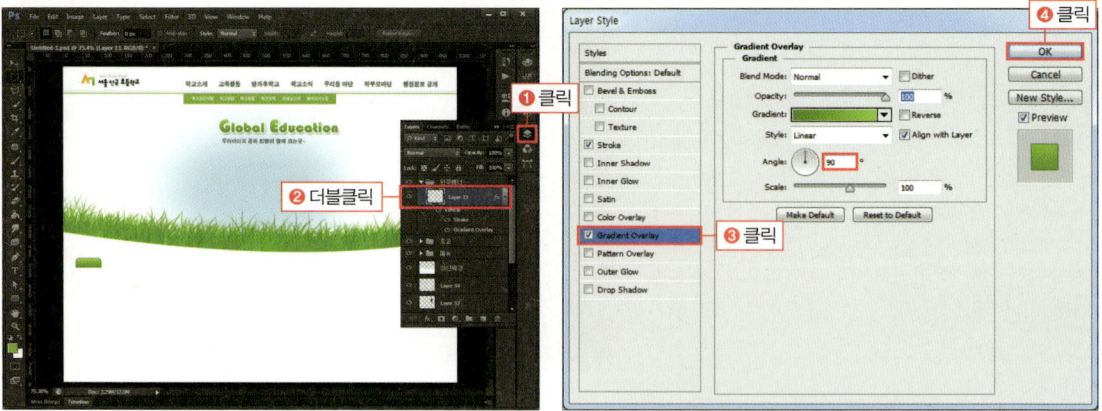

**28** [Tool] 패널에서 이동 툴(Move Tool)을 클릭합니다. Alt 를 누른 상태에서 드래그합니다.

**29** [Tool] 패널에서 가로 문자 툴(Horizontal Type Tool)을 클릭합니다. 옵션 바에서 글씨체는 '산돌고딕M', 크기는 '12', 색상은 흰색으로 설정하고 '공지사항/가정통신문'을 입력합니다.

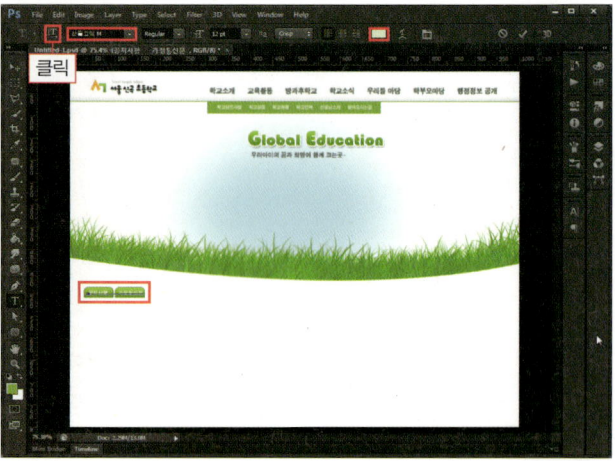

**30** 캔버스를 클릭하고, 글씨체는 '돋움', 크기는 '12', 'None', 글자색은 '#666666'으로 설정하고 공지사항 내용을 입력합니다. [Layer] 패널에서 Layer13을 클릭합니다. Shift 를 누른 상태에서 '2013' 레이어를 클릭합니다. Ctrl + G 를 눌러 그룹으로 묶고 '공지사항'을 입력합니다.

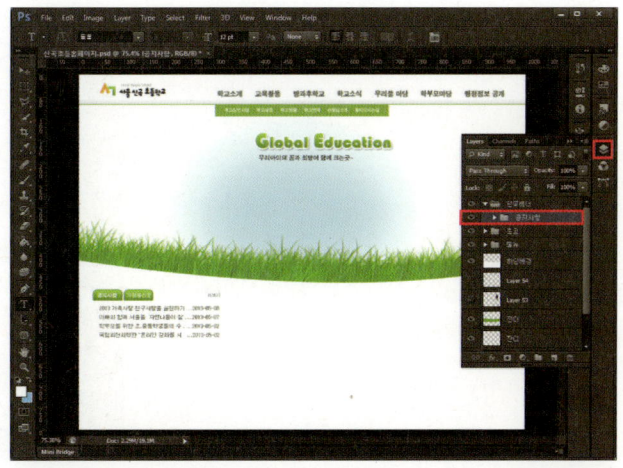

**31** [Layer] 패널에서 버튼을 클릭한 후 '포토'라고 입력합니다.

**32** [Tool] 패널에서 가로 문자 툴(Horizontal Type Tool)을 클릭합니다. 글씨체를 '맑은 고딕', 크기를 '12'로 설정하고 '신곡 포토갤러리'를 입력합니다.

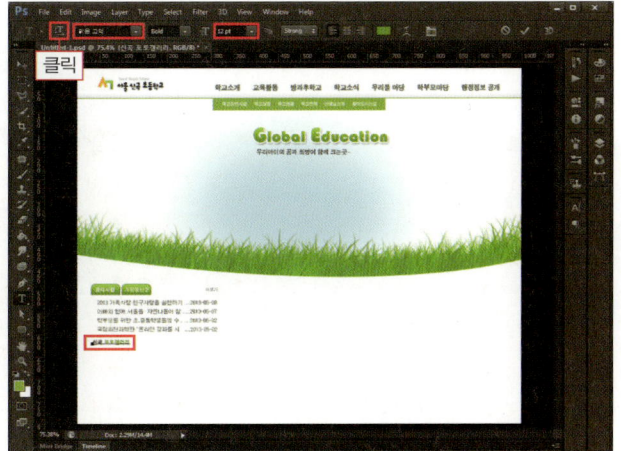

**33** [Layer](🔲) 패널에서 🔲 버튼을 클릭합니다. [Tool] 패널에서 모서리가 둥근 사각형 툴 (Rounded Rectangel Tool 🔲)을 클릭하고 드래그합니다.

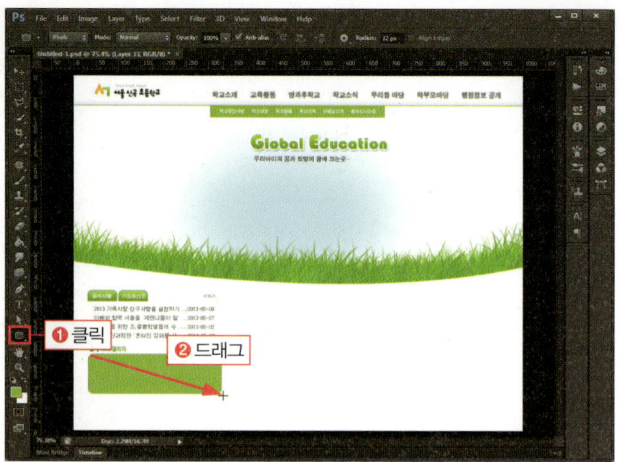

**34** [Layer](🔲) 패널에서 Layer 33을 클릭합니다. Fill을 '0'으로 설정하고, 레이어를 더블클릭합니다. [Stroke] 탭에서 Size는 '1', Color는 '#cccccc'로 설정하고 [OK] 버튼을 클릭합니다.

 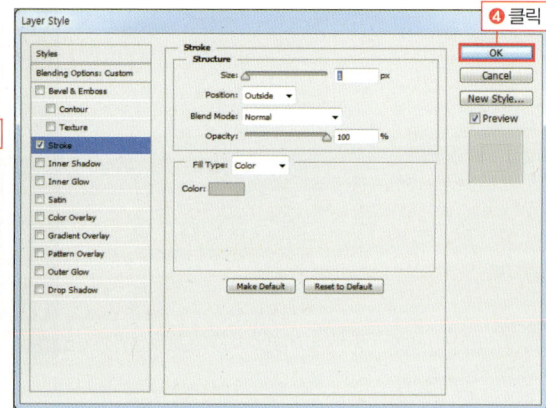

**35** [Layer](🔲) 패널에서 🔲 버튼을 클릭하고 '중앙배너'를 입력합니다. 🔲 버튼을 클릭하고 '배너배경'을 입력합니다.

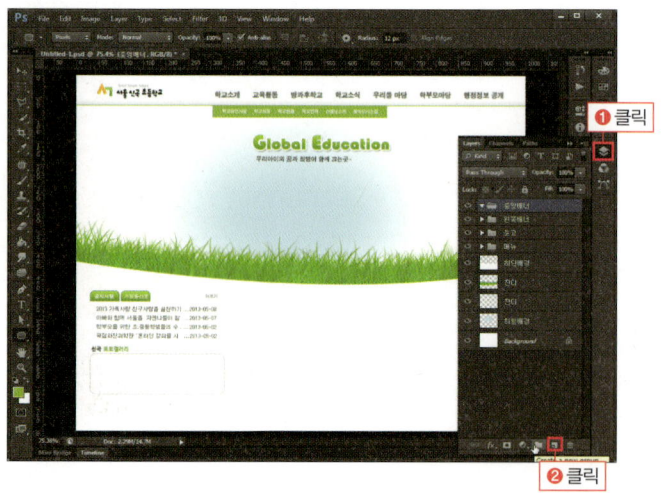

464 마담의크스 **포토샵** CS6(활용편)

**36** [Tool] 패널에서 모서리가 둥근 사각형 툴 (Rounded Rectangel Tool)을 클릭합니다. 그림처럼 타원을 그립니다.

**37** '배너 배경' 레이어를 더블클릭합니다. [Stroke] 탭에서 Size는 '1', Color는 '#6d9427'로 설정합니다. [Gradient Overlay] 탭에서 Gradient를 '#83a614', '#bbd85e', Angle을 '90'으로 설정하고 [OK] 버튼을 클릭합니다.

 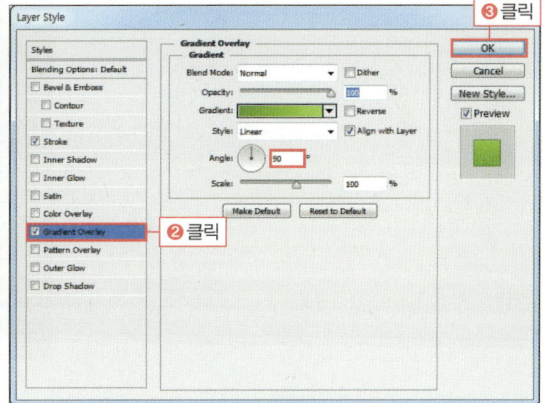

**38** [Tool] 패널에서 이동 툴(Move Tool)을 클릭합니다. Alt 를 누른 상태에서 2번 드래그합니다.

**39** [Layer](아이콘) 패널에서 ■ 버튼을 클릭합니다. [Tool] 패널에서 모서리가 둥근 사각형 툴(Rounded Rectangel Tool ■)을 클릭하고 드래그합니다.

**40** [Layer](아이콘) 패널에서 Layer 34를 클릭합니다. Fill을 '0'으로 설정하고, 레이어를 더블클릭합니다. [Stroke] 탭에서 Size는 '1' Color는 '#cccccc'로 설정하고 [OK] 버튼을 클릭합니다.

**41** 그림과 같이 글자를 입력합니다.

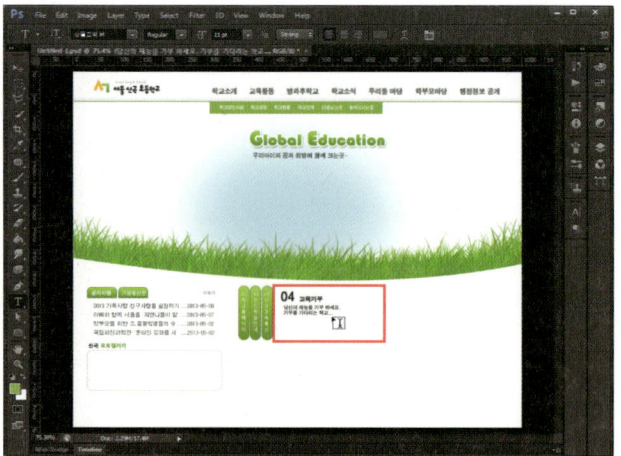

42 동일한 방법으로 배경을 그리고 글자를 입력합니다.

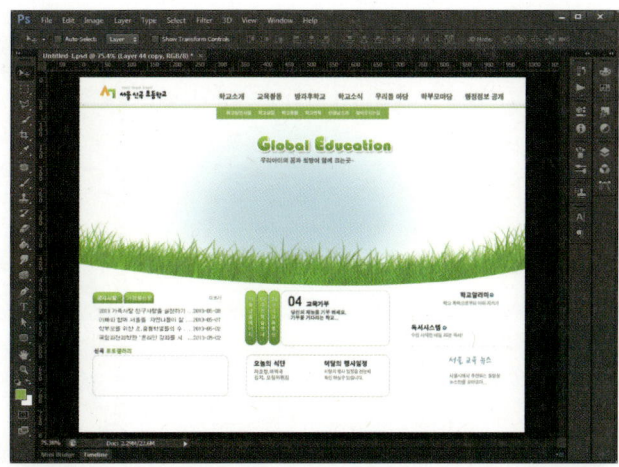

43 [Layer](　) 패널에서 　 버튼을 클릭하고 '하단배경'을 입력합니다.

44 [Tool] 패널에서 모서리가 둥근 사각형 툴(Rounded Rectangel Tool 　)을 클릭합니다. 옵션 바에서 모양은 'Shape', Fill은 흰색, Stroke은 Gradient '#dddddd','#ffffff', Linear '90'으로 설정합니다.

**45** [Tool] 패널에서 가로 문자 툴(Horizontal Type Tool [T])을 클릭합니다. 옵션 바에서 글씨체는 '산돌고딕M'으로 설정하고 그림과 같이 입력합니다.

**46** [File]-[Open]([Ctrl]+[O]) 메뉴를 클릭합니다. 실전5 폴더 안의 '아이콘.psd'를 불러옵니다. [Ctrl]을 누른 상태에서 지구본을 클릭합니다. [Ctrl]+[A], [Ctrl]+[C]를 누릅니다.

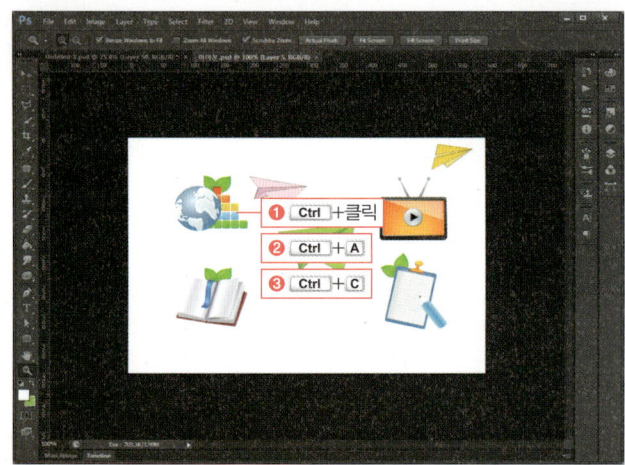

**47** [Untitled-1.psd] 탭을 클릭합니다. [Ctrl]+[V]를 눌러 붙여넣기합니다.

**48** `Ctrl`+`T`를 눌러 크기를 조절합니다.

**49** 동일한 방법으로 아이콘을 가져옵니다.

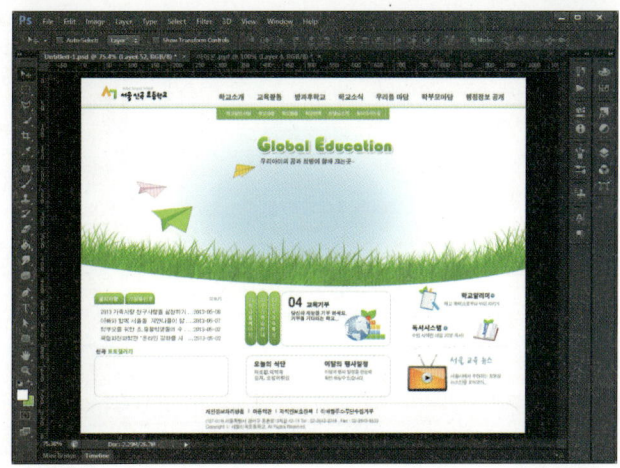

**50** [File]–[Open](`Ctrl`+`O`) 메뉴를 클릭합니다. 실전5 폴더 안의 '어린이.jpg'를 불러옵니다. [Tool] 패널에서 빠른 선택 툴(Quick Selection Tool)을 클릭한 후 어린이를 드래그하여 선택합니다.

**51** Ctrl + C 를 누릅니다. [Untitled-1.psd] 탭을 클릭합니다. Ctrl + V 를 눌러 붙여넣기합니다. [Edit]-[Transform](Ctrl + T) 메뉴를 선택하고 조절점을 드래그하여 크기를 줄입니다.

**52** [Image]-[Adjustments]-[Levels](Ctrl + L)를 클릭합니다.

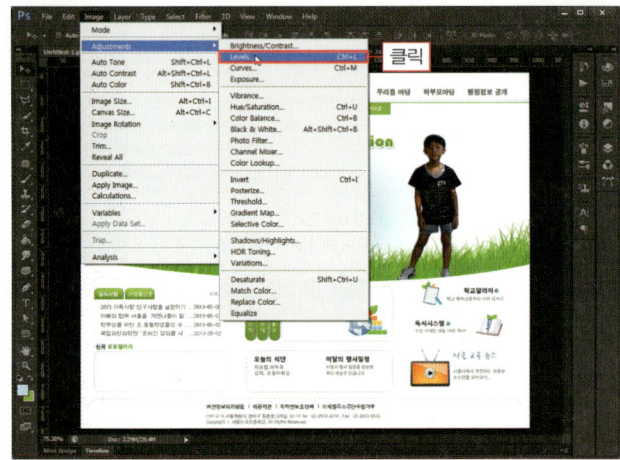

**53** Input Levels을 '15, 1, 180'으로 설정하고 [OK] 버튼을 클릭합니다.

 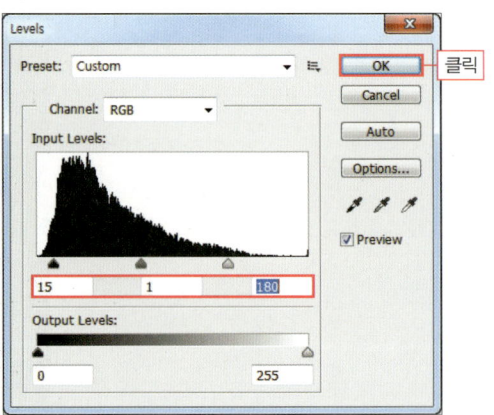

# 마담의크스 포토샵 CS6

**1판 1쇄 발행** 2013년 10월 30일
**1판 5쇄 발행** 2018년 2월 23일

**저　　자** | 마담의크스, 황병숙
**발 행 인** | 김길수
**발 행 처** | 영진닷컴
**주　　소** | 서울시 금천구 가산디지털2로 123 월드메르디앙벤처센터
　　　　　　2차 10층 1016호 (우)08505
**등　　록** | 2007. 4. 27. 제16-4189

**ISBN** | 978-89-314-4565-7

이 책에 실린 내용의 무단 전재 및 무단 복제를 금합니다.